현장의 경험을 바탕으로 쓴
# PostgreSQL
DBA를 위한
Admin 이야기

## *DBian makes DB easier*
## 주식회사 디비안

**디비안(DBian)**은 데이터베이스의 줄임말 DB에 '전문가', '사람'을 뜻하는 접미사 ~ian을 붙인 **합성어**입니다. 즉, 'DB 전문가', 'DB인(人)'을 뜻합니다.

디비안은 **고객의 당면 문제를 근본적으로 해결**하고 만족을 선물하는 데서 행복을 느끼는 소수정예 멤버가 함께 기술을 연구하고 지식을 공유하면서 **'최고'의 가치를 실현**하는 DB 전문 컨설팅 회사입니다.

( 주요 사업 영역 )

- 데이터모델링 및 DB 설계
- DB 성능 진단 및 개선
- 성능관리 솔루션 개발
- DB 전문화 교육
- Expert DBA
- DB 전문도서 출판
- PPC(Progressive Performance Care) 서비스

---

- 홈페이지      www.dbian.co.kr
- 사업문의     biz@dbian.co.kr
- 인터넷 카페   www.dbian.net
- 교육문의     edu@dbian.co.kr
- 전화문의     02-2662-8246

Copyright ⓒ 2025 by DBian Inc.
All rights reserved.
Including the rights of reproduction in whole or in part in any form. Printed in KOREA.

이 책은 저작권의 보호를 받으며, 출판권자의 승인을 받지 않은 복사, 변형, 유포, 게재, 디지털 매체로의 저장 및 전송, 촬영, 녹취 등의 일체 행위는 금지됩니다.

현장의 경험을 바탕으로 쓴

# PostgreSQL
## DBA를 위한 Admin 이야기

김시연 · 최두원 지음
**PostgreSQL 13+ Compatible (Tested on 17)**

늘 곁에서 응원해주는 가족과
사랑스러운 딸 지율, 지수에게 이 책을 바칩니다.

김시연, 최두원

## 추천의 글

오랜 기간 상용 데이터베이스에 의존해 오던 저희 팀이 오픈소스 PostgreSQL 기반 DBMS로 성공적으로 전환할 수 있었던 중심에는 바로 이 책의 저자, 김시연 이사님과 최두원 이사님이 계셨습니다. 국내 최고 수준의 SQL 튜닝 실력과 DBA로서의 탁월한 관리 역량에 더해, 헌신적인 노력 덕분에 오픈소스 DBMS 전환 프로젝트를 성공적으로 마칠 수 있었습니다.

이 책에는 저자의 이러한 실무 경험과 깊이 있는 지식이 고스란히 담겨 있습니다. 마치 친절하고 믿음직한 '데이터베이스 컨설턴트'와 같이, PostgreSQL의 설치와 구동 같은 기본적인 첫걸음부터 내부 아키텍처와 같은 고급 주제까지 쉽고 담백한 설명으로 풀어내어 독자가 차근차근 따라가며 이해할 수 있도록 구성되어 있습니다.

또한, 현업 DBA들이 무엇을 궁금해하고 어떤 어려움에 직면하는지 정확히 짚어내며, 그에 대한 실질적 해법과 전문가의 노하우를 아낌없이 전해줍니다. 현장에서 얻은 풍부한 지식과 경험을 바탕으로 꼭 필요한 핵심만을 담아내어, 누구나 쉽게 이해하고 적용할 수 있도록 안내합니다.

국내외에도 훌륭한 PostgreSQL 관련 서적들이 많지만, PostgreSQL을 처음 시작하는 DBA는 물론 안정적 운영을 고민하는 엔지니어까지, PostgreSQL을 제대로 활용하고자 하는 모든 분들의 책상 위에 반드시 있어야 할 필독서로 이 책을 자신 있게 추천합니다.

이 책은 여러분의 데이터베이스 운영 역량을 한 단계 높여줄 뿐 아니라 PostgreSQL 전문가로 성장하는 데 필요한 실질적인 지식과 통찰을 제공합니다. DBA로서 한 단계 더 성장하고자 하는 분들께 든든한 길잡이가 되어 줄 것입니다.

저의 소중한 멘토이자 뛰어난 전문가인 저자의 땀과 열정이 담긴 이 책이 많은 DBA 여러분께 큰 도움이 되기를 진심으로 바랍니다.

교보문고 IT지원실 유통시스템 팀장
박성진

## 서문

『PostgreSQL 9.6 성능 이야기』를 출간한 지 벌써 8년이라는 시간이 흘렀습니다. 그동안 정말 많은 일들이 있었습니다. PostgreSQL은 버전 10을 거쳐 어느덧 버전 17까지 출시되었고, 이제는 18 베타 버전도 공개되었습니다.

저 역시 지난 5년 동안 PostgreSQL 관련 프로젝트에 집중하며 성능 튜닝과 DBA 업무를 수행해 왔습니다. 그 과정에서 늘 아쉬웠던 점은, PostgreSQL 초중급 DBA들이 참고할 만한 체계적인 책이 거의 없다는 사실이었습니다.

공식 매뉴얼이나 기술 블로그, 스택 오버플로우 같은 다양한 자료들을 찾아보면 어느 정도 필요한 내용을 얻을 수는 있지만, 전체 흐름을 따라가며 차근차근 배울 수 있는 길잡이는 부족하다고 느꼈습니다.

이 책은 PostgreSQL 초중급 DBA들의 실무와 기술력 향상을 위해 필요한 내용을 체계적으로 다룸으로써, 전문가로 도약하기 위한 마중물 역할을 목표로 합니다.

이 책이 독자분들이 전문가로 성장해 가는 여정에 작은 도움이 되기를 희망합니다.

2025년 6월
대표저자 김시연

## 감사의 글

항상 무한한 사랑을 주시는 부모님께 깊은 감사를 드립니다.
언제나 곁에서 응원해 주는 아내와, 사랑스러운 딸에게도 고마움을 전합니다.
책 출간을 흔쾌히 허락해 주신 디비안 조시형 대표님, 편집과 디자인으로 완성도를 높여 주신 윤인아 팀장님, 정혜숙 팀장님께 감사드립니다.
집필 과정에서 실질적인 조언을 아끼지 않으신 이기정 이사님, 김영도 이사님, 박용언 차장님께 감사드립니다.
긴 시간 함께 걸어온 김범규 이사, 최영준 이사, 김동수 이사에게 감사드립니다.
PostgreSQL 첫 튜닝 프로젝트부터 지금까지 인연을 이어오고 있는 감병민 팀장님과 유제천 차장님께 감사드립니다.
바쁘신 일정에도 귀중한 추천사를 작성해 주신 교보문고 박성진 팀장님께 깊은 감사를 드립니다.
이 책의 실무적 기반이 된 신한투자증권 프로젝트의 시작부터 종료까지 19개월이라는 긴 시간 동안 아낌없는 협력과 지원을 보내주신 장원빈 수석님, 전성일 수석님께 진심으로 감사드립니다.

마지막으로, 이 책을 만나게 될 모든 독자 여러분께 감사의 마음을 전합니다.

### 책 소개

**•• 어떤 내용을 다뤘나요?**

이 책은 PostgreSQL DBA가 실무에서 수행하는 다양한 업무를 중심으로 구성되어 있습니다. 설치 및 환경 구축부터 오브젝트 관리, 아키텍처 이해, 주요 파라미터 설정, 물리 복제와 논리 복제, 백업 및 복구, 모니터링, 그리고 Vacuum까지, PostgreSQL 운영에 필요한 전반적인 내용을 폭넓게 다루고 있습니다.

**•• 책에서 다루지 않는 내용은?**

이 책은 성능 튜닝이나 쿼리 튜닝과 같은 최적화 관련 주제를 다루지 않습니다. 해당 내용은 필자가 실제 수행한 PostgreSQL 튜닝 프로젝트 경험을 바탕으로, 별도의 책으로 기획하고 있습니다.

**•• 누가 읽으면 좋은가요?**

PostgreSQL을 1~2년 정도 경험해 본 분들이나, 타 DBMS에는 익숙하지만 PostgreSQL을 새롭게 시작하는 단계에 있는 분들께 적합한 책입니다.

**•• 읽으면 안 되는 분들도 있나요?**

이 책은 PostgreSQL 입문자나 실무 경험이 적은 DBA를 대상으로 하고 있습니다. 따라서 PostgreSQL에 이미 깊은 전문성을 갖춘 분들께는 다소 쉬운 내용일 수 있으며, 그런 분들께는 이 책을 권하지 않습니다. 난이도는 초급에서 중급 수준으로, 실무에 바로 적용할 수 있는 기초와 응용 중심의 내용을 담고 있습니다.

●● 책을 쓰면서 가장 신경 쓴 부분은?

책을 집필하면서 가장 신경 쓴 부분은 현장의 경험을 바탕으로, DBA 업무에 실질적인 도움이 될 수 있는 실용적인 내용을 담는 것이었습니다.

또한 수차례에 걸친 윤문을 통해, 필자가 전달하고자 하는 내용을 독자들이 보다 쉽게 이해할 수 있도록 표현을 다듬고 정제했습니다.

특히 주요 개념과 동작 원리는 40여 개의 그림을 활용해 시각적으로 설명함으로써, 복잡한 내용을 보다 직관적으로 이해할 수 있도록 구성했습니다.

●● 책 읽는 방법

이 책은 1장부터 순서대로 읽는 것을 권장합니다. 앞에서 설명한 내용을 이해해야만 다음 내용을 효과적으로 습득할 수 있습니다.

책에 포함된 실습 예제들은 가능하면 직접 타이핑해 보시길 바랍니다. 스스로 타이핑하며 오류를 겪고 시행착오를 해결해 나가는 과정에서 실력이 자연스럽게 쌓이게 됩니다.

다만, 7장 '모니터링'에서 제공하는 주요 스크립트들은 아래 GitHub 링크를 통해 다운로드할 수 있습니다.

https://github.com/SiyeonAcademy/postgresql/blob/main/postgresql_script.zip

## 차례

추천의 글 … 006
서문 … 008
감사의 글 … 009
책 소개 … 010

## 1 환경구축

### 1-1 설치 … 023
PostgreSQL 엔진 설치 … 023
데이터베이스 클러스터 생성 … 024

### 1-1 인스턴스 시작 및 정지 … 027
pg_ctl 명령어를 이용한 인스턴스 제어 방법 … 027
DB 서버 재시작 시에 인스턴스 자동 시작 방법 … 029

### 1-3 접속하기 … 030
로컬 접속 … 030
pg_hba.conf 파일을 이용한 접속 관리 … 031
원격접속을 위한 설정 … 032
유저 패스워드 암호화 방식 … 034

### 1-4 클라이언트 툴 … 036
psql … 036

### 1.5 데이터베이스 환경 구축 … 038
유저 생성 … 038

| | |
|---|---|
| 롤 생성 | 039 |
| 데이터베이스 생성 | 040 |
| 스키마 생성 | 042 |
| 권한 관리 | 045 |
| 슈퍼유저 권한, CREATE 롤과 시스템 롤 | 057 |
| 익스텐션 설치 | 059 |

## 2 오브젝트

### 2-1 테이블 — 062
- 테이블 생성 — 062
- 테이블 복사 — 070
- 테이블 재구성 — 072
- 테이블 관리 명령어 — 072

### 2-2 인덱스 — 076
- 인덱스 생성 — 076
- CIC (Create Index Concurrently) 옵션 — 077
- 인덱스 리빌드 — 081
- 인덱스 관리 명령어 — 083

### 2-3 파티션 — 084
- 파티션 개요 — 085
- RANGE 파티션 — 086
- LIST 파티션 — 088
- HASH 파티션 — 089
- 파티션 인덱스 — 090
- 인덱스 ONLY 옵션 — 093
- 파티션 관리 명령어 — 096

### 2-4 뷰(View) — 101
- 뷰 특징 — 101

| | |
|---|---:|
| **2-5 시퀀스** | 106 |
| 시퀀스 특징 | 106 |
| 시퀀스 관리 명령어 | 108 |
| **2-6 함수** | 109 |
| 함수 실행 권한 | 109 |

# 3 아키텍처

| | |
|---|---:|
| **3-1 인스턴스** | 113 |
| 공유 메모리 | 114 |
| 프로세스 | 115 |
| 데이터베이스 클러스터 주요 디렉토리와 파일들 | 117 |
| **3-2 테이블스페이스** | 120 |
| pg_default 테이블스페이스 | 121 |
| pg_global 테이블스페이스 | 122 |
| 사용자 테이블스페이스 생성 | 123 |
| TEMP 테이블스페이스 | 124 |
| **3-3 테이블** | 125 |
| 테이블 (Heap 테이블) | 125 |
| Unlogged 테이블 | 127 |
| Temp 테이블 | 127 |
| TOAST (The Oversized-Attribute Storage Technique) | 129 |
| 3.4 (운영 Tip) Template 데이터베이스 기능 활용 방안 | 131 |

# 4 파라미터 설정 가이드

| | |
|---|---:|
| **4-1 로그 관련 파라미터** | 133 |
| logging_collector | 133 |

| | |
|---|---:|
| log_directory | 134 |
| log_filename | 134 |
| log_line_prefix | 135 |
| log_lock_waits | 135 |
| log_rotation_size | 136 |
| log_statement | 136 |

### 4-2 접속 관련 파라미터 — 137
| | |
|---|---:|
| max_connections | 137 |
| superuser_reserved_connections | 138 |
| listen_addresses | 138 |
| port | 139 |

### 4-3 메모리 관련 파라미터 — 139
| | |
|---|---:|
| shared_buffers | 139 |
| wal_buffers | 140 |
| work_mem | 141 |
| temp_buffers | 141 |
| hash_mem_multiplier | 142 |
| maintenance_work_mem | 142 |

### 4-4 체크포인트 관련 파라미터 — 143
| | |
|---|---:|
| checkpoint_timeout | 144 |
| max_wal_size | 144 |

### 4-5 WAL (Write Ahead Log) 관련 파라미터 — 145
| | |
|---|---:|
| wal_level | 145 |
| wal_keep_size | 145 |
| min_wal_size | 146 |
| wal_log_hints | 147 |
| checkpoint_completion_target | 147 |

### 4-6 Autovacuum 관련 파라미터 — 148
| | |
|---|---:|
| autovacuum | 148 |
| autovacuum_max_workers | 149 |
| log_autovacuum_min_duration | 149 |

## 4-7 병렬 처리 관련 파라미터 … 149
- max_worker_processes … 150
- max_parallel_workers … 150
- max_parallel_workers_per_gather … 151
- max_parallel_maintenance_workers … 151

## 4-8 세션 관리 파라미터 … 152
- idle_in_transaction_session_timeout … 152

## 4-9 압축 관련 파라미터 … 153
- wal_compression … 153
- default_toast_compression … 153

## 4-10 모니터링 관련 파라미터 … 154
- log_min_duration_statement … 154
- shared_preload_libraries … 154
- pg_stat_statements.max … 155
- pg_stat_statements.track … 155
- track_activity_query_size … 156
- compute_query_id … 156
- auto_explain.log_min_duration … 156
- auto_explain.log_analyze … 157
- auto_explain.log_buffers … 157

## 4-11 옵티마이저 관련 파라미터 … 158
- effective_cache_size … 158
- random_page_cost … 158
- jit … 159

## 4.12 아카이브 설정 관련 파라미터 … 160
- archive_mode … 160
- archive_command … 160

## 4.13 파라미터 설정 레벨 및 적용 순서 … 161
- 파라미터 적용 순서 … 161
- pg_settings 뷰 살펴보기 … 163

# 5 복제

## 5-1 물리 복제    166
물리 복제 구성 절차    166
물리 복제 아키텍처    171
동기화 모드 유형    173
동기 모드 복제 구성 절차    175
동기화 레벨    177
Cascade 복제 구성 절차    178

## 5-2 논리 복제    181
논리 복제 구성 절차    181
논리 복제 아키텍처와 동작 순서    187
Publication 생성 옵션 및 설정 변경    191
Subscription 생성 옵션 및 설정 변경    195
양방향 논리 복제    200

## 5-3 논리/물리 복제를 활용한 전일자 배치 환경 구성    202

## 5-4 복제 슬롯    204
미사용 슬롯의 문제점    205
WAL 디스크 볼륨 공간 부족으로 인스턴스 비정상 종료 시의 조치 방법    207
max_slot_wal_keep_size 파라미터를 이용한 장애 방지 방안    207

## 5-5 LSN과 WAL 파일명    210

# 6 백업과 복구

## 6-1 논리 백업과 복구    214
pg_dumpall을 이용한 백업    214
pg_dump를 이용한 백업    216
psql과 pg_restore를 이용한 복원    219
pg_restore를 이용한 복구    221
COPY    222

## 6-2 물리 백업과 복구 227
백업 및 복구 개요 227
pgBackRest 설치 및 환경 파일 설정 231
pgBackRest를 이용한 백업 234
pg_basebackup을 이용한 전체 백업 235
pg_basebackup을 이용한 증분 백업 237
pgBackRest를 이용한 완전 복구 240
pgBackRest를 이용한 완전 복구 (Delta 옵션) 244
pg_basebackup을 이용한 완전 복구 (전체 백업) 246
pg_basebackup을 이용한 완전 복구 (증분 백업) 248
pgBackRest를 이용한 시점 복구 (별도 서버) 250
pgBackRest를 이용한 시점 복구 (동일 서버) 254
pg_basebackup을 이용한 시점 복구 (별도 서버) 256
불필요한 아카이브 파일 정리 방법 259

# 7 모니터링

## 7.1 성능 모니터링 개요 262

## 7.2 데이터베이스 모니터링 262
pg_stat_database 뷰 263

## 7.3 세션 모니터링 264
pg_stat_activity 뷰 264

## 7.4 SQL 모니터링 267
1회 수행 시 응답시간이 느린 쿼리 모니터링 268
런타임 실행계획 확인: auto_explain 활용 269
반복 수행으로 과부하를 주는 쿼리 모니터링 270

## 7.5 I/O 모니터링 275
버퍼 액세스 전략과 링 버퍼 275
pg_stat_io 뷰를 이용한 시스템 레벨의 I/O 성능 분석 278

| | |
|---|---:|
| pg_stat_all_tables와 pg_statio_all_tables 뷰를 이용한 테이블 IO 분석 | 283 |
| pg_stat_wal 뷰를 이용한 WAL I/O 모니터링 | 286 |

## 7.6 복제 모니터링 288
pg_stat_replication 뷰를 이용한 복제 지연 분석 288

## 7.7 작업 진행 상황 모니터링 291
인덱스 생성 진행 상황 모니터링 292
Vacuum 진행 상황 모니터링 294
Vacuum Full 진행 상황 모니터링 296
COPY 진행 상황 모니터링 298

# 8 트랜잭션과 대기이벤트

## 8.1 트랜잭션과 락(Lock) 302
로우 레벨(Row-Level) 락 302
테이블 레벨 락 303
데드락 (Deadlocks) 305
멀티 트랜잭션 (Multi-Transaction) 310
pg_locks 뷰 312
Virtual XID 316
fastpath 318

## 8.2 대기이벤트 321
대기이벤트 유형 322
대기이벤트 모니터링 방법 323
DataFileRead 대기이벤트 323
WAL Insert 대기이벤트 325
WALWrite & WalSync 대기이벤트 326

| | |
|---|---:|
| BufferMapping 대기이벤트 | 328 |
| transactionid 대기이벤트 | 330 |
| tuple 대기이벤트 | 331 |
| virtualxid 대기이벤트 | 331 |
| relation 대기이벤트 | 332 |

# 9 Vacuum

## 9-1 MVCC 모델과 PostgreSQL MVCC의 특징 ........ 334
MVCC의 이해 ........ 334
PostgreSQL MVCC의 특징 ........ 336
32비트 XID 문제 해결을 위한 2가지 기법 ........ 339
정리 ........ 341

## 9-2 Vacuum 기본 ........ 342
Vacuum 수행 방법과 옵션 ........ 342
Vacuum 유형별 WAL 발생량 ........ 352
Vacuum 작업 수행 시 페이지 내의 변경 사항 ........ 355
vacuumlo를 이용한 Orphan LOB 정리 방법 ........ 358
AGE란? ........ 362
Visibility Map ........ 365

## 9-3 Vacuum과 Autovacuum 관련 주요 파라미터 ........ 366
Autovacuum 프로세스의 역할 ........ 366
Autovacuum 작업 주기 설정용 파라미터 ........ 367
Autovacuum 작업 부하 조절용 파라미터 ........ 368
Autovacuum: Vacuum 및 Analyze 작업 시점 계산용 파라미터 ........ 370
Autovacuum: Frozen 작업 관련 파라미터 ........ 371

## 9-4 Slow Query 수행과 Vacuum ........ 373
데드 튜플 삭제 기준 (Cutoff) 정책 ........ 373
동일 레코드 반복 업데이트 시의 문제점 ........ 377

## 9-5 복제 충돌과 Hot Standby Feedback  382
### 복제 충돌 현상 발생 원인  382
### Vacuum 수행에 의한 스냅샷 복제 충돌  383
### 스냅샷 복제 충돌 현상을 지연시키는 방법  383
### 스냅샷 복제 충돌 현상을 제거하는 방법  387
### DDL 수행에 의한 락 복제 충돌 현상  389

## 9-6 HOT (Heap-Only Tuple)와 fillfactor  391
### HOT 탄생 배경과 기본 컨셉  392
### HOT 동작 원리  393
### fillfactor와 HOT 업데이트 최적화  397

# 부록

## PSQL 주요 명령어  403
## PSQL 메타 명령어  404
## 테이블 주요 Storage 파라미터  405
### 테이블 생성 시 설정 예시  405
### 변경 예시  405
### 스토리지 파라미터 확인 방법  405
## 주요 익스텐션  406
### pg_prewarm  406
### Autoprewarm  407
### pg_buffercache  408
### pgstattuple  409
### pageinspect  410

## 찾아보기  412

# 환경구축

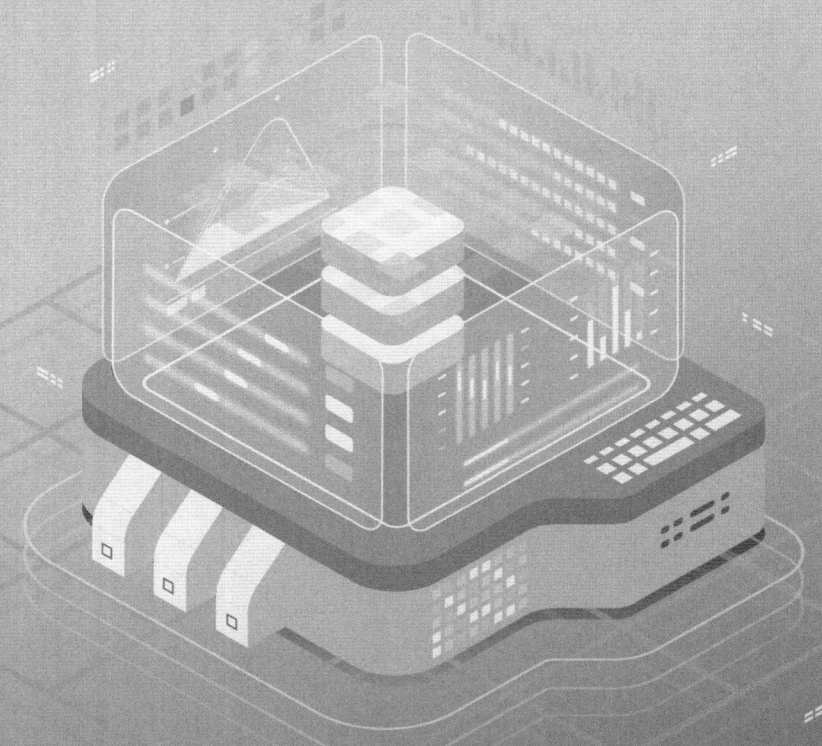

이 책을 읽는 독자들은 대부분 PostgreSQL 초중급 DBA이거나 오라클 DBA 업무를 오랜 기간 수행하면서 새롭게 PostgreSQL을 접한 DBA분일 것이다. 새로운 DBMS를 학습할 때 가장 먼저 수행할 일은 설치이다. 설치 이후에는 개발자들이 사용할 수 있는 환경 구축이 필요하다. 따라서 이번 장에서는 설치부터 데이터베이스 환경 구축을 위해 필요한 주요 사항들을 예제를 통해서 설명한다.

## 1-1. 설치

### PostgreSQL 엔진 설치

구글에서 'postgresql download'라고 입력하면 postgresql 엔진을 다운로드할 수 있는 사이트가 검색된다. 사이트 주소는 https://www.postgresql.org/download/ 이다. 설치 버전은 이 책을 집필하는 시점의 릴리즈 버전인 17을 이용한다.

### 설치 방법

설치 방법은 다음과 같다(이 책에서는 VM과 리눅스 설치는 설명하지 않는다).

1. 다운로드 사이트로 이동한 후에 Linux 아이콘을 클릭한다.
2. Select you Linux distribution 아래의 Red Hat/Rocky로 시작하는 박스를 클릭한다.
3. https://www.postgresql.org/download/linux/redhat/ 사이트로 이동한 후에 아래와 같이 선택한다.

1. Select version:
   17

2. Select platform:
   Red Hat Enterprise, Rocky, AlmaLinux or Oracle version 8

3. Select architecture:
   x86_64

플랫폼과 아키텍처 부분은 독자들의 환경에 맞게 선택한다. 선택이 끝나면 '4. Copy, paste and run the relevant parts of the setup script:' 하단부에 설치를 위한 명령어가 제공된다. 제공되는 명령어를 root 유저로 수행하면 PostgreSQL 엔진 설치가 완료된다. 이때, 마지막에 제공되는 'Optionally initialize the database and enable automatic start' 부분은 제외하고 수행한다.

```
# Install the repository RPM:
sudo dnf install -y https://download.postgresql.org/pub/repos/yum/reporpms/EL-8-x86_64/
pgdg-redhat-repo-latest.noarch.rpm

# Disable the built-in PostgreSQL module:
sudo dnf -qy module disable postgresql

# Install PostgreSQL:
sudo dnf install -y postgresql17-server
```

✅ 엔진 설치가 완료되면 postgres OS 유저가 자동으로 생성된다.

## 설치 시 발생할 수 있는 에러

간혹 다음과 같은 에러가 발생하는 경우가 있다.

```
오류: repo 'pgdg-common'의 메타 데이터를 다운로드하지 못했습니다. repomd.xml GPG
signature verification error: Bad GPG signature
```

이 에러는 비정상적으로 설치가 종료된 이후에 재 설치를 하면 발생할 수 있다. 이때는 pgdg-redhat-all.repo 파일을 삭제한 후에 설치를 진행하면 된다.

```
# cd /etc/yum.repos.d
# rm pgdg-redhat-all.repo
```

## 데이터베이스 클러스터 생성

엔진 설치 이후에는 postgres 유저로 접속한 후 initdb 명령어를 이용해서 데이터베이스 클러스터를 생성한다. PostgreSQL은 1개의 인스턴스 내에 여러 개의 데이터베이스를 생성할 수 있으며, 데이터베이스 집합을 '데이터베이스 클러스터'라고 한다. initdb 명령어 수행 직후에는 postgres, template0, template1 3개의 데이터베이스가 생성된다. initdb 명령어는 다양한 옵션을 제공하며 자주 사용되는 옵션들은 다음과 같다.

• 표 1-1. initdb 명령어 주요 옵션

| 옵션 | 설명 |
| --- | --- |
| --locale | 로케일 옵션을 설정한다. 반드시 'C'로 설정한다. |
| --encoding | 인코딩 옵션을 설정한다. 반드시 'UTF8'로 설정한다. |
| --pgdata | 데이터베이스 클러스터 저장 위치를 설정한다. |
| --waldir | WAL 파일 저장 위치를 설정한다. |
| --auth | pg_hba.conf 파일 내에 사용자 인증 방식을 설정한다. |
| --data-checksums | 데이터 블록 내에 체크섬(checksum) 정보를 추가로 저장하도록 설정한다. |
| --pwprompt | 슈퍼유저인 postgres 유저의 암호를 설정한다. |

### 로케일 옵션을 'C'로 설정해야 하는 이유

'C' 이외의 옵션은 한글 정렬 결과가 부정확하다. 뿐만 아니라 LIKE 검색 시에 한글을 입력하는 경우, 해당 칼럼에 인덱스가 생성되어 있더라도 인덱스를 사용할 수 없는 문제가 발생한다. 이로 인해 'PostgreSQL은 한글 LIKE 검색 시에는 인덱스를 사용할 수 없다'고 오해하기도 한다. 따라서 --locale 옵션은 반드시 'C'로 설정한다.

로케일 옵션은 initdb 명령어 수행 시에 설정할 수도 있고, 데이터베이스 생성 시에 설정할 수도 있다. 따라서 직접 설치가 가능한 On-premise나 EC2 환경에서는 initdb 명령어 수행 시에 설정하고 initdb 명령어를 수행할 수 없는 클라우드 RDS 환경에서는 데이터베이스 생성 시에 설정한다.

### Encoding 옵션을 'UTF8'로 설정해야 하는 이유

PostgreSQL에서 모든 한글 조합을 지원하는 캐릭터 셋은 UTF8 뿐이다. UTF8 캐릭터 셋은 한글 한 글자에 3바이트를 사용하며 영문과 숫자는 1바이트를 사용한다.

> ✅ 오라클은 일반적으로 한글을 2바이트로 저장한다. 따라서 오라클에서 PostgreSQL로의 전환을 고려할 때는 디스크 용량을 오라클 대비 약 130% 수준으로 산정하는 것이 일반적이다.

### pgdata와 waldir 옵션 설정

--pgdata와 --waldir 옵션을 지정하지 않고 initdb 명령어를 수행하면 데이터베이스 클러스터와 WAL 파일은 /var/lib/pgsql/17/data 하위 디렉토리에 저장된다. 개인용으로 설치할 경우에는 해당 옵션을 지정하지 않고 설치해도 무방하지만, 업무용으로 설치할 경우에는 데이터베이스 클러스터용 디스크 볼륨과 WAL 전용 디스크 볼륨을 구성한 후에 설치하도록 한다. 이 책에서는 데이터베이스 클러스터는 '/data' 디스크 볼륨에 WAL 파일은 '/pg_wal' 디스크 볼륨에 저장하는 것을 기준으로 설명한다.

### auth 옵션

버전 14부터 사용자 암호화 방식의 기본값이 md5에서 scram-sha-256으로 변경되었으므로 scram-sha-256으로 설정한다.

### data-checksums 옵션

--data-checksums 옵션을 설정하면 데이터 블록마다 체크섬을 기록하며, 이를 통해 블록 손상 여부를 로그 파일을 통해 확인할 수 있다. 또한, 이 옵션은 6장에서 설명할 pgBackRest 백업 툴을 이용한 delta 복구를 위해서도 반드시 필요하다.

### 생성 예제

initdb 명령어 수행 예제는 다음과 같다. 데이터베이스 클러스터는 /data/svc01 디렉토리에 저장하고 WAL 파일은 /pg_wal/svc01 디렉토리에 저장하는 예이다.

```
$ /usr/pgsql-17/bin/initdb --locale='C' --encoding='UTF8' --pgdata='/data/svc01'
--waldir='/pg_wal/svc01' --auth='scram-sha-256' -pwprompt
새 superuser 암호를 입력하십시오:
암호 확인:
작업완료. 이제 다음 명령을 이용해서 서버를 가동할 수 있습니다.
    /usr/pgsql-17/bin/pg_ctl -D /data/svc01 -l 로그파일 start
```

## 1-2. 인스턴스 시작 및 정지

데이터베이스 클러스터가 생성된 후에는 인스턴스를 기동할 수 있다. 인스턴스는 데이터베이스 클러스터와 공유 메모리, 백그라운드 프로세스를 포함하는 개념이다. 인스턴스는 pg_ctl 명령어를 이용해서 제어한다. 만약 서버가 재시작할 때 자동으로 인스턴스를 시작하도록 설정하려면, systemctl 명령어를 이용해서 서비스를 등록하면 된다.

### pg_ctl 명령어를 이용한 인스턴스 제어 방법

pg_ctl 명령어 주요 옵션은 다음과 같다.

- 표 1-2. pg_ctl 명령어 주요 옵션

| 옵션 | 설명 |
| --- | --- |
| start | 인스턴스를 시작한다. |
| stop | 인스턴스를 종료한다. |
| restart | 인스턴스를 종료한 이후에 재시작한다. |
| reload | pg_hba.conf, postgresql.conf, postgresql.auto.conf의 변경 사항 중 인스턴스 재시작 없이 반영 가능한 변경 사항을 적용한다. |
| status | 인스턴스 상태를 확인한다. |

### 인스턴스 제어 예제

pg_ctl 명령어를 이용해서 인스턴스를 제어하는 예제는 다음과 같다(테스트 전에 pg_ctl 명령어가 위치한 /usr/pgsql-17/bin 디렉토리를 PATH 환경 변수에 추가한다).

```
$ echo "export PATH=/usr/pgsql-17/bin:\$PATH" >> ~postgres/.bash_profile
$ . ~postgres/.bash_profile
$ pg_ctl start -D /data/svc01
서버를 시작하기 위해 기다리는 중....2025-03-03 21:04:43.623 KST [15746] LOG:
서버 시작됨
$ pg_ctl restart -D /data/svc01
서버를 멈추기 위해 기다리는 중.... 완료
```

```
서버 멈추었음
서버를 시작하기 위해 기다리는 중....2025-03-03 21:05:35.171 KST [15778] LOG:
서버 시작됨
$ pg_ctl reload -D /data/svc01
서버가 시스템 시그널을 받았음
$ pg_ctl status -D /data/svc01
pg_ctl: 서버가 실행 중임 (PID: 15778)
/usr/pgsql-17/bin/postgres "-D" "/data/svc01"
$ pg_ctl stop -D /data/svc01
서버를 멈추기 위해 기다리는 중.... 완료
서버 멈추었음
```

## PGDATA 환경 변수 설정

PGDATA 환경 변수를 설정하면 pg_ctl 명령어 실행 시에 -D 옵션을 지정하지 않아도 된다.

```
$ echo "export PGDATA=/data/svc01" >> ~postgres/.bash_profile
$ . ~postgres/.bash_profile
$ pg_ctl start
```

-D 옵션 없이 인스턴스를 시작하면 postgres 프로세스 정보에 데이터베이스 클러스터 디렉토리가 표시되지 않는다. 데이터베이스 서버 내에 1개의 데이터베이스 클러스터만 존재한다면 -D 옵션을 사용할 필요는 없다. 하지만, 데이터베이스 서버 내에 2개 이상의 데이터베이스 클러스터가 존재한다면 -D 옵션을 이용하는 것이 모니터링하기에 편리하다.

```
-D 옵션 적용 :
$ ps -ef | grep /usr/pgsql-17/bin/postgres | grep -v grep
postgres   16191       /usr/pgsql-17/bin/postgres -D /data/svc01
-D 옵션 미적용
$ ps -ef | grep /usr/pgsql-17/bin/postgres | grep -v grep
postgres   16223       /usr/pgsql-17/bin/postgres
```

## 인스턴스 종료 방법

인스턴스 종료 모드는 다음과 같다. 기본값은 fast 모드이다.

• 표 1-3. 인스턴스 종료 모드

| 종료 모드 | 동작 방식 |
| --- | --- |
| -m smart | 기존에 접속한 세션이 모두 종료할 때까지 대기한 후에 종료한다. |
| -m fast | 액티브 트랜잭션을 모두 롤백하고, 접속한 세션을 강제 종료한 후에 종료한다. 종료 시에 체크포인트를 수행하므로 재시작시에 인스턴스 복구를 수행할 필요가 없다. |
| -m immediate | 액티브 트랜잭션에 대한 롤백을 수행하지 않을 뿐 아니라 체크포인트도 수행하지 않고 종료한다. 가장 빠르게 인스턴스를 종료할 수 있지만 재시작시에는 인스턴스 복구를 수행해야 한다. |

> 오라클과 종료 옵션 명이 약간 다르다. smart는 오라클의 normal 옵션, fast는 오라클의 immediate 옵션, immediate는 오라클의 abort 옵션과 각각 매칭된다.

## DB 서버 재시작 시에 인스턴스 자동 시작 방법

DB 서버 재시작 시에 인스턴스를 자동으로 시작하는 방법은 다음과 같다.

systemctl 명령어를 이용해서 서비스를 등록한다.

```
# systemctl enable postgresql-17
Created symlink /etc/systemd/system/multi-user.target.wants/postgresql-17.service →
/usr/lib/systemd/system/postgresql-17.service.
```

서비스 등록 후에 /usr/lib/systemd/system/postgresql-17.service 파일의 PGDATA 값을 데이터베이스 클러스터 디렉토리로 변경한다.

```
# Location of database directory
Environment=PGDATA=/data/svc01
```

다음과 같이 변경 내용을 적용한다.

```
# systemctl daemon-reload
```

서비스 등록 후에 서버를 재시작하면 -D 옵션을 적용해서 자동으로 인스턴스가 시작된다.

```
$ ps -ef | grep /usr/pgsql-17/bin/postgres | grep -v grep
postgres    1433    /usr/pgsql-17/bin/postgres -D /data/svc01
```

## 1-3. 접속하기

인스턴스가 기동되면 클라이언트 프로그램을 이용해서 데이터베이스에 접속할 수 있다. 접속 방식은 로컬 접속과 원격 접속으로 구분된다. 데이터베이스 접속을 위해 일반적으로 사용되는 프로그램은 PostgreSQL에서 자체적으로 제공하는 pgAdmin과 psql 및 무료로 사용가능한 DBeaver이다. 이 책에서는 psql을 이용한다.

### 로컬 접속

로컬 접속은 putty와 같은 터미널 프로그램을 이용해서 데이터베이스 서버에 접속한 후에 데이터베이스에 접속하는 방식이다. 로컬 접속을 위해 postgres OS 유저로 데이터베이스 서버에 로그인 한 후에 psql을 이용해서 데이터베이스에 접속해보자. postgres 데이터베이스 유저 암호는 initdb 명령어 수행 시에 입력했던 암호를 입력한다.

```
$ psql
postgres 사용자의 암호:
psql (17.4)
도움말을 보려면 "help"를 입력하십시오.
=> \c
접속정보: 데이터베이스="postgres", 사용자="postgres".
```

psql 실행 후에 암호를 입력하면 데이터베이스에 접속한다. 이때, 내부적으로는 아래의 네 가지 옵션이 자동으로 적용된다.

- 데이터베이스 서버 IP 주소
- 데이터베이스 접속 포트

- 데이터베이스명
- 접속 유저명

로컬 접속이므로 데이터베이스 서버 IP 주소는 'localhost', 데이터베이스 접속 포트는 기본값인 5432, 데이터베이스명은 기본값인 postgres, 접속 유저명은 OS 로그인 유저와 동일한 postgres 유저로 접속한다. 즉, 아래의 명령어를 수행한 것과 동일하다(접속 옵션은 표 1-4. 참조).

```
$ psql -h localhost -p 5432 -d postgres -U postgres
```

● 표 1-4. psql 접속 옵션

| 옵션 | 설명 |
| --- | --- |
| -h | 데이터베이스 서버 IP 주소를 입력한다. 옵션 기본값은 localhost이며 PGHOST 환경 변수를 이용해서 기본값을 변경할 수 있다. 다만 로컬 접속 시에는 기본값인 localhost를 이용하므로 PGHOST 환경 변수를 설정할 필요는 없다. |
| -p | 데이터베이스 접속 포트를 입력한다. 옵션 기본값은 5432이며 PGPORT 환경 변수를 이용해서 기본값을 변경할 수 있다. |
| -d | 접속 대상 데이터베이스를 입력한다. 옵션 기본값은 postgres이며 PGDATABASE 환경 변수를 이용해서 기본값을 변경할 수 있다. |
| -U | 접속 유저명을 입력한다. 옵션 기본값은 postgres이며 PGUSER 환경 변수를 이용해서 기본값을 변경할 수 있다. 다만 로컬 접속을 수행하는 유저는 대부분 DBA 뿐이며, DBA는 postgres 유저로 서버에 로그인하므로 PGUSER 환경 변수를 설정할 필요는 없다. |

## pg_hba.conf 파일을 이용한 접속 관리

PostgreSQL은 pg_hba.conf 파일을 이용해서 데이터베이스 서버에 접속할 수 있는 클라이언트 서버의 IP 주소(또는 IP 대역대), 접속 가능 유저, 접속 가능 데이터베이스 및 유저 인증 방식을 관리한다. pg_hba.conf 파일은 $PGDATA 디렉토리에 위치하며 초기 설정 내용은 다음과 같다.

```
$ cd $PGDATA
$ cat pg_hba.conf
```

```
# TYPE  DATABASE        USER            ADDRESS                 METHOD
local   all             all                                     scram-sha-256
host    all             all             127.0.0.1/32            scram-sha-256
host    all             all             ::1/128                 scram-sha-256
```

각 칼럼의 의미는 다음과 같다.

- TYPE: local은 로컬 접속, host는 원격 접속을 의미한다.
- DATABASE: 접속 대상 데이터베이스명을 설정한다. all은 모든 데이터베이스를 의미한다.
- USER: 데이터베이스에 접속할 수 있는 유저명을 설정한다. all은 모든 유저를 의미한다.
- ADDRESS: 데이터베이스에 접속할 수 있는 클라이언트 IP 주소를 CIDR 방식으로 설정한다. '0.0.0.0/0'로 설정하면 모든 클라이언트 서버에서 접속할 수 있다.
- METHOD: 데이터베이스 접속 시에 사용할 유저 인증 방식을 설정한다. 초기값은 initdb 실행 시에 사용한 --auth 옵션으로 설정된다.

METHOD 칼럼에 자주 사용되는 값들은 다음과 같다.

- 표 1-5. 자주 사용되는 METHOD 칼럼값

| 칼럼값 | 설명 |
| --- | --- |
| trust | 암호 입력 없이 데이터베이스에 접속할 수 있는 방식이다. 암호를 입력하지 않아도 데이터베이스 접속이 가능하므로 편리하다는 장점이 있지만 보안에 취약하다. DB 보안 감사 대상 장비라면 trust로 설정해서는 안된다. |
| peer | OS 레벨에서 접속 인증을 받는 방식이며 local 접속 시에만 사용할 수 있다. Peer 접속을 하려면 데이터베이스 유저명과 OS 유저명이 동일해야 한다. 주로 서버에서 DBA 작업을 수행한다면 postgres 유저를 peer 방식으로 설정하는 것이 편리하다. |
| scram-sha-256 | scram-sha-256 인증을 이용해서 데이터베이스 사용자 암호를 체크하는 방식이다. 현재 제공되는 인증 방식들 중 가장 보안성이 뛰어난 방식이다. |

## 원격접속을 위한 설정

원격 접속을 위해서는 데이터베이스 서버 IP 주소, 데이터베이스 접속 포트, 접속 대상 데이터베이스명과 데이터베이스 유저 정보가 필요하다. psql을 이용한 원격 접속 방법은 다음과 같다.

```
$ psql -h 192.168.200.201 -p 5432 -d postgres -U postgres
```

PostgreSQL은 listen_addresses 파라미터를 이용해서 원격 접속을 허용할 IP 주소를 설정한다. 기본값인 'localhost'는 로컬 접속만 허용하기 때문에 원격 접속 시에 다음과 같은 에러가 발생한다.

```
psql: 오류: "192.168.200.201" 포트 5432 서버에 접속할 수 없음: 연결이 거부됨
       해당 호스트에 서버가 실행 중이고, TCP/IP 접속을 허용하는지 확인하세요.
```

모든 원격 접속을 허용하도록 listen_addresses 파라미터를 '*'로 설정한다. 이를 위해 다음과 같이 파라미터를 변경하고 인스턴스를 재시작한다.

```
$ cd $PGDATA
$ echo "listen_addresses='*'" >> postgresql.conf
$ pg_ctl restart
```

✅ postgresql.conf 파일에 동일한 파라미터가 존재하면 아래에 위치한 파라미터의 우선순위가 높다. 따라서 echo 명령어를 이용해서 postgresql.conf 파일에 파라미터를 추가 등록하면 해당 파라미터 값이 적용된다.

다시 한번 원격 접속을 시도해보자. 이번에는 이전과 다른 에러 메시지가 출력된다.

```
$ psql -h 192.168.200.201 -p 5432 -d postgres -U postgres
psql: 오류: "192.168.200.201" 포트 5432 서버에 접속할 수 없음:
FATAL:  no pg_hba.conf entry for host "192.168.200.201", user "postgres", database
"postgres", no encryption
```

이 에러는 데이터베이스 접속을 시도한 클라이언트 정보가 pg_hba.conf 파일 내에 없을 때 발생한다. 따라서 다음과 같이 클라이언트 정보를 추가한다. 클라이언트 정보는 IP 단위로 등록할 수 있지만, 일반적으로 IP 대역대로 등록한다.

```
# TYPE  DATABASE        USER            ADDRESS                 METHOD
local   all             all                                     scram-sha-256
host    all             all             127.0.0.1/32            scram-sha-256
host    all             all             192.168.200.0/24        scram-sha-256
```

pg_hba.conf 파일에 변경된 내용을 적용하기 위해서 pg_ctl reload 명령어를 수행한다. 변경된 내용이 적용된 후에는 원격 접속이 가능하다.

```
$ pg_ctl reload
서버가 시스템 시그널을 받았음
$ psql -h 192.168.200.201 -p 5432 -d postgres -U postgres
postgres 사용자의 암호:
psql (17.4)
도움말을 보려면 "help"를 입력하십시오.
=>
```

**pg_hba.conf 파일 설정 가이드**

필자는 다음과 같이 pg_hba.conf를 설정한다. 로컬 접속은 postgres 유저만 peer로 설정한다. 서버에서 수행하는 DBA 작업이 빈번하다면 매번 패스워드를 입력하는 것이 번거롭기 때문이다. 원격 접속 허용 IP 주소는 0.0.0.0/0으로 설정한다. 일반적으로 서버 간의 접속 제어는 방화벽을 이용하므로, 0.0.0.0/0으로 설정하는 것이 관리상 편리하다. 단, 내부 보안 규정 확인이 필요하다.

```
# TYPE  DATABASE     USER        ADDRESS         METHOD
local   all          postgres                    peer
local   all          all                         scram-sha-256
host    all          all         0.0.0.0/0       scram-sha-256
```

## 유저 패스워드 암호화 방식

PostgreSQL는 유저 패스워드 암호화를 위해 md5 방식과 scram-sha-256 방식을 제공한다. 버전 13까지는 md5가 기본값이며 버전 14부터는 scram-sha-256이 기본값이다. 유저 패스워드 암호화 방식은 password_encryption 파라미터로 설정한다.

### 유저 패스워드 암호화 방식 확인

유저 패스워드 암호화 방식은 pg_shadow 뷰의 passwd 칼럼에서 확인할 수 있다.

```
=> select usename, left(passwd,13) from pg_shadow;
 usename  |      left
----------+----------------
 postgres | SCRAM-SHA-256
```

### scram-sha-256 방식 적용 시 접속이 안되는 경우의 조치 사항

오래전 JDBC 버전은 scram-sha-256 방식을 지원하지 않는다. 따라서 pg_hba.conf 내의 유저 패스워드 암호화 방식을 scram-sha-256으로 설정했다면, 아래와 같은 에러가 발생한다.

```
Only AuthenticationClearTextPassword and AuthenticationMD5password supported for now
Received: 10
```

이 경우 최신 JDBC 드라이버로 업데이트하면 문제가 해결된다. 만약 단기간 내에 드라이버 업데이트가 힘든 경우에는 다음과 같이 임시 조치한다.

가장 쉬운 방법은 접속 문제가 발생한 애플리케이션 서버의 IP 주소와 데이터베이스 유저 정보를 pg_hba.conf 파일에 trust로 설정하는 것이다. 아래는 접속 문제가 발생한 애플리케이션 서버의 IP 주소는 '192.168.123.91', 접속 유저는 'user01'인 경우의 예제이다.

```
# TYPE  DATABASE    USER        ADDRESS             METHOD
local   all         postgres                        peer
local   all         all                             scram-sha-256
host    all         user01      192.168.123.91/32   trust
host    all         all         0.0.0.0/0           scram-sha-256
```

이때, 주의할 부분은 접속 허용 여부는 pg_hba.conf 파일의 윗 라인부터 적용된다는 점이다. 따라서 아래와 같이 적용하면 여전히 접속 에러가 발생한다. 모든 원격 접속은 scram-sha-256 방식으로 적용되기 때문이다.

```
# TYPE  DATABASE    USER        ADDRESS             METHOD
local   all         postgres                        peer
local   all         all                             scram-sha-256
host    all         all         0.0.0.0/0           scram-sha-256  # 우선적용
host    all         user01      192.168.123.91/32   trust          # 적용안됨
```

또 다른 방법은 아래와 같이 해당 유저의 패스워드만 md5 방식으로 변경하는 것이다.

```
=> set password_encryption='md5';
=> alter user user01 with password '<기존 패스워드 입력>';
=> select usename, left(passwd,13) from pg_shadow;
 usename  |     left
----------+---------------
 postgres | SCRAM-SHA-256
 user01   | md54ef1afcf62
```

해당 유저의 패스워드 암호화 방식을 md5로 변경한 후에, 다음과 같이 pg_hba.conf를 변경한다. 이후, pg_ctl reload 명령어를 실행하면 변경 사항이 적용된다.

```
# TYPE  DATABASE  USER      ADDRESS             METHOD
local   all       postgres                      peer
local   all       all                           scram-sha-256
host    all       user01    192.168.123.91/32   md5
host    all       all       0.0.0.0/0           scram-sha-256
```

하지만, 이 방식들은 모두 보안에 취약하기 때문에 최신 JDBC 드라이버로 업데이트한 후에 scram-sha-256 방식을 적용해야 한다.

## 1-4. 클라이언트 툴

### psql

DBA 업무를 위해 가장 편리하게 사용할 수 있는 도구는 psql이다. psql은 데이터베이스 서버에 로그인해서 사용할 수도 있고, 사용자 PC에서 원격 접속해서 사용할 수도 있다. psql의 가장 큰 장점은 메타 명령어이다. 데이터베이스 정보, 유저 정보, 테이블 정보, 인덱스 정보와 같이 DBA에게 필요한 정보를 간단한 메타 명령어로 확인할 수 있다.

뿐만 아니라, 쿼리 수행 결과 출력을 가로방향과 세로방향으로 변환할 수 있고, 명령어 히스토리 기능을 통해서 명령어들을 빠르고 편리하게 재실행할 수 있다. 또한 watch 기능을 이용하면 반복 작업과 모니터링 업무를 매우 편리하게 수행할 수 있다. psql 프로그램에서 제공하는 메타 명령어는 psql 접속 후에 \?을 입력해서 확인할 수 있다.

**메타 명령어에 해당되는 쿼리 확인 방법**

앞으로 설명할 예제에서는 다양한 메타 명령어를 사용한다. 그런데 메타 명령어를 사용할 수 없는 환경에서는 메타 명령어에 해당되는 쿼리를 사용해야 한다. 메타 명령어에 해당되는 쿼리를 추출하는 방법은 다음과 같다.

psql -E 옵션으로 데이터베이스에 접속한다.

```
$ psql -E
```

예를 들어, 유저(롤) 목록을 출력하는 \du 메타 명령어를 실행해보자.

```
=> \du
```

메타 명령어 실행 결과를 보면, 메타 명령어에 해당되는 쿼리도 함께 제공되는 것을 확인할 수 있다.

```
********** 쿼리 **********
SELECT r.rolname, r.rolsuper, r.rolinherit,
  r.rolcreaterole, r.rolcreatedb, r.rolcanlogin,
  r.rolconnlimit, r.rolvaliduntil
, r.rolreplication
, r.rolbypassrls
FROM pg_catalog.pg_roles r
WHERE r.rolname !~ '^pg_'
ORDER BY 1;
롤 목록
  롤 이름  |                   속성
----------+-------------------------------------------
 postgres | 슈퍼유저, 롤 만들기, DB 만들기, 복제, RLS 통과
```

이처럼 메타 명령어에 해당되는 쿼리를 추출해서 독자들이 필요한 스크립트를 손쉽게 작성할 수 있다.

# 1-5. 데이터베이스 환경 구축

지금까지 우리는 PostgreSQL 엔진을 설치하고 데이터베이스 클러스터를 생성한 후에 인스턴스를 기동했다. 이제부터는 업무 수행을 위한 데이터베이스 환경을 구축할 차례이다. 일반적으로 유저 생성, Role(롤) 생성, 데이터베이스 생성, 스키마 생성, 권한 부여, 익스텐션 설치 순으로 진행한다.

## 유저 생성

업무용 유저를 생성하는 방법은 다음과 같다.

```
create user <유저명> with password <패스워드>;
create role <유저명> with password <패스워드> login;
```

이들은 명령어만 다를 뿐 수행 결과는 동일하다. PostgreSQL에서 유저는 로그인 권한을 가진 롤이기 때문이다. 이는 유저와 롤이 명확히 구분되는 오라클과 다른 점 중의 하나이다.

> ✅ 초기 설치 후에 자동으로 생성되는 postgres 유저는 데이터베이스에 대한 모든 권한을 가진 슈퍼유저이므로 DBA만 사용하도록 한다.

### 예제

다음과 같이 네 개의 유저를 생성한다. 각각 오브젝트 생성용 유저, 온라인 서비스용 유저, 배치 업무용 유저와 조회용 유저이다. 하나의 유저로 모든 업무를 처리해도 되지만, 유저를 구분하면 아래와 같은 장점이 있다.

- 유저별 권한 관리가 용이하다.
- 모니터링 및 쿼리 분석이 용이하다.

```
=> create user svc     with password 'passsvc';
=> create user svcapp with password 'passapp';
=> create user svcbat with password 'passbat';
=> create user svcsel with password 'passsel';
```

유저 목록은 메타 명령어 \du 또는 pg_roles 뷰를 통해 확인할 수 있다.

```
=> \du svc*
            롤 목록
 롤 이름  |      속성
---------+------------------
 svc     |
 svcapp  |
 svcbat  |
 svcsel  |
=> select rolname from pg_roles where rolname like 'svc%';
 rolname
---------
 svcapp
 svcbat
 svcsel
 svc
```

## 롤 생성

롤은 접속 권한과 데이터베이스 내의 테이블, 시퀀스, 함수 및 스키마에 대한 권한을 제어하기 위한 단위이다. 따라서 롤에 접속 권한(LOGIN)을 부여하면 데이터베이스에 접속할 수 있다. 또한, 다양한 오브젝트 및 스키마에 대한 권한을 롤에 부여한 후에 해당 롤을 유저에게 부여하면 효율적으로 권한 관리 작업을 할 수 있다. 권한 관리 작업은 데이터 보안 측면에서 가장 중요한 업무이기도 하다. 롤 생성 방법은 다음과 같다.

```
create role <롤명>;
```

### 예제

다음과 같이 두개의 롤을 생성한다. 테이블에 대한 CRUD(Insert, Select, Update, Delete)가 가능한 롤은 svc_ra로 생성하고, SELECT만 가능한 롤은 svc_rs로 생성한다.

```
=> create role svc_ra;
=> create role svc_rs;
```

롤 목록은 유저와 동일하게 메타 명령어 \du와 pg_roles 뷰를 통해 확인할 수 있다. 아래는 롤 생성 후의 \du 메타 명령어 수행 결과이다.

```
=> \du svc*
            롤 목록
  롤 이름  |         속성
----------+------------------
  svc     |
  svc_ra  | 로그인할 수 없음
  svc_rs  | 로그인할 수 없음
  svcapp  |
  svcbat  |
  svcsel  |
```

## 데이터베이스 생성

유저와 롤을 생성한 후에는 데이터베이스를 생성한다. 이 책의 예제처럼 initdb 명령어를 이용해서 데이터베이스 클러스터를 생성했다면 다음과 같은 방식을 사용한다.

```
create database <데이터베이스명>;
```

그렇지 않은 경우라면 다음과 같이 template0 템플릿 데이터베이스를 이용해서 encoding과 lc_collate 옵션을 각각 설정하는 방식을 사용한다.

```
create database <데이터베이스명> encoding 'UTF8' lc_collate 'C' template template0;
```

> ✅ 유저와 롤보다 데이터베이스를 먼저 생성해도 된다. 하지만, 유저와 롤은 인스턴스 레벨에서 관리되므로 데이터베이스보다는 논리적으로 상위 개념이다. 이런 이유 때문에 유저와 롤을 생성한 후에 데이터베이스를 생성하는 것이 일반적이다.

### 예제

다음과 같이 svcdb 데이터베이스를 생성한다.

```
=> create database svcdb;
```

데이터베이스 목록은 메타 명령어 \l 또는 pg_database 시스템 테이블을 통해서 확인할 수 있다.

```
=> \l
              데이터베이스 목록
     이름    |  소유주   |  인코딩  | Collate
-----------+----------+---------+---------
 postgres  | postgres | UTF8    | C
 svcdb     | postgres | UTF8    | C
 template0 | postgres | UTF8    | C
 template1 | postgres | UTF8    | C

=> select oid, datname, encoding, datcollate from pg_database;
  oid  |  datname  | encoding | datcollate
-------+-----------+----------+------------
     1 | template1 |        6 | C
     4 | template0 |        6 | C
     5 | postgres  |        6 | C
 16444 | svcdb     |        6 | C
```

> ✅ 일반적으로 운영 환경은 데이터베이스 클러스터 내에 한 개의 데이터베이스만 생성한다. 개발 환경은 필요한 경우 하나 이상의 데이터베이스를 생성하기도 한다.

데이터베이스 생성 후에 PGDATABASE 환경 변수를 설정한다. 이 환경 변수를 설정하면 -d 옵션 없이도 데이터베이스에 접속할 수 있다.

```
$ echo "export PGDATABASE=svcdb " >> ~postgres/.bash_profile
$ . ~postgres/.bash_profile
```

## Template DB

initdb 명령어 수행 후에 생성된 template0, template1 데이터베이스는 템플릿 데이터베이스이다. 아래는 메타 명령어 \l+의 결과이다(메타 명령어에 '+'를 붙이면 추가 정보를 확인할 수 있다).

```
=> \l+
                        데이터베이스 목록
    이름      |  소유주  | 인코딩  | Collate |              설명
--------------+----------+---------+---------+------------------------------------------
  postgres    | postgres | UTF8    | C       | default administrative connection database
  template0   | postgres | UTF8    | C       | unmodifiable empty database
  template1   | postgres | UTF8    | C       | default template for new databases
```

위 결과에서도 알 수 있듯이, 새로운 데이터베이스를 생성할 때는 기본적으로 template1 데이터베이스를 이용한다. 따라서 사용자 데이터베이스는 template1 데이터베이스를 복제해서 생성된다. 또한 template1 데이터베이스 내에는 사용자가 필요한 오브젝트를 미리 생성해 둘 수 있기 때문에 사용자가 원하는 템플릿 데이터베이스를 구성할 수 있다.

단, template1 데이터베이스를 이용하면 인코딩과 Collate 설정을 변경할 수 없다. 따라서 인코딩이나 Collate 설정을 변경하려면 template0 데이터베이스를 이용해야 한다.

## 스키마 생성

PostgreSQL에서 스키마는 매우 중요한 개념이다. 스키마는 테이블, 인덱스, 함수, 뷰, 시퀀스 등의 오브젝트를 포함하는 논리적인 공간이다.

스키마의 주요 특징은 다음과 같다.

- 데이터베이스 내에는 여러 개의 스키마를 생성할 수 있다.
- 데이터베이스가 다르면 동일한 이름의 스키마를 생성할 수 있다.
- 스키마가 다르면 동일한 이름의 오브젝트를 생성할 수 있다.
- 스키마 내에는 테이블, 인덱스, 뷰, 함수, 시퀀스 등의 오브젝트가 존재한다.

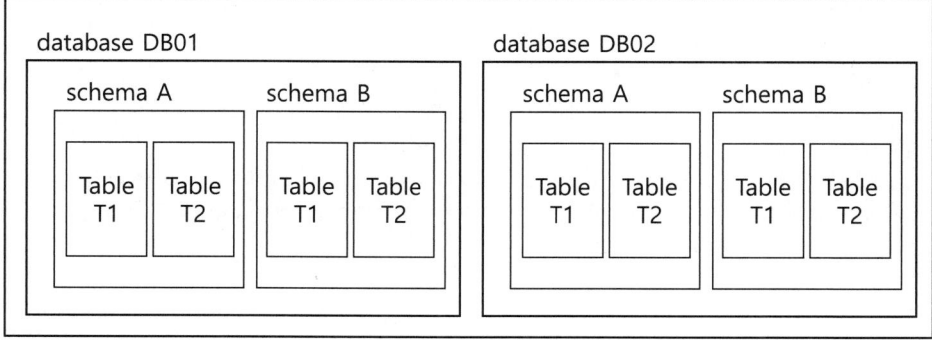

그림 1-1. 데이터베이스 클러스터 계층도

스키마 생성 시에 authorization 옵션을 이용해서 스키마 소유자를 지정할 수 있으며, 스키마 소유자를 지정하지 않으면 스키마를 생성한 유저가 소유자가 된다. 스키마 소유자는 스키마와 스키마 내의 오브젝트들에 대한 모든 권한을 갖는다.

```
create schema <스키마명>;
create schema <스키마명> authorization <유저명>;
```

### 예제

svcdb 데이터베이스에 접속한 후에 svc 스키마를 생성한다. 이때, 스키마 소유자는 테이블 생성용 유저인 svc로 지정한다.

```
=> create schema svc authorization svc;
```

스키마 목록은 메타 명령어 \dn 또는 pg_namespace 시스템 테이블을 통해서 확인할 수 있다.

```
=> \dn+
                              스키마 목록
  이름  |      소유주       |               액세스 권한                |     설명
--------+-------------------+------------------------------------------+---------------
 public | pg_database_owner | pg_database_owner=UC/pg_database_owner+ | public schema
        |                   | =U/pg_database_owner                    |
 svc    | svc               |                                          |
```

```
=> select * from pg_namespace;
  oid  |      nspname       | nspowner |                    nspacl
-------+--------------------+----------+------------------------------------------------
    99 | pg_toast           |       10 |
    11 | pg_catalog         |       10 | {postgres=UC/postgres,=U/postgres}
  2200 | public             |     6171 | {pg_database_owner=UC
                                         /pg_database_owner,=U/pg_database_owner}
 13189 | information_schema |       10 | {postgres=UC/postgres,=U/postgres}
 16451 | svc                |    16439 |
```

## PUBLIC 스키마

스키마 목록을 보면 public 스키마가 포함되어 있는 것을 알 수 있다. public 스키마는 데이터베이스 생성 시에 자동으로 생성되는 기본 스키마 중 하나이다. 버전 14까지는 CREATE 권한 없이도 모든 유저가 public 스키마 내에 오브젝트를 생성할 수 있었다.

하지만, 보안 강화를 위해서 버전 15부터는 데이터베이스 소유자만 public 스키마에 오브젝트를 생성할 수 있도록 변경되었다. 만약 독자의 환경이 버전 14 이하라면, 아래 명령어를 이용해서 public 권한을 회수하는 것이 바람직하다.

```
=> revoke all on schema public from public;
```

한편, GitLab과 같은 일부 솔루션은 PostgreSQL 버전과 무관하게 항상 public 스키마 내에 테이블을 생성한다. 이 같은 경우에는 다음과 같이 public 스키마의 소유자를 해당 솔루션 유저로 변경한다.

```
=> alter schema public owner to gitlab;
```

## 기타 스키마들

pg_namespace 시스템 테이블 조회 결과를 보면 svc, public 이외에 몇 개의 스키마가 존재하는 것을 알 수 있다. 이 스키마들도 데이터베이스 생성 시에 자동으로 생성되는 스키마이다 (\dnS 메타 명령어를 수행하면 동일한 목록을 확인할 수 있다). 각 스키마의 용도는 다음과 같다.

- 표 1-6. 기타 스키마 목록

| 스키마명 | 설명 |
| --- | --- |
| pg_toast | TOAST 테이블용 스키마이다. TOAST 테이블에 대한 내용은 3장의 'TOAST' 단락에서 설명한다. |
| pg_catalog | 시스템 카탈로그용 스키마이다. PostgreSQL 운영을 위해 필요한 메타 테이블들이 존재한다. |
| information_schema | 서로 다른 DBMS (예. PostgreSQL, MySQL)간에는 시스템 카탈로그 테이블 명과 칼럼 명이 다르기 때문에 표준을 제공하기 위한 용도의 스키마이다. information_schema 내의 뷰를 이용하면 DBMS와 상관없이 동일한 쿼리로 메타 정보를 조회할 수 있다. |

## 권한 관리

데이터베이스 유저가 테이블을 액세스하기 위해서는 여러 단계의 권한이 필요하다. 가장 먼저 인스턴스에 접속한 후, 데이터베이스 클러스터 내의 데이터베이스에 접속한다. 그 다음 데이터베이스 내의 스키마를 액세스하고, 마지막으로 스키마 내에 존재하는 테이블을 액세스한다. 이 모든 단계마다 각각 적절한 권한이 필요하다.

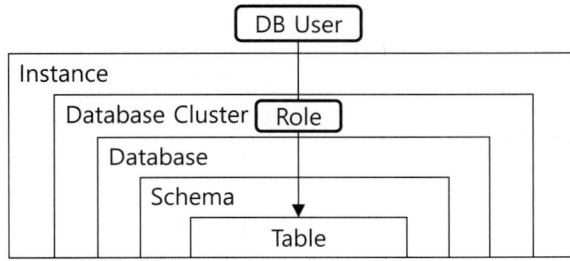

그림 1-2. 권한 관리 계층도

### 인스턴스 접속 권한

인스턴스 접속 권한 설정은 pg_hba.conf 파일을 이용한다. 자세한 내용은 'pg_hba.conf 파일을 이용한 접속 관리' 단락을 참조한다.

## 데이터베이스 접속 권한

PostgreSQL은 데이터베이스 CONNECT 권한이 기본적으로 PUBLIC으로 설정되어 있다. 따라서 별도의 권한 부여 없이도 누구나 데이터베이스에 접속할 수 있다. 아래 예제를 보면, svcapp 유저가 별도의 권한 부여 없이 svcdb에 접속한 것을 확인할 수 있다.

```
$ psql -U svcapp
svcapp 사용자의 암호:
psql (17.4)
=> \c
접속정보: 데이터베이스="svcdb", 사용자="svcapp".
```

데이터베이스 별로 접속을 제한하려면, PUBLIC에 부여된 CONNECT 권한을 회수한다.

```
=> revoke connect on database svcdb from public;
```

PUBLIC 접속 권한을 회수한 후에, CONNECT 권한이 없는 유저가 데이터베이스 접속을 시도하면 아래와 같은 에러가 발생한다.

```
=> \c svcdb svcapp
svcapp 사용자의 암호:
"/run/postgresql/.s.PGSQL.5432" 소켓으로 서버 접속할 수 없음: FATAL:  permission denied for database "svcdb"
상세정보:  User does not have CONNECT privilege.
```

데이터베이스 접속을 위해 svcapp 유저에게 svcdb 데이터베이스에 대한 CONNECT 권한을 부여한다.

```
=> grant connect on database svcdb to svcapp;
```

CONNECT 권한을 부여받은 후에는 해당 데이터베이스에 접속할 수 있다.

```
=> \c svcdb svcapp
svcapp 사용자의 암호:
접속정보: 데이터베이스="svcdb", 사용자="svcapp".
```

일반적으로 유저별로 데이터베이스 접속 권한을 따로 관리할 필요는 없다. 따라서 데이터베이스 접속 권한은 기본값인 PUBLIC 상태로 유지해도 무방하다. 다만, 하나의 데이터베이스 클러스터에 여러 개의 데이터베이스가 존재하고, 각 데이터베이스가 상호 배타적인 서비스를 제공하는 구조라면, 유저별로 접속 권한을 구분한다.

이 책에서는 데이터베이스 접속 권한을 PUBLIC으로 설정한다.

```
=> grant connect on database svcdb to public;
```

### 스키마 권한

스키마 권한은 CREATE와 USAGE 두 가지 유형이 있다. ALL은 이 두 권한을 합친 권한이다.

- CREATE: 스키마 내에 오브젝트를 생성할 수 있는 권한
- USAGE: 스키마를 액세스할 수 있는 권한
- ALL: CREATE와 USAGE 권한

CREATE 권한은 스키마 내에 오브젝트를 생성할 수는 있지만 스키마를 액세스할 수는 없다. 반대로 USAGE 권한은 스키마를 액세스할 수는 있지만 오브젝트를 생성할 수는 없다. 스키마 권한을 부여하는 방법은 다음과 같다.

```
grant create on schema <스키마명> to <롤명>;
grant usage  on schema <스키마명> to <롤명>;
grant all    on schema <스키마명> to <롤명>;
```

✅ 유저는 LOGIN 권한을 가진 롤이라고 앞에서 설명했다. 따라서 스키마 권한을 유저에게 직접 부여할 수도 있고 롤에 부여할 수도 있다. 이 책에서는 스키마 권한을 롤에 부여한 후에, 유저에게 롤을 부여하는 방식을 사용한다.

### 예제

앞선 예제에서 svc 스키마의 소유자는 svc 유저로 설정했다. 스키마 소유자는 자동으로 해당 스키마에 대한 CREATE 및 USAGE 권한을 부여받는다. 스키마별 액세스 권한은 메타 명령어 \dn+ 또는 pg_namespace 시스템 테이블을 통해서 확인할 수 있다.

```
=> \dn+ svc
            스키마 목록
 이름 | 소유주 | 액세스 권한 | 설명
------+--------+-------------+------
 svc  | svc    | svc=UC/svc  |

=> select * from pg_namespace where nspname='svc';
  oid  | nspname | nspowner |   nspacl
-------+---------+----------+-------------
 16451 | svc     |    16439 | {svc=UC/svc}
```

스키마 액세스 권한은 '{롤=권한/권한을 부여한 롤}' 형식으로 표현한다. 예를 들어 'svc=UC/svc'는 svc 롤이 USAGE와 CREATE 권한을 가지고 있으며, 해당 권한을 부여한 롤은 svc임을 의미한다. 이는 svc가 해당 스키마의 소유자이기 때문에 자기 자신에게 권한을 부여한 것이다.

이제 앞에서 생성한 두 개의 롤(svc_ra, svc_rs)에게 스키마 권한을 부여해보자. 이 롤들은 스키마를 액세스할 권한만 있으면 되므로 USAGE 권한만 부여한다.

```
=> grant usage on schema svc to svc_ra;
=> grant usage on schema svc to svc_rs;
```

메타 명령어 \dn+ 결과를 보면 svc_ra와 svc_rs 롤이 svc 스키마에 대해 USAGE(U) 권한을 부여받은 것을 확인할 수 있다.

```
=> \dn+ svc
            스키마 목록
 이름 | 소유주 | 액세스 권한    | 설명
------+--------+----------------+------
 svc  | svc    | svc=UC/svc    +|
      |        | svc_ra=U/svc +|
      |        | svc_rs=U/svc  |
```

### 오브젝트 권한

스키마 권한 부여가 완료되면 오브젝트 권한을 부여한다. 오브젝트 권한은 테이블(및 뷰), 시퀀스, 함수(및 프로시저) 단위로 롤에 부여한다. 이때 개별 오브젝트 하나씩 권한을 부여할 수도 있고, 스키마 내에 존재하는 오브젝트 유형별로 한꺼번에 권한을 부여할 수도 있다. 오브젝트 단위로 롤에 권한을 부여하는 방법은 다음과 같다(이때 뷰 권한은 테이블 권한 부여 명령어에, 프로시저 권한은 함수 권한 부여 명령어에 포함된다).

```
grant <all | 권한> on table    <테이블명> to <롤명>;
grant <all | 권한> on sequence <시퀀스명> to <롤명>;
grant <all | 권한> on function <함수명>   to <롤명>;
```

실무에서는 다음과 같이 스키마 내의 테이블, 시퀀스, 함수 단위로 권한을 부여하는 방식을 사용한다.

```
grant <all | 권한> on table    in schema <테이블명> to <롤명>;
grant <all | 권한> on sequence in schema <시퀀스명> to <롤명>;
grant <all | 권한> on function in schema <함수명>   to <롤명>;
```

오브젝트 유형별로 부여할 수 있는 권한은 다음과 같다.

• 표 1-7. 오브젝트 유형 별 부여 가능한 권한

| 오브젝트 유형 | 부여 가능한 권한 |
| --- | --- |
| 테이블 | SELECT, INSERT, DELETE, UPDATE, TRUNCATE, REFERENCES, TRIGGER, MAINTAIN |
| 시퀀스 | USAGE, UPDATE |
| 함수 | EXECUTE |

오브젝트 권한에 대한 부연 설명은 다음과 같다.

- 테이블 REFERENCES 권한: 외래 키 (FK)를 생성할 수 있는 권한이다.
- 테이블 TRIGGER 권한: 트리거를 생성할 수 있는 권한이다.
- 테이블 MAINTAIN 권한: 버전 17부터 새롭게 추가된 권한으로, VACUUM, ANALYZE와 같은 관리 명령어를 수행할 수 있는 권한이다. 이전 버전까지는 이러한 작업을 슈퍼유저와 데이터베이스 소유자만 수행할 수 있었다.
- 시퀀스 USAGE 권한: currval, nextval을 실행할 수 있는 권한이다.
- 시퀀스 UPDATE 권한: setval을 수행할 수 있는 권한이다.
- 함수 EXECUTE 권한: 함수를 실행할 수 있는 권한이다.

## 예제

svc 유저로 svcdb 데이터베이스에 접속해서 테이블, 인덱스, 뷰, 시퀀스 및 함수를 생성한다.

```
=> create table t1 (c1 integer, c2 integer);
=> create index t1_n1 on t1 (c1);
=> create view v1 as select * from t1;
=> create sequence sq1;
=> CREATE OR REPLACE FUNCTION f1(i integer) RETURNS integer AS $$
     BEGIN
           RETURN i + 1;
     END;
     $$ LANGUAGE plpgsql;
```

테이블 정보는 메타 명령어 \dt와 \d를 통해 확인할 수 있다. \dt는 테이블에 대한 요약정보를 제공하며, \d는 각 칼럼과 인덱스 정보를 제공한다. 또한 +기호를 함께 사용하면, 테이블 크기, 테이블 주석, 칼럼 주석 등의 추가 정보를 확인할 수 있다.

```
=> \dt t1
          릴레이션 목록
 스키마 |  이름 |  형태  | 소유주
--------+------+--------+--------
 svc    | t1   | 테이블 | svc
=> \d t1
              "svc.t1" 테이블
 필드명 |  형태   | 정렬규칙 | NULL허용 | 초기값
--------+---------+----------+----------+--------
 c1     | integer |          |          |
 c2     | integer |          |          |
인덱스들:
    "t1_n1" btree (c1)
```

뷰 정보는 메타 명령어 \dv 또는 \d를 통해 확인할 수 있다. 뷰의 정의(소스)는 \d+를 사용해서 확인할 수 있다.

```
=> \dv v1
           릴레이션 목록
 스키마 | 이름 | 형태    | 소유주
--------+------+---------+---------
 svc    | v1   | 뷰(view)| svc
=> \d+ v1
                    "svc.v1" 뷰(view)
 필드명 | 형태    | 정렬규칙 | NULL허용 | 초기값 | 스토리지 | 설명
--------+---------+----------+----------+--------+----------+------
 c1     | integer |          |          |        | plain    |
 c2     | integer |          |          |        | plain    |
뷰 정의:
SELECT c1,c2 FROM t1;
```

시퀀스 정보는 메타 명령어 \ds 또는 pg_sequences 뷰를 통해서 확인할 수 있다.

```
=> \ds
           릴레이션 목록
 스키마 | 이름 | 형태   | 소유주
--------+------+--------+--------
 svc    | sq1  | 시퀀스 | svc

=> select * from pg_sequences\x\g
-[ RECORD 1 ]-+--------------------
schemaname    | svc
sequencename  | sq1
sequenceowner | svc
data_type     | bigint
start_value   | 1
min_value     | 1
max_value     | 9223372036854775807
increment_by  | 1
cycle         | f
cache_size    | 1
last_value    | 200
```

함수 요약 정보는 메타 명령어 \df로 확인할 수 있다. 함수의 소스 코드는 pg_proc의 procsrc 칼럼에서 확인할 수 있으며 pg_get_functiondef() 함수를 사용하면 읽기 좋은 형태로 확인할 수 있다.

```
=> \df f1
                    함수 목록
 스키마 |  이름 | 반환 자료형  | 인자 자료형 | 형태
--------+------+-------------+-------------+------
 svc    | f1   | integer     | i integer   | 함수

=> select pg_get_functiondef(oid) from pg_proc where proname='f1';
             pg_get_functiondef
---------------------------------------------
 CREATE OR REPLACE FUNCTION svc.f1(i integer)+
  RETURNS integer                            +
  LANGUAGE plpgsql                           +
 AS $function$                               +
       BEGIN                                 +
               RETURN i + 1;                 +
       END;                                  +
       $function$                            +
```

테스트용 오브젝트를 생성한 후에는 오브젝트 권한을 롤에 부여한다. 테이블의 경우 svc_ra 롤에는 CRUD 권한을, svc_rs 롤에는 SELECT 권한을 부여한다. 시퀀스의 경우 svc_ra, svc_rs 모두 USAGE 권한을 부여하고, 함수에 대해서도 동일하게 EXECUTE 권한을 부여한다. 시퀀스에 대한 setval 수행이 필요하다면 svc_ra 롤에 UPDATE 권한도 부여해야 한다(이 책에서는 부여하지 않는다).

```
=> grant select, insert, update, delete on all tables in schema svc to svc_ra;
=> grant select                           on all tables in schema svc to svc_rs;
=> grant usage on all sequences in schema svc to svc_ra, svc_rs;
=> revoke execute on all functions in schema svc from public;
=> grant execute on all functions in schema svc to svc_ra, svc_rs;
```

✅ 위 예제에서 PUBLIC에게 허용된 함수 실행 권한을 회수하는 과정을 확인할 수 있다. PostgreSQL은 기본적으로 함수 실행 권한이 PUBLIC에게 부여된다. 따라서 모든 유저가 별도의 권한 설정 없이도 함수를 실행할 수 있다. 물론 함수가 정상적으로 수행되려면 함수가 위치한 스키마에 대한 USAGE 권한이 필요하며, 함수 내부에서 테이블을 참조하는 경우에는 해당 테이블에 대한 접근 권한도 필요하다. 따라서 함수 실행 권한이 PUBLIC에게 허용된 것만으로는 큰 문제는 되지는 않는다. 하지만, 보안 강화 측면에서 함수의 PUBLIC 권한은 회수하는 것이 바람직하다.

### 유저 권한

지금까지 우리는 유저, 롤, 데이터베이스, 스키마, 오브젝트를 생성하고, 스키마 및 오브젝트에 대한 적절한 권한을 롤에 부여했다. 이제 권한 부여의 마지막 단계로, 유저에게 롤을 부여해보자. 유저에게 롤을 부여하는 방법은 다음과 같다.

```
grant <롤명> to <유저명>;
```

### 예제

svcapp와 svcbat 유저는 svc_ra 롤을, svcsel 유저는 svc_rs 롤을 부여한다.

```
=> grant svc_ra to svcapp, svcbat;
=> grant svc_rs to svcsel;
```

각 유저에게 부여된 권한은 메타 명령어 \drg로 확인할 수 있다.

```
=> \drg svc*
                  롤 부여 목록
 롤 이름 | 소속 그룹 |    옵션    | 부여자
---------+-----------+-------------+----------
 svcapp  | svc_ra    | INHERIT, SET | postgres
 svcbat  | svc_ra    | INHERIT, SET | postgres
 svcsel  | svc_rs    | INHERIT, SET | postgres
```

> ✅ 버전 14까지는 메타 명령어 \du+로 유저 별 권한을 확인할 수 있었다. 하지만 버전 15부터는 \drg 메타 명령어를 사용해야 한다.

### DEFAULT 권한

DEFAULT 권한은 앞으로 생성될 오브젝트에 대해 자동으로 적용되는 기본 권한을 의미한다. DEFAULT 권한을 설정해 두면, 오브젝트를 생성할 때마다 별도로 권한을 부여할 필요가 없으므로 권한 관리 업무가 매우 수월해진다. DEFAULT 권한 부여 방법은 다음과 같다.

```
alter default privileges for user <유저명> in schema <스키마명>
         grant <권한> on <오브젝트유형> to <롤명>;
```

여기서 주의할 점은 DEFAULT 권한이 적용되려면, 반드시 <유저명>에 지정된 유저로 오브젝트를 생성해야 한다는 것이다.

**예제**

svc 유저가 svc 스키마 내에서 생성하는 오브젝트에 대해서 다음과 같이 DEFAULT 권한을 설정한다.

```
=> alter default privileges for user svc in schema svc
            grant select, insert, delete, update on tables to svc_ra;
=> alter default privileges for user svc in schema svc
            grant select on tables to svc_rs;
=> alter default privileges for user svc in schema svc
            grant usage on sequences to svc_ra, svc_rs;
=> alter default privileges for user svc in schema svc
            grant execute on functions to svc_ra, svc_rs;
```

설정된 DEFAULT 권한은 메타 명령어 \ddp로 확인할 수 있다.

```
=> \ddp
              기본 접근권한
 소유주 | 스키마 | 형태  | 액세스 권한
--------+--------+-------+------------------
  svc   | svc    | 함수  | svc_ra=X/svc    +
        |        |       | svc_rs=X/svc
  svc   | svc    | 시퀀스 | svc_ra=U/svc    +
        |        |       | svc_rs=U/svc
  svc   | svc    | 테이블 | svc_ra=arwd/svc+
        |        |       | svc_rs=r/svc
```

액세스 권한은 '<권한을 부여받은 롤>=<권한>/<권한을 부여한 유저>' 형식으로 표시된다. 권한의 약어는 다음과 같다. X는 EXECUTE, U는 USAGE, a(append)는 INSERT, r(read)은 SELECT, w(write)는 UPDATE, d(delete)는 DELETE를 의미한다.

아래의 테스트 결과를 보면, DEFAULT 권한이 부여된 경우에는 별도의 권한 설정 없이도 신규 테이블에 대한 액세스가 가능한 것을 확인할 수 있다.

```
=> \c - svc
svc 사용자의 암호:
접속정보: 데이터베이스="svcdb", 사용자="svc".
=> create table t2(c1 integer);
=> \dt t2
           릴레이션 목록
  스키마  |  이름  |  형태  | 소유주
---------+-------+--------+--------
  svc    |  t2   | 테이블 | svc

=> \c - svcapp
svcapp 사용자의 암호:
접속정보: 데이터베이스="svcdb", 사용자="svcapp".
=> select * from svc.t2;
 c1
----
(0개 행)
```

## SEARCH_PATH

하나의 데이터베이스 내에 여러 개의 스키마를 생성할 수 있으며, 각 스키마 내에는 동일한 이름의 테이블을 생성할 수 있다. 따라서 테이블을 조회할 때는 '스키마명.테이블명' 형식으로 스키마명을 명시하는 방식이 권장된다. '테이블명'만 기술한 경우에는 search_path 파라미터에 설정된 스키마 순서에 따라 테이블을 검색한다. search_path 파라미터는 운영체제의 PATH 환경 변수처럼 동작한다. 즉, 설정된 순서대로 스키마를 탐색한다.

search_path 파라미터의 기본값은 '"$user", public'이다. 여기서 "$user"는 현재 접속한 데이터베이스 유저와 동일한 이름의 스키마를 의미한다. 따라서 데이터베이스 접속 유저와 동일한 이름의 스키마(존재하는 경우)를 검색하고, 그 다음 public 스키마를 검색한다.

```
=> \dconfig search*
     환경설정 매개변수 목록
  매개변수      |      값
--------------+-----------------
 search_path  | "$user", public
```

따라서 svc 유저는 svc 스키마 내의 테이블을 조회할 때 스키마명을 생략해도 되지만, svcapp 유저가 svc 스키마 내의 테이블을 조회하려면 'svc.t2'와 같이 스키마명을 명시해야 한다. 모든 유저가 스키마명을 생략하고 테이블을 조회할 수 있도록 하려면, search_path 파라미터를 적절히 설정하면 된다. 다음은 svc 스키마를 search_path 파라미터에 등록한 예시이다.

```
$ echo "search_path = 'svc'" >> $PGDATA/postgresql.conf
$ pg_ctl reload
서버가 시스템 시그널을 받았음
$ psql
psql (17.4)
=> \dconfig search*
환경설정 매개변수 목록
  매개변수    | 값
--------------+-----
 search_path | svc
```

search_path 파라미터 설정 후에는 svcapp 유저도 스키마명을 생략하고 테이블을 조회할 수 있다.

```
=> \c - svcapp
svcapp 사용자의 암호:
접속정보: 데이터베이스="svcdb", 사용자="svcapp".
=> select * from t2;
c1
----
(0개 행)
```

search_path 파라미터는 데이터베이스나 유저 레벨에서도 설정할 수 있다.

```
alter database <데이터베이스명> set search_path='<schemaname 1>,<schemaname 2>';
alter user     <유저명>         set search_path='<schemaname 1>,<schemaname 2>';
```

따라서 데이터베이스 또는 유저별로 다른 search_path 파라미터 값을 적용해야 하는 경우에 유연하게 대응할 수 있다. search_path 파라미터는 유저 레벨 설정이 우선시된다. 유저 레벨 설정이 없으면 데이터베이스 레벨 설정이, 데이터베이스 설정이 없으면 인스턴스 설정을 따른다.

## 슈퍼유저 권한, CREATE 롤과 시스템 롤

PostgreSQL에서 슈퍼유저(superuser) 권한은 가장 강력한 권한이다. 데이터베이스 클러스터 생성 시에 자동으로 생성되는 postgres 유저는 이 권한을 가진다. 일반적으로 DBA에게 슈퍼유저 권한을 부여하며, 경우에 따라 모니터링 전용 유저에게 부여하기도 한다. 슈퍼유저 권한을 가진 유저를 생성하는 방법은 다음과 같다.

```
create user <유저명> with superuser;
```

슈퍼유저 권한을 회수하는 방법은 다음과 같다.

```
alter user <유저명> with nosuperuser;
```

### 예제

DBA 업무 수행용 슈퍼유저는 dba01로 생성한다.

```
=> create user dba01 with superuser password 'passdba01';
```

### CREATE 관련 롤

데이터베이스를 생성할 수 있는 CREATEDB 권한과 롤을 생성할 수 있는 CREATEROLE 권한은 다음과 같이 부여한다. 이 권한들은 유저 생성 시점에 부여할 수도 있고, 유저 생성 이후에 부여할 수도 있다.

```
create user <유저명> with password <패스워드> createdb, createtole;
alter  user <유저명> with createdb, createtole;
```

CREATEDB 및 CREATEROLE 권한을 회수하는 방법은 다음과 같다.

```
alter user <유저명> with nocreatedb, nocreatetole;
```

### 시스템 롤

시스템 롤은 데이터베이스 유지 관리 업무를 위해 필요한 권한 또는 롤들을 유형 별로 그룹핑한 롤이다. 시스템 롤은 버전이 올라갈수록 지속적으로 추가되고 있으며, 버전 17에서 제공되는 주요 시스템 롤은 다음과 같다.

- 표 1-8. 주요 시스템 롤 목록

| 롤명 | 설명 |
| --- | --- |
| pg_monitor | 데이터베이스를 모니터링할 수 있는 롤이다. 이 롤은 다음 세 가지 롤을 포함한다.<br>• pg_read_all_settings<br>• pg_read_all_stats<br>• pg_stat_scan_tables<br><br>또한 다음 함수들을 실행할 수 있는 권한을 가진다. 이 함수들은 각각 이름에 해당하는 디렉토리의 파일 목록을 출력한다.<br>• pg_ls_archive_statusdir()<br>• pg_ls_logdir()<br>• pg_ls_tmpdir()<br>• pg_ls_waldir() |
| pg_read_all_settings | pg_settings 뷰의 모든 파라미터를 조회할 수 있는 롤이다. pg_settings 뷰에는 슈퍼유저만 접근할 수 있는 항목이 포함되어 있기 때문에, 전체 파라미터를 조회하려면 이 롤이 필요하다. |
| pg_read_all_stats | 'pg_stat'으로 시작하는 모니터링 뷰를 조회할 수 있는 롤이다. 이 롤이 없다면 pg_stat_activity, pg_stat_statements 뷰의 일부 항목들이 〈insufficient privilege〉로 표시된다. |
| pg_stat_scan_tables | pgstattuple() 함수를 실행할 수 있는 롤이다. 이 함수는 테이블과 인덱스의 블로팅 현상을 확인하는 기능을 제공한다. |
| pg_signal_backend | 백엔드 프로세스를 종료(kill)할 수 있는 롤이다. |
| pg_maintain | VACUUM, ANALYZE, CLUSTER, REFRESH MATERIALIZED VIEW, REINDEX 등의 유지 관리 작업을 수행할 수 있는 롤이다. 버전 17부터 추가되었으며, 이전 버전까지는 이런 작업을 데이터베이스 소유자와 슈퍼유저만 수행할 수 있었다. |

CREATEDB, CREATEROLE 롤과 시스템 롤을 이용하면 슈퍼유저 권한의 필요성을 점차 줄일 수 있다. 예를 들어, DB 계정 생성용 유저는 CREATEROLE 권한을, 모니터링 유저는 pg_monitor 및 pg_signal_backend 권한을, 테이블 관리용 유저는 pg_maintain 권한을 부여하면 된다.

## 익스텐션 설치

DB 환경 구성의 마지막 단계로, 익스텐션을 설치해보자. 익스텐션은 PostgreSQL의 기능을 확장해주는 모듈이다. 다음과 같은 용도의 익스텐션들을 포함한 다양한 익스텐션이 존재한다.

- SQL 수행 이력 확인
- 테이블 및 인덱스를 공유 버퍼에 적재
- 암호화 및 UUID 함수 제공
- PostgreSQL 내부 구조 분석

이러한 익스텐션 모듈은 PostgreSQL 엔진 설치 시에 자동으로 설치되지 않기 때문에, 아래 명령어를 사용해서 별도로 설치해야 한다. 여기서 17은 PostgreSQL 버전을 의미하므로, 독자의 환경에 맞는 버전 숫자로 변경해서 사용하면 된다.

```
# yum install postgresql17-contrib
```

명령어를 실행한 후에는 /usr/pgsql-17/share/extension 디렉토리에 다양한 익스텐션 설치용 모듈이 저장된다. 제공되는 익스텐션 목록은 pg_available_extensions 뷰를 통해서 확인할 수 있다. 이 책에서는 데이터베이스 성능 관리에 유용한 모듈과 실무에서 자주 사용되는 몇 가지 모듈을 설치한다.

• 표 1-10. 주요 익스텐션 목록

| 익스텐션 명 | 설명 |
| --- | --- |
| pg_stat_statements | SQL 수행 이력을 확인할 수 있는 기능을 제공한다. |
| pg_prewarm | 테이블 및 인덱스를 공유 버퍼로 로딩하는 기능을 제공한다. |
| postgres_fdw | 원격 데이터베이스 내의 테이블을 액세스할 수 있는 기능을 제공한다. |
| pgstattuple | 테이블 및 인덱스가 불필요하게 커진 블로팅 정도를 확인할 수 있다. |
| pgcryto | 암호화 함수를 제공한다. |
| uuid-ossp | UUID 함수를 제공한다. |

익스텐션은 DBA용과 업무용 각각의 스키마에 설치하는 것이 바람직하다. 다음은 DBA용 익스텐션 전용 스키마를 생성한 후에 필요한 익스텐션을 설치한 예이다.

```
=> create schema extdba;
=> create extension pg_stat_statements schema extdba;
=> create extension pg_prewarm         schema extdba;
=> create extension postgres_fdw       schema extdba;
=> create extension pgstattuple        schema extdba;
```

다음은 업무용 익스텐션 전용 스키마를 생성한 후에 필요한 익스텐션을 설치한 예이다.

```
=> create schema extusr;
=> create extension pgcrypto       schema extusr;
=> create extension "uuid-ossp"    schema extusr;
```

익스텐션 설치 후에는 업무용 익스텐션 스키마에 대한 USAGE 권한을 롤에 부여한다.

```
=> grant usage on schema extusr to svc_ra, svc_rs;
```

마지막으로 해당 스키마들을 search_path 파라미터에 추가한다.

```
$ echo "search_path = 'svc,extusr,extdba'" >> $PGDATA/postgresql.conf
$ pg_ctl reload
```

# 2 오브젝트

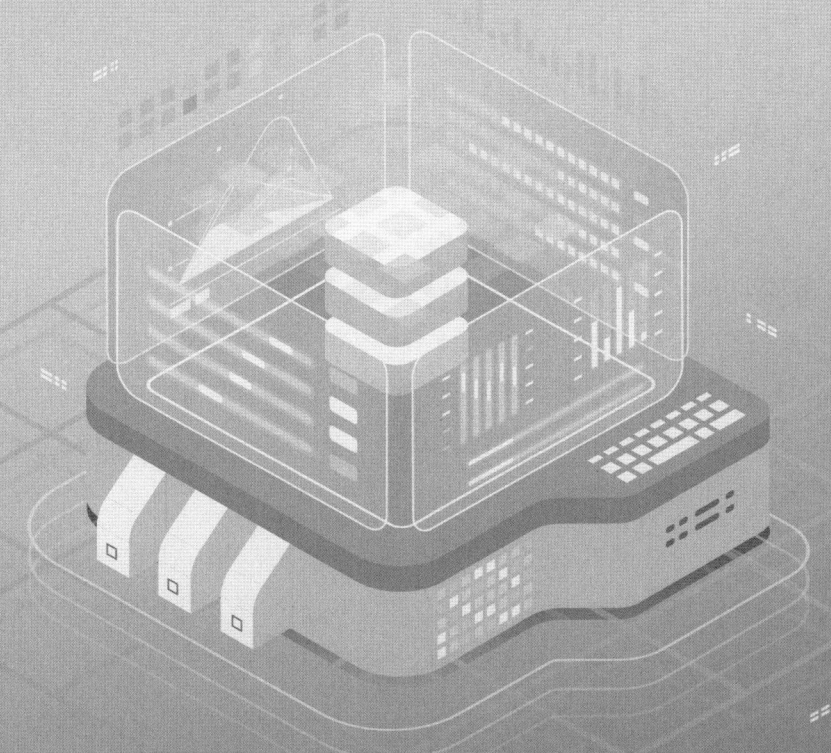

초기 환경 구축이 완료된 후부터 DBA의 개발 지원 업무가 시작된다. 개발 지원 업무는 테이블, 인덱스, 파티션, 뷰, 시퀀스, 함수 등의 오브젝트를 생성하고 관리하는 작업이다. 이번 장에서는 이러한 작업을 수행하기 위해 필요한 내용을 설명한다. 따라서 이번 장의 내용을 충분히 숙지한다면 PostgreSQL 초급 DBA로서의 기본 역할을 수행하는데 큰 도움이 될 것이다.

## 2-1. 테이블

테이블 관리는 DBA의 핵심 업무 중 하나이다. 개발 단계에서는 주로 형상 관리 업무를 수행하고 운영 단계에서는 파티션 추가, 인덱스 생성, 테이블 재구성 작업을 수행한다. 이러한 업무를 원활히 수행하기 위해서는 PostgreSQL의 주요 특징을 이해하고, 자주 사용하는 관리 명령어를 숙지해둘 필요가 있다.

### 테이블 생성

스키마 내에 테이블을 생성할 수 있는 유저는 슈퍼유저와 해당 스키마 소유자이다. 테이블 생성 작업 시에는 테이블 소유자에 대한 이해가 필요하다.

#### 테이블 소유자의 이해

PostgreSQL은 오라클과 달리 스키마 내에 테이블을 생성한 유저가 해당 테이블의 소유자가 된다. 오라클은 테이블을 생성한 유저와 무관하게 스키마의 소유자가 테이블의 소유자가 된다. 예를 들어, SCOTT 스키마 내에 SYS 유저가 테이블을 생성하든 SCOTT 유저가 생성하든 테이블 소유자는 항상 SCOTT이다.

반면, PostgreSQL은 테이블을 생성한 유저가 테이블의 소유자가 된다. 예를 들어, svc 유저가 테이블을 생성하면 테이블 소유자는 svc가 되고, postgres 유저가 테이블을 생성하면 테이블 소유자는 postgres가 된다. 이 특징으로 인해 초급 DBA들이 자주 하는 실수가 있다.

예를 들어, 그림 2-1과 같이 svc 스키마 내에 postgres 슈퍼유저로 T1 테이블을 생성했다고 가정해보자. 이 경우 어떤 문제가 발생할 수 있을까?

그림 2-1. PostgreSQL 테이블 소유자 특징

PostgreSQL의 동작 방식을 명확히 이해하기 위해 테스트를 수행해보자. postgres 유저로 데이터베이스에 접속한 후에 t1 테이블을 생성한다.

```
=> create table svc.t1 (c1 integer);
=> \dt svc.t1
            릴레이션 목록
  스키마 |  이름  |  형태  |  소유주
 --------+--------+--------+----------
  svc    | t1     | 테이블 | postgres
```

svcapp 유저로 접속해서 svc 스키마 내에 생성된 t1 테이블을 조회하면, 권한 에러가 발생한다. 왜냐하면, svcapp 유저는 svc 스키마 내에 svc 유저가 생성한 테이블에 대한 DEFAULT 권한을 부여받았기 때문이다(postgres 유저가 생성한 테이블에 대해서는 DEFAULT 권한이 없기 때문에, 접근 시 권한 오류가 발생한다).

```
=> set role svcapp;
=> select * from svc.t1;
ERROR:  permission denied for table t1
```

t1 테이블에 대한 소유자를 postgres에서 svc 유저로 변경해보자.

```
=> set role postgres;
=> alter table svc.t1 owner to svc;
```

그래도 여전히 권한 에러가 발생한다. 그 이유는 DEFAULT 권한은 svc 유저가 생성한 테이블에만 적용되기 때문이다(슈퍼유저가 생성한 후에 소유자를 변경하는 방식으로는 DEFAULT 권한이 동작하지 않는다).

```
=> set role svcapp;
=> select * from svc.t1;
ERROR:  permission denied for table t1
```

따라서 svcapp 유저가 t1 테이블을 조회하도록 하려면, 아래와 같이 svcapp 유저에게 부여한 svc_ra 롤에 테이블 액세스 권한을 추가해야 한다.

```
=> set role postgres;
=> grant select, insert, delete, update on table svc.t1 to svc_ra;
```

테이블 액세스 권한 추가 후에 svcapp 유저는 t1 테이블을 조회할 수 있다.

```
=> set role svcapp;
=> select * from svc.t1;
 c1
----
(0개 행)
```

### SET ROLE 명령어

앞서 살펴본 것처럼, PostgreSQL은 반드시 스키마 소유자로 테이블을 생성해야 한다. 하지만 DBA가 스키마 소유자의 패스워드를 모르거나, 해당 계정의 LOGIN 권한이 회수된 상태라고 가정해보자(보안 강화를 위해 스키마 소유자의 LOGIN 권한을 회수하기도 한다).

이런 경우에는 SET ROLE 명령어를 이용해서 현재 세션의 롤을 스키마 소유자(롤)로 변경할 수 있다. 단, SET ROLE 명령어는 해당 유저(롤)에 대한 권한을 가진 유저만 사용할 수 있다. 사용 예제는 다음과 같다.

```
=> select current_role;
 current_role
--------------
 postgres
```

```
=> set role svc;
=> select current_role;
 current_role
---------------
 svc
```

### 테이블 대소문자 구분 여부

PostgreSQL은 테이블을 생성할 때 대소문자를 구분하지 않는다. 즉, 테이블 명을 대문자로 작성하든, 소문자로 작성하든, 또는 대소문자를 혼용하든, 모두 동일한 테이블로 인식한다. 이 동작 방식은 쿼리문에서도 동일하게 적용된다. 아래의 예제에서 확인할 수 있듯이, 테이블 명을 대문자 또는 소문자로 생성하더라도 대소문자 구분 없이 정상적으로 조회되는 것을 알 수 있다.

```
=> create table svc.tt1 (c1 integer);
=> create table svc.TT2 (c1 integer);
=> select * from svc.TT1;
 c1
----
(0개 행)
=> select * from svc.tt2;
 c1
----
(0개 행)
```

단, 시스템 카탈로그에는 모두 소문자로 저장된다.

```
=> select relname from pg_class where relname like 'tt%' or relname like 'TT%';
 relname
---------
 tt1
 tt2
```

주의할 점은, 테이블 명을 큰따옴표로 감싸서 생성하면 문자 그대로 시스템 카탈로그에 저장된다는 것이다. 이 경우, 쿼리 작성 시에도 항상 큰따옴표를 이용해서 동일한 테이블 명을 사용해야만 해당 테이블에 접근할 수 있다. 아래의 예제에서 이를 확인할 수 있다(이러한 불편과 오류를 방지하기 위해, 테이블을 생성할 때는 큰따옴표를 사용하지 않는 것이 바람직하다).

```
=> create table svc."TT3" (c1 integer);
=> select * from svc.TT3;        -- 큰따옴표가 없으므로 소문자 테이블명으로 인식한다.
ERROR:  relation "svc.tt3" does not exist
줄 1: select * from svc.TT3;
=> select * from svc."TT3";      -- 큰따옴표로 감싸야만 조회가 가능하다.
 c1
----
(0개 행)
```

✓ PostgreSQL은 최대 63자리의 테이블 명을 지원한다. 오라클은 12cR2부터 최대 128자리의 테이블 명을 지원하며 그 이전 버전에서는 최대 30자리까지 지원한다.

## DDL문도 COMMIT/ROLLBACK이 가능하다.

PostgreSQL에서는 DDL 명령어도 트랜잭션의 일부로 처리할 수 있다. 아래 예제에서 확인할 수 있듯이, BEGIN으로 트랜잭션을 시작한 후에 테이블을 생성하고, 이후에 ROLLBACK을 수행하면 테이블 생성 작업이 취소된다.

```
=> set role svc;
=> begin;
BEGIN
svcdb=*> create table svc.test(c1 integer);
CREATE TABLE
svcdb=*> rollback;
ROLLBACK
=> \d+ svc.test

"svc.test" 이름을 릴레이션(relation) 없음.
```

마찬가지로, 테이블을 삭제한 후 ROLLBACK을 수행하면 삭제 역시 되돌릴 수 있다. 이처럼 PostgreSQL은 DDL 문장에 대해서도 COMMIT과 ROLLBACK이 가능하다.

```
=> begin;
BEGIN
svcdb=*> drop table svc.t1;
DROP TABLE
```

```
svcdb=*> rollback;
ROLLBACK
=> \d svc.t1
                "svc.t1" 테이블
 필드명  |   형태   | 정렬규칙 | NULL허용 | 초기값
--------+----------+----------+----------+--------
  c1    | integer  |          |          |
```

> PostgreSQL은 기본적으로 autocommit 모드로 동작하며, 데이터베이스 레벨에서는 autocommit을 해제할 수 없다. 다만, 클라이언트 툴에서는 autocommit 설정을 on/off로 전환할 수 있다. 예를 들어, 클라이언트 툴에서 autocommit을 off로 설정한 상태에서 테이블 생성이나 삭제(DROP) 명령어를 수행한 뒤 COMMIT을 명시적으로 실행하지 않고 세션을 종료하면, 해당 명령어는 자동으로 롤백된다.

## PostgreSQL이 제공하는 칼럼유형

PostgreSQL에서 지원하는 주요 칼럼 유형은 다음과 같다.

| 칼럼 유형 | 설명 | 오라클 대응 타입 |
| --- | --- | --- |
| varchar(n) | 가변길이 문자열을 저장한다. 입력된 길이만큼만 저장되며, 최대 길이는 10,485,760이다. | varchar2(n) |
| char(n) | 고정길이 문자열을 저장한다. 입력된 문자열 뒤에 공백을 채워 n 길이로 저장되며, 최대 길이는 varchar(n)과 동일하다. | char(n) |
| text, varchar (n 없이) | 최대 1GB까지 저장 가능하다. | clob |
| numeric(p, s) | 부동 소수점 숫자를 저장한다. p는 전체 자릿수, s는 소수점 자릿수이다. | number(p, s) |
| integer | 정수를 저장한다. | integer |
| date | 오라클 date 타입은 '연:월:일:시:분:초'까지 저장하는 반면, PostgreSQL date 타입은 '연:월:일'까지만 저장한다. | date |
| time(n) | '시:분:초' 및 소수점 이하 최대 6자리까지 저장한다. n이 0이면 소수점 없이 저장하고, 생략하면 소수점 6자리까지 저장한다. | |
| timestamp(n) | '연:월:일:시:분:초' 및 소수점 이하 최대 6자리까지 저장한다. n이 0이면 소수점 없이 저장하고, 생략하면 소수점 6자리까지 저장한다. | timestamp(n) |
| bytea | 바이너리 데이터를 저장한다. | blob |

VARCHAR(n)과 CHAR(n)의 n은 문자 단위이다. 다시 말해, 오라클처럼 바이트 단위가 아니라, 문자 개수 단위로 저장 길이를 제한한다. 예를 들어, VARCHAR(10)은 한글 10자(30바이트) 또는 영문 10자(10바이트)를 저장할 수 있다.

또한, 정수 나눗셈의 처리 결과도 차이가 있다. 오라클은 정수÷정수 연산의 결과가 실수로 반환되지만, PostgreSQL은 정수÷정수 연산의 결과는 정수로 반환된다는 점을 유의해야 한다. 예를 들어 'SELECT 10/3' 결과는 3이다. 소수점 이하까지 확인하려면 'SELECT 10/3.0' 또는 'SELECT 10/3::numeric' 과 같이 사용해야 한다.

**PostgreSQL에서 CHAR 타입의 사용을 지양해야 한다.**

PostgreSQL에서 CHAR 타입은 VARCHAR 타입에 비해 어떠한 이점도 제공하지 않는다. 오히려, 칼럼 서프레싱(Suppressing) 현상으로 인해 예기치 않은 성능 문제가 발생할 수 있다. 따라서 문자형 칼럼은 varchar 타입으로 설계하는 것이 바람직하다.

char 타입에서 발생할 수 있는 칼럼 서프레싱 현상은 이 단락의 범위를 벗어나지만, 독자의 이해를 돕기 위해 간단한 예제를 통해 개념을 살펴보겠다. 이를 위해 VARCHAR와 CHAR 타입으로 각각 전화번호 칼럼을 생성한 후에 테스트를 진행한다.

```
=> create table svc.customer(c1 integer, telno1 varchar(11), telno2 char(11));
=> insert into svc.customer
   select i
        , concat('010', lpad(i::text, 8, '0'))
        , concat('010', lpad(i::text, 8, '0'))
   from generate_series(1,100000) i;
INSERT 0 100000
=> create index customer_n1 on svc.customer(telno1);
=> create index customer_n2 on svc.customer(telno2);
```

단순 검색의 경우에는 telno1(VARCHAR 타입) 칼럼과 telno2(CHAR 타입) 칼럼 모두 인덱스를 통해 액세스할 수 있다. 아래 결과에서 주목할 부분은 '::bpchar'이다. bpchar는 blank-padded character의 약자로, char 타입이 시스템 카탈로그에 저장될 때 사용되는 내부 명칭이다. 또한 :: 기호는 형 변환(cast)을 의미하며, 입력된 text 형식의 문자열이 내부적으로 bpchar 타입으로 형 변환되었음을 나타낸다.

```
=> explain select * from svc.customer where telno1='01000000001';
                              QUERY PLAN
----------------------------------------------------------------------
 Index Scan using customer_n1 on customer  (cost=0.42..8.44 rows=1 width=28)
   Index Cond: ((telno1)::text = '01000000001'::text)
=> explain select * from svc.customer where telno2='01000000001';
                              QUERY PLAN
----------------------------------------------------------------------
 Index Scan using customer_n2 on customer  (cost=0.42..8.44 rows=1 width=28)
   Index Cond: (telno2 = '01000000001'::bpchar)
```

이번에는 전화번호 입력 시에 '-' 기호를 제거하기 위해 replace() 함수를 적용하는 경우를 생각해보자. 이때 telno1(VARCHAR 타입) 칼럼은 인덱스를 사용할 수 있지만, telno2(CHAR 타입) 칼럼은 인덱스를 사용할 수 없다. 그 이유는 replace()와 같은 문자열 처리 함수의 반환 타입은 항상 TEXT이기 때문이다. 즉, telno2 칼럼은 CHAR 타입이므로, 형 일치를 위해 암시적으로 TEXT 타입으로 변환된다. 이처럼 인덱스 칼럼에 형 변환이 발생하면 해당 인덱스는 더 이상 사용되지 못한다.

```
=> explain select * from svc.customer where telno1=replace('010-0000-0001','-','');
                              QUERY PLAN
----------------------------------------------------------------------
 Index Scan using customer_n1 on customer  (cost=0.42..8.44 rows=1 width=28)
   Index Cond: ((telno1)::text = '01000000001'::text)
=> explain select * from svc.customer where telno2=replace('010-0000-0001','-','');
                              QUERY PLAN
----------------------------------------------------------------------
 Seq Scan on customer  (cost=0.00..2236.00 rows=500 width=28)
   Filter: ((telno2)::text = '01000000001'::text)
```

따라서 '::bpchar'를 적용해서 함수의 반환 값을 BPCHAR 타입으로 형 변환해야 한다.

```
=> explain select * from svc.customer where telno2=replace('010-0000-0001','-','')::bpchar;
                              QUERY PLAN
----------------------------------------------------------------------
 Index Scan using customer_n2 on customer  (cost=0.42..8.44 rows=1 width=28)
   Index Cond: (telno2 = '01000000001'::bpchar)
```

> ✓ 이와 같은 성능 문제는 char 타입을 사용하는 대부분의 시스템에서 공통적으로 발생한다. 따라서 초기 설계 단계부터 문자형 칼럼은 반드시 varchar 타입으로 설계해야 한다.

지금까지 테이블 생성 시에 반드시 숙지해야 할 주요 내용을 살펴보았다. 테이블 변경과 관련된 관리 명령어는 '테이블 관리 명령어' 단락에서 살펴본다.

## 테이블 복사

테이블 복사 작업은 기존 테이블을 '_날짜' 형식으로 백업하거나, 동일한 형상의 테이블을 생성할 때 필요한 작업이다. PostgreSQL에서는 두 가지 방식으로 테이블을 복사할 수 있다.

- CREATE TABLE <테이블명> AS SELECT
- CREATE TABLE <테이블명> (LIKE)

### CTAS (CREATE TABLE AS SELECT)

이 방식은 주로 기존 테이블의 데이터를 백업하는 용도로 사용된다. 사용 방법은 다음과 같다.

```
create table <신규 테이블명> as select * from <원본 테이블명>;
```

CTAS 방식으로 테이블을 생성하면, 원본 테이블의 인덱스, 제약 조건, 기본값(DEFAULT), 주석 등은 복사되지 않는다.

### CREATE TABLE (LIKE)

CREATE TABLE (LIKE) 방식을 사용하면 인덱스를 포함한 다양한 메타 정보를 복사할 수 있다. 사용 방법은 다음과 같다.

```
create table <신규 테이블명> (like <원본 테이블명> including all);
create table <신규 테이블명> (like <원본 테이블명> including <속성> including <속성>);
create table <신규 테이블명> (like <원본 테이블명> including all excluding <속성>);
```

LIKE 구문에서 사용할 수 있는 옵션은 ALL (모든 속성), CONSTRAINTS (제약 조건), INDEXES (인덱스), DEFAULTS (칼럼 기본값), COMMENTS (칼럼 주석)등이다.

예제를 위해 테이블, 인덱스 및 칼럼 주석을 생성한다.

```
=> create table svc.t1_org (
        c1 integer,
        c2 varchar(10)   not null,
        c3 numeric(10,3) default '0',
        constraint t1_org_pk primary key (c1)
        );
=> create index t1_org_n1 on svc.t1_org(c2);
=> comment on table svc.t1_org is 't1_org 테이블';
=> comment on column svc.t1_org.c1 is 'c1 칼럼';
=> comment on column svc.t1_org.c2 is 'c2 칼럼';
=> comment on column svc.t1_org.c3 is 'c3 칼럼';
```

ALL 옵션을 적용한 결과, 기존 테이블의 모든 속성이 복사된 것을 확인할 수 있다. 이때, 기본 키(PK)의 이름은 '테이블명_pkey' 형식으로, 일반 인덱스는 '테이블명_칼럼명_idx' 형식으로 자동 생성된다. 단, ALL 옵션을 사용하더라도 테이블 주석은 복사되지 않는다.

```
=> create table svc.t1_org_b1 (like svc.t1_org including all);
=> \d+ svc.t1_org_b1;
                    "svc.t1_org_b1" 테이블
 필드명 |         형태          | NULL허용 |    초기값      |  설명
--------+----------------------+---------+--------------+----
 c1     | integer              | not null |              |c1 칼럼
 c2     | character varying(10)| not null |              |c2 칼럼
 c3     | numeric(10,3)        |          | '0'::numeric |c3 칼럼
인덱스들:
    "t1_org_b1_pkey" PRIMARY KEY, btree (c1)
    "t1_org_b1_c2_idx" btree (c2)
```

CREATE TABLE (LIKE) 방식으로 테이블을 생성한 후에 데이터를 입력할 경우에는 다음 순서 대로 진행하는 것이 성능상 유리하다.

- 'INCLUDING ALL EXCLUDING INDEXES' 옵션으로 테이블 생성
- 'INSERT <신규 테이블 명> SELECT * FROM <원본 테이블 명>' 구문으로 데이터 입력
- 인덱스 생성

## 테이블 재구성

데이터베이스를 장기간 운영하면 레코드 건수에 비해 테이블 크기가 비정상적으로 큰 테이블이 존재할 수 있다. 이처럼, 필요 이상으로 테이블이 커진 현상을 Bloating(이하 블로팅) 이라고 한다. 블로팅 테이블을 적절한 크기로 축소하려면 VACUUM FULL 명령어를 수행해야 한다.

### VACUUM FULL 명령어

VACUUM FULL 명령어를 수행하는 방법은 다음과 같다(verbose 옵션을 이용하면 명령어 수행 과정에 대한 세부 정보를 확인할 수 있다).

```
vacuum (full) <테이블명>;
vacuum (full verbose) <테이블명>;
```

VACUUM FULL 명령어는 온라인 기능을 지원하지 않는다. 이로 인해 DML 명령어는 물론, SELECT 명령어도 락 호환성이 없다. 다시 말해, SELECT 명령어가 실행 중이면 VACUUM FULL 명령어를 실행하는 세션은 락을 대기한다. 반대로 VACUUM FULL 명령어가 실행 중이면 SELECT 명령어를 실행하는 세션은 락을 대기한다. 따라서 VACUUM FULL 명령어는 업무를 중단한 상태에서 수행하는 것이 바람직하다.

간혹 VACUUM FULL 명령어를 수행해도 테이블 크기가 줄어들지 않는 현상이 발생할 수 있다. 이에 대한 원인은 9장의 'Slow Query 수행과 Vacuum' 단락에서 설명한다.

> ✅ CLUSTER 명령어 역시 테이블을 재구성하기 때문에, 블로팅 현상을 제거하여 테이블 크기를 줄이는 효과를 얻을 수 있다. 하지만 CLUSTER의 본래 용도는 특정 인덱스를 기준으로 테이블을 재정렬하는 것이다. 즉, 테이블 블로팅 제거보다는 쿼리 성능을 개선하는데 더 적합한 명령어이다.

## 테이블 관리 명령어

DBA가 주로 수행하는 테이블 관리 업무는 다음과 같다.

- PK 재생성
- 칼럼 추가 및 DEFAULT 값 설정
- 칼럼 타입 및 길이 변경
- 칼럼 NULL 제약 조건 변경
- 테이블 명 변경

### 예제용 테이블 생성

테이블 관리 명령어 설명을 위해 예제용 테이블을 생성한다.

```
=> create table svc.test (
        c1 integer not null,
        c2 integer,
        c3 varchar(10),
        c4 numeric(10,3), constraint test_pk primary key (c1));
=> insert into svc.test select i, mod(i,100), left(md5(random()::text),10), i
   from    generate_series(1,1000) i;
INSERT 0 1000
=> \d+ svc.test
                    "svc.test" 테이블
 필드명 |         형태          | NULL허용 | 초기값 | 설명
--------+-----------------------+----------+--------+-------
 c1     | integer               | not null |        |
 c2     | integer               |          |        |
 c3     | character varying(10) |          |        |
 c4     | numeric(10,3)         |          |        |
인덱스들:
    "test_pk" PRIMARY KEY, btree (c1)
```

### PK 재생성 예제

업무 요건 변경으로 인해 기본 키(PK) 칼럼이 수정되는 경우가 있다. 아래는 기존 PK에 c2 칼럼을 추가한 예제이다(PK에 추가된 c2 칼럼은 자동으로 NOT NULL 제약 조건이 추가된다).

```
=> alter table svc.test drop constraint test_pk;
=> alter table svc.test add   constraint test_pk primary key (c1,c2);
```

## 칼럼 추가 및 DEFAULT 값 설정 예제

NOT NULL 제약 조건이 없는 칼럼을 추가하는 방법은 다음과 같다.

```
=> alter table svc.test add column c5 varchar(1) null;
```

NOT NULL 제약 조건이 있는 칼럼을 추가할 때는 DEFAULT 구문을 함께 지정해야 한다.

```
=> alter table svc.test add column c6 varchar(1) not null default 'N';
```

DEFAULT 구문을 지정하지 않으면 다음과 같은 에러가 발생한다.

```
=> alter table svc.test add column c6 varchar(1) not null;
ERROR:  column "c6" of relation "test" contains null values
```

> ✅ PostgreSQL은 칼럼 추가 시에 칼럼의 위치를 지정할 수 없다. 새로 추가된 칼럼은 테이블의 마지막(맨 아래)에 위치한다.

## DEFAULT 값 설정 시 동작 방식

버전 10까지는 칼럼을 추가할 때 DEFAULT 값을 지정하면, 기존 레코드에 DEFAULT 값을 업데이트하는 방식을 사용했다. 이로 인해 레코드 수가 많을수록 수행 시간이 오래 걸리는 문제가 있었다. 하지만, 버전 11부터는 DEFAULT 값을 시스템 카탈로그에 저장하는 방식으로 변경되었으므로 성능 저하 없이 칼럼을 추가할 수 있다. 기존 레코드에 대한 조회는 시스템 카탈로그에 저장된 값을 이용하며, DEFAULT 값 조회 방법은 다음과 같다.

```
=> select a.relname, b.attname, b.attmissingval
   from   pg_class a, pg_attribute b
   where  a.relname='test'
   and    a.oid = b.attrelid
   and    b.attmissingval is not null;
 relname | attname | attmissingval
---------+---------+---------------
 test    | c6      | {N}
```

> ✅ TIMESTAMP 칼럼을 추가할 때 NOW() 함수를 이용해 DEFAULT 값을 설정하면, 명령어가 수행된 시각이 시스템 카탈로그에 저장된다.

### 칼럼 타입 변경 예제

간혹 정수형 칼럼을 VARCHAR 타입으로, 또는 그 반대로 변경해야 하는 경우가 있다. 정수형을 VARCHAR 타입으로 변경할 때는 자릿수만 주의하면 된다.

```
=> alter table svc.test alter column c2 type varchar(10);
```

VARCHAR 타입을 정수형으로 변경할 때는 USING 칼럼::integer 옵션을 추가한다.

```
=> alter table svc.test alter column c5 type integer using c5::integer;
```

해당 옵션을 지정하지 않으면 다음과 같은 에러가 발생한다.

```
=> alter table svc.test alter column c5 type integer;
ERROR:  column "c5" cannot be cast automatically to type integer
힌트:  You might need to specify "USING c5::integer".
```

> ✅ PostgreSQL은 명령어 수행 중 에러가 발생하면, 위의 예제와 같이 문제 해결을 위한 힌트를 함께 제공한다. 이를 통해 사용자는 오류 원인을 쉽게 파악할 수 있다.

### 칼럼 길이 변경 예제

칼럼 길이 변경 예제는 다음과 같다.

```
=> alter table svc.test alter column c3 type varchar(20);
```

> ✅ 문자형 칼럼의 길이를 변경할 때, 길이를 늘리는 작업은 빠르게 수행되지만, 길이를 줄이는 경우에는 모든 레코드를 확인하는 과정이 필요하므로 레코드 수가 많을수록 수행 속도가 느려진다는 점을 유의해야 한다.

### 칼럼 NULL 제약 조건 변경 예제

업무 요건 변경으로 인해 칼럼의 NULL 또는 NOT NULL 속성을 변경해야 하는 경우가 있다. NOT NULL 속성을 NULL로 변경할 때는 DROP NOT NULL 옵션을 사용한다.

```
=> alter table svc.test alter column c3 drop not null;
```

NULL 속성을 NOT NULL 속성으로 변경할 때는 SET NOT NULL 옵션을 사용한다.

```
=> alter table svc.test alter column c3 set not null;
```

### 테이블 명 변경 예제

테이블 명을 변경하는 방법은 다음과 같다. 이때, RENAME TO 뒤의 테이블 명에는 스키마명을 입력하지 않는다.

```
=> alter table svc.test rename to test_completed;
```

만약, 스키마명을 입력하면 다음과 같은 에러가 발생한다.

```
=> alter table svc.test rename to svc.test_completed;
ERROR:  syntax error at or near "."
```

✅ PostgreSQL은 데이터베이스명, 스키마명, 유저(롤)명도 RENAME 명령어를 통해 손쉽게 변경할 수 있다. 각각 ALTER DATABASE, ALTER SCHEMA, ALTER USER(또는 ALTER ROLE) 명령어를 이용한다.

## 2-2. 인덱스

PostgreSQL은 B*Tree 인덱스 외에도 BRIN(Block Range Index), GIN, GiST, 해시 인덱스 등의 다양한 인덱스 유형을 제공한다. 이 책에서는 B*Tree 인덱스만을 설명하며, 나머지 인덱스는 특수한 상황에서 사용되므로 필요한 경우 매뉴얼을 참고하기 바란다.

### 인덱스 생성

PostgreSQL은 B*Tree 인덱스를 세 가지 방법으로 생성할 수 있다.

- create (unique) index

- create (unique) index… include(칼럼 명);
- create (unique) index … where 조건;

이 중 INCLUDE 절과 WHERE 조건을 활용한 인덱스 생성 방식은 오라클에서는 지원하지 않는 기능이며, 성능 튜닝 작업에서 매우 유용하게 활용된다.

INCLUDE 절은 커버링(Covering) 인덱스를 통해 테이블 랜덤 액세스를 제거할 때 사용한다. INCLUDE 절에 지정된 칼럼은 인덱스에는 포함되지만, 검색 조건에는 사용되지 않는다는 특징이 있다.

한편, WHERE 절을 포함한 인덱스는 Partial 인덱스라고 하며, 조건에 해당하는 레코드만 인덱스에 포함시킨다. 이 방식은 데이터 분포도 차이가 큰 칼럼이나 복잡한 조건이 포함된 쿼리의 성능을 개선할 때 효과적으로 사용할 수 있다.

인덱스는 다음과 같은 방법으로 생성한다. 인덱스 명 앞에 스키마명을 지정하면 에러가 발생하므로 인덱스 명 앞에는 스키마명을 생략한다.

```
create (unique) index <인덱스명> on <스키마명>.<테이블명> (칼럼명);
```

## CIC (Create Index Concurrently) 옵션

데이터베이스 운영 중에 쿼리 성능 개선을 위해서 신규 인덱스를 생성한다고 가정해보자. 인덱스 생성 시에는 업무 트랜잭션과의 락 충돌 때문에 락 대기 현상이 발생하게 된다. 이 문제를 해결하기 위해 대부분의 DBMS는 인덱스 생성을 위한 온라인 기능을 제공한다. 온라인 기능이란, 트랜잭션 수행과 무관하게 인덱스를 생성할 수 있는 기능이다.

PostgreSQL은 CONCURRENTLY(이하 CIC, Create Index Concurrently) 옵션을 통해 온라인 기능을 지원한다. 따라서 트랜잭션이 빈번한 테이블에 인덱스를 생성할 때는 CIC 옵션을 사용하도록 한다.

✔ CIC 옵션은 인덱스 생성 시작과 완료 시점에도 수행 중인 트랜잭션과 락 경합이 발생하지 않는 완전한 온라인 기능을 제공한다.

CIC 옵션은 락 경합 문제를 해소할 수 있다는 장점이 있지만, 다음과 같은 단점이 있다.

- 일반 인덱스 생성 방식에 비해 속도가 느리다.
- INVALID 상태의 인덱스가 생성될 수 있다.
- 인덱스 생성이 지연되는 현상이 발생할 수 있다.

**일반 인덱스 생성 방식에 비해 속도가 느리다.**

CIC 옵션을 사용하면 테이블을 두 번 스캔한다. 또한 스캔 중에 트랜잭션이 진행 중인 레코드가 있으면, 해당 트랜잭션이 종료될 때까지 인덱스 생성 작업을 중단하고, 트랜잭션이 종료하면 인덱스 생성 작업을 재개한다. 이러한 이유로, 트랜잭션이 빈번하게 발생하는 테이블에 CIC 옵션을 사용하면, 일반적인 방식에 비해 인덱스 생성 속도가 느리다. 그러나 생성 속도가 느린 것은 락 경합 문제를 회피할 수 있다는 장점에 비하면 상대적으로 사소한 단점이라 할 수 있다.

CIC 옵션을 사용할 때 테이블을 두 번 스캔하는 이유는 다음과 같다.

- 첫 번째 스캔에서는 테이블의 레코드를 읽어 정렬한 후, 이를 인덱스 트리 구조에 입력한다. 이 과정은 CIC 옵션 없이 생성하는 경우와 동일하다. 이 시점부터는 신규 인덱스에 레코드를 추가하거나 삭제할 수 있다.
- CIC 옵션은 인덱스 생성 도중에도 트랜잭션 처리를 허용하므로, 첫 번째 테이블 스캔 시에 발생한 트랜잭션 중에서 인덱스에 반영되지 않은 레코드가 존재할 수 있다. 따라서 두 번째 스캔 시에 이들 레코드를 인덱스에 반영한다.

**INVALID 상태의 인덱스가 생성될 수 있다.**

CIC 옵션을 사용하면, 명령어 시작 시점에 인덱스 메타 정보가 시스템 카탈로그에 등록되며, 이때 인덱스 상태는 INVALID로 설정된다. 이후 인덱스 생성이 정상적으로 완료되면 해당 상태를 VALID로 변경한다. 이는 CIC 옵션 없이 인덱스를 생성할 때, 인덱스 생성이 완료된 후에 메타 정보를 등록하는 방식과는 차이가 있다.

이러한 특성으로 인해 인덱스 생성 세션이 비정상적으로 종료되거나, 유니크 인덱스를 CIC 옵션으로 생성할 때 중복 값에 의해 오류가 발생하는 경우, 해당 인덱스는 INVALID 상태로 남게 된다. INVALID 상태의 인덱스는 쿼리 수행에 활용되지 못할 뿐만 아니라, 디스크 공간을 차지하고 DML 작업 시에도 반영이 된다는 문제가 있다.

이러한 상황을 확인하기 위해 적절한 크기의 테스트 테이블을 생성한다.

```
=> set role svc;
=> drop table if exists svc.t1;
=> create table svc.t1 (c1 integer, c2 varchar(10));
=> insert into svc.t1 select i, 'N' from generate_series(1,10000000) i;
INSERT 0 10000000
=> \dt+ svc.t1
                       릴레이션 목록
 스키마 | 이름 | 형태   | 소유주 | 지속성 | 접근 방법 | 크기   | 설명
--------+------+--------+--------+--------+-----------+--------+------
 svc    | t1   | 테이블 | svc    | 영구   | heap      | 346 MB |
```

CIC 옵션으로 인덱스를 생성하는 도중 세션을 강제 종료하면 INVALID 상태의 인덱스가 생성된다. \di+ 메타 명령어로 인덱스를 확인해보면 INVALID 상태의 인덱스도 디스크 공간을 차지하는 것을 확인할 수 있다.

```
=> create index concurrently t1_n1 on svc.t1(c1);
^C취소 요청 보냄
ERROR:  canceling statement due to user request
=> \d+ svc.t1
                           "svc.t1" 테이블
 필드명 |         형태          | 정렬규칙 | NULL허용 | 초기값 | 스토리지
--------+-----------------------+----------+----------+--------+----------
 c1     | integer               |          |          |        | plain
 c2     | character varying(10) |          |          |        | extended
인덱스들:
    "t1_n1" btree (c1) INVALID
=> \di+ svc.t1_n1
                            릴레이션 목록
 스키마 | 이름  | 형태   | 소유주 | 테이블 | 지속성 | 접근 방법 | 크기   | 설명
--------+-------+--------+--------+--------+--------+-----------+--------+------
 svc    | t1_n1 | 인덱스 | svc    | t1     | 영구   | btree     | 214 MB |
```

또 다른 예로, CIC 옵션을 사용해 유니크 인덱스를 생성할 때 발생할 수 있는 문제를 들 수 있다. 다음은 이를 재현하는 예제이다.

```
=> drop index svc.t1_n1;
=> create unique index concurrently t1_uk on svc.t1(c1); -- 생성 진행중
```

인덱스 생성 중에, 다른 세션에서 유니크 제약 조건에 위배되는 중복 키 값을 입력한다.

```
=> insert into svc.t1 values(1,'dup record');
INSERT 0 1
```

인덱스 생성의 마지막 단계에서 유니크 키 중복 오류가 발생하면, 인덱스는 INVALID 상태로 남게 된다.

```
ERROR:  duplicate key value violates unique constraint "t1_uk"
상세정보:  Key (c1)=(1) already exists.
=> \d+ svc.t1
                    "svc.t1" 테이블
 필드명 |       형태        | 정렬규칙 | NULL허용 | 초기값 | 스토리지
--------+-------------------+----------+----------+--------+---------
 c1     | integer           |          |          |        | plain
 c2     | character varying(10) |      |          |        | extended
인덱스들:
    "t1_uk" UNIQUE, btree (c1) INVALID
=> \di+ svc.t1_uk
                         릴레이션 목록
 스키마 | 이름  | 형태   | 소유주 | 테이블 | 지속성 | 접근 방법 | 크기    | 설명
--------+-------+--------+--------+--------+--------+-----------+---------+------
 svc    | t1_uk | 인덱스 | svc    | t1     | 영구   | btree     | 214 MB  |
```

이러한 이유로, CIC 옵션으로 인덱스를 생성한 후에는 인덱스 상태를 확인해야 한다.

**인덱스 생성이 지연되는 현상이 발생할 수 있다.**

CIC 옵션으로 인덱스를 생성할 때 가장 주의해야 할 점이다. 앞서 설명한 것처럼, CIC 옵션을 사용할 경우 테이블을 두 번 스캔한다. 만약 두 번째 스캔 이전에 실행된 쿼리가 인덱스 생성 완료 시점까지도 수행 중이라면, 인덱스 생성을 완료하지 못하고 해당 쿼리의 종료를 대기한다. 이때, 해당 쿼리가 인덱스 대상 테이블을 액세스하지 않더라도 CIC 옵션으로 인덱스를 생성하는 세션은 락 대기를 한다는 점에 유의해야 한다. 아래 예제를 통해 확인해보자.

먼저, 다른 세션에서 장시간 수행되는 쿼리를 실행한다.

```
=> select pg_sleep(1000000);
```

이후, CIC 옵션을 사용해서 인덱스를 생성한다.

```
=> drop index svc.t1_uk;
DROP INDEX
=> create index concurrently t1_n1 on svc.t1(c1); -- 인덱스 생성 중
```

세션 및 인덱스 진행 상황 모니터링 뷰를 통해, CIC 수행 세션이 다른 세션의 쿼리 종료를 기다리고 있음을 확인할 수 있다.

```
 datname |  pid   |  holder  |runtime |             query              | wait_event_type
---------+--------+----------+--------+--------------------------------+-----------------
 svcdb   | 306403 | {307128} |     63 | create index concurrently t1_n | Lock
 svcdb   | 307128 | {}       |    115 | select pg_sleep(1000000);      | Timeout

          command           |           phase            | blocks_total | blocks_done
---------------------------+----------------------------+--------------+-------------
 CREATE INDEX CONCURRENTLY | waiting for old snapshots  |        54055 |       54054
```

따라서 CIC 옵션을 사용할 때는 세션 및 인덱스 진행 상황을 모니터링할 필요가 있다. 만약 인덱스 생성을 지연시키는 세션이 업무용 트랜잭션이 아니라면, 해당 세션을 정리해서 인덱스 생성이 정상적으로 완료되도록 해야 한다. 모니터링 방법은 '7장. 모니터링'에서 자세히 설명한다.

> ✓ CIC 옵션을 사용한 인덱스 생성 작업은 테이블당 한 번에 하나만 수행할 수 있다. 따라서 하나의 테이블에 두 개 이상의 인덱스를 CIC 옵션으로 생성할 때는 순차적으로 수행해야 한다.

### 인덱스 리빌드

테이블에 대해 VACUUM FULL 명령어를 수행하면 인덱스 블로팅 문제도 함께 해결되므로, 주기적으로 VACUUM FULL 명령어를 수행할 수 있는 환경이라면 인덱스 리빌드 작업을 수행할 필요는 없다. 그러나 이러한 작업을 정기적으로 수행하기 어려운 경우에는 인덱스 리빌드 작업이 필요하다.

인덱스 리빌드 작업은 테이블에 생성된 모든 인덱스를 한꺼번에 수행할 수도 있고, 개별 인덱스 단위로도 진행할 수 있다. 이때, 인덱스 생성과 마찬가지로 CONCURRENTLY 옵션을 사용해서 온라인 방식으로 수행할 수 있다.

```
reindex table {concurrently} <테이블명>;
reindex index {concurrently} <인덱스명>;
```

CONCURRENTLY 옵션을 사용할 때 발생할 수 있는 문제점은 CIC 옵션과 유사하다. 다만, 인덱스 리빌드 작업 시에 사용하는 CONCURRENTLY 옵션은 내부적으로 '_ccnew'라는 임시 인덱스를 생성한다는 차이가 있다.

즉, 기존 인덱스는 그대로 유지한 채 별도의 작업용 인덱스를 생성해서 리빌드 작업을 진행하고, 완료 후에는 이 작업용 인덱스를 기존 인덱스와 교체하는 방식으로 동작한다. 만약 온라인 리빌드 작업이 비정상적으로 종료되면, '_ccnew' 인덱스는 INVALID 상태로 남게 된다. 이 경우에는 해당 인덱스를 삭제한 후 리빌드 작업을 다시 수행해야 한다.

아래의 예제를 통해 실제 동작 방식을 확인해보자.

```
=> reindex index concurrently svc.t1_n1;
```

온라인 리빌드 작업이 진행 중일 때 \d 메타 명령어를 실행하면, 내부적으로 생성된 _ccnew 인덱스를 확인할 수 있다.

```
=> \d svc.t1
                    "svc.t1" 테이블
  필드명  |          형태          | 정렬규칙 | NULL허용 | 초기값
--------+------------------------+----------+----------+--------
  c1      | integer                |          |          |
  c2      | character varying(10)  |          |          |
인덱스들:
    "t1_n1" btree (c1)
    "t1_n1_ccnew" btree (c1) INVALID
```

온라인 인덱스 리빌드 작업이 정상적으로 완료되면, 임시로 생성되었던 '_ccnew' 인덱스는 자동으로 삭제된다.

```
=> \d svc.t1
                        "svc.t1" 테이블
 필드명    |        형태           | 정렬규칙 | NULL허용 | 초기값
----------+----------------------+---------+---------+--------
  c1      | integer              |         |         |
  c2      | character varying(10)|         |         |
인덱스들:
    "t1_n1" btree (c1)
```

## 인덱스 관리 명령어

DBA 업무 수행 중 인덱스와 관련된 작업은 주로 인덱스 명 변경, 인덱스 구성 칼럼 변경 및 중복 인덱스 삭제 작업이다.

### 인덱스 명 변경

인덱스 명을 변경하는 명령어는 다음과 같다. RENAME TO 뒤의 인덱스 명에는 스키마명을 입력하지 않는다.

```
=> alter index svc.t1_n1 rename to t1_idx1;
```

### 인덱스 구성 칼럼 변경 후 중복 인덱스 DROP 시 주의 사항

성능 튜닝을 진행하다 보면, 기존 인덱스에 칼럼을 추가하는 경우가 자주 발생한다. 이는 개발 초기에는 단일 칼럼 인덱스로도 성능 문제가 없지만, 데이터 볼륨이 증가하면 단일 칼럼 인덱스보다는 결합 인덱스가 성능 측면에서 더 유리하기 때문이다. 아래 예제는 기존 단일 칼럼 인덱스에 칼럼을 추가해서 새로운 인덱스를 생성한 경우이다. 기존 인덱스는 중복 인덱스로 분류되며, DROP 대상이다.

```
=> create index t1_n1_new on svc.t1(c1,c2);
=> \d svc.t1
                        "svc.t1" 테이블
 필드명  |       형태           | 정렬규칙 | NULL허용 | 초기값
--------+----------------------+----------+----------+--------
 c1     | integer              |          |          |
 c2     | character varying(10)|          |          |
인덱스들:
    "t1_idx1"    btree (c1)
    "t1_n1_new"  btree (c1, c2)
```

운영 환경에서 인덱스를 DROP할 때는 반드시 CONCURRENTLY 옵션을 사용해야 한다. 기존 인덱스를 참조 중인 쿼리가 수행되고 있는 경우, 인덱스 DROP 명령을 수행한 세션은 락을 대기한다. 따라서 아래와 같이 DROP 작업을 수행한 후에 인덱스 명을 변경한다.

```
=> drop index concurrently svc.t1_idx1;
=> alter index svc.t1_n1_new rename to t1_n1;
```

## 2-3. 파티션

파티션은 대용량 테이블을 효율적으로 관리하기 위한 필수적인 기능이다. PostgreSQL은 9.6 버전까지는 파티션을 구현하는 방식이 매우 복잡했다. 부모 테이블을 생성한 후 상속(INHERITS)을 통해 자식 테이블을 생성하고, 파티션 프루닝(pruning)을 위해 트리거를 직접 구현해야 하는 등의 번거로운 작업이 필요했다.

그러나 버전 10부터는 오라클의 파티션 생성 방식과 유사한 선언적 파티션 기능을 제공함으로써 매우 편리하게 파티션 테이블을 생성할 수 있다. 이후, 버전이 올라가면서 파티션 기능은 지속적으로 개선되었으며, 다양한 기능과 함께 성능도 크게 향상되었다. 이번 단락에서는 파티션의 기본 개념과 함께 파티션 인덱스를 생성할 때의 주의사항을 살펴본다.

## 파티션 개요

### PostgreSQL 파티션 특징

PostgreSQL은 버전 10부터 선언적 파티션 생성 문법을 지원하지만, 내부적으로는 기존 방식과 동일하게 부모 테이블을 생성한 후 그 구조를 상속해서 자식 테이블을 생성한다. 따라서 물리적인 관점에서 보면, 부모 테이블과 자식 테이블은 서로 별개의 테이블이다.

반면, 오라클은 하나의 테이블 안에 여러 개의 파티션이 존재하는 구조이다. 다시 말해, 여러 개의 파티션을 합쳐 하나의 테이블로 구성하며, 이때 파티션은 LOCAL, 테이블은 GLOBAL 레벨로 구분한다(그림 2-2 참조).

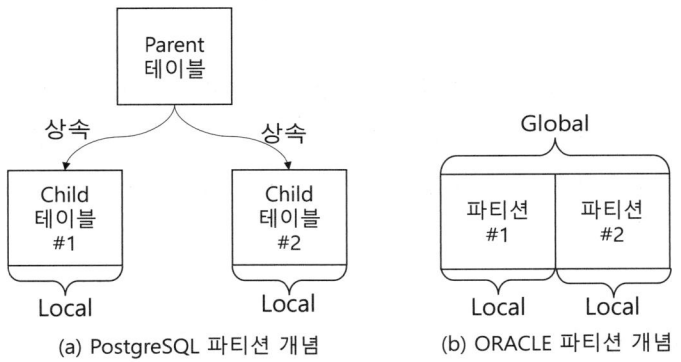

그림 2-2. PostgreSQL과 오라클 파티션 구조

### PostgreSQL 파티션 유형

PostgreSQL에서 제공하는 파티션 유형은 세 가지이다.

- RANGE 파티션
- LIST 파티션
- HASH 파티션

이러한 파티션 유형들을 조합하여 서브 파티션을 구성할 수도 있다. 예를 들어, RANGE+LIST, LIST+RANGE, RANGE+HASH 형태의 서브 파티션 생성이 가능하다. 다만 실무에서는 서브 파티션까지 적용하는 경우가 매우 드물기 때문에, 이 책에서는 이에 대한 내용은 다루지 않는다.

# RANGE 파티션

RANGE 파티션은 이력 테이블을 효율적으로 관리하는 데 큰 장점을 제공한다. 하나의 테이블에 모든 이력 데이터를 저장하면, 필연적으로 관리 이슈가 발생하게 된다. 예를 들어, 보관 기간이 지난 데이터를 DELETE 명령어로 삭제할 경우 대량의 WAL(트랜잭션 로그)이 발생해 IO 부하가 증가하며, 테이블 단위 백업이나 VACUUM 명령어 수행 시에도 많은 시간이 소요된다.

하지만 RANGE 파티션을 적용하면 파티션 단위로 작업할 수 있기 때문에 관리 효율이 크게 향상된다. 특히, 보관 기간이 지난 데이터를 삭제할 때는 해당 파티션을 DROP하면 된다. 예제를 통해 파티션 생성 및 관리 방법을 살펴보자.

### 예제

다음은 연 단위 파티션 테이블 생성 예제이다. 부모 테이블을 생성할 때 파티션 유형을 정의한다. 테이블 생성 후 \d 메타 명령어를 수행하면, 해당 테이블이 파티션 테이블로 생성된 것을 확인할 수 있다. 이 시점에는 아직 자식 테이블이 존재하지 않기 때문에, 파티션 개수는 0개이다.

```
=> create table svc.t1_r (
        c1       integer    not null,
        log_date varchar(8) not null,
        dummy    varchar(10))
   partition by range (log_date);
=> \d svc.t1_r
              "svc.t1_r" 파티션 테이블
   필드명   |         형태          | 정렬규칙 | NULL허용 | 초기값
 ----------+-----------------------+----------+----------+--------
  c1       | integer               |          | not null |
  log_date | character varying(8)  |          | not null |
  dummy    | character varying(10) |          |          |
파티션 키: RANGE (log_date)
파티션 테이블 수: 0
```

RANGE 파티션의 자식 테이블은 FROM, TO 구문을 이용해서 범위를 지정한다. FROM에는 시작 값을 입력하고, TO에는 '다음 파티션의 시작 값'을 지정한다. 이때 TO에 지정된 값은 해당 파티션에 포함되지 않는다는 점에 유의한다.

파티션은 테이블을 생성할 때부터 고려할 수도 있지만, 기존 테이블이 점차 커지면서 파티션 구조로 전환하는 경우도 있다. 이 경우 FROM에는 MINVALUE를 지정해서, 아주 오래된 데이터들을 하나의 자식 테이블로 묶는 방식을 사용하기도 한다.

```
=> create table svc.t1_r_p2020 partition of svc.t1_r for values from(MINVALUE)   to ('20210101');
=> create table svc.t1_r_p2021 partition of svc.t1_r for values from('20210101') to ('20220101');
=> create table svc.t1_r_p2022 partition of svc.t1_r for values from('20220101') to ('20230101');
=> create table svc.t1_r_p2023 partition of svc.t1_r for values from('20230101') to ('20240101');
=> create table svc.t1_r_p2024 partition of svc.t1_r for values from('20240101') to ('20250101');
=> create table svc.t1_r_p2025 partition of svc.t1_r for values from('20250101') to ('20260101');
```

> TO에는 MAXVALUE를 지정할 수 있다. 단, RANGE 파티션은 매년 다음 해의 자식 테이블을 미리 생성해두기 때문에 MAXVALUE는 거의 사용되지 않는다.

생성된 파티션 정보는 \d+ 메타 명령어를 통해 확인할 수 있다.

```
=> \d+ svc.t1_r
                "svc.t1_r" 파티션 테이블
   필드명   |         형태          | NULL허용 | 스토리지
------------+-----------------------+----------+---------
 c1         | integer               | not null | plain
 log_date   | character varying(8)  | not null | extended
 dummy      | character varying(10) |          | extended
파티션 키: RANGE (log_date)
파티션들: svc.t1_r_p2020 FOR VALUES FROM (MINVALUE) TO ('20210101'),
         svc.t1_r_p2021 FOR VALUES FROM ('20210101') TO ('20220101'),
         svc.t1_r_p2022 FOR VALUES FROM ('20220101') TO ('20230101'),
         svc.t1_r_p2023 FOR VALUES FROM ('20230101') TO ('20240101'),
         svc.t1_r_p2024 FOR VALUES FROM ('20240101') TO ('20250101'),
         svc.t1_r_p2025 FOR VALUES FROM ('20250101') TO ('20260101')
```

## LIST 파티션

리스트 파티션은 코드 값을 기준으로 테이블을 분할하는 방식이다. 예를 들어 국가별, 지점별 등 대분류 항목에 따라 테이블을 나누고자 할 때 사용할 수 있다.

### 예제

리스트 파티션은 IN 절을 사용해서 각 자식 테이블에 입력될 코드 값을 명시적으로 지정한다. 간혹 새로운 코드 값이 반영되지 않아 오류가 발생할 수 있으므로, DEFAULT 파티션을 함께 생성하는 것이 좋다.

```
=> create table svc.t1_l (
        c1       integer    not null,
        divcode varchar(8) not null,
        dummy    varchar(10))
   partition by list (divcode);
=> create table svc.t1_l_p1 partition of svc.t1_l for values in ('A','B');
=> create table svc.t1_l_p2 partition of svc.t1_l for values in ('C');
=> create table svc.t1_l_pd partition of svc.t1_l default;
```

리스트 파티션에 명시되지 않은 코드 값은 DEFAULT 파티션에 자동으로 입력된다.

```
=> insert into svc.t1_l values(1,'D','dummy');
INSERT 0 1
=> select * from svc.t1_l_pd ;
 c1 | divcode | dummy
----+---------+-------
  1 | D       | dummy
```

만약 DEFAULT 파티션에 입력된 값으로 새로운 자식 테이블을 생성하려고 시도하면, 아래와 같은 오류가 발생한다.

```
=> create table svc.t1_l_p3  partition of svc.t1_l for values in ('D');
ERROR:  updated partition constraint for default partition "t1_l_pd" would be violated by some row
```

오라클의 경우에는 파티션을 분할하는 스플릿(Split) 기능을 이용해서 이 문제를 해결할 수 있지만, PostgreSQL은 아직 해당 기능을 지원하지 않는다. 따라서 다음과 같은 절차대로 수행해야 한다.

1. DEFAULT 파티션에서 스플릿 대상 데이터 추출
2. DEFAULT 파티션에서 스플릿 대상 데이터 삭제
3. 신규 자식 테이블 생성
4. 추출한 데이터를 신규 자식 테이블에 입력

> ✅ PostgreSQL의 신기능, 변경사항, 위시 리스트 등을 제공하는 사이트인 https://www.depesz.com/에 따르면, 버전 17에서는 파티션 SPLIT, MERGE 기능이 도입될 예정이었던 것으로 보인다. 해당 사이트는 PostgreSQL 관련 최신 정보와 변경 이력을 확인할 수 있어 매우 유용하므로, 북마크해두는 것을 추천한다.

## HASH 파티션

동시에 대량의 입력 작업이 발생하면, 핫 블록 발생으로 인한 병목 현상이 발생할 수 있다. 이러한 병목 현상을 개선하려면, 입력 위치를 분산시키는 것이 효과적이다. 이때 활용할 수 있는 방법이 해시 파티션이다.

### 예제

해시 파티션은 지정된 칼럼에 대해 나머지 연산(mod 연산)을 수행한 결과를 기준으로 데이터를 각 자식 테이블에 분산한다.

```
=> create table svc.t1_h (
        c1      integer not null,
        seqno integer not null,
        dummy varchar(10))
    partition by hash (seqno);
=> create table svc.t1_h_p1 partition of t1_h for values with (modulus 4, remainder 0);
=> create table svc.t1_h_p2 partition of t1_h for values with (modulus 4, remainder 1);
=> create table svc.t1_h_p3 partition of t1_h for values with (modulus 4, remainder 2);
=> create table svc.t1_h_p4 partition of t1_h for values with (modulus 4, remainder 3);
```

## 파티션 인덱스

PostgreSQL은 두 가지 방식으로 파티션 인덱스를 생성할 수 있다.

- 자동 인덱스 생성 방식
- 수동 인덱스 생성 방식

### 자동 인덱스 생성 방식

자동 인덱스 생성 방식은 버전 11부터 제공되는 기능으로, 부모 테이블에 인덱스를 생성하면 자식 테이블에도 동일한 인덱스가 자동으로 생성되는 방식이다. 이전 버전에서는 자식 테이블을 추가할 때마다 인덱스를 수동으로 생성해야 했기 때문에 관리에 번거로움이 있었다. 자동 인덱스 생성 기능은 이러한 불편함을 해소해주는 매우 유용한 기능이다.

### 예제

자동 인덱스 생성 방식 테스트를 위해, RANGE 파티션의 부모 테이블에 기본 키(PK)와 일반 인덱스를 생성한다.

```
=> alter table svc.t1_r add constraint t1_r_pk primary key (c1,log_date);
=> create index t1_r_n1 on svc.t1_r(log_date);
```

참고로, PK를 생성할 때는 반드시 파티션 칼럼을 포함해야 한다. 파티션 칼럼을 포함하지 않으면 다음과 같은 에러가 발생한다.

```
=> alter table svc.t1_r add constraint t1_r_pk primary key (c1);
ERROR:  unique constraint on partitioned table must include all partitioning columns
상세정보:  PRIMARY KEY constraint on table "t1_r" lacks column "log_date" which is part
of the partition key.
```

자동 인덱스 생성 방식은 부모 테이블 레벨에서 인덱스를 관리하기 때문에, 부모 테이블에 \d 메타 명령어를 수행하면 전체 인덱스 목록을 확인할 수 있다.

```
=> \d svc.t1_r
                    "svc.t1_r" 파티션 테이블
   필드명    |        형태          | 정렬규칙 | NULL허용 | 초기값
------------+----------------------+----------+----------+--------
   c1       | integer              |          | not null |
   log_date | character varying(8) |          | not null |
   dummy    | character varying(10)|          |          |
파티션 키: RANGE (log_date)
인덱스들:
    "t1_r_pk" PRIMARY KEY, btree (c1, log_date)
    "t1_r_n1" btree (log_date)
```

부모 테이블에 인덱스가 생성된 후에 각 자식 테이블에도 동일한 인덱스가 자동으로 생성된 것을 확인할 수 있다. 이때 기본 키 인덱스의 이름은 'pkey'로, 일반 인덱스의 이름은 '칼럼명_idx' 형식으로 생성된다.

```
=> \d svc.t1_r_p2025;
                    "svc.t1_r_p2025" 테이블
   필드명    |        형태          | 정렬규칙 | NULL허용 | 초기값
------------+----------------------+----------+----------+--------
   c1       | integer              |          | not null |
   log_date | character varying(8) |          | not null |
   dummy    | character varying(10)|          |          |
소속 파티션: svc.t1_r FOR VALUES FROM ('20250101') TO ('20260101')
인덱스들:
    "t1_r_p2025_pkey" PRIMARY KEY, btree (c1, log_date)
    "t1_r_p2025_log_date_idx" btree (log_date)
```

이후에 생성되는 모든 자식 테이블에는 부모 테이블의 인덱스가 자동으로 생성된다.

```
=> create table svc.t1_r_p2026 partition of svc.t1_r
     for values from('20260101') to ('20270101');
=> \d svc.t1_r_p2026
                    "svc.t1_r_p2026" 테이블
   필드명    |        형태          | 정렬규칙 | NULL허용 | 초기값
------------+----------------------+----------+----------+--------
   c1       | integer              |          | not null |
   log_date | character varying(8) |          | not null |
   dummy    | character varying(10)|          |          |
```

```
소속 파티션: svc.t1_r FOR VALUES FROM ('20260101') TO ('20270101')
인덱스들:
    "t1_r_p2026_pkey" PRIMARY KEY, btree (c1, log_date)
    "t1_r_p2026_log_date_idx" btree (log_date)
```

**수동 인덱스 생성 방식**

수동 인덱스 생성 방식은 자식 테이블마다 개별적으로 인덱스를 생성하는 방식으로, 이전 버전부터 제공된 방식이다. 이 방식은 자동 인덱스 생성 기능이 추가된 이후로는 거의 사용되지 않지만, 특정 상황에서는 여전히 유용하게 활용될 수 있다.

예를 들어, 올해 자식 테이블만 조회가 발생한다고 가정해보자. 이 경우 과거의 자식 테이블에는 인덱스가 필요하지 않으므로, 해당 파티션에는 인덱스를 삭제해도 된다. 이처럼 특정 파티션에만 선별적으로 인덱스가 필요한 경우에는 수동 인덱스 생성 방식을 고려할 필요가 있다(자동 방식으로 생성된 인덱스는 자식 테이블 단위로 DROP 할 수 없다).

**예제**

이전에 생성한 인덱스를 제거한 후, 특정 자식 테이블에만 인덱스를 생성해보자.

```
=> drop index svc.t1_r_n1;
=> create index t1_r_p2025_n1 on svc.t1_r_p2025 (log_date);
```

수동 인덱스 생성 방식으로 생성한 인덱스는 자식 테이블 레벨에서 관리되므로, 부모 테이블에 \d 메타 명령어를 수행하더라도 인덱스 목록을 확인할 수 없다.

```
=> \d svc.t1_r
                "svc.t1_r" 파티션 테이블
  필드명    |        형태           | 정렬규칙 | NULL허용 | 초기값
-----------+-----------------------+----------+----------+--------
 c1        | integer               |          | not null |
 log_date  | character varying(8)  |          | not null |
 dummy     | character varying(10) |          |          |
파티션 키: RANGE (log_date)
인덱스들:
    "t1_r_pk" PRIMARY KEY, btree (c1, log_date)
```

자식 테이블에 수동으로 생성한 인덱스 목록을 확인하려면, 해당 테이블에 직접 \d 메타 명령어를 수행해야 한다.

```
=> \d svc.t1_r_p2025
                    "svc.t1_r_p2025" 테이블
   필드명   |         형태          | 정렬규칙 | NULL허용 | 초기값
-----------+-----------------------+----------+----------+--------
 c1        | integer               |          | not null |
 log_date  | character varying(8)  |          | not null |
 dummy     | character varying(10) |          |          |
소속 파티션: svc.t1_r FOR VALUES FROM ('20250101') TO ('20260101')
인덱스들:
    "t1_r_p2025_pkey" PRIMARY KEY, btree (c1, log_date)
    "t1_r_p2025_n1" btree (log_date)
```

이후에 설명할 내용을 위해, 자동 인덱스 생성 방식으로 인덱스를 다시 생성해두자.

```
=> drop index svc.t1_r_p2025_n1;
=> create index t1_r_n1 on svc.t1_r(log_date);
```

## 인덱스 ONLY 옵션

pg_indexes 뷰를 이용해서 t1_r 테이블에 생성된 인덱스 생성 스크립트를 확인해보자. 이전에 작성한 인덱스 생성 스크립트와는 달리, ONLY 옵션이 추가된 것을 확인할 수 있다.

```
=> select indexname, indexdef from pg_indexes where tablename='t1_r';
 indexname |                          indexdef
-----------+------------------------------------------------------------------
 t1_r_pk   | CREATE UNIQUE INDEX t1_r_pk ON ONLY svc.t1_r USING btree (c1, log_date)
 t1_r_no   | CREATE INDEX t1_r_no ON ONLY svc.t1_r USING btree (log_date)
```

### 인덱스 ONLY 옵션의 특징

파티션 테이블에 인덱스를 생성할 때 ONLY 옵션을 지정하면, 부모 테이블에만 INVALID 상태의 인덱스가 생성된다. 즉, 자식 테이블에는 인덱스가 생성되지 않는다. 이러한 이유로 ONLY 옵션으로 생성된 인덱스는 실제로 사용할 수 없다.

아래 예제를 통해 이를 확인해보자. ONLY 옵션으로 생성한 t1_r_n1 인덱스는 INVALID 상태이며, 자식 테이블에는 해당 인덱스가 생성되지 않은 것을 확인할 수 있다.

```
=> drop index svc.t1_r_n1;
=> create index t1_r_n1 on only svc.t1_r(log_date);
=> \d svc.t1_r
                "svc.t1_r" 파티션 테이블
   필드명   |         형태         | 정렬규칙 | NULL허용 | 초기값
-----------+----------------------+----------+----------+--------
 c1        | integer              |          | not null |
 log_date  | character varying(8) |          | not null |
 dummy     | character varying(10)|          |          |
파티션 키: RANGE (log_date)
인덱스들:
    "t1_r_pk" PRIMARY KEY, btree (c1, log_date)
    "t1_r_n1" btree (log_date) INVALID
=> \d svc.t1_r_p2025   -- 자식 테이블에는 t1_r 인덱스가 생성되지 않음
                "svc.t1_r_p2025" 테이블
   필드명   |         형태         | 정렬규칙 | NULL허용 | 초기값
-----------+----------------------+----------+----------+--------
 c1        | integer              |          | not null |
 log_date  | character varying(8) |          | not null |
 dummy     | character varying(10)|          |          |
소속 파티션: svc.t1_r FOR VALUES FROM ('20250101') TO ('20260101')
인덱스들:
    "t1_r_p2025_pkey" PRIMARY KEY, btree (c1, log_date)
```

**인덱스 ONLY 옵션의 필요성**

그렇다면 PostgreSQL은 왜 인덱스 생성 시 ONLY 옵션을 제공하는 것일까?

운영 중에 파티션 테이블에 인덱스를 추가한다고 가정해보자. 이 경우 시스템에 영향을 주지 않기 위해서는 CIC 옵션을 사용해서 인덱스를 생성해야 한다. 하지만 PostgreSQL은 부모 테이블에 대해서는 CIC 옵션을 지원하지 않는다.

```
=> create index concurrently t1_r_n1 on svc.t1_r(log_date);
ERROR:  cannot create index on partitioned table "t1_r" concurrently
```

이때, ONLY 옵션을 이용하면 된다. 전체적인 작업 순서는 다음과 같다.

1. ONLY 옵션을 사용해서 부모 테이블에 인덱스를 생성한다.
2. 자식 테이블 각각에 대해 CIC 옵션으로 인덱스를 생성한다.
3. 자식 테이블에 생성한 인덱스를 부모 테이블의 인덱스에 ATTACH 한다.

즉, 가장 먼저 ONLY 옵션을 사용해서 부모 테이블에 인덱스를 생성한다. 앞서 살펴본 것처럼, 이때 부모 테이블에 생성된 인덱스는 INVALID 상태이다. 이후 자식 테이블 각각에 대해 CIC 옵션을 사용해서 인덱스를 생성한다. 이때, 여러 세션에서 동시에 인덱스 생성 작업을 수행하면 작업 시간을 단축할 수 있다.

```
=> create index concurrently t1_r_p2020_n1 on svc.t1_r_p2020(log_date);
=> create index concurrently t1_r_p2021_n1 on svc.t1_r_p2021(log_date);
...
=> create index concurrently t1_r_p2026_n1 on svc.t1_r_p2026(log_date);
```

그 다음, 자식 테이블에 생성한 인덱스를 부모 테이블의 인덱스에 ATTACH 한다. 모든 파티션 인덱스를 ATTACH 한 이후에는, INVALID 상태였던 부모 테이블의 인덱스가 VALID 상태로 전환되며, 이때부터 해당 인덱스를 사용할 수 있게 된다.

```
=> alter index svc.t1_r_n1 attach partition svc.t1_r_p2020_n1;
=> alter index svc.t1_r_n1 attach partition svc.t1_r_p2021_n1;
...
=> alter index svc.t1_r_n1 attach partition svc.t1_r_p2026_n1;
```

메타 명령어 \d로 부모 테이블의 인덱스 정보를 확인해보면 부모 테이블의 인덱스가 VALID 상태로 전환된 것을 확인할 수 있다.

```
=> \d svc.t1_r
                     "svc.t1_r" 파티션 테이블
   필드명   |         형태          | 정렬규칙 | NULL허용 | 초기값
-----------+-----------------------+----------+----------+--------
 c1        | integer               |          | not null |
 log_date  | character varying(8)  |          | not null |
 dummy     | character varying(10) |          |          |
```

```
파티션 키: RANGE (log_date)
인덱스들:
    "t1_r_pk" PRIMARY KEY, btree (c1, log_date)
    "t1_r_n1" btree (log_date)
```

지금까지 살펴본 것처럼 ONLY 옵션은 파티션 테이블에 인덱스를 생성할 때 매우 유용하게 활용할 수 있는 옵션이다. 따라서 이 옵션의 동작 원리를 정확히 이해하고 사용하도록 한다.

## 파티션 관리 명령어

DBA가 수행하는 파티션 관리 업무는 대부분 자식 테이블 추가 및 삭제 작업이며, 필요에 따라 ATTACH 또는 DETACH 작업을 수행한다. 예제를 통해 살펴보자.

### 자식 테이블 추가

자식 테이블 추가는 앞서 살펴본 것과 같이 CREATE TABLE ... PARTITION OF 구문을 사용한다. 이때 부모 테이블에 자동 인덱스 생성 방식으로 생성된 인덱스가 있다면, 추가된 자식 테이블에도 동일한 인덱스가 자동으로 생성된다.

```
=> create table svc.t1_r_p2026 partition of svc.t1_r
    for values from('20260101') to ('20270101');
=> \d svc.t1_r_p2026
              "svc.t1_r_p2026" 테이블
   필드명    |          형태          | 정렬규칙 | NULL허용 | 초기값
-------------+------------------------+----------+----------+--------
 c1          | integer                |          | not null |
 log_date    | character varying(8)   |          | not null |
 dummy       | character varying(10)  |          |          |
소속 파티션: svc.t1_r FOR VALUES FROM ('20260101') TO ('20270101')
인덱스들:
    "t1_r_p2026_pkey" PRIMARY KEY, btree (c1, log_date)
    "t1_r_p2026_log_date_idx" btree (log_date)
```

**자식 테이블 삭제**

자식 테이블 삭제는 일반 테이블과 동일하게 DROP TABLE 명령어를 사용한다.

```
=> drop table svc.t1_r_p2020;
```

**자식 테이블 DETACH**

보관 기간이 지난 자식 테이블을 삭제하지 않고, 파티션 테이블에서 분리하여 별도로 보관하는 경우도 있다. 이 경우에는 DETACH 명령어를 사용해서 해당 자식 테이블을 부모 테이블에서 분리할 수 있다. 먼저 pg_partition_tree() 함수를 이용해서 현재 파티션 구성 상태를 확인해보자.

```
=> select pg_partition_tree('svc.t1_r');
       pg_partition_tree
-------------------------------
 (svc.t1_r,,f,0)
 (svc.t1_r_p2021,svc.t1_r,t,1)
 (svc.t1_r_p2022,svc.t1_r,t,1)
 (svc.t1_r_p2023,svc.t1_r,t,1)
 (svc.t1_r_p2024,svc.t1_r,t,1)
 (svc.t1_r_p2025,svc.t1_r,t,1)
 (svc.t1_r_p2026,svc.t1_r,t,1)
```

이제 2021년 자식 테이블을 분리해보자. 운영 환경이라면 CONCURRENTLY 옵션을 사용하는 것이 바람직하다. DETACH 명령어를 수행하면, 자식 테이블이 부모 테이블에서 분리된 후 일반 테이블로 전환된다.

```
=> alter table svc.t1_r detach partition svc.t1_r_p2021 concurrently;
=> select pg_partition_tree('svc.t1_r');
       pg_partition_tree
-------------------------------
 (svc.t1_r,,f,0)
 (svc.t1_r_p2022,svc.t1_r,t,1)
 (svc.t1_r_p2023,svc.t1_r,t,1)
 (svc.t1_r_p2024,svc.t1_r,t,1)
 (svc.t1_r_p2025,svc.t1_r,t,1)
 (svc.t1_r_p2026,svc.t1_r,t,1)
(6개 행)
```

```
=> \d svc.t1_r_p2021
                    "svc.t1_r_p2021" 테이블
   필드명     |         형태          | 정렬규칙 | NULL허용 | 초기값
-------------+----------------------+---------+---------+-------
 c1          | integer              |         | not null |
 log_date    | character varying(8) |         | not null |
 dummy       | character varying(10)|         |         |
인덱스들:
    "t1_r_p2021_pkey" PRIMARY KEY, btree (c1, log_date)
    "t1_r_p2021_log_date_idx" btree (log_date)
```

✅ DETACH CONCURRENTLY 옵션은 버전 14부터 지원되는 기능이다. 이 옵션을 사용하면 파티션을 분리할 때에도 락 경합 없이 작업을 수행할 수 있다.

### 파티션 ATTACH

파티션 ATTACH 기능을 이용하면 일반 테이블을 자식 테이블로 빠르게 전환할 수 있다. 예를 들어, 로그 테이블의 크기가 점차 커짐에 따라 연 단위 RANGE 파티션으로 전환할 필요가 있고, 현재까지 입력된 로그 데이터는 올해 파티션에 저장한다고 가정해 보자.

만약 파티션 ATTACH 기능이 없다면, 파티션 테이블을 생성한 후에 기존 로그 데이터를 해당 파티션 테이블에 입력해야 한다. 하지만 로그 데이터가 많을수록 이 전환 작업은 많은 시간과 자원을 소모하게 된다. 반면 파티션 ATTACH 기능을 사용하면, 기존 테이블을 즉시 자식 테이블로 전환할 수 있기 때문에 훨씬 빠르게 작업을 마칠 수 있다.

파티션 ATTACH 기능을 사용할 때에는 다음 두 가지 원칙이 적용된다.

- 자동 인덱스 생성 기능이 적용된다. 파티션 ATTACH도 자식 테이블을 추가하는 작업이므로, 부모 테이블에 존재하는 인덱스가 자식 테이블에 자동으로 적용된다. 단, 자식 테이블에 이미 동일한 인덱스가 생성되어 있다면 이 단계는 건너뛴다.
- 자식 테이블에 대한 체크 제약 조건을 검사한다. 해당 테이블이 이미 체크 제약 조건을 가지고 있다면 이 단계는 건너뛴다. 이는 자식 테이블이 파티션 범위 조건을 충족하는지를 확인하는 과정이다.

따라서 파티션 ATTACH 작업을 최대한 빠르게 수행하려면, 다음 두 가지를 사전에 준비해두는 것이 좋다.

- 부모 테이블에 존재하는 인덱스를 자식 테이블에 미리 생성한다.
- 자식 테이블에 파티션 범위에 맞는 체크 제약 조건을 미리 생성한다.

이렇게 준비해두면 파티션 ATTACH 시에 인덱스 생성이나 제약 조건 확인 작업이 생략되어, 매우 빠르게 파티션 전환을 할 수 있다. 아래 예제를 통해 실제 적용 방법을 살펴보자.

테스트를 위해 대용량 로그 테이블과 인덱스를 생성한다.

```
=> create table svc.t_log (
        c1       integer   not null,
        log_date varchar(8) not null,
        dummy    varchar(10));
=> alter table svc.t_log add constraint t_log_pk primary key (c1, log_date);
=> create index t_log_n1 on svc.t_log(log_date);
=> insert into svc.t_log
        select c1, c2, 'dummy'
        from (select row_number() over () as c1, to_char(c2,'YYYYMMDD') c2
              from (select c2, generate_series(1,1000) as per_day
                    from generate_series( '2020-01-01'::DATE,
                                          '2025-03-23'::DATE, '1 day') as c2
                   ) as t
             ) as t;
INSERT 0 1909000
```

✅ 테스트 데이터 생성을 위해 자주 사용되는 generate_series() 함수는, 지정된 범위의 숫자 또는 날짜 값을 자동으로 생성해주는 함수이다. 이를 활용하면 대량의 테스트 데이터를 쉽게 생성할 수 있다.

t_log 테이블을 파티션 테이블로 전환하기 위해, 파티션 테이블을 생성한다.

```
=> create table svc.t_log_r (
        c1       integer   not null,
        log_date varchar(8) not null,
        dummy    varchar(10))
    partition by range (log_date);
```

파티션 테이블에 t_log 테이블과 동일한 인덱스를 생성한다. 이렇게 하면 파티션 ATTACH 작업 시에 인덱스 생성 단계는 자동으로 건너뛰게 된다.

```
=> alter table svc.t_log_r add constraint t_log_r_pk primary key (c1,log_date);
=> create index t_log_r_n1 on svc.t_log_r(log_date);
```

또한, 파티션 범위에 해당하는 CHECK 제약 조건을 기존 테이블에 미리 생성한다. 이렇게 하면 파티션 ATTACH 작업 시에 기존 데이터가 지정된 파티션 범위에 포함되는지 여부를 확인하는 작업을 건너뛰게 된다.

```
=> alter table svc.t_log add constraint t_log_chk1 check (log_date < '20260101');
```

이제 모든 사전 준비가 완료되었으므로, 파티션 ATTACH 작업을 수행한다. 작업 시간을 확인하기 위해 timing 옵션을 활성화한 후 실행하면, 파티션 전환이 매우 빠르게 처리된 것을 확인할 수 있다.

```
=> \timing
작업수행시간 보임
=> alter table svc.t_log_r attach partition svc.t_log for values from (MINVALUE) to ('20260101');
ALTER TABLE
작업시간: 6.281 ms
```

ATTACH 작업이 완료된 후에는, 기존에 생성한 CHECK 제약 조건은 더 이상 필요하지 않으므로 삭제한다. 또한, 자식 테이블 명을 적절히 변경한다.

```
=> alter table svc.t_log drop constraint t_log_chk1;
=> alter table svc.t_log rename to t_log_r_p2025;
```

# 2-4. 뷰(View)

뷰(View)는 테이블과 달리 레코드를 실제로 저장하지 않는다. PostgreSQL도 테이블에 대한 조회 쿼리를 이용해서 뷰를 생성한다는 점은 오라클과 동일하다. 다만, PostgreSQL에서 제공하는 뷰는 오라클의 뷰와는 다른 몇 가지 특징을 가지고 있다.

## 뷰 특징

PostgreSQL에서 제공하는 뷰의 주요 특징은 다음과 같다.

- 뷰에서 참조하는 테이블 명이 변경되면, 뷰 정의 쿼리도 자동으로 변경된다.
- 뷰에서 참조하는 테이블 칼럼을 변경하려면, 뷰를 DROP 해야 한다.
- 뷰에 대한 재생성(CREATE OR REPLACE) 또는 삭제(DROP) 작업과, 뷰를 조회하는 쿼리 간에는 락 경합이 발생한다.
- READ ONLY 옵션을 제공하지 않으므로, 뷰에 대한 접근 권한 관리가 매우 중요하다.

### 뷰에서 참조하는 테이블 명 변경 예제

뷰를 생성하는 문법은 오라클과 PostgreSQL 모두 동일하다. 다만, 저장 방식에는 차이가 있다. 오라클은 뷰 쿼리 문장 그대로 시스템 카탈로그에 저장하는 반면, PostgreSQL은 참조 테이블의 OID를 기반으로 한 파스 트리(parse tree) 형태로 저장한다. PostgreSQL은 OID를 기반으로 뷰 정의를 관리하기 때문에, 테이블 명이 변경되면 뷰 쿼리가 변경된 테이블 명을 자동으로 참조하는 장점이 있다. 관리 측면에서 보면 매우 편리한 기능이라고 할 수 있다.

아래 예제를 통해 이를 직접 확인해보자. 뷰를 생성한 후, pg_get_viewdef() 함수를 이용해서 뷰 정의 쿼리를 확인한다. 뷰 목록은 \dv 메타 명령어로 조회할 수 있다.

```
=> set role svc;
=> create or replace view svc.t1_vw as select c1, c2 from svc.t1;
=> select pg_get_viewdef('svc.t1_vw');
 pg_get_viewdef
-----------------
   SELECT c1, c2 FROM svc.t1;
```

```
=> \dv svc.t1*
              릴레이션 목록
   스키마  |  이름  |   형태    | 소유주
 --------+-------+----------+--------
   svc    | t1_vw | 뷰(view) |  svc
```

테이블 명과 칼럼 명을 변경한 후에 다시 pg_get_viewdef() 함수를 호출해보면, 뷰 쿼리 문장이 변경된 것을 확인할 수 있다.

```
=> alter table svc.t1 rename to t1_new;
=> alter table svc.t1_new rename column c1 to c1_new;
=> select pg_get_viewdef('svc.t1_vw');
     pg_get_viewdef
 ----------------------
   SELECT c1_new AS c1,c2 FROM svc.t1_new;
```

### 뷰에서 참조하는 테이블 칼럼 변경 예제

뷰에서 참조하는 테이블의 칼럼 속성을 변경하려고 시도하면, 다음과 같은 에러가 발생한다.

```
=> alter table svc.t1_new alter column c2 type varchar(12);
ERROR:  cannot alter type of a column used by a view or rule
상세정보:  rule _RETURN on view svc.t1_vw depends on column "c2"
```

따라서 테이블의 칼럼 속성을 변경하려면, 해당 뷰를 DROP한 후 작업을 수행해야 한다.

### 뷰 재생성(및 drop) 명령어와 뷰 조회 쿼리 간의 락 경합 예제

뷰를 조회하는 쿼리가 수행 중인 상태에서, DROP VIEW 또는 CREATE OR REPLACE VIEW 명령어를 실행하면 락 대기가 발생한다. 이때 다른 세션에서 동일한 뷰를 조회하려고 시도하면, 조회 쿼리도 연쇄적으로 락을 대기하게 되는 심각한 상황이 발생할 수 있다. 따라서 뷰 재생성 또는 삭제 작업은 반드시 업무 시간 외에 수행하는 것이 바람직하며, 작업 중에는 락 대기 상태를 모니터링하는 것이 필수적이다. 아래 예제를 통해 실제 락 대기 상황을 확인해보자.

세션#1 (PID=550849): 뷰 조회

```
=> begin;
BEGIN
svcdb=*> select * from svc.t1_vw limit 1;
```

세션#2 (PID=548624): 뷰 삭제 시도 → 락 대기 발생

```
=> drop view svc.t1_vw;
```

세션#3 (PID=550913): 다른 세션에서 뷰 조회 시도 → 연쇄 락 대기 발생

```
=> select * from svc.t1_vw limit 1;
```

아래의 모니터링 결과를 통해, 세션 간 락 대기 관계를 명확히 확인할 수 있다.

```
  pid   |  holder   | runtime |              query               | wait_event_type
--------+-----------+---------+----------------------------------+----------------
 550849 | {}        |      24 | select * from svc.t1_vw limit    | Client
 548624 | {550849}  |      11 | drop view svc.t1_vw;             | Lock
 550913 | {548624}  |       4 | select * from svc.t1_vw limit    | Lock
```

### 뷰 권한 관리

PostgreSQL의 뷰는 오라클과 달리 READ ONLY 옵션을 제공하지 않는다. 따라서 '단순 뷰'는 CUD 작업이 허용된다. '단순 뷰'란, 참조하는 테이블이 하나이고 분석 함수가 포함되지 않은 뷰를 의미한다.

1장의 '권한 관리' 단락에서 설명한 DEFAULT 권한은 테이블뿐만 아니라 뷰에도 동일하게 적용된다. 즉, svc 스키마 내에서 svc 유저가 생성한 뷰에 대해서는 다음과 같이 svc_rs, svc_ra 롤에 자동으로 권한이 부여된다.

- svc_ra 권한을 가진 svcapp 유저는 뷰에 대해 CUD 작업 가능
- svc_rs 권한을 가진 svcsel 유저는 조회만 가능

아래 예제를 통해 단순 뷰에서 CUD 작업이 어떻게 처리되는지 살펴보자. 뷰에 대한 CUD 권한이 있는 svcapp 유저는 뷰를 통한 INSERT 작업이 성공한다.

```
-- CUD 권한이 있는 유저
=> set role svcapp;
=> insert into svc.t1_vw values (1,'Y'); -- 성공
INSERT 0 1
```

반면, 뷰에 대한 조회 권한만 있는 svcsel 유저는 뷰를 통한 INSERT 작업에 실패한다.

```
-- 조회 전용 권한만 있는 유저
=> set role svcsel;
=> insert into svc.t1_vw values(2,'Y');  -- 실패
ERROR:  permission denied for view t1_vw
```

여기까지는 권한에 따라 CUD 가능 여부가 명확히 구분된다. 이제 테스트를 위해, svc_rs 롤에 뷰에 대한 INSERT 권한을 부여해보자.

```
=> set role svc;
=> grant insert on svc.t1_vw to svc_rs;
```

이 상태에서 다시 svcsel 유저로 전환해 INSERT 명령어를 실행하면 성공한다.

```
=> set role svcsel;
=> insert into svc.t1_vw values(2,'Y'); -- 성공!
INSERT 0 1
```

왜 이런 일이 발생할까?

PostgreSQL에서는 뷰를 액세스할 때 뷰를 생성한 유저의 권한으로 실행하기 때문이다. 즉, svcsel 유저가 뷰에 대한 INSERT 권한을 가지고 있고, 뷰를 생성한 svc 유저가 참조 테이블에 대한 INSERT 권한을 가지고 있기 때문에, 결과적으로 INSERT가 성공한 것이다. 하지만, 직접 테이블에 입력을 시도하면 권한 오류가 발생한다.

```
=> insert into svc.t1_new values(3,'Y');   -- 실패
ERROR:  permission denied for table t1_new
```

이처럼 뷰에 대한 CUD 권한을 무분별하게 부여하면, 의도하지 않은 사용자가 테이블에 대한 우회적인 변경 작업을 수행할 수 있게 된다. 따라서 권한 관리는 이 책의 예제처럼 CUD 전용 롤과 조회 전용 롤을 분리하고, 이를 사용자에게 명확히 부여하는 방식을 권장한다. 이 방법은 조회 전용 유저가 뷰를 통해 CUD 작업을 수행하는 경우를 원천적으로 차단한다.

### Security Invoker View

버전 15부터는 security_invoker 속성을 이용한 뷰 생성 방식을 지원한다. 이 옵션을 사용하면, 뷰를 액세스하는 유저의 권한으로 쿼리가 실행된다.

security_invoker 옵션으로 뷰를 재생성해보자.

```
=> set role svc;
=> drop view svc.t1_vw;
=> create or replace view svc.t1_vw with(security_invoker=true)
    as select c1_new, c2 from svc.t1_new;
```

svcsel 유저는 뷰에 대한 INSERT 권한을 가지고 있더라도, 해당 뷰가 참조하는 테이블에 대한 INSERT 권한이 없기 때문에 작업은 실패한다.

```
=> set role svcsel;
=> insert into svc.t1_vw values(4,'Y');     -- 실패
ERROR:  permission denied for table t1_new
```

반면, 뷰가 참조하는 테이블에 대한 INSERT 권한을 가진 svcapp 유저는 여전히 INSERT 작업에 성공한다.

```
=> set role svcapp;
=> insert into svc.t1_vw values(4,'Y');  -- 성공
INSERT 0 1
```

> ✅ 오브젝트를 생성한 사용자의 권한으로 동작하는 방식을 Definer 방식이라고 하고, 오브젝트를 액세스하는 사용자의 권한으로 동작하는 방식을 Invoker 방식이라고 한다. PostgreSQL에서 뷰(View)는 기본적으로 Definer 방식으로 동작한다. 반대로, 함수(Function)는 기본적으로 Invoker 방식으로 동작한다.

## 2-5. 시퀀스

시퀀스(Sequence)를 이용하면 유일한 숫자 값을 빠르고 간단하게 생성할 수 있기 때문에, 실무에서 널리 활용된다. PostgreSQL도 오라클과 유사한 방식으로 시퀀스를 관리하지만, CACHE 옵션의 동작 방식에는 차이점이 있으므로 주의가 필요하다.

### 시퀀스 특징

PostgreSQL에서 제공하는 CACHE 옵션은 세션 레벨 캐시를 기반으로 동작하므로 시퀀스 값의 순서가 보장되지 않는다. 따라서 순서 보장이 필요하다면 NOCACHE 옵션을 사용해야 한다. 예제를 통해 CACHE 옵션의 동작 방식을 확인해보자.

CACHE 옵션으로 시퀀스를 생성한다.

```
=> create sequence svc.sq1 start with 1 cache 100;
```

시퀀스 목록은 \ds 메타 명령어로 확인할 수 있다.

```
=> \ds svc.sq*
           릴레이션 목록
 스키마 | 이름 | 형태   | 소유주
--------+------+--------+--------
 svc    | sq1  | 시퀀스 | svc
```

세션 A: 시퀀스 값 채번

```
=> select nextval('svc.sq1');
 nextval
---------
       1
```

세션 B: 시퀀스 값 채번

```
=> select nextval('svc.sq1');
```

```
 nextval
---------
     101
```

다시 세션 A에서 시퀀스 값 채번

```
=> select nextval('svc.sq1');
 nextval
---------
       2
```

이처럼 시퀀스 CACHE 옵션은 세션마다 미리 할당받은 값을 메모리에 캐시해두고 사용하므로, 실제 채번 순서가 전역적으로 보장되지 않는다. 하지만 각각의 값은 유일하게 관리되므로, 채번 순서보다 고속 채번이 중요한 상황에서 효과적으로 사용할 수 있다.

**오라클 시퀀스와 성능 비교**

PostgreSQL에서 순서를 보장하려면 NOCACHE 옵션을 사용해야 한다는 점 때문에 성능 저하를 우려하는 독자도 있을 것이다. 특히, 오라클의 NOCACHE 옵션은 시퀀스 채번 속도가 매우 느리기 때문에 이러한 걱정은 타당해 보일 수 있다.

하지만 필자의 테스트 환경에서는, PostgreSQL에서 NOCACHE 옵션을 사용한 시퀀스 채번 속도가 오히려 Oracle 19c 환경의 CACHE 옵션보다도 빠르게 나타났다. 물론 이는 테스트 환경의 차이일 수도 있다. 그러나 오라클의 경우, CACHE 옵션을 사용하더라도 시퀀스 채번 시 SQ Lock을 획득하고, 캐시가 소진되면 Row Cache Lock까지 획득해야 하는 복잡한 구조를 가지고 있다.

반면 PostgreSQL은 시퀀스를 단 하나의 로우로 구성된 메모리 객체로 관리하기 때문에 이러한 복잡한 락 경합이 거의 없다. 이러한 구조적 차이로 인해 PostgreSQL NOCACHE 옵션이 예상 외로 우수한 성능을 보이는 것 같다.

## 시퀀스 관리 명령어

운영 중에는 주로 시퀀스의 CACHE 속성 변경과 시작 값 변경 작업이 필요하다. 이러한 작업들은 ALTER SEQUENCE 명령어를 통해 수행한다.

### CACHE 값 변경

예를 들어, 캐시 크기를 1,000으로 설정하려면 다음과 같이 실행한다.

```
=> alter sequence svc.sq1 cache 1000;
```

### NOCACHE로 변경

PostgreSQL은 NOCACHE 키워드를 따로 제공하지 않으며, CACHE 1로 설정하면 사실상 NOCACHE 효과를 낼 수 있다.

```
=> alter sequence svc.sq1 cache 1;
```

### 시퀀스 재시작 값 변경

시퀀스를 지정된 값부터 다시 시작하려면 RESTART 옵션을 사용한다. 예를 들어, 시퀀스 값을 10,000부터 다시 시작하도록 변경하려면 다음과 같이 수행한다.

```
=> alter sequence svc.sq1 restart 10000;
```

시퀀스의 마지막 채번 값은 pg_sequences 뷰의 last_value 칼럼을 통해 확인할 수 있다. 단, 이 값은 시퀀스가 한 번이라도 사용된 이후부터 설정된다.

```
=> select sequencename, last_value from pg_sequences;
 sequencename | last_value
--------------+------------
 sq1          |                    -- 결과: 채번되지 않으면 last_value는 NULL
=> select nextval('svc.sq1');
 nextval
---------
   10000                           -- 결과: 10000 (RESTART 이후 첫 채번)
```

```
=> select sequencename, last_value from pg_sequences;
 sequencename | last_value
--------------+------------
 sq1          |      10000     -- 결과: last_value가 10000으로 갱신됨
```

## 2-6. 함수

최근의 프로젝트들은 함수나 프로시저의 사용을 최소화하는 경향이 있다. 함수나 프로시저는 코드 재사용성과 모듈화의 장점이 있지만, 로직이 복잡해질수록 유지 보수가 어려워지는 단점이 있기 때문이다. 따라서 프로시저는 주로 Java로 구현하고, 함수는 필요한 경우에만 제한적으로 사용하는 방식이 일반적이다.

### 함수 실행 권한

앞서 '뷰(View)' 단락에서 설명한 것처럼, 함수는 기본적으로 invoker 방식이다. 즉, 함수를 호출하는 사용자의 권한으로 함수 내부의 쿼리가 실행된다. 따라서 함수 실행 권한이 있더라도, 함수 내 쿼리에서 참조하는 테이블에 대한 권한이 없으면 함수는 정상적으로 실행되지 못한다. 이처럼 invoker 방식은 보안과 권한 통제를 명확히 할 수 있는 장점이 있어, 기본값 그대로 사용하는 것이 바람직하다.

하지만 실무에서는 함수 생성자의 권한으로 함수를 실행해야 하는 경우도 존재한다. 예를 들어, 배치 유저에게 테이블 TRUNCATE 권한을 직접 부여하지 않고, TRUNCATE 작업을 수행할 수 있는 함수를 제공하기도 한다. 이 경우에는 해당 함수를 security definer 옵션으로 생성하면 된다.

아래 예제를 보자. 슈퍼유저인 postgres가 extdba 스키마에 TRUNCATE 전용 함수를 생성한다.

```
=> set role postgres;
create or replace function extdba.fn_trunc_t
 (in_schema_name varchar, in_table_name varchar)
```

```
returns text
as
$body$
declare
    v_sql     varchar(500);
    v_schema_name varchar(100);
    v_table_name varchar(100);
begin
    v_schema_name:=lower(in_schema_name);
    v_table_name :=lower(in_table_name);
    v_sql := 'truncate table ' || v_schema_name ||'.'||v_table_name;
    execute v_sql;
    return 'table truncated :'||v_schema_name||'.'||v_table_name;

    exception when others then
      raise info 'sqlerrm %', sqlerrm;
      raise info 'sqlstate %', sqlstate;
end;
$body$
language 'plpgsql';
```

생성된 함수는 security invoker 방식으로 설정된 것을 확인할 수 있다.

```
=> \df+ extdba.fn_trunc_t
함수 목록
-[ RECORD 1 ]-------------------------------------------------------------
스키마    | extdba
이름      | fn_trunc_t
보안      | invoker
```

함수를 실행하려면 스키마에 대한 USAGE 권한이 필요하다. \dn+ 메타 명령어를 통해 svc_ra 및 svc_rs 롤 모두 extdba 스키마에 USAGE 권한이 있음을 확인할 수 있다.

```
=> \dn+ extdba
                  스키마 목록
  이름   |  소유주  |      액세스 권한       | 설명
---------+----------+------------------------+------
 extdba  | postgres | postgres=UC/postgres  +|
         |          | svc_ra=U/postgres     +|
         |          | svc_rs=U/postgres      |
```

이제 svc_ra 롤을 가진 svcbat 유저로 함수를 실행해보자.

```
=> set role svcbat;
=> select extdba.fn_trunc_t('svc','t2');
```

svc_ra 롤에는 t2 테이블에 대한 TRUNCATE 권한이 없으므로 svcbat 유저는 함수 실행 시에 권한 오류가 발생한다.

```
INFO:  sqlerrm permission denied for table t2
INFO:  sqlstate 42501
ERROR: control reached end of function without RETURN
구문:  PL/pgSQL function extdba.fn_trunc_t(character varying,character varying)
```

이제 security definer 방식으로 함수를 다시 생성해보자.

```
=> set role postgres;
create or replace function extdba.fn_trunc_t
(in_schema_name varchar, in_table_name varchar)
-- 동일한 본문
language 'plpgsql' security definer;
```

이제 svcbat 유저로 함수를 호출하면, 정상적으로 TRUNCATE가 수행된다. 이는 함수 생성자인 postgres의 권한으로 함수를 실행했기 때문이다.

```
=> set role svcbat;
=> select extdba.fn_trunc_t('svc','t2');
        fn_trunc_t
------------------------
 table truncated :svc.t2
```

반면, svcbat 유저가 테이블에 직접 TRUNCATE를 수행하면 여전히 권한 오류가 발생한다.

```
=> truncate table svc.t2;
ERROR: permission denied for table t2  -- 권한 에러
```

# 3 아키텍처

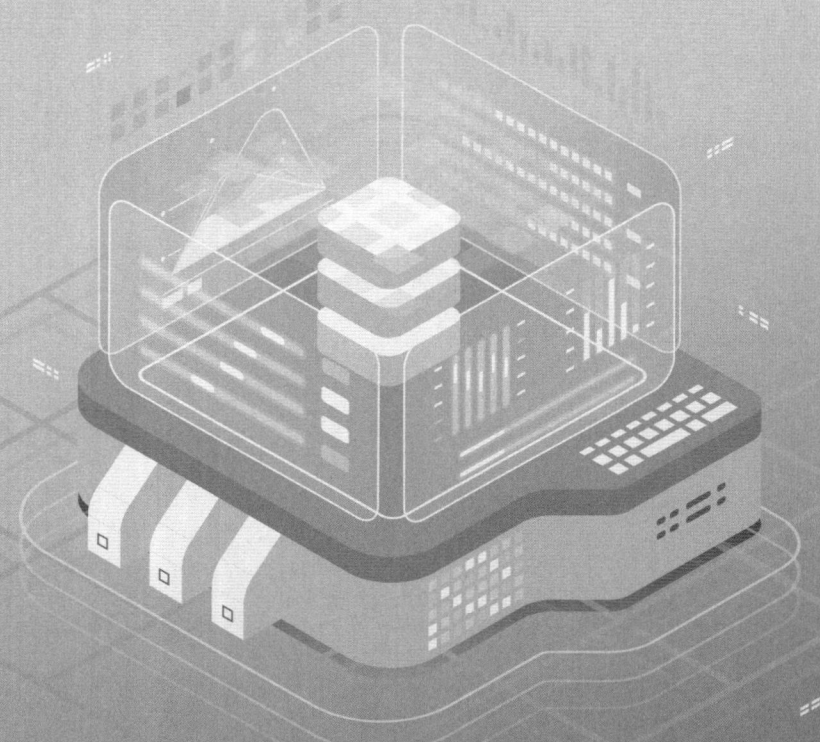

초급 DBA에서 중급 DBA로 도약하기 위한 첫 번째 과정은 아키텍처에 대한 이해이다. 초급 단계에서는 데이터베이스 유지 관리를 위한 기본적인 명령어만 수행하기 때문에 아키텍처를 깊이 이해할 필요는 없다. 하지만 파라미터 설정을 비롯해 이후에 다룰 다양한 주제를 이해하려면, PostgreSQL의 아키텍처에 대한 기본적인 이해가 반드시 선행되어야 한다. 이에 따라 이번 장에서는 PostgreSQL의 주요 아키텍처 구성 요소에 대해 살펴본다.

## 3-1. 인스턴스

PostgreSQL의 인스턴스는 공유 메모리, 매우 적은 수의 백그라운드 프로세스, 그리고 데이터베이스 클러스터로 구성된다. 그림 3-1에서 확인할 수 있듯이, PostgreSQL은 매우 적은 수의 백그라운드 프로세스만으로 동작한다.

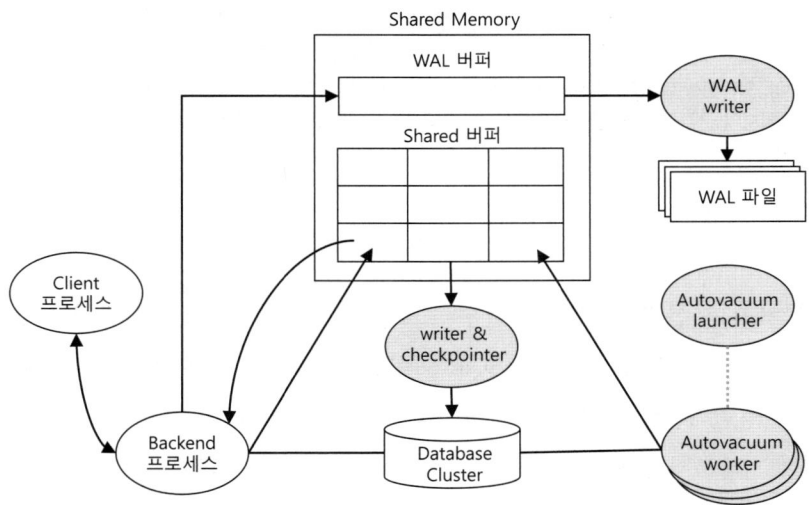

그림 3-1. PostgreSQL 인스턴스 개요

아카이브 모드에서는 archiver 프로세스가, 복제 환경에서는 walsender 프로세스가 추가로 기동되는 정도이다. 이처럼 DBMS의 필수 기능만을 수행하는 최소한의 프로세스로 아키텍처를 구성함으로써, PostgreSQL은 인스턴스를 매우 빠르게 시작하고 종료할 수 있다는 장점을 가진다.

## 공유 메모리

DBMS의 핵심 요소는 안정성과 성능이다. 다시 말해, '트랜잭션의 안정성을 보장하면서 최대한의 성능을 제공하는 것'이 핵심이다. PostgreSQL에서는 성능을 극대화하기 위해 공유 메모리를 활용한다. 이 중 가장 중요한 구성 요소는 공유 버퍼와 WAL 버퍼이다.

### 공유 버퍼

공유 버퍼는 디스크 I/O를 최소화함으로써 성능을 향상시키는 것을 목적으로 한다. 이를 위해 공유 버퍼는 다음과 같은 조건을 만족하도록 설계되어야 한다.

- 큰 크기의 공유 버퍼라도 빠르게 접근할 수 있어야 한다.
- 다수의 사용자가 동시에 접근할 때에도 경합을 최소화해야 한다.
- 자주 사용되는 블록은 가능한 오랫동안 공유 버퍼에 유지되어야 한다.

PostgreSQL은 이 세 가지 조건을 모두 충족하도록 설계되어 있다.

> ✅ 필자의 전작 『PostgreSQL 9.6 성능 이야기』에서는 공유 버퍼에 대해 보다 자세하게 다룬 바 있다. 9.6은 매우 오래된 버전이지만 공유 버퍼 아키텍처의 근간은 크게 변하지 않았다. 아키텍처에 관심 있는 독자라면 도서관 등을 통해 해당 내용을 참고하는 것을 추천한다.

### WAL 버퍼

DBMS에서 트랜잭션 처리의 신뢰성 보장은 필수 요소이다. 즉, 커밋된 트랜잭션은 반드시 데이터베이스에 반영되어야 한다. PostgreSQL은 이를 보장하기 위해 Write-Ahead Logging(WAL) 방식을 사용한다(오라클도 동일한 방식을 채택하고 있다). 이 방식은 트랜잭션의 내용을 데이터 파일에 기록하기 전에 WAL 파일에 먼저 기록하는 방식이다.

하지만 트랜잭션이 발생할 때마다 WAL 파일에 직접 기록하면 디스크 I/O로 인한 성능 문제가 발생할 수 있다. 이를 방지하기 위해 PostgreSQL은 공유 메모리 내에 WAL 버퍼를 두고, 여기에 트랜잭션 정보를 임시로 저장한 후 일정 조건을 만족하면 WAL 파일에 기록하는 방식을 사용한다.

## 프로세스

PostgreSQL의 프로세스는 다음과 같은 네 가지 유형으로 구분된다.

- postgres 프로세스 (버전 15까지는 postmaster 프로세스라고 불림)
- 백그라운드 프로세스
- 백엔드 프로세스
- 클라이언트 프로세스

### postgres 프로세스

postgres 프로세스는 인스턴스 기동 시 가장 먼저 시작되며, 다음 작업들을 수행한다.

- 인스턴스 복구 작업
- 공유 메모리 초기화
- 백그라운드 프로세스 기동
- 클라이언트 접속 시 백엔드 프로세스 생성

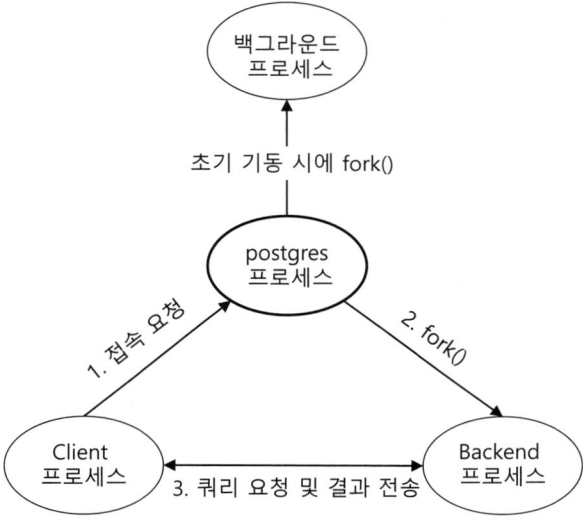

그림 3-2. 프로세스 관계도

> ✅ PostgreSQL은 오라클과 달리 별도의 리스너 프로세스가 없으며, postgres 프로세스가 리스너 역할도 함께 수행한다.

버전 15까지는 postgres 프로세스를 postmaster라고도 불렀다. 그 이유는 PostgreSQL 설치 디렉토리에는 postmaster라는 이름의 심볼릭 링크가 존재했기 때문이다(아래는 버전 15의 디렉토리 내용이다).

```
$ ls -al | grep postgres
-rwxr-xr-x. 1 root root 8727744    postgres
lrwxrwxrwx. 1 root root       8    postmaster -> postgres
```

또한 버전 15의 /usr/lib/systemd/systetem 디렉토리 내에 존재하는 postgresql 서비스 파일을 보면 postmaster 파일을 이용해서 인스턴스를 시작하는 것을 확인할 수 있다.

```
ExecStart=/usr/pgsql-15/bin/postmaster -D ${PGDATA}
```

이로 인해 systemctl 명령어로 인스턴스를 기동한 후 ps 명령어를 실행하면 postmaster 프로세스가 확인되었다. 하지만 버전 16부터는 해당 링크가 사라졌고, 명칭도 일관되게 postgres로 통일되었다.

**백그라운드 프로세스**

PostgreSQL은 다음과 같은 백그라운드 프로세스를 이용해서 시스템을 유지 관리한다.

• 표 3-1. PostgreSQL 백그라운드 프로세스 목록

| 프로세스 명 | 역할 |
| --- | --- |
| logger | 운영 중에 발생하는 다양한 메시지를 로그 파일에 기록한다. |
| checkpointer | 체크포인트 발생 시 공유 버퍼 내의 더티 버퍼를 디스크에 기록한다. |
| background writer | 주기적으로 더티 버퍼를 디스크에 기록한다. |
| walwriter | WAL 버퍼의 내용을 WAL 파일에 기록한다. |
| autovacuum launcher | 주기적으로 postgres 프로세스에게 Autovacuum 작업을 요청한다. |
| autovacuum | Vacuum 및 통계 정보 수집 작업을 수행한다. |
| archiver | 아카이브 모드인 경우에 WAL 파일을 아카이브 디렉토리로 복사한다. |

> ✅ 세션 수행 정보와 테이블 사용 통계 정보와 같은 통계 정보를 수집하던 Stats Collector 프로세스는 성능상의 이유로 버전 15부터 제거되었다. 이제는 백엔드 프로세스들이 해당 정보를 공유 메모리에 직접 기록한다.

### 백엔드 프로세스

백엔드 프로세스는 클라이언트 프로세스의 요청을 받아 쿼리를 수행하고, 결과를 반환하는 역할을 한다. 쿼리 수행을 위해 백엔드 프로세스 메모리 내에 할당되는 공간을 로컬 메모리라고 하며, 이를 위한 파라미터는 다음과 같다.

- 표 3-2. 프로세스 로컬 메모리 관련 파라미터

| 파라미터 명 | 설명 |
| --- | --- |
| work_mem | 정렬, 비트맵, 해시 조인, Merge 조인 작업에 사용되는 메모리 공간 |
| maintenance_work_mem | Vacuum 및 CREATE INDEX 작업에 사용되는 메모리 공간 |
| temp_buffers | Temporary 테이블 저장용 메모리 공간 |

## 데이터베이스 클러스터 주요 디렉토리와 파일들

데이터베이스 클러스터 디렉토리에는 다양한 파일과 서브 디렉토리가 포함되어 있다. 주요 파일 및 디렉토리는 다음과 같다.

### postgresql.conf

인스턴스 환경 설정용 파일이다. 파일 내에 동일한 파라미터가 존재하면 아래 부분에 위치한 파라미터의 우선 순위가 높다.

### postgresql.auto.conf

인스턴스 환경 설정용 파일이다. ALTER SYSTEM SET 명령어로 파라미터를 변경하면 해당 파일에 기록된다. 해당 파일에 기록된 파라미터는 ALTER SYSTEM SET ... TO DEFAULT 명령어를 실행하면 삭제된다.

동일한 파라미터가 postgresql.conf 파일과 postgresql.auto.conf 파일에 모두 존재할 경우에 postgresql.auto.conf 파일의 우선 순위가 높다. 운영 시에는 파라미터의 최종 적용 값을 확인하기 위해 두 개의 설정 파일을 모두 확인해야 하는 불편함이 있으므로 해당 파일을 이용한 파라미터 변경을 최소화하는 것이 좋다. 즉, 파라미터 변경 시에는 postgresql.conf 파일에 수작업으로 변경 내용을 적용하도록 한다.

**base 디렉토리**

이 디렉토리 아래에 데이터베이스 별로 서브 디렉토리가 생성된다. 초기 생성 시점에는 1, 4, 5 서브 디렉토리가 생성된다. 각각 template1, template0, postgres 데이터베이스 용 디렉토리이다.

**postmaster.pid**

해당 파일에는 인스턴스에 대한 주요 정보들이 저장되어 있다 (표 3-3. 참조). 버전 16부터는 postmaster라는 프로세스 명칭을 사용하지 않지만, 파일명은 여전히 postmaster.pid를 사용한다. 이 파일은 인스턴스가 시작될 때 생성되고, 종료 시 삭제된다.

```
$ cat postmaster.pid
846353
/data/svc01
1743482866
54321
/run/postgresql
*
  70643454      32785
ready
```

- 표 3-3. postmaster.pid 주요 항목

| 라인 | 예제 값 | 설명 |
| --- | --- | --- |
| 1라인 | 846353 | postgres 프로세스 ID이다. ps 명령어로 확인할 수 있다. |
| 2라인 | /data/svc01 | 데이터베이스 클러스터 디렉토리 경로이다. |

| 3라인 | 1743534175 | 인스턴스 시작 시점을 1970년 1월 1일 00시 기준 초 단위로 표시한 값이다. 아래 명령어로 시작 시각을 변환할 수 있다.<br>date -d @1743534175 → 2025. 04. 02. (수) 04:02:55 KST |
|---|---|---|
| 4라인 | 54321 | PostgreSQL 인스턴스가 사용하는 포트 번호이다. |
| 5라인 | /run/postgresql | 로컬 접속용 소켓 파일이 저장된 디렉토리다(예. .s.PGSQL.5432). |
| 6라인 | * | listen_addresses 파라미터로 설정한 값이다. |
| 7라인 | 70643454    32785 | 공유 메모리 키와 ID이다. ipcs -m 명령어로 확인할 수 있다. |
| 8라인 | ready | 인스턴스의 현재 상태를 나타낸다. |

### postmaster.opts

이 파일은 인스턴스를 기동할 때 사용한 명령어와 옵션을 저장한다. pg_ctl restart 명령어를 실행하면, 해당 파일에 기록된 옵션을 기반으로 인스턴스를 재기동한다. 아래 예시처럼 기동 시에 사용한 명령어가 저장되며, 이후 restart 시에 동일한 옵션이 재사용된다.

```
$ pg_ctl start -D /data/svc01
$ cat postmaster.opts
/usr/pgsql-17/bin/postgres "-D" "/data/svc01"

$ ps -ef | grep /data/svc01
postgres  884344        00:00:00 /usr/pgsql-17/bin/postgres -D /data/svc01

$ pg_ctl restart
$ ps -ef | grep /data/svc01
postgres  884388        00:00:00 /usr/pgsql-17/bin/postgres -D /data/svc01
```

### current_logfiles

해당 파일에는 현재 사용 중인 로그 파일명이 저장되어 있다. 예시는 다음과 같다.

```
$ cat current_logfiles
stderr /logs/svcdb/postgresql-2025-04-02_040255.log
```

**pg_wal 심볼릭 링크 파일**

기본적으로 pg_wal 디렉토리는 $PGDATA/pg_wal 경로에 위치한다. 이 책의 예제처럼 initdb 명령어 수행 시에 --waldir 옵션으로 별도의 디렉토리를 지정했다면 해당 디렉토리를 심볼릭 링크로 가리키게 된다.

```
lrwxrwxrwx. 1 postgres postgres     pg_wal -> /pg_wal/svc01
```

## 3-2. 테이블스페이스

PostgreSQL에서 테이블스페이스는 하나의 디스크 볼륨(또는 디렉토리)이다.

오라클 사용자가 PostgreSQL을 접할 때 어려워하는 부분 중의 하나가 테이블스페이스이다. 오라클 테이블스페이스는 논리적 단위이며, 테이블 스페이스 단위로 수행할 수 있는 작업들이 꽤 많다. 예를 들어, 테이블스페이스 단위로 백업, 복구, 이행 및 읽기 전용 설정을 할 수 있다. 따라서 오라클에서는 업무별로 테이블스페이스를 구분하고, 테이블과 인덱스도 별도의 테이블스페이스에 저장하는 것이 일반적이다.

그러나 PostgreSQL은 대부분의 경우 별도의 사용자 테이블스페이스를 생성하지 않는다. 왜냐하면, 테이블스페이스 단위로 수행할 수 있는 작업이 거의 없고, 사용자 테이블스페이스를 생성하면 백업, 복구 및 버전 업그레이드 작업 시에 작업 복잡도가 증가하는 문제가 있기 때문이다.

initdb 명령어로 데이터베이스 클러스터를 생성하면 기본적으로 두 개의 테이블스페이스가 생성된다. 하나는 데이터베이스의 데이터를 저장하는 용도인 pg_dafault 테이블스페이스, 다른 하나는 데이터베이스 클러스터 레벨의 공통 정보를 저장하는 pg_global 테이블스페이스이다.

데이터베이스 클러스터에 존재하는 테이블스페이스 목록은 ₩db 메타 명령어나 pg_tablespace 뷰를 통해 확인할 수 있다.

```
=> \db
         테이블스페이스 목록
    이름    |  소유주  |  위치
------------+----------+----------
 pg_default | postgres |
 pg_global  | postgres |
```

```
=> select * from pg_tablespace;
 oid  |  spcname   | spcowner | spcacl | spcoptions
------+------------+----------+--------+------------
 1663 | pg_default |       10 |        |
 1664 | pg_global  |       10 |        |
```

> 테이블스페이스용 디스크 볼륨은 반드시 LVM을 이용해서 구성해야 한다. 데이터 증가로 인해 테이블스페이스 디스크 사용률이 증가하면, LVM을 이용해서 디스크 볼륨을 증가시켜야 하기 때문이다. 이때, 일시적으로 서비스 중단이 필요하다.

### pg_default 테이블스페이스

pg_default 테이블스페이스의 물리적 위치는 $PGDATA/base 디렉토리이다. 사용자가 테이블 또는 인덱스를 생성할 때 별도의 테이블스페이스를 지정하지 않으면 이 테이블스페이스에 생성된다. 이 디렉토리에는 데이터베이스 OID별로 서브 디렉토리가 생성된다.

```
$ ls -al
drwx------. 2 postgres postgres 8192 1
drwx------. 2 postgres postgres 8192 4
drwx------. 2 postgres postgres 8192 5
drwx------. 2 postgres postgres 8192 16444
```

OID 1, 4, 5, 16444는 각각 template1, template0, postgres, svcdb 데이터베이스에 해당한다.

pg_default 테이블스페이스

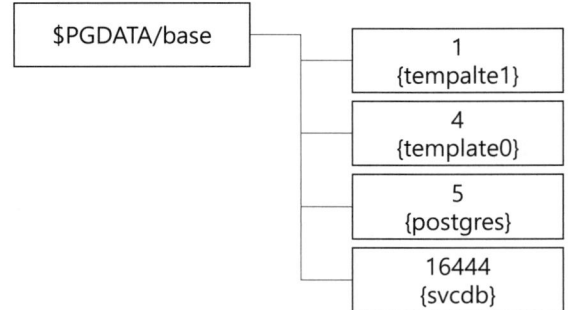

그림 3-3. 물리적 관점에서 본 pg_default 테이블스페이스와 데이터베이스 관계

예를 들어 svcdb에 생성한 테이블 t2는 $PGDATA/base/16444 디렉토리 내에 파일로 저장된다. PostgreSQL의 테이블은 파일 단위이며, 저장 경로는 pg_relation_filepath() 함수를 통해 확인할 수 있다.

```
=> select pg_relation_filepath('svc.t2');
 pg_relation_filepath
----------------------
 base/16444/25450

=> \! ls -al $PGDATA/base/16444/25450
-rw-------. 1 postgres postgres 8192 /data/svc01/base/16444/25450
```

### pg_global 테이블스페이스

pg_global 테이블스페이스의 물리적 위치는 $PGDATA/global 디렉토리이며, 데이터베이스 클러스터 전체에 걸친 공통 데이터를 저장한다. 예를 들어 데이터베이스 목록, 사용자 및 롤 정보 등은 어떤 데이터베이스에서 조회하더라도 동일한 결과가 출력되며, 이 같은 정보는 모두 pg_global 테이블스페이스에 저장된다.

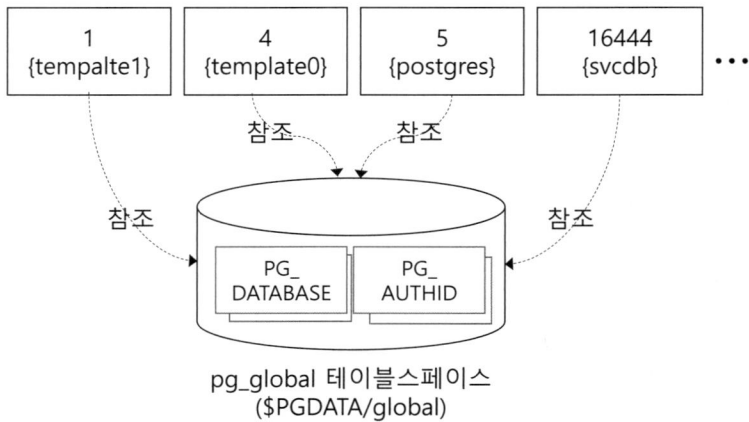

그림 3-4. 물리적 관점에서 본 pg_global 테이블스페이스와 데이터베이스 관계

## 사용자 테이블스페이스 생성

만약 운영 정책상 테이블스페이스를 구분해야 한다면 CREATE TABLESPACE 명령어를 이용한다. 아래는 테이블과 인덱스 저장용 테이블스페이스를 생성하는 예시이다.

```
=> create tablespace svc_dat location '/svc_dat';
=> create tablespace svc_idx location '/svc_idx';
```

\db 메타 명령어를 수행하면 생성된 테이블스페이스의 위치를 확인할 수 있다.

```
=> \db
          테이블스페이스 목록
    이름     |  소유주   |   위치
-------------+-----------+----------
 pg_default  | postgres  |
 pg_global   | postgres  |
 svc_dat     | postgres  | /svc_dat
 svc_idx     | postgres  | /svc_idx
```

이때 $PGDATA/pg_tblspc 디렉토리 내에는 신규 테이블스페이스의 위치를 가리키는 심볼릭 링크가 생성된다.

```
$ ls -al
lrwxrwxrwx. 1 postgres postgres  8  32811 -> /svc_dat
lrwxrwxrwx. 1 postgres postgres  8  32812 -> /svc_idx
```

테이블스페이스 생성 직후에 해당 디렉토리에는 PG_17로 시작하는 하위 디렉토리만 존재한다.

```
$ ls -al
drwx------. 3 postgres postgres  19  PG_17_202406281
```

테스트를 위해 신규 테이블스페이스에 테이블을 생성해보자.

```
=> create table svc.ts1 (c1 integer) tablespace svc_dat;
```

테이블 생성 후에는 해당 테이블스페이스 하위에 데이터베이스 OID 디렉토리가 생성되고, 그 안에 테이블 파일이 생성된다.

```
$ pwd
/svc_dat/PG_17_202406281/16444
$ ls -l
-rw-------. 1 postgres postgres 0  32814
```

pg_relation_filepath() 함수로도 같은 결과를 확인할 수 있다.

```
=> select pg_relation_filepath('svc.ts1');
          pg_relation_filepath
-----------------------------------------
 pg_tblspc/32811/PG_17_202406281/16444/32814
```

## TEMP 테이블스페이스

정렬 또는 해시 작업 수행 시에 로컬 메모리 공간이 부족하면 임시 파일을 이용한다. 임시 파일은 기본적으로 $PGDATA/base/pgsql_tmp 디렉토리 내에 생성되며 작업이 끝나면 자동으로 삭제된다. $PGDATA 내에 임시 파일이 생성되므로, 용량 계획 시 해당 공간도 고려해야 한다.

```
$ ls -al
drwx------. 2 postgres postgres   6 pgsql_tmp
```

일반적으로 임시 파일용 Temp 테이블스페이스를 별도로 생성하지는 않는다. 하지만, 예외적으로 Temp 테이블스페이스를 구성하는 경우가 있다. 예를 들어, 비용 절감을 위해서 대량의 이력 데이터를 HDD에 구성했다고 가정하자. 이 경우 정렬 작업 또는 해시 작업의 성능 개선을 위해서 Temp 테이블스페이스만 별도의 SSD에 구성하는 것을 고려할 수 있다.

다음은 Temp 테이블스페이스를 구성하는 방법이다. 먼저 테이블스페이스를 생성한다.

```
=> create tablespace svc_tmp location '/svc_tmp';
```

이후, $PGDATA/postgresql.conf 파일에 temp_tablespaces 파라미터를 추가하고 인스턴스를 재시작한다.

```
temp_tablespaces = 'svc_tmp'
```

\db 메타 명령어로 Temp 테이블스페이스를 확인할 수 있다.

```
=> \db
         테이블스페이스 목록
    이름     |  소유주   |   위치
-----------+-----------+----------
 pg_default | postgres |
 pg_global  | postgres |
 svc_dat    | postgres | /svc_dat
 svc_idx    | postgres | /svc_idx
 svc_tmp    | postgres | /svc_tmp
```

## 3-3. 테이블

PostgreSQL은 다음과 같은 세 가지 유형의 테이블을 제공한다.
- 테이블 (Heap 테이블)
- Unlogged 테이블
- Temp 테이블

### 테이블 (Heap 테이블)

업무 데이터를 저장하기 위해 생성하는 테이블을 Heap 테이블(이하 테이블)이라고 한다. 테이블은 다음과 같이 세 가지 유형의 파일로 구성된다(인덱스는 OID와 FSM, 두 개의 파일로만 구성된다).

- OID 파일: 데이터 파일, 파일명은 〈OID〉
- FSM 파일: 여유 공간 관리용 파일, 파일 명은 〈OID〉_fsm
- VM 파일: 블록의 Visibility와 Freezing 정보 관리용 파일, 파일 명은 〈OID〉_vm

예제를 통해 확인해보자.

테이블을 생성하면 데이터베이스 디렉토리($PGDATA/base/데이터베이스_OID) 내에 테이블이 생성된다. 초기에는 데이터 파일만 생성된다.

```
=> create table svc.t1 (c1 integer);
=> select pg_relation_filepath('svc.t1');
 pg_relation_filepath
---------------------
 base/32818/41032
```

테이블의 크기가 2블록 이상이 되면 FSM 파일이 생성된다.

```
=> insert into svc.t1 select i from generate_series(1,300) i;
INSERT 0 300
=> \! ls -al $PGDATA/base/32818/41032*
-rw-------. 1 postgres postgres 16384   /data/svc01/base/32818/41032
-rw-------. 1 postgres postgres 24576   /data/svc01/base/32818/41032_fsm
```

첫 번째 Vacuum 작업이 수행되면 VM 파일이 생성된다.

```
=> vacuum svc.t1;
=> \! ls -al $PGDATA/base/32818/41032*
-rw-------. 1 postgres postgres 16384   /data/svc01/base/32818/41032
-rw-------. 1 postgres postgres 24576   /data/svc01/base/32818/41032_fsm
-rw-------. 1 postgres postgres  8192   /data/svc01/base/32818/41032_vm
```

데이터 파일의 최대 크기는 1GB이다. 1GB를 초과하면 아래와 같이 OID_<순번> 파일들이 생성된다.

```
base/32818/41032
base/32818/41032.1
```

## Unlogged 테이블

Unlogged 테이블은 WAL이 발생하지 않는다는 특징이 있다. 이 특성을 활용하면, 배치 작업이나 이행 작업 등에서 중간 결과를 저장할 임시 테이블로 사용해서 트랜잭션 처리를 빠르게 할 수 있다. 다만, WAL을 생성하지 않기 때문에 물리 복제 환경의 리플리카 서버에서는 조회할 수 없으며, 논리 복제 또한 지원되지 않는다.

Unlogged 테이블 생성 방법은 다음과 같다.

```
=> create unlogged table u1 (c1 integer);
```

Unlogged 테이블 목록은 다음과 같이 확인할 수 있다.

```
=> select relname from pg_class where relpersistence='u';
 relname
---------
 u1
```

Unlogged 테이블은 세션 간에 데이터 공유가 가능하고, 인스턴스 재시작 후에도 데이터가 유지된다. 단, 인스턴스 비정상 종료 시에는 해당 테이블의 데이터가 모두 삭제된다는 점에 주의해야 한다. 따라서 Unlogged 테이블은 임시 데이터 저장과 같이, 매우 제한적인 범위 내에서만 사용하는 것이 좋다.

Unlogged 테이블은 일반 테이블처럼 세 개의 파일 외에도 〈OID〉_init 파일이 추가로 생성된다. 이 파일은 인스턴스 비정상 종료 이후 재기동 시에, 테이블을 재생성할 때 사용된다.

## Temp 테이블

Temp 테이블은 세션 또는 트랜잭션 종료 시에 자동으로 삭제되는 특성을 가진다. Unlogged 테이블과 마찬가지로 WAL이 발생하지 않기 때문에, 임시 데이터를 저장할 때 적절히 활용할 수 있다. 문법적으로는 'GLOBAL TEMP' 키워드도 제공되지만, 오라클과 달리 세션 간에 데이터가 공유되는 Temp 테이블은 지원하지 않는다.

다음은 세션 종료 시까지 유지되는 템프 테이블 생성 예시이다.

```
=> create temp table t1 (c1 varchar(10));
```

다음은 트랜잭션 종료 시 삭제되는 템프 테이블 생성 예시이다.

```
=> begin;
BEGIN
svcdb=*> create temp table t2 (c1 varchar(10)) on commit drop;
```

생성된 템프 테이블은 \d 메타 명령어를 통해 확인할 수 있으며, 이때 테이블은 pg_temp_n 형식의 스키마 내에 생성된다. 여기서 n은 임의의 숫자이다.

```
=> \d t1
                "pg_temp_5.t1" 테이블
 필드명  |         형태          | 정렬규칙 | NULL허용 | 초기값
--------+-----------------------+----------+----------+--------
 c1     | character varying(10) |          |          |
```

템프 테이블은 기존 테이블과 동일한 이름으로 생성할 수 있다. 조회 시 스키마를 지정하지 않으면 템프 테이블이 우선적으로 참조된다.

```
=> \dconfig search_path
환경설정 매개변수 목록
  매개변수   |  값
-------------+-----
 search_path | svc
=> create temp table t1 (c1 integer);
=> select count(*) from t1;        -- 템프 테이블 t1이 먼저 조회된다.
 count
-------
     0
=> select count(*) from svc.t1;
 count
-------
   300
```

또한 CREATE 권한이 없는 사용자도 템프 테이블을 생성할 수 있다. 이는 PostgreSQL이 기본적으로 템프 테이블 생성 권한을 PUBLIC에게 부여하기 때문이다.

```
=> set role svcapp;
=> create temp table t1 (c1 integer);
```

템프 테이블 생성 권한을 회수하려면 PUBLIC으로부터 권한을 회수하면 된다.

```
=> revoke temporary on database svcdb from public;
```

## TOAST (The Oversized-Attribute Storage Technique)

PostgreSQL은 오라클과 달리, 하나의 레코드를 여러 블록에 걸쳐 저장하는 기능을 제공하지 않는다. 따라서 길이가 긴 레코드를 저장할 때에는 TOAST(The Oversized-Attribute Storage Technique) 기법을 사용한다. TOAST 동작 방식은 다음과 같다.

- 하나의 레코드 길이가 2KB를 초과하면, 칼럼 단위로 압축을 수행한다.
- 압축 이후에도 2KB를 초과하는 경우에는 가장 길이가 긴 칼럼 순으로 테이블 외부(out-of-line) 스토리지에 저장한다.

### 스토리지 유형

TOAST 기능은 칼럼 타입별로 지정된 스토리지 유형에 따라 동작 방식이 달라진다. 스토리지 유형은 \d+ 메타 명령어를 이용해서 확인할 수 있다.

- 표 3-4. 칼럼 타입별 스토리지 유형

| 스토리지 유형 | 압축 | 외부 저장 | 설명 | 대표 칼럼 타입 |
| --- | --- | --- | --- | --- |
| Extended | Y | Y | 압축을 시도하고, 압축 후에도 길이가 긴 경우 외부 저장소(TOAST)에 저장 | varchar, char, text, json /jsonb |
| Plain | N | N | 압축 없이 항상 테이블 내에 저장 | integer, timestamp |
| Main | Y | N | 압축은 시도하지만 항상 테이블 내에 저장 | numeric |

**칼럼 압축 여부 확인 방법**

pg_column_compression() 함수를 이용해서 특정 칼럼의 압축 여부를 확인할 수 있다. 아래의 예제를 보자.

```
=> drop table t1;
=> create table t1(c1 varchar(3000));
=> insert into t1 values (lpad('A',1000,'A'));
INSERT 0 1
=> insert into t1 values (lpad('B',3000,'B'));
INSERT 0 1
=> select c1, pg_column_compression(c1), pg_column_size(c1) from t1;
 c1 | pg_column_compression | pg_column_size
----+-----------------------+----------------
 A  |                       |           1004
 B  | lz4                   |             30
```

첫 번째 값은 압축 없이 저장되었고, 두 번째 값은 lz4 압축이 적용되어 30바이트로 저장된 것을 확인할 수 있다.

**TOAST 테이블 확인 방법**

TOAST 대상 칼럼의 실제 데이터는 pg_toast 스키마 내의 TOAST 테이블에 저장된다. TOAST 테이블 명은 pg_toast_<원본테이블 OID> 형식이며, 아래 쿼리를 이용해 원본 테이블 명과 TOAST 테이블 명을 조회할 수 있다.

```
=> select a.relname, b.relname, b.relnamespace::regnamespace
   from   pg_class a, pg_class b
   where  a.relname='t1'
     and  a.reltoastrelid=b.oid;
 relname |     relname    | relnamespace
---------+----------------+--------------
 t1      | pg_toast_41079 | pg_toast
```

TOAST 테이블은 내부적으로 관리되는 테이블이므로 직접 조회할 일은 드물지만, 디스크 사용량 분석 작업 시에 확인이 필요할 수 있다.

## 3-4. (운영 Tip) Template 데이터베이스 기능 활용 방안

통합 테스트를 반복 수행할 때마다 동일한 초기 데이터 세트가 필요하다고 가정해보자. 일반적인 방법은 테스트 수행 전에 초기 데이터를 백업해두고, 테스트가 끝난 후에 테이블을 TRUNCATE하거나 DROP한 뒤 백업 데이터를 복원하는 것이다. 그러나 Template 데이터베이스 기능을 이용하면 이러한 작업을 간단하게 처리할 수 있다.

svcdb 데이터베이스에 통합 테스트용 초기 데이터를 적재한 상태라고 가정하자. 이 시점에 svcdb를 템플릿으로 지정해서 신규 데이터베이스를 생성한다. 생성된 svcdb_tmpl 데이터베이스에는 svcdb와 동일한 스키마 및 테이블 구조, 데이터가 그대로 복제된다.

```
=> create database svcdb_tmpl template svcdb;
```

참고로, 이 작업을 수행할 때는 svcdb 데이터베이스에 접속한 세션이 없어야 한다. 접속 중인 세션이 있을 경우 다음과 같은 오류가 발생한다.

```
ERROR:  source database "svcdb" is being accessed by other users
상세정보:  There is 1 other session using the database.
```

1차 테스트가 완료된 이후에 2차 테스트를 위한 초기 데이터가 필요한 경우에, 다음과 같이 기존 데이터베이스를 삭제한 후에 템플릿 데이터베이스를 이용해서 데이터베이스를 재생성하면 된다.

```
$ psql -d svcdb_tmpl
psql (17.4)
=> drop database svcdb;
=> create database svcdb template svcdb_tmpl;
```

이처럼 Template 데이터베이스 기능을 활용하면 매 테스트마다 동일한 초기 상태의 데이터베이스를 빠르게 재구축할 수 있다.

# 4 파라미터 설정 가이드

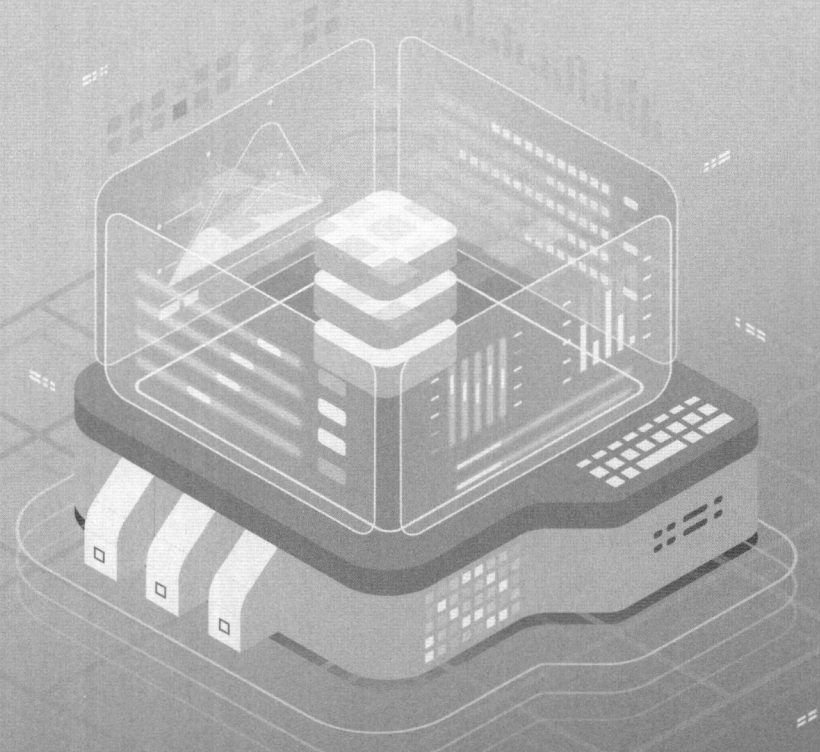

PostgreSQL은 인스턴스 운영을 위해 다양한 파라미터를 제공한다. 각 파라미터의 상세 설명과 버전별 지원 여부는 https://postgresqlco.nf/ 사이트를 참고하는 것이 좋다. 이 사이트는 PostgreSQL에서 제공하는 모든 파라미터에 대한 풍부한 설명과 예제를 제공한다. 이번 장에서는 필자가 프로젝트를 수행하면서 적용했던 주요 파라미터들에 대한 설정 방법과 함께 PostgreSQL의 내부 동작 원리를 이해하는 데 도움이 되는 내용을 함께 설명한다.

## 4-1. 로그 관련 파라미터

PostgreSQL은 인스턴스 운영 중 발생하는 메시지를 로그 파일로 기록하기 위한 다양한 파라미터를 제공한다. 로그 파일은 운영 중 이상 징후를 파악하거나, 장애 분석, 트랜잭션 추적, 성능 튜닝 등의 핵심 근거가 되므로 반드시 적절하게 설정해야 한다.

### logging_collector

로그 메시지 기록 여부를 설정하는 파라미터이다. 로그 메시지를 로그 파일에 기록하는 것은 당연한 일이지만 버전 16까지 이 파라미터의 기본값은 off였다. 즉, 버전 16까지는 이 파라미터 값을 on으로 설정하지 않으면 로그 파일이 생성되지 않고, 로그 기록을 담당하는 백그라운드 프로세스도 기동되지 않는다.

### 설정 가이드

버전 17부터는 기본값이 on으로 변경되었다. 버전 16 이하를 사용하는 경우에는 반드시 on으로 설정한다.

```
logging_collector = on
```

4. 파라미터 설정 가이드    133

## log_directory

로그 파일이 저장될 디렉토리를 지정한다. 기본값은 $PGDATA/log이며, 설정한 디렉토리가 존재하지 않으면 인스턴스 기동 시 자동으로 생성된다.

### 설정 가이드

로그 파일은 데이터베이스 클러스터가 위치한 디스크 볼륨과 분리해서 저장하는 것이 바람직하다. 운영 중 디스크 병목 현상을 방지하고, 로그 분석 효율을 높이기 위해 다음과 같이 별도의 디렉토리를 지정한다.

```
log_directory = '/logs/svcdb'
```

## log_filename

로그 파일명의 포맷을 설정한다. 기본값은 postgresql-%a.log로, 요일 단위로 최대 7개의 로그 파일만 유지된다.

### 설정 가이드

일별로 로그 파일을 생성하려면 '년월일' 형식으로 설정한다. 이 설정은 인스턴스가 재시작해도 동일한 로그 파일에 로그가 기록된다.

```
log_filename = 'postgresql-%Y-%m-%d.log'
```

인스턴스를 재시작할 때마다 새로운 로그 파일에 로그를 기록하려면 '년월일_시분초' 형식으로 설정한다.

```
log_filename = 'postgresql-%Y-%m-%d_%H%M%S.log'
```

## log_line_prefix

로그 라인의 앞부분에 출력할 추가 정보를 지정한다. 주요 항목은 다음과 같다.

• 표 4-1. log_line_prefix 주요 설정 항목

| 항목 | 설명 |
| --- | --- |
| %m | 로그 발생 시간을 밀리초 단위까지 출력 (%t는 초 단위까지만 제공) |
| %u | 접속 유저명 |
| %r | 클라이언트 호스트명 또는 IP 주소 |
| %d | 접속한 데이터베이스 |
| %p | 프로세스 ID |
| %a | 애플리케이션 명 (JDBC 등) |
| %e | SQLSTATE 에러 코드 |
| %Q | 쿼리 ID (compute_query_id 파라미터 값이 on일 때만 활성화) |

### 설정 가이드

% 앞에는 각 항목의 의미를 쉽게 파악할 수 있도록 설명을 추가한다(예. app=[%a]).

```
log_line_prefix = '%m %u@%r/%d (%p) app=[%a] [%e¦%Q]'
```

로그 예시는 다음과 같다.

```
2025-03-29 14:07:50.834 KST svcapp@10.196.68.81(33201)/svcdb (348012)
app=[PostgreSQL JDBC Driver] [0000¦71632123456890] LOG: duration: 2301.914ms statement:
```

## log_lock_waits

락 대기 현상 기록 여부를 설정하는 파라미터이다. 기본값은 off이다.

**설정 가이드**

락 대기 현상 분석을 위해서 on으로 설정한다.

```
log_lock_waits = on
```

로그 예시는 다음과 같다.

```
LOG:  process 125690 still waiting for ShareLock on transaction 1786 after 1001.228 ms
DETAIL:  Process holding the lock: 125254. Wait queue: 125690.
CONTEXT:  while deleting tuple (0,1) in relation "t2"
STATEMENT:  delete from svc.t2 where c1=1;
```

## log_rotation_size

로그 파일의 크기 기준 로테이션(신규 파일 생성) 여부를 설정한다. 기본값은 0이며, 이 경우 크기 기준 로테이션은 적용하지 않고 시간 기준(log_rotation_age 파라미터, 기본값 1일)만 적용한다.

**설정 가이드**

로그 파일 크기가 수 GB를 초과할 경우, 편집기로 열기 어렵기 때문에 일정 크기로 분할하는 것이 좋다. 운영 환경에서는 다음과 같이 설정한다.

```
log_rotation_size = 1GB
```

## log_statement

로그에 기록할 SQL 유형을 설정한다. 기본값은 none이며, 이 경우 쿼리는 기록되지 않는다. 단, 에러 발생 쿼리, 락 대기 쿼리, Slow 쿼리는 로그에 기록된다.

설정 가능한 값은 다음과 같다.

- none: 쿼리 기록 없음
- mod: DML, TRUNCATE
- ddl: CREATE, DROP 등 DDL 문장
- all: 모든 쿼리 기록

### 설정 가이드

CREATE, DROP과 같은 DDL 수행 이력을 기록하기 위해서 다음과 같이 설정한다.

```
log_statement = 'ddl'
```

## 4-2. 접속 관련 파라미터

PostgreSQL은 인스턴스에 접속할 수 있는 세션 수, 접근 가능 주소, 포트 등의 설정을 통해 접속을 제어한다. 적절한 파라미터 설정은 예기치 못한 접속 장애를 예방하는 데 매우 중요하다.

### max_connections

동시에 접속 가능한 최대 세션 수를 설정한다. 기본값은 100이다.

### 설정 가이드

접속 유형은 크게 두 가지로 나뉜다.

- 애플리케이션 서버에서의 접속
- 개발자, DBA의 접속

최근 애플리케이션 서버는 대부분 Kubernetes 기반 POD 구조를 사용하며, 부하에 따라 POD 수가 자동 증가한다. 따라서 애플리케이션 접속 수는 다음과 같이 계산한다.

```
최대 POD 수 × POD별 커넥션 풀 수
```

또한 개발용 환경에서는 개발자 PC에서 데이터베이스에 직접 커넥션을 맺는 경우가 많기 때문에, 예상보다 더 많은 세션 수가 필요할 수 있다. 또한, superuser_reserved_connections 파라미터 값도 함께 고려해야 한다. 일반 사용자 세션은 전체 max_connections 파라미터 값에서 해당 파라미터 값을 뺀 범위까지만 생성할 수 있다. 이러한 사항들을 모두 고려한 결과, 필요한 총 세션 수가 1,000이라고 가정하면 다음과 같이 설정한다.

```
max_connections = 1000
```

### superuser_reserved_connections

max_connections 파라미터 값 중에서 슈퍼유저 전용 세션 수를 지정하는 파라미터이다. 기본값은 3이다. 이 값은 max_connections 파라미터 값에 포함되며, 일반 사용자 세션은 이 값을 제외한 범위까지만 생성할 수 있다. 예를 들어 max_connections 파라미터 값이 1000이면, 일반 사용자는 최대 997개 세션까지만 사용할 수 있다.

#### 설정 가이드

운영 환경에서는 예기치 못한 세션 폭주로 인해 일반 사용자 접속이 모두 차단되는 상황이 발생할 수 있다. 이때 슈퍼유저로 접속해서, pg_terminate_backend() 함수로 세션을 정리하거나 원인을 분석할 수 있어야 한다. 이러한 상황에 대비하여 슈퍼유저용 세션을 여유 있게 확보해두는 것이 좋다. 기본값보다 조금 더 큰 값 또는 DBA 인원 수로 설정하면 된다.

```
superuser_reserved_connections = 5
```

### listen_addresses

원격 접속이 허용되는 IP 주소를 설정한다. 기본값은 localhost이다.

**설정 가이드**

모든 IP 주소로부터 접속을 허용하도록 다음과 같이 설정한다.

```
listen_addresses = '*'
```

## port

접속 포트를 지정한다. 기본값은 5432이다.

**설정 가이드**

기본 포트인 5432를 사용하는 경우, 보안 점검 시 지적사항이 될 수 있으며 포트 스캐닝 공격에 취약할 수 있다. 따라서 포트를 변경하는 것이 바람직하다. 개발/테스트/운영 인스턴스는 관리 편의성을 위해 동일한 포트를 사용하는 것이 좋다.

서비스가 다른 경우에는 다른 포트 번호를 사용하는 것이 일반적이지만, 사이트 정책에 따라 결정하면 된다. 이 책에서는 다음과 같이 설정한다.

```
port = 54321
```

# 4-3. 메모리 관련 파라미터

PostgreSQL은 성능 최적화를 위해 다양한 메모리 관련 파라미터를 제공한다. 이들 파라미터는 물리 메모리 크기에 따라서 적절히 설정한다.

## shared_buffers

공유 버퍼 크기를 설정하는 파라미터이다. PostgreSQL에서 가장 핵심적인 성능 관련 파라미터 중 하나이다. 기본값은 128MB이다.

### 설정 가이드

디스크 I/O를 줄이는 것이 성능 최적화의 핵심이며, 공유 버퍼는 이를 위해 가장 중요한 역할을 한다. 일반적인 가이드는 물리 메모리의 25%~50% 범위 내에서 설정하는 것이다.

- 메모리가 작을 경우: 25% 수준이 적절 (나머지 영역은 OS 및 프로세스 용도)
- 메모리가 클 경우: 50% 또는 그 이상도 가능

물리 메모리는 8GB~512GB, 심지어 수 TB의 메모리도 사용되므로, 가능한 한 많은 영역을 공유 버퍼로 설정하는 것이 유리하다. 필자는 물리 메모리가 8GB이면 25%, 16GB 이상이면 50%를 공유 버퍼로 설정한다. 예를 들어 64GB 메모리 환경에서는 다음과 같이 설정한다.

```
shared_buffers = 32GB
```

## wal_buffers

WAL 버퍼 크기를 설정하는 파라미터이다. 기본값은 -1이다.

### 기본값인 경우 크기 계산 방식

이 파라미터를 기본값(-1)으로 설정하면, 다음 공식에 따라 WAL 버퍼 크기를 계산한다.

```
WAL_BUFFERS 크기 = MIN (shared_buffers/32, WAL파일크기)
```

이 공식에 의하면, 공유 버퍼를 아무리 크게 설정하더라도 WAL 버퍼 크기는 WAL 파일의 크기로 설정된다. 즉, WAL 파일의 기본 크기는 16MB이며, 이 값이 상한값이 된다. 일반적으로 16MB면 충분한 크기이므로 기본값을 사용하면 된다. 참고로 WAL 파일 크기는 initdb 명령어 수행 시에 지정할 수 있으며, 최대 1GB로 설정할 수 있다.

## work_mem

백엔드 프로세스가 정렬, 해시 조인, Merge 조인, Bitmap 작업 등에 사용하는 로컬 메모리 공간이다. 기본값은 4MB이다.

### 설정 가이드

다음 요소를 기반으로 계산한다.

- 물리 메모리 크기
- 공유 버퍼 크기
- 최대 세션 수
- 메모리 임계 비율

예를 들어, 물리 메모리가 64GB이고 메모리 임계 비율을 70%로 설정한 경우, PostgreSQL에서 사용할 수 있는 메모리는 약 44.8GB이다. 공유 버퍼를 32GB로 설정하면, 나머지 약 12GB는 로컬 메모리로 활용할 수 있다. 이 중 8GB를 정렬 및 조인을 위한 로컬 메모리로 할당한다. 최대 프로세스 수가 1,000개이므로 다음과 같이 설정한다.

```
work_mem = 8MB
```

정렬 및 조인을 위한 로컬 메모리 공간으로 8GB를 할당하더라도, 실제 사용되는 메모리 크기는 이보다 적은 경우가 많다. 그 이유는 스프링 부트 기반 환경에서 HikariCP를 사용하는 경우에는 maxLifeTime 파라미터를 설정하므로 주기적으로 세션이 재시작되기 때문이다.

결과적으로, 이 파라미터는 work_mem 용도의 메모리 사용의 상한선을 정의하는 데 의미가 있다. 또한 이 파라미터는 세션 레벨에서 동적으로 조절할 수 있으므로, 대용량 정렬 또는 조인 작업을 수행하는 경우에는 세션 레벨에서 더 큰 값으로 설정해서 사용하면 된다.

## temp_buffers

Temp 테이블을 위한 로컬 메모리 공간을 설정하는 파라미터이다. 기본값은 8MB이다.

**설정 가이드**

Temp 테이블은 세션 또는 트랜잭션 단위로 생성되며, 일반적으로 Temp 테이블은 자주 사용되지 않기 때문에, 초기에는 작게 설정하고 실제 사용 패턴에 따라 필요시 점진적으로 조정하도록 한다. 이 책에서는 12GB의 로컬 메모리 중 나머지 4GB를 temp_buffers를 위한 용도로 할당한다. 전체 세션 수가 1000개이므로 temp_buffers는 4MB로 설정한다.

```
temp_buffers = 4MB
```

## hash_mem_multiplier

해시 조인 시에 work_mem 파라미터 값보다 더 큰 로컬 메모리 공간을 할당할 수 있도록 허용하는 파라미터이다. 기본값은 2이며, 이 경우 최대 'work_mem × 2' 만큼의 로컬 메모리 공간을 사용할 수 있다.

**설정 가이드**

이 설정은 해시 조인의 성능을 향상시키는 데 효과적이지만, 쿼리 실행 시 예상보다 많은 메모리가 사용될 수 있다는 점에 유의해야 한다. 따라서 초기 메모리 계획 수립 시 혼선을 줄이기 위해 1로 설정하는 것이 권장되며, 해시 조인에 더 많은 메모리 공간이 필요한 경우에는 hash_mem_multiplier 대신 work_mem 파라미터 값을 조정해서 전체 메모리 사용량을 보다 안정적으로 관리하는 것이 바람직하다.

```
hash_mem_multiplier = 1
```

## maintenance_work_mem

VACUUM 및 인덱스 생성 작업 수행 시에 사용되는 로컬 메모리 크기를 설정하는 파라미터이다. 기본값은 64MB이다. 이 공간이 클수록 해당 작업 성능은 향상된다. 버전 16까지는 이 파라미터를 1GB 이상으로 설정하더라도 VACUUM 수행 시에는 최대 1GB까지만 사용할 수 있었으나, 버전 17부터는 이 제한이 없어졌다.

단, 병렬로 수행되는 VACUUM 또는 인덱스 생성 작업의 전체 메모리 사용량은 이 파라미터 값으로 제한된다. 즉, 병렬 프로세스 각각이 이 값만큼 메모리를 사용하는 것이 아니라, 전체 병렬 프로세스가 사용하는 로컬 메모리 공간의 합이 이 값을 넘지 않도록 제한된다.

**설정 가이드**

VACUUM이나 인덱스 생성 작업은 DBA가 직접 수행하는 작업이므로 인스턴스 레벨에서 이 값을 크게 설정할 필요는 없다. 대신, 작업 수행 시에 시스템의 메모리 사용률을 고려해서 아래의 예시처럼 세션 레벨에서 크게 설정하면 된다.

```
=> set maintenance_work_mem to '8GB';
```

한편, autovacuum_work_mem 파라미터를 별도로 설정하지 않으면, Autovacuum 프로세스도 maintenance_work_mem 파라미터 값을 사용한다. 따라서 이 값은 Autovacuum 작업 성능에 직접적인 영향을 준다. 운영 환경에서는 Autovacuum 프로세스의 수와 메모리 사용률을 고려하여 적절히 설정한다. 이 책에서는 다음과 같이 설정한다. 메모리 여유가 있다면 더 크게 설정해도 무방하다.

```
maintenance_work_mem = 128MB
```

## 4-4. 체크포인트 관련 파라미터

체크포인트는 공유 버퍼 내에 존재하는 더티 버퍼(Dirty Buffer)를 디스크에 기록하는 작업이다. 더티 버퍼에는 디스크에 기록되지 않은 변경 사항이 포함되어 있기 때문에, 일정 간격으로 공유 버퍼와 디스크 간의 데이터를 동기화해야 한다.

체크포인트가 너무 자주 발생하면 디스크 I/O 증가로 인해 성능 저하가 발생하고, 반대로 너무 드물게 발생하면 인스턴스 복구 시 처리해야 할 WAL 양이 많아져 복구 시간이 길어진다.

PostgreSQL은 체크포인트 수행 시점을 조정하기 위해 시간 기준과 WAL 발생량 기준의 파라미터를 제공한다.

## checkpoint_timeout

일정 시간 간격으로 체크포인트를 수행하도록 설정하는 파라미터이다. 기본값은 5분이다.

### 설정 가이드

너무 짧게 설정하면 불필요한 I/O가 자주 발생하므로, 다음과 같이 15분 정도로 설정하는 것이 무난하다.

```
checkpoint_timeout = 15min
```

## max_wal_size

WAL 발생량 기준으로 체크포인트를 수행하도록 설정하는 파라미터이다. 기본값은 1GB이다. 시간 기준만으로 체크포인트를 설정할 경우, 단시간 내에 대량의 트랜잭션이 발생하면 대응이 어려워진다. 따라서 일정량 이상의 WAL이 누적되면 체크포인트가 발생하도록 설정할 필요가 있다.

간혹 이 파라미터가 WAL 전용 디스크 볼륨 내의 WAL 파일의 최대 보관 크기를 의미한다고 오해하는 경우가 있지만, 이 파라미터는 단순히 체크포인트 트리거 조건일 뿐이다. 다만, 이후 설명할 wal_keep_size 파라미터를 따로 설정하지 않으면, 체크포인트 이후에 복구에 불필요한 WAL은 삭제되는데, 이는 max_wal_size 파라미터 설정과는 무관하다.

### 설정 가이드

WAL 전용 디스크 볼륨의 크기를 기준으로 설정한다. 예를 들어 /pg_wal 디스크 볼륨이 10GB라면, 40% 수준인 4GB로 설정한다.

```
max_wal_size = 4GB
```

## 4-5. WAL (Write Ahead Log) 관련 파라미터

WAL(Write Ahead Log)은 트랜잭션 로그이며, 복구 및 복제 기능의 핵심 요소이다. WAL 관련 파라미터는 장애 대응, 복제 구성 등 다양한 영역에 영향을 주므로 환경에 맞는 적절한 설정이 필요하다.

### wal_level

WAL에 기록할 트랜잭션 정보의 수준을 설정하는 파라미터이다. WAL은 기본적으로 복구에 사용되며, 물리 복제 및 논리 복제에서도 활용된다. 기본값은 replica이다.
설정 가능한 값은 다음과 같다.

- minimal: 복구에 필요한 최소 정보만 기록 (시점 복구 불가)
- replica: 물리 복제 및 시점 복구 가능 (기본값)
- logical: 논리 복제 수행 가능

**설정 가이드**
논리 복제를 사용하는 경우에는 logical로 설정한다. 그렇지 않으면 기본값을 유지한다.

### wal_keep_size

WAL 전용 디스크 볼륨에 최소한으로 유지할 WAL 크기를 설정하는 파라미터이다. 이 파라미터는 특히 물리 복제 환경에서 중요한 역할을 한다. 예를 들어, 대량의 트랜잭션 발생으로 리플리카 서버와의 동기화가 지연될 경우, 마스터 서버에서 WAL 파일이 삭제되면 동기화가 중단되고 리플리카를 재구성해야 한다. 이런 상황을 방지하기 위해 마스터 서버는 일정 크기의 WAL 파일을 유지할 필요가 있다.

### 설정 가이드

WAL 전용 디스크 볼륨의 약 60% 수준으로 설정한다. 예를 들어, /pg_wal 디스크 볼륨이 10GB라면 다음과 같이 설정한다.

```
wal_keep_size = 6GB
```

다만 이 수치는 엄격한 제한 값이 아니라 권장 값이다. 따라서 트랜잭션이 집중되는 구간에서는 wal_keep_size 파라미터 값을 초과할 수 있다. 또한 min_wal_size 파라미터 값이 클 경우, WAL 파일 재사용을 위해 디스크 볼륨 사용률이 더 높아질 수 있다. 따라서 WAL 전용 디스크 볼륨의 여유 공간을 항상 모니터링하고, 실제 운영 환경의 트랜잭션 패턴을 기준으로 유연하게 설정값을 조정하는 것이 바람직하다.

### min_wal_size

이 파라미터는 재사용할 WAL 파일의 최소 크기를 지정할 때 사용하는 파라미터이다. 체크포인트 시점마다 트랜잭션 발생량을 기준으로 재사용할 WAL 파일의 개수를 계산하며, 최소 min_wal_size 파라미터 값부터 최대 max_wal_size 파라미터 값까지 재사용이 가능하다.

### 설정 가이드

이 파라미터는 최소값을 지정하는 것이므로 지나치게 크게 설정할 필요는 없다. WAL 전용 디스크 볼륨의 2% 정도로 설정하면 된다. 예를 들어, /pg_wal 디스크 볼륨이 10GB라면 다음과 같이 설정한다.

```
min_wal_size = 256MB
```

## wal_log_hints

PostgreSQL은 체크포인트 이후 각 블록에서 발생하는 첫 번째 변경에 대해 Full Page Write(이하 FPW)를 수행한다. 예를 들어, 체크포인트 이후 특정 블록에 업데이트가 1건 발생하면, 변경된 레코드뿐만 아니라 해당 블록 전체(8KB)가 WAL에 기록된다. 따라서 체크포인트가 자주 발생할수록 FPW 수행 빈도 증가에 따른 디스크 I/O 증가로 인해 성능 저하 현상이 발생할 수 있다. wal_log_hints 파라미터를 on으로 설정하면, 트랜잭션 상태를 저장하는 힌트 비트(Hint Bits)가 1비트라도 변경되는 경우에도 FPW가 수행된다. 기본값은 off이다.

### 설정 가이드

pg_rewind 명령어를 사용하려면 이 파라미터를 on으로 설정해야 한다. 단, 이 책의 예제처럼 initdb 수행 시 데이터베이스 체크섬을 활성화한 경우에는 별도로 설정할 필요는 없다. 체크섬을 비활성화한 환경에서 pg_rewind를 이용한 failback 작업을 수행하려면 on으로 설정한다.

```
wal_log_hints = on
```

## checkpoint_completion_target

체크포인트가 발생할 때 더티 버퍼를 한꺼번에 디스크로 기록하면, 순간적인 I/O 부하로 인해 성능 저하가 발생할 수 있다. 이를 방지하기 위해 PostgreSQL은 더티 버퍼를 일정 시간동안 나눠서 기록함으로써 I/O 부하를 분산시키는 기능을 제공한다.

예를 들어 checkpoint_timeout 파라미터를 15분, checkpoint_completion_target 파라미터를 0.9로 설정하면, 15분 중 90%인 13분 30초에 걸쳐 체크포인트를 완료하도록 조절한다(15분 동안 발생한 더티 버퍼가 매우 적다면 90% 시간 이내에 작업이 완료되기도 한다). 버전 14부터 기본값은 0.9이다.

### 설정 가이드

버전 13 까지는 기본값이 0.5이므로, 해당 버전을 사용하는 경우에는 다음과 같이 변경한다.

```
checkpoint_completion_target = 0.9
```

## 4-6. Autovacuum 관련 파라미터

Autovacuum 관련 파라미터는 PostgreSQL 버전이 올라가면서 대부분 최적화되어 있으므로 별도로 조정하지 않아도 안정적인 운영이 가능하다. 따라서 실무에서는 다음과 같은 몇 개의 파라미터만 조정하도록 한다.

### autovacuum

Autovacuum 사용 여부를 설정하는 파라미터이다.

### 설정 가이드

Autovacuum은 다음과 같은 세 가지 작업을 수행한다.

- 테이블 및 인덱스에 대한 Vacuum
- 통계 정보 수집
- 트랜잭션 ID(XID) Freezing

이 세 가지는 데이터베이스 안정적인 운영을 위해 필요한 작업이므로 기본값인 on을 유지한다. 참고로, 이 값을 off로 설정해도 XID Freezing을 위한 작업은 동작한다.

예외적으로, 대량의 데이터를 단기간에 입력하는 데이터 이행(Migration) 작업을 수행할 때는 Autovacuum 파라미터를 off로 설정한다. 이행 작업 중 Autovacuum 관련 작업이 개입되면 전체 작업 시간이 늘어날 수 있기 때문이다. 이 경우에는 다음과 같은 절차를 따른다.

1. autovacuum = off 설정
2. 데이터 이행 작업 수행
3. 데이터 이행 작업 완료 후 수동 Vacuum 작업 수행
4. 수동 Vacuum 작업 완료 후 autovacuum = on으로 복원

### autovacuum_max_workers

동시에 실행 가능한 최대 Autovacuum 프로세스 수를 설정한다. 기본값은 3이다.

### 설정 가이드

Autovacuum 프로세스가 너무 많으면 사용자 쿼리와 리소스 경합이 발생할 수 있고, 반대로 너무 적으면 Vacuum 작업 지연 현상이 발생할 수 있다. 따라서 적절한 범위 내에서 조정하는 것이 중요하다. 최소 개수는 기본값인 3, 최대 개수는 6을 넘지 않도록 설정한다.

### log_autovacuum_min_duration

로그에 기록할 Autovacuum 작업 최소 소요 시간을 설정하는 파라미터이다. 기본값은 10분이다.

### 설정 가이드

Autovacuum 프로세스가 수행하는 통계 정보 생성 작업으로 인해 실행계획이 변경되어 성능 저하가 발생하는 경우가 간혹 있다. 이런 이슈를 분석하기 위해서는 파라미터 값을 0으로 설정해서 모든 수행 기록을 로그에 남기도록 한다.

```
log_autovacuum_min_duration = 0
```

## 4-7. 병렬 처리 관련 파라미터

PostgreSQL은 오라클과 달리 자동 병렬 처리 기능을 제공한다. 오라클은 테이블에 Parallel Degree를 명시적으로 설정하거나, 쿼리에 병렬 힌트를 지정해야 병렬 처리가 가능하지만, PostgreSQL은 테이블 크기나 인덱스 Range Scan 범위를 기준으로 자동으로 병렬 처리를 수행한다. 이 기능은 성능 향상에 매우 유용하지만, 과도한 병렬 프로세스 사용은 오히려 성능 저하를 유발할 수 있다. 따라서 아래와 같은 병렬 처리 관련 파라미터들을 적절히 설정할 필요가 있다.

## max_worker_processes

인스턴스 전체에서 사용할 수 있는 총 워커 프로세스 수를 설정하는 파라미터이다. 다음과 같은 워커들이 포함된다.

- 병렬 처리용 Parallel Worker
- 논리 복제 시 Subscription을 위한 Apply Worker

즉, max_worker_processes 파라미터로 설정한 수치 이내에서 병렬 처리용 프로세스와 논리 복제용 Subscription 워커 프로세스가 나누어 사용한다. 이 파라미터가 'worker'라는 이름을 사용하는 이유는, 관련 프로세스 명에 'worker'라는 단어가 포함되어 있기 때문이다. 예시 프로세스 목록은 다음과 같다.

```
postgres: logical replication apply worker for subscription 16390
postgres: parallel worker for PID 628685
```

### 설정 가이드

다음과 같은 기준으로 설정한다.

- CPU(Core) 수가 8 이하인 경우: 기본값인 8 유지
- CPU(Core) 수가 8 초과인 경우: Core 수에 맞춰 조정

## max_parallel_workers

인스턴스 전체에서 동시에 사용할 수 있는 병렬 쿼리용 워커 프로세스의 최대 수를 지정한다.

### 설정 가이드

다음과 같은 기준으로 설정한다.

- 논리 복제를 사용하지 않는 경우: max_worker_processes 파라미터와 동일한 값으로 설정
- 논리 복제를 사용하는 경우: Subscription 수만큼 제외하고 설정

참고로 이 파라미터를 max_worker_processes 파라미터 값보다 크게 설정하더라도, 실제로 사용 가능한 병렬 프로세스 수는 max_worker_processes 파라미터 값을 초과할 수는 없다.

## max_parallel_workers_per_gather

하나의 쿼리 실행 시 사용할 수 있는 최대 병렬 워커 수를 지정한다.

### 설정 가이드

기본값인 2를 유지한다. 만약 특정 배치 쿼리에 더 많은 병렬 프로세스를 할당하려면 다음과 같이 세션 레벨에서 변경한다.

```
=> set max_parallel_workers_per_gather = 4;
```

## max_parallel_maintenance_workers

Vacuum 또는 인덱스 생성 작업에 사용할 수 있는 병렬 워커의 최대 수를 지정한다.

### 설정 가이드

기본값인 2를 유지한다. 단, 대용량 테이블에 대한 Vacuum 또는 인덱스 생성 작업을 위해 더 많은 병렬 프로세스를 할당하려면 다음과 같이 세션 레벨에서 변경한다. 단, 이 파라미터의 최대 값은 max_parallel_workers 파라미터 값으로 제한된다.

```
=> set max_parallel_maintenance_workers = 4;
```

# 4-8. 세션 관리 파라미터

## idle_in_transaction_session_timeout

세션 상태는 다음과 같이 구분된다.

- active: 현재 쿼리를 수행 중이거나 락을 대기 중인 세션
- idle: 트랜잭션 없이 단순 대기 중인 세션
- idle in transaction: 트랜잭션을 시작한 후, 커밋 또는 롤백 실행 없이 대기 중인 세션

이 중 idle in transaction 상태의 세션이 장시간 유지되면, 세션이 보유한 락으로 인해 다른 트랜잭션에서 락 대기 현상이 발생할 수 있다. 또한 WAS 환경에서 해당 상태의 세션이 발생했다면, 트랜잭션 종료 처리가 누락된 예외 상황일 가능성이 높다.

이러한 문제를 방지하기 위해 일정 시간 이상 idle in transaction 상태로 유지되는 세션은 자동으로 종료되도록 설정하는 것이 바람직하다. 기본값은 0이며, 이 경우 해당 세션을 자동 종료하지 않는다.

### 설정 가이드

운영 환경에서는 다음과 같이 10분(600초)으로 설정한다.

```
idle_in_transaction_session_timeout = 600s
```

## 4-9. 압축 관련 파라미터

PostgreSQL은 체크포인트 이후, 블록 내에서 발생한 첫 번째 변경에 대해서는 블록 전체를 WAL에 기록하는 Full Page Write(FPW) 방식을 사용한다고 언급했다. FPW 방식으로 기록되는 블록 수가 많아질수록 디스크 I/O 부담이 커지고, 이에 따라 성능 저하가 발생할 수 있다. 특히 랜덤 UPDATE나 DELETE 작업이 빈번하게 발생할 경우 FPW에 의한 I/O 부하는 더욱 증가하게 된다. 이러한 문제를 완화하기 위해 PostgreSQL은 FPW 방식으로 기록되는 블록의 내용을 압축해서 WAL에 기록하는 기능을 제공한다. 지원되는 압축 알고리즘은 pglz, lz4, zstd이다.

### wal_compression

FPW 방식으로 기록되는 블록에 대해 압축 여부와 알고리즘을 설정하는 파라미터이다. 기본값은 off이다.

**설정 가이드**

압축 효율과 처리 성능이 가장 뛰어난 zstd 알고리즘을 사용하도록 설정한다. zstd는 버전 15부터 사용할 수 있다. 만약 사용하는 버전이 14 이하라면 on으로 설정한다.

```
wal_compression = zstd
```

### default_toast_compression

TOAST는 길이가 긴 레코드를 별도로 저장하여 관리하는 PostgreSQL의 내부 저장 구조이다. 이 파라미터는 TOAST 대상 칼럼의 데이터를 압축할 때 사용할 압축 알고리즘을 지정한다

**설정 가이드**

기본값인 pglz보다 압축 효율과 처리 속도가 더 우수한 lz4 알고리즘을 사용하는 것이 바람직하다. lz4는 버전 14부터 사용할 수 있다.

```
default_toast_compression = 'lz4'
```

# 4-10. 모니터링 관련 파라미터

PostgreSQL은 쿼리 성능과 세션 상태를 추적하고 분석할 수 있는 다양한 모니터링 파라미터를 제공한다. 이러한 파라미터를 적절히 설정하면 성능 저하의 원인을 사전에 감지하거나, 장애 발생 시 신속한 원인 분석이 가능하다.

## log_min_duration_statement

지정된 시간 이상 쿼리가 수행되면, 해당 쿼리 문장과 바인드 변수 값을 로그에 기록하도록 설정하는 파라미터이다. 쿼리 튜닝이나 예외 상황 진단에 매우 유용하게 활용된다.

### 설정 가이드

온라인 트랜잭션은 일반적으로 3초 이내에 완료되어야 하며, 그 중 DB 쿼리 수행 시간은 최대 2초 이내여야 한다. 따라서 1초 또는 2초로 설정한다.

```
log_min_duration_statement = 1s
```

> ✅ 간혹, 루프 방식으로 수행되는 자바 배치 프로그램의 성능 저하 현상을 분석하기 위해서 이 파라미터를 0으로 설정하는 경우가 있다. 0으로 설정하면 모든 쿼리의 응답 시간과 수행 시각을 확인할 수 있으므로, 쿼리 성능뿐 아니라, 네트워크 딜레이도 확인할 수 있는 장점이 있다. 반면, 극심한 디스크 I/O 발생으로 인해 시스템 성능이 급격히 저하되기 때문에 매우 짧은 구간에서 한시적으로 0으로 설정하며, 반드시 시스템 모니터링을 병행해야 한다.

## shared_preload_libraries

일부 익스텐션은 인스턴스가 시작하는 시점에 해당 익스텐션에서 사용하는 라이브러리를 로딩해야 한다. 대표적인 예는 pg_stat_statements이다. 라이브러리를 로딩하지 않고 관련 뷰를 조회하면 다음과 같은 오류가 발생한다.

```
=> select * from extdba.pg_stat_statements;
ERROR:  pg_stat_statements must be loaded via "shared_preload_libraries"
```

### 설정 가이드

아래와 같이 익스텐션을 등록한 후에 인스턴스를 재시작한다.

```
shared_preload_libraries = 'pg_stat_statements'
```

## pg_stat_statements.max

pg_stat_statements 뷰에 기록할 수 있는 최대 쿼리 수를 설정하는 파라미터이다.

### 설정 가이드

10,000 정도로 설정하면 성능에 영향을 주는 쿼리를 대부분 수집할 수 있다.

```
pg_stat_statements.max = 10000
```

## pg_stat_statements.track

쿼리 수행 빈도에 따라 수집 대상 쿼리를 설정하는 파라미터이다.

### 설정 가이드

all로 설정한다. 기본값인 top은 자주 수행되는 쿼리만 수집하기 때문에, 수행 빈도는 낮지만 성능에 영향을 주는 문제성 쿼리를 수집할 수 없다.

```
pg_stat_statements.track = all
```

## track_activity_query_size

pg_stat_activity 뷰와 pg_stat_statements 뷰에서 제공하는 SQL 문장의 최대 길이를 설정하는 파라미터이다.

### 설정 가이드

대부분의 환경에서 64kB로 설정하면 적절하다.

```
track_activity_query_size = 64kB
```

> ✅ 'pg_stat_statements.max × track_activity_query_size' 만큼의 공유 메모리를 사용한다는 점에 유의한다. 예제 설정 기준으로는 625MB의 공유 메모리가 추가로 사용된다.

## compute_query_id

쿼리 문장에 대한 고유한 Query ID 제공 여부를 설정하는 파라미터이다. 파라미터가 활성화되면 pg_stat_activity 뷰와 pg_stat_statements 뷰의 queryid 칼럼에 값이 기록되며, log_line_prefix 파라미터의 %Q 항목에도 값이 기록된다. Query ID는 쿼리를 정규화(normalize)한 후 계산되므로, 띄어쓰기, 대소문자, 상수값이 다르더라도 동일한 쿼리 ID로 처리된다.

```
예: 'select * from t1 limit 1'과 'Select * From T1 Limit 10'은 동일한 쿼리 ID로 계산된다.
```

### 설정 가이드

기본값인 auto를 유지한다. pg_stat_statements 익스텐션을 사용하면 해당 파라미터는 자동으로 활성화된다.

## auto_explain.log_min_duration

지정된 시간 이상 쿼리가 수행되면, 런타임 실행계획을 로그에 기록하도록 설정하는 파라미터이다. 이전 시점에 수행된 Slow 쿼리의 성능 저하 원인을 분석하기 위해서는 해당 시점의 실행계획을 저장할 필요가 있다.

### 설정 가이드

60초로 설정한 후에, 시스템 특성이나 분석 목적에 따라 값을 조정한다.

```
auto_explain.log_min_duration = 60s
```

auto_explain을 사용하려면 shared_preload_libraries 파라미터에 해당 익스텐션을 등록한 뒤 인스턴스를 재시작해야 한다.

```
shared_preload_libraries = 'pg_stat_statements,auto_explain'
```

## auto_explain.log_analyze

이 파라미터는 런타임 실행계획 뿐만 아니라 explain (analyze) 수행 결과 기록 여부를 설정한다.

### 설정 가이드

쿼리 성능을 분석하려면 실행 계획뿐만 아니라 각 실행 단계별 수행 시간 정보가 반드시 필요하다. 따라서 이 파라미터는 on으로 설정한다.

```
auto_explain.log_analyze = on
```

## auto_explain.log_buffers

이 파라미터는 explain (analyze, buffers) 수행 결과 기록 여부를 설정한다.

### 설정 가이드

동일한 실행 계획이라도 디스크 I/O 발생 여부에 따라 성능 차이가 발생한다. 따라서 buffers 옵션을 통해 각 단계의 I/O 사용량을 확인할 필요가 있으므로 on으로 설정한다.

```
auto_explain.log_buffers = on
```

# 4-11. 옵티마이저 관련 파라미터

## effective_cache_size

옵티마이저가 실행계획을 수립할 때 참고용으로 사용하는 파라미터이다. 실제 메모리 공간을 할당하지는 않으며, 옵티마이저는 이 값만큼의 메모리를 캐시로 활용할 수 있다고 가정하고 실행계획을 수립한다.

### 설정 가이드

물리 메모리 크기에 맞춰 설정한다. 예를 들어, 시스템 메모리가 64GB라면 다음과 같이 설정한다.

```
effective_cache_size = 64GB
```

## random_page_cost

랜덤 액세스 방식으로 1블록을 읽을 때의 비용을 설정하는 파라미터이다.

### 설정 가이드

스토리지 환경에 따라 다르게 설정한다.

- SSD 환경: 1.2로 설정하는 것이 무난하다.
- HDD 환경: 기본값인 4를 유지한다.

필자의 경험상, 이 파라미터는 옵티마이저의 실행계획 수립에 가장 큰 영향을 미치는 항목이다. 이 파라미터 값이 작을수록 옵티마이저가 지나치게 공격적으로 Nested Loop 조인을 선택하는 경향이 있으며, 파라미터 값을 1.1, 1.2, 1.3처럼 소수점 단위로만 조정해도 실행계획이 달라질 만큼 민감하게 동작한다. 따라서 한 번 설정한 이후에는 변경하지 않도록 한다.

```
random_page_cost = 1.2
```

## jit

Just-In-Time 컴파일러 사용 여부를 설정하는 파라미터이다. 버전 11부터 도입되었으며, 버전 12부터 기본값이 on으로 변경되었다.

### 설정 가이드

일반적인 업무 환경에서는 JIT 기능이 성능 향상에 도움되지 않으므로 off로 설정한다(다양한 자료를 확인해본 결과, 대부분의 환경에서 JIT를 사용할 필요는 없다).

```
jit = off
```

✅ JIT에 대해 더 자세히 알고 싶은 독자는 구글에서 'unlocking postgresql performance with just-in-time-jit-compilation'으로 검색해보기 바란다. Leo Lin의 블로그 글은 이 기능을 가장 쉽게 설명한 자료이다.

## 4-12. 아카이브 설정 관련 파라미터

### archive_mode

아카이브 모드 사용 여부를 결정하는 파라미터이다.

### 설정 가이드

개발 및 테스트 환경에서는 기본값인 off를 유지하고, 운영 환경에서는 on으로 설정한다.

```
archive_mode = on
```

### archive_command

archive_mode 파라미터를 on으로 설정하면 archiver 프로세스는 archive_command 파라미터에 지정된 명령어를 이용해 WAL 파일을 아카이브 디렉토리로 복사한다. 이때 %p는 원본 WAL 파일의 전체 경로를 포함한 WAL 파일명을, %f는 WAL 파일명을 의미한다.

### 설정 가이드

pgBackRest 백업 툴을 사용하는 경우에는 다음과 같이 설정한다(--config와 --stanza에 지정된 값은 사이트 환경에 맞게 변경한다).

```
archive_command = 'pgbackrest --stanza=svcdb archive-push %p --config=/dbbackup/pgbackrest.conf'
```

pgBackRest 백업 툴을 사용하지 않는 경우에는 다음과 같이 설정할 수 있다(디렉토리는 환경에 맞게 조정한다).

```
archive_command = 'dd if=%p of=/dbbackup/svc01/archive/tmp/%f.tmp && mv /dbbackup/svc01/archive/tmp/%f.tmp /dbbackup/svc01/archive/%f'
```

## 4-13. 파라미터 설정 레벨 및 적용 순서

PostgreSQL은 인스턴스 레벨을 포함한 다음과 같은 다양한 레벨에서 파라미터를 설정할 수 있다.

- 인스턴스 레벨
- 데이터베이스 레벨
- 유저 레벨
- 세션 레벨

파라미터의 적용 순서는 세션 레벨 → 유저 레벨 → 데이터베이스 레벨 → 인스턴스 레벨 순이다. 즉, 동일한 파라미터가 여러 레벨에서 설정되어 있을 경우, 가장 하위 레벨의 설정값이 우선 적용된다.

### 파라미터 적용 순서

예를 들어 살펴보자. 현재 work_mem 파라미터의 설정값은 8MB이며, 설정 내용은 pg_settings 뷰를 통해 확인할 수 있다. source 칼럼 값이 'configuration file'이면 postgresql.conf 또는 postgresql.auto.conf 파일을 통해 설정된 값이라는 의미이며, 이는 인스턴스 레벨에서 설정된 경우에 해당한다.

```
=> \dconfig work_mem
환경설정 매개변수 목록
 매개변수  |  값
----------+-----
 work_mem | 8MB

=> select name, setting, unit, source from pg_settings where name='work_mem';
   name   | setting | unit |       source
----------+---------+------+--------------------
 work_mem | 8192    | kB   | configuration file
```

### 데이터베이스 레벨 설정

데이터베이스 레벨에서 설정값을 변경하려면 다음과 같은 명령어를 사용한다.

```
=> alter database svcdb set work_mem = '10MB';
```

데이터베이스 레벨에서 설정을 변경하면, 해당 데이터베이스에 신규 접속한 세션부터 변경된 값이 적용된다. 설정 레벨은 pg_settings 뷰의 source 칼럼을 통해 확인할 수 있다.

```
=> select name, setting, unit, source from pg_settings where name='work_mem';
   name    | setting | unit | source
-----------+---------+------+----------
 work_mem  | 10240   | kB   | database
```

### 유저 레벨 설정

유저 레벨에서 설정값을 변경하려면 다음과 같은 명령어를 사용한다.

```
=> alter user svcbat set work_mem = '20MB';
ALTER ROLE
```

유저 레벨에서 설정을 변경하면, 해당 유저로 신규 접속한 세션부터 변경된 값이 적용된다. 설정 레벨은 pg_settings 뷰의 source 칼럼을 통해 확인할 수 있다.

```
$ psql -U svcbat
psql (17.4)
=> select name, setting, unit, source from pg_settings where name='work_mem';
   name    | setting | unit | source
-----------+---------+------+--------
 work_mem  | 20480   | kB   | user
```

### 세션 레벨 설정

세션 레벨에서 설정을 변경하려면 다음과 같은 명령어를 사용한다. 세션 레벨 설정은 변경과 동시에 즉시 적용된다.

```
=> set work_mem = '100MB';
SET
```

```
=> select name, setting, unit, source from pg_settings where name='work_mem';
   name    | setting | unit | source
-----------+---------+------+---------
 work_mem  | 102400  | kB   | session
```

이처럼 파라미터를 다양한 레벨에서 설정할 수 있는 기능은, 하나의 클러스터에 여러 개의 데이터베이스가 존재하거나 유저마다 업무 특성이 다른 경우에 매우 유용하게 활용할 수 있다.

### 기본값으로 변경

데이터베이스 및 유저 레벨의 설정 값을 기본값으로 초기화하려면 다음과 같이 수행한다.

```
=> alter user svcbat set work_mem to default;
=> alter database svcdb set work_mem to default;
```

## pg_settings 뷰 살펴보기

pg_settings 뷰는 PostgreSQL에서 제공하는 파라미터 목록과 설정값을 확인할 수 있을 뿐 아니라, 각 파라미터의 온라인 적용 여부도 함께 제공한다.

예를 들어, shared_buffers 파라미터는 인스턴스를 재시작해야만 적용되지만, work_mem 파라미터는 온라인으로 즉시 변경할 수 있다. 이처럼 파라미터별 적용 시점은 pg_settings 뷰의 context 칼럼을 통해 확인할 수 있다. context에는 여러 유형이 존재하지만, 아래 두 가지 유형만 알아두면 충분하다.

• 표 4-2. pg_settings 뷰의 context 칼럼 유형

| context | 설명 |
| --- | --- |
| postmaster | 파라미터를 적용하려면 인스턴스를 재시작해야 한다. |
| sighup | 인스턴스를 재시작하지 않고도 pg_ctl reload 명령어로 파라미터를 적용할 수 있다. |

### pg_settings 뷰 권한 변경 필요

PostgreSQL에서는 pg_settings 뷰를 직접 업데이트하는 방식으로도 파라미터를 변경할 수 있으며, 이는 SET 명령어를 실행한 것과 동일하게 작동한다.

```
=> update pg_settings set setting='20MB' where name='work_mem';
 set_config
-------------
 20MB
UPDATE 0
=> select name, setting, unit, source from pg_settings where name='work_mem';
   name   | setting | unit | source
----------+---------+------+---------
 work_mem | 20480   | kB   | session
```

이는 pg_settings 뷰에 대한 업데이트 권한이 기본적으로 PUBLIC에게 부여되어 있기 때문이다. 이러한 설정은 보안 점검 시 지적 대상이 될 수 있다.

```
=> select grantor, grantee, table_name, privilege_type
    from   information_schema.table_privileges
   where  grantee = 'PUBLIC'
     and  privilege_type = 'UPDATE';
 grantor  | grantee | table_name  | privilege_type
----------+---------+-------------+----------------
 postgres | PUBLIC  | pg_settings | UPDATE
```

SET 명령어를 사용하면 pg_settings 뷰에 대한 직접적인 업데이트 권한 없이도 파라미터를 변경할 수 있으므로, 보안 강화를 위해 해당 권한을 회수한다.

```
=> revoke update on pg_settings from public;
```

# 5
# 복제

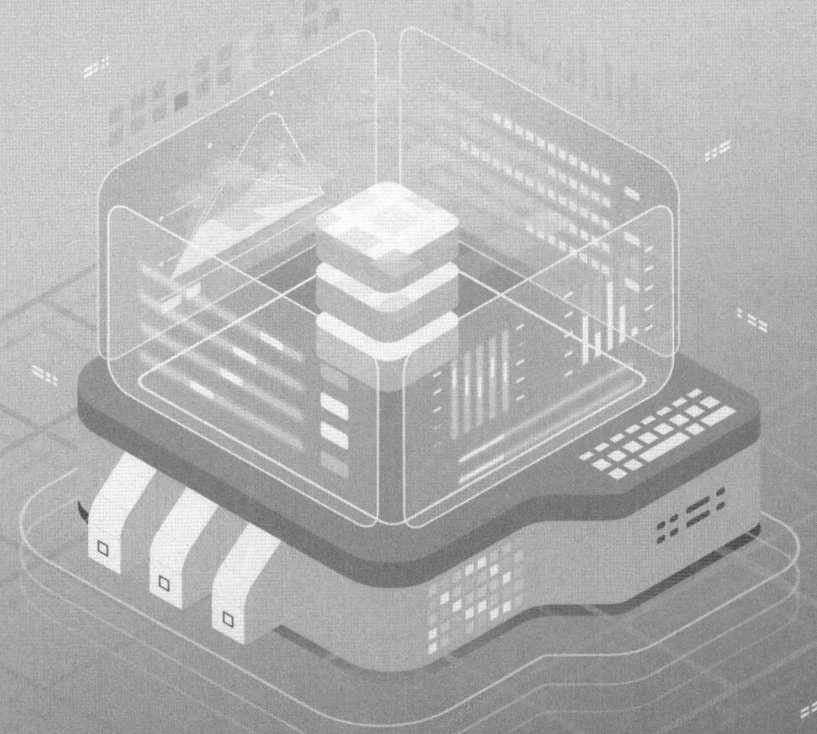

PostgreSQL은 물리 복제와 논리 복제 기능을 제공한다. PostgreSQL을 사용하는 주요 업무 환경은 대부분 물리 복제를 활용해서 읽기 작업을 분산한다. 또한 데이터베이스 간 데이터 연동을 위해 논리 복제 기능도 점차적으로 많이 활용되고 있다. 또한, 복제 기능은 데이터베이스 버전 업그레이드 시에도 매우 유용하게 사용될 수 있으므로, DBA는 복제 구성 및 운영 관리 기법을 숙지할 필요가 있다.

## 5-1. 물리 복제

물리 복제를 설명할 때 자주 등장하는 용어는 '슬레이브' 또는 '리플리카'이다. 두 용어 모두 읽기 전용 서버를 의미하며, 의미상으로는 모두 맞는 표현이지만 최근에는 '리플리카'가 더 일반적으로 사용된다. 따라서 이 책에서는 읽기 전용 서버를 '리플리카'라고 표기한다.

물리 복제의 주요 목적은 읽기 부하를 분산해 전체 시스템의 성능을 향상시키는 데 있다. 또한 DR(Disaster Recovery) 환경 구성에도 활용할 수 있다. 다만, 물리 복제만으로는 마스터 서버의 가용성을 보장할 수 없다. 마스터 서버의 가용성을 확보하려면 디스크 이중화 솔루션 또는 소프트웨어 방식의 이중화 솔루션을 사용해야 한다.

### 물리 복제 구성 절차

물리 복제를 구성하는 절차는 다음과 같다.

1. 리플리카 서버 준비
2. 복제 전용 유저 생성
3. 마스터 서버의 pg_hba.conf 파일 설정
4. 마스터 서버의 파라미터 설정 확인
5. pg_basebackup을 이용한 복제 수행
6. .pgpass 파일 설정

### 리플리카 서버 준비

마스터 서버와 동일한 스펙의 서버를 준비한다. 이후 마스터 서버와 리플리카 서버 간의 방화벽을 오픈해서 통신이 가능하도록 설정한다. 그런 다음, 리플리카 서버에 마스터 서버와 동일한 버전의 PostgreSQL 엔진을 설치한다.

### 복제 전용 유저 생성

슈퍼유저(postgres)를 이용해서 복제를 수행할 수도 있지만, 복제 전용 유저를 별도로 생성하는 것이 권장 사항이다. 복제 전용 유저에게는 REPLICATION 권한을 부여한다.

```
=> create user dbarep with password 'reppass' replication;
=> \du dbarep
     롤 목록
 롤 이름 | 속성
--------+------
 dbarep  | 복제
```

### 마스터 서버의 pg_hba.conf 파일 설정

마스터 서버의 $PGDATA/pg_hba.conf 파일에 다음과 같은 내용을 추가한다.

```
# TYPE  DATABASE     USER     ADDRESS              METHOD
  host  replication  dbarep   192.168.200.202/32   scram-sha-256
```

물리 복제는 데이터베이스 클러스터 전체를 복제하므로, DATABASE 항목에는 특정 데이터베이스명이 아닌 'replication'을 입력한다. USER 항목에는 복제 전용 유저를, ADDRESS 항목에는 리플리카 서버의 IP 주소를 입력한다. METHOD 항목은 사이트의 보안 규칙에 따라 설정한다. 위의 예제처럼 scram-sha-256으로 설정하면, '.pgpass 파일 설정' 단계를 수행해야 한다.

만약 복제 구성 시에는 예외적으로 trust를 허용한다면 '.pgpass 파일 설정' 단계는 수행하지 않아도 된다. pg_hba.conf 파일 설정 후에는 변경 사항을 적용하기 위해 pg_ctl reload 명령어를 수행한다.

### 마스터 서버의 파라미터 확인

표 5-1은 물리 복제 환경 구성을 위한 파라미터 목록이다. 일반적으로 기본값으로도 충분하다.

- 표 5-1. 물리 복제를 위한 주요 파라미터 및 기본값

| 파라미터 명 | 기본값 | 설명 |
| --- | --- | --- |
| wal_level | replica | WAL 파일 내에 물리 복제를 위한 추가 정보 저장 |
| max_wal_senders | 10 | WAL 데이터 전송을 위한 walsender 프로세스 최대 개수 |
| max_replication_slots | 10 | 최대 사용 가능한 복제 슬롯 개수 |

### pg_basebackup을 이용한 복제

리플리카 서버에 postgres 유저로 접속한 후, pg_basebackup 명령어를 이용해서 복제를 수행한다. 복제를 수행하기 전에 데이터베이스 클러스터, WAL 파일, 테이블스페이스용 디스크 볼륨의 소유자를 postgres 유저로 변경한다.

아래는 물리 복제 시 필자가 사용하는 주요 옵션이다(표 5-2 참조).

```
pg_basebackup -h 192.168.200.201 -p 54321 -D /data/svc01 -U dbarep -c fast -X stream -v
-R -P --waldir=/pg_wal/svc01 -W
```

- 표 5-2. pg_basebackup 명령어 주요 옵션

| 옵션 | 설명 |
| --- | --- |
| -h | 마스터 서버 IP 주소를 입력한다., |
| -p | 마스터 서버의 포트를 입력한다. |
| -D | $PGDATA 디렉토리를 입력한다. |
| -U | 복제 전용 유저명을 입력한다. |
| -c | 베이스 백업을 시작하려면 체크포인트를 수행해야 한다. 이는 공유 버퍼에 존재하는 더티 버퍼를 디스크에 기록한 이후에 백업을 진행해야 하기 때문이다. 이때 'fast' 옵션을 사용하면 강제로 체크포인트를 발생시켜 베이스 백업을 더 빠르게 시작할 수 있다. |

| | |
|---|---|
| -X | 베이스 백업이 시작된 이후에도 마스터 서버에서는 트랜잭션이 계속 발생할 수 있으며 이로 인해 생성되는 WAL 파일도 리플리카 서버로 전송할 필요가 있다. 'stream' 옵션을 사용하면 베이스 백업을 수행하는 walsender 프로세스와는 별도의 walsender 프로세스를 이용해서 WAL 파일을 전송하므로, 베이스 백업을 더 빠르게 수행할 수 있다. |
| -v | 백업 진행 상황을 자세히 출력한다. |
| -R | -R 옵션은 해당 백업이 리플리카 서버 구성을 위한 용도임을 지정하는 옵션이다. 이 옵션을 사용하면 백업 대상 디렉토리($PGDATA)에 리플리카 서버임을 나타내는 standby.signal 파일이 자동으로 생성된다. |
| -P | 백업 진행 비율을 출력한다. |
| --waldir | WAL 디렉토리 위치를 입력한다. |
| -W | 복제 전용 유저 암호를 입력한다. |
| --max-rate | 최대 전송 속도를 설정한다. 특히, 클라우드 환경에서는 베이스 백업 수행으로 인해 네트워크 전송량이 급증하면 다른 서비스에 영향을 줄 수 있다. 이때 이 옵션을 이용해서 전송 속도를 제한함으로써 전체 서비스에 미치는 영향을 줄일 수 있다. |

베이스 백업 수행 과정은 다음과 같다. 먼저 체크포인트를 수행한 후, WAL 디스크 볼륨과 $PGDATA 디렉토리 내의 모든 파일을 전송한다. 이 과정에서 임시 복제 슬롯 2개가 생성되며, 복제가 완료되면 자동으로 삭제된다. 백업이 완료되면 디스크 동기화 작업을 수행한 다음, 백업 메타 정보를 담은 backup_manifest 파일을 생성하면서 전체 작업이 종료된다.

```
pg_basebackup: 베이스 백업을 초기화 중, 체크포인트 완료를 기다리는 중
pg_basebackup: 체크포인트 완료
pg_basebackup: 트랜잭션 로그 시작 위치: A/63000028, 타임라인: 1
pg_basebackup: 백그라운드 WAL 수신자 시작 중
pg_basebackup: "pg_basebackup_1040784" 임시 복제 슬롯을 만듦
2407841/2407841 kB (100%), 4/4 테이블스페이스
pg_basebackup: 트랜잭션 로그 마지막 위치: A/63000158
pg_basebackup: 스트리밍을 끝내기 위해서 백그라운드 프로세스를 기다리는 중 ...
pg_basebackup: 자료를 디스크에 동기화 하는 중 ...
pg_basebackup: backup_manifest.tmp 파일을 backup_manifest로 바꾸는 중
pg_basebackup: 베이스 백업 완료
```

베이스 백업이 진행되는 동안 마스터 서버를 모니터링해보면, 2개의 walsender 프로세스가 기동된 것을 확인할 수 있다. 하나는 베이스 백업 전송을 담당하며, 다른 하나는 WAL 스트리밍 전송을 담당한다.

```
postgres: walsender dbarep 192.168.200.202 sending backup "pg_basebackup base backup"
postgres: walsender dbarep 192.168.200.202 streaming B/32F24C50
```

pg_stat_replication 뷰를 통해서도 베이스 백업과 WAL 스트리밍용 프로세스가 동작 중임을 확인할 수 있다.

```
=> select pid, application_name, state from pg_stat_replication;
   pid   | application_name |   state
---------+------------------+-----------
 1040784 | pg_basebackup    | streaming
 1040783 | pg_basebackup    | backup
```

pg_replication_slots 뷰를 통해 WAL 스트리밍을 위해 생성된 임시 복제 슬롯의 존재 여부와 관련 프로세스 ID를 확인할 수 있다. 이 슬롯은 베이스 백업 완료 후 자동으로 삭제된다.

```
=> select slot_name, active_pid from pg_replication_slots;
       slot_name        | active_pid
------------------------+------------
 pg_basebackup_1040784  |   1040784
```

마지막으로 pg_stat_activity 뷰를 조회하면, 베이스 백업을 수행 중인 세션과 해당 명령어를 확인할 수 있다.

```
=> select pid, usename, left(query,60) as query from pg_stat_activity
   pid   | usename |                            query
---------+---------+--------------------------------------------------------------
 1040783 | dbarep  | BASE_BACKUP ( LABEL 'pg_basebackup base backup', PROGRESS,
```

### .pgpass 파일 설정

슬레이브 서버의 $PGDATA/postgresql.auto.conf 파일에는 마스터 서버의 접속 정보를 설정하는 primary_conninfo 파라미터가 존재한다. 해당 파라미터에는 복제 전용 유저의 패스워드가 'password=<password>' 형태의 평문으로 저장되기 때문에 보안에 취약하다.

```
primary_conninfo = 'user=dbarep password=reppass …'
```

따라서 보안을 강화하기 위해서는 primary_conninfo 파라미터에서 password=〈password〉 항목을 제거한 후, 다음과 같이 .pgpass 파일을 설정한다. 이 파일에 등록된 정보가 있을 경우, 별도의 패스워드 입력 없이도 데이터베이스 접속이 가능하다.

```
$ cd ~postgres
$ touch .pgpass
$ chmod 600 .pgpass
$ vi .pgpass
192.168.200.201:54321:replication:dbarep:reppass
```

### 인스턴스 시작

여기까지 설정을 완료하면 물리 복제를 위한 모든 준비가 끝난 것이다. 이제 pg_ctl 명령어를 이용해서 리플리카 인스턴스를 기동한다. 인스턴스 기동 후에는 pg_is_in_recovery() 함수를 실행해서 리플리카 여부를 확인할 수 있다. 해당 함수의 반환값이 't'이면 현재 인스턴스는 리플리카로 동작 중인 것이다.

```
$ pg_ctl start
$ psql
=> select pg_is_in_recovery();
 pg_is_in_recovery
-------------------
 t
```

### 물리 복제 아키텍처

물리 복제는 트랜잭션의 변경 사항을 담고 있는 WAL 파일의 내용을 스트리밍 방식으로 리플리카 서버에 전송하는 복제 방식이다. 전체적인 구성과 데이터 흐름은 다음과 같다.

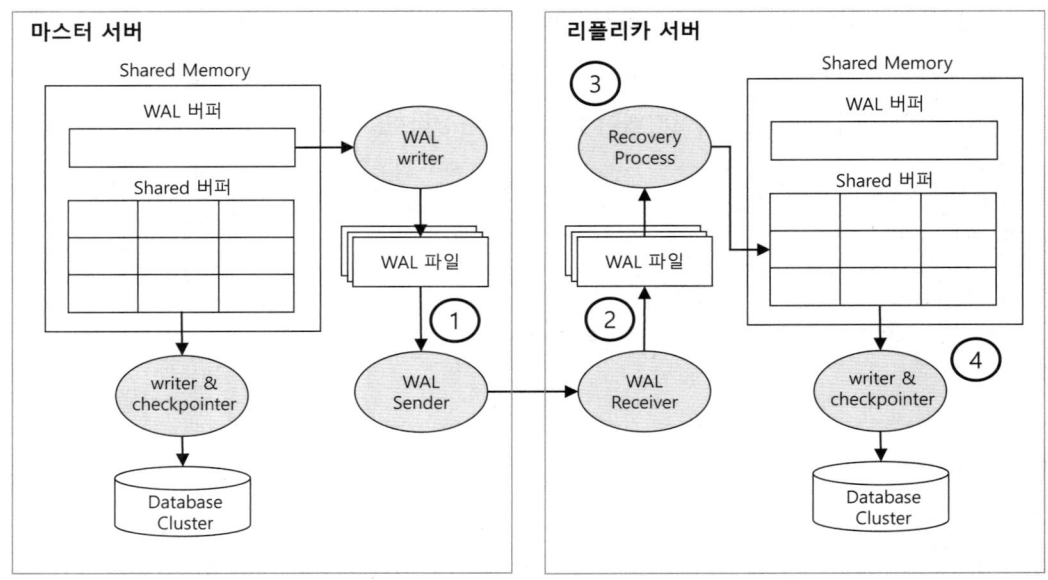

그림 5-1. 물리 복제 구성 및 데이터 흐름

### 물리 복제 처리 흐름과 프로세스

물리 복제와 관련된 주요 프로세스는 총 3개이다. walsender 프로세스는 그림 5-1의 1단계를 수행하며, walreceiver 프로세스는 2단계를 담당한다. 마지막으로 recovery 프로세스가 3단계 작업을 수행한 이후부터는 리플리카 서버의 백엔드 프로세스가 동기화된 데이터를 액세스할 수 있게 된다. 또한 공유 버퍼에 반영된 변경 내용은 checkpointer 및 background writer 프로세스에 의해 데이터베이스 클러스터에 지속적으로 저장된다.

• 표 5-3. 물리 복제 관련 프로세스

| 프로세스 | 수행 위치 | 설명 |
| --- | --- | --- |
| walsender | 마스터 | WAL 데이터를 walreceiver 프로세스에게 전송한다. walsender 프로세스는 walreceiver 프로세스가 마스터 서버에 접속할 때, postgres 데몬 프로세스에 의해 생성된다. 즉, 리플리카 서버당 walsender 프로세스는 1개씩 할당된다. |
| walreceiver | 리플리카 | walsender 프로세스로부터 전송받은 WAL 데이터를 WAL 파일에 기록 |
| startup recovering | 리플리카 | WAL 파일을 읽어서 변경 내용을 공유 버퍼에 적용 |

**PostgreSQL 물리 복제의 우수성**

PostgreSQL의 물리 복제는 매우 우수한 성능을 제공한다. 즉, 복제 지연 시간(Replication Lag)이 매우 짧다. 그 이유는 다음과 같다.

- 트랜잭션 로그를 송신하는 프로세스와 수신하는 프로세스가 각각 존재한다.
- 커밋 이전에도 변경된 데이터를 리플리카 서버로 전송한다.

특히 두 번째 항목은 복제 성능에 있어 매우 중요한 요소이다. 만약 트랜잭션이 커밋된 이후에 변경 내용을 리플리카 서버로 전송하는 방식이라면, 대량의 데이터를 변경하는 트랜잭션의 경우 복제 지연 시간이 크게 증가할 수 있다. 실제로 MySQL은 이와 같은 방식을 사용한다. 반면, PostgreSQL은 트랜잭션 커밋 이전에도 변경된 데이터를 지속적으로 리플리카 서버로 전송하기 때문에 복제 지연이 최소화되며, 매우 뛰어난 복제 성능을 제공할 수 있는 것이다.

다만 아무리 우수한 복제 아키텍처를 갖추었더라도 디스크 I/O 및 네트워크 속도가 느리면 복제 지연은 발생할 수밖에 없다. 따라서 WAL 파일이 저장되는 디스크는 성능이 우수한 SSD를 사용하고, 마스터 서버와 리플리카 서버 간의 네트워크 대역폭도 충분히 확보해야 한다.

> ✓ 필자의 최근 경험으로는, 초당 1,000 TPS 수준의 부하 테스트 환경에서도 복제 지연 시간은 평균 2ms 이내로 매우 안정적으로 유지되었다. 또한 데이터 이행(Migration)처럼 대량의 변경 작업으로 인해 초당 WAL 발생량이 수 시간 이상 100MB 수준으로 지속된 상황에서도, 복제 지연 시간은 최대 0.5초를 넘지 않았다.

## 동기화 모드 유형

PostgreSQL은 마스터 서버와 리플리카 서버 간의 데이터 동기화를 위해 비동기 모드 뿐만 아니라 동기 모드(Synchronous mode)를 제공한다. 기본값은 비동기 모드이다.

### 비동기 모드

비동기 모드의 주요 특징은 다음과 같다

- 트랜잭션 성능 저하가 발생하지 않는다.
- 복제 지연 현상이 발생할 수 있다.

비동기 모드는 마스터 서버에서 변경된 내용이 리플리카 서버에 반영될 때까지 대기하지 않는다. 다시 말해, 마스터 서버에 변경 사항이 반영되면 즉시 트랜잭션을 완료한다. 이로 인해 복제 환경에서도 트랜잭션 성능이 저하되지 않는다는 장점이 있다.

반면, 복제 지연으로 인해 리플리카 서버의 데이터는 일정 시간 뒤처질 수 있으므로 실시간 데이터를 조회할 수 없다는 단점이 있다. 따라서 실시간 데이터 조회가 필요한 업무는 반드시 마스터 서버에서 수행해야 한다.

## 동기 모드

동기 모드의 주요 특징은 다음과 같다.

- 트랜잭션 성능은 저하되지만, failover 상황에서 트랜잭션이 유실되지 않는다.
- 최소 두개의 리플리카 서버가 필요하다.

동기 모드는 가용성 향상을 목적으로 소프트웨어 이중화 방식을 적용할 때 고려되는 구성 방식이다. 소프트웨어 이중화는 마스터 서버에 장애가 발생했을 때, 리플리카 서버가 마스터로 승격(promote)되는 구조이므로, 트랜잭션 유실을 방지하려면 반드시 동기 모드로 구성해야 한다.

단, 동기 모드는 마스터 서버가 리플리카 서버의 응답을 대기해야 하므로, 트랜잭션 성능이 크게 저하되는 단점이 있다.

> ✅ 동기 모드로 설정하면 TPS가 증가할수록 트랜잭션 성능이 점진적으로 저하된다. 초당 1,000 TPS 수준의 부하를 비동기 모드와 동기 모드에서 각각 테스트해본 결과, 동기 모드의 평균 응답 시간이 비동기 모드보다 최대 2배 정도 느린 것으로 확인되었다.

동기 모드는 트랜잭션 변경 내용이 리플리카 서버까지 반영되어야만 트랜잭션이 완료된다. 따라서 리플리카 서버에 장애가 발생하면, 마스터 서버의 트랜잭션이 대기(hang) 상태에 빠지는 문제가 발생한다. 이러한 상황을 방지하기 위해, 동기 모드로 구성하려면 최소 두개의 리플리카 서버가 필요하다.

## 동기 모드 복제 구성 절차

만약 가용성 향상을 위해 소프트웨어 이중화 방식을 적용하기로 결정했다면, 가장 먼저 '별도의 리플리카 서버'를 준비해야 한다. 리플리카 서버가 준비되었다면, 앞서 설명한 '물리 복제 구성 절차' 단락의 내용에 따라 물리 복제 환경을 구성한다.

전체 구성은 그림 5-2와 같은 형태가 일반적이다. 즉, Failover 용 리플리카 서버와는 동기 모드로 복제를 수행하고, 읽기 분산 용 리플리카 서버와는 비동기 모드로 복제를 수행한다. 읽기 분산용 리플리카 서버는 VIP(Virtual IP)를 이용해서 마스터 서버와 통신한다(※ 이 책에서는 이중화 소프트웨어가 담당하는 VIP 구성에 대해서는 설명하지 않는다).

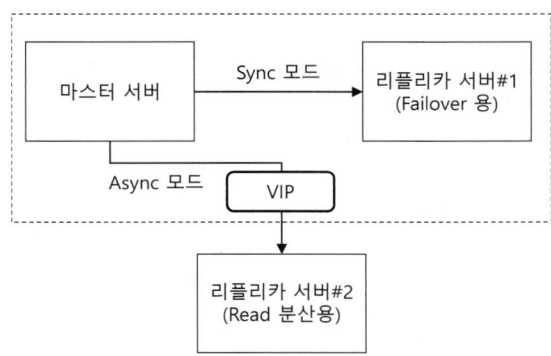

그림 5-2. 가용성 향상을 위한 동기 모드 복제 구성도

신규 리플리카 서버에 대한 물리 복제 환경 구성이 완료되면, 다음 절차를 수행한다.

1. 마스터 서버의 pg_hba.conf 항목 추가
2. 리플리카 서버의 application_name 명 등록
3. 마스터 서버의 synchronous_standby_names 파라미터 변경

### 마스터 서버의 pg_hba.conf 항목 추가

현재 마스터 서버의 pg_hba.conf 파일에는 기존 리플리카 서버에 대한 접속만 허용된 상태이다. 따라서 신규 리플리카 서버의 접속을 허용하려면 아래 항목을 추가한 후, pg_ctl reload 명령어를 수행해서 변경 내용을 적용한다.

```
host    replication     dbarep     192.168.200.203/32     scram-sha-256
```

### 리플리카 서버의 application_name 명 등록

리플리카를 동기 모드로 설정하려면, 마스터 서버의 synchronous_standby_names 파라미터에 리플리카 서버명을 등록해야 한다. 리플리카 서버의 이름을 설정하는 방법은 두 가지가 있다.

- postgresql.auto.conf 파일 내의 primary_conninfo 파라미터를 이용한다.
- cluster_name 파라미터를 이용한다.

primary_conninfo 파라미터를 이용하면 인스턴스를 재기동할 필요가 없다는 장점이 있으므로 다음과 같이 primary_conninfo 파라미터 내에 application_name 항목을 추가한 후에, pg_ctl reload 명령어를 수행해서 변경 사항을 반영한다.

```
primary_conninfo = 'user=dbarep … application_name=replica1'
```

### 마스터 서버의 synchronous_standby_names 파라미터 변경

pg_stat_replication 뷰를 조회해보면, 모든 리플리카 서버가 비동기 모드로 설정되어 있으며, 이 중 하나의 리플리카 서버 이름이 'replica1'임을 확인할 수 있다.

```
=> select pid, application_name, sync_state from pg_stat_replication;
   pid    | application_name | sync_state
----------+------------------+------------
 1081584  | walreceiver      | async
 1083811  | replica1         | async
```

동기 복제를 적용하려면 synchronous_standby_names 파라미터를 설정한 후 pg_ctl reload 명령어를 이용해서 변경 사항을 반영한다.

```
synchronous_standby_names = 'replica1'
```

이후 pg_stat_replication 뷰를 조회해보면, 'replica1'이 동기 모드로 변경된 것을 확인할 수 있다.

```
=> select pid, application_name, sync_state from pg_stat_replication;
   pid   | application_name | sync_state
---------+------------------+------------
 1081584 | walreceiver      | async
 1083811 | replica1         | sync
```

## 동기화 레벨

물리 복제의 동기화 레벨을 정확히 이해하려면, 운영체제의 I/O 처리 방식에 대한 이해가 선행되어야 한다. 데이터베이스에서 I/O 성능 향상을 위해 공유 버퍼를 사용하는 것처럼, OS 레벨에서도 I/O 성능 향상을 위해 OS 캐시를 사용한다.

즉, WAL 버퍼의 내용을 WAL 파일에 기록할 때는 직접 디스크에 쓰는 것이 아니라, 먼저 OS 캐시를 거쳐 디스크로 기록된다. 이 과정에서 OS 캐시에 기록할 때는 write() 시스템 콜이, 실제 디스크에 기록할 때는 fsync() 시스템 콜이 사용된다.

물리 복제를 동기 모드로 구성할 경우, 동기화 레벨은 synchronous_commit 파라미터를 통해 설정할 수 있으며 각 동기화 레벨은 그림 5-3에서 확인할 수 있다.

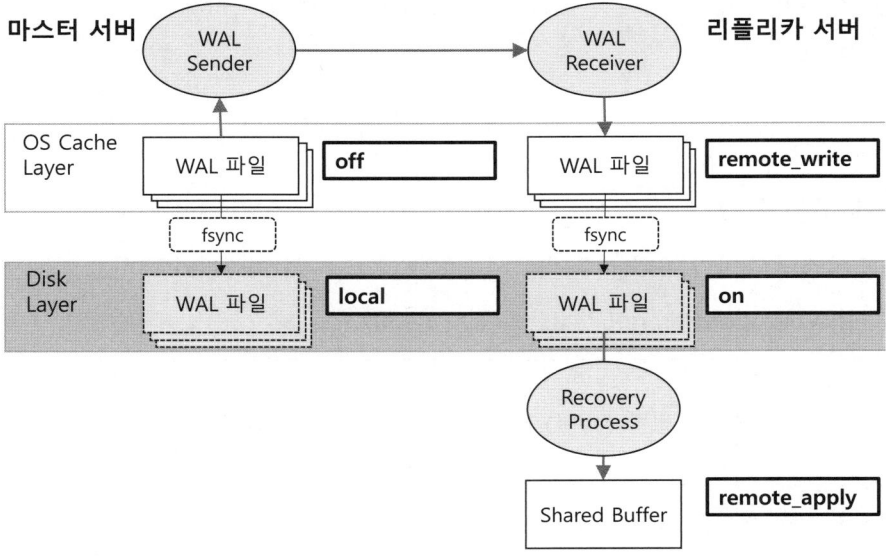

그림 5-3. 물리 복제 동기화 레벨

synchronous_commit 파라미터로 설정할 수 있는 동기화 레벨은 총 5개이다. 기본값은 on이다.

- off: 마스터 서버의 OS 캐시까지 WAL이 기록되면 트랜잭션이 완료된 것으로 간주한다.
- local: 마스터 서버의 디스크에 WAL이 기록되면 트랜잭션이 완료된 것으로 간주한다.
- remote_write: 리플리카 서버의 OS 캐시까지 WAL이 기록되면 트랜잭션이 완료된 것으로 간주한다.
- on: 리플리카 서버의 디스크에 WAL이 기록되면 트랜잭션이 완료된 것으로 간주한다.
- remote_apply: 리플리카 서버의 recovery 프로세스가 WAL 정보를 읽어서 공유 버퍼에 적용해야 트랜잭션이 완료된 것으로 간주한다.

off, local, remote_write 설정은 리플리카 서버의 디스크에 WAL 정보가 기록되는 것을 보장하지 않기 때문에, 리플리카 서버에 디스크 장애가 발생할 경우 트랜잭션이 유실될 가능성이 존재한다. 따라서 트랜잭션 유실을 방지하려면 기본값인 on 이상으로 설정해야 한다. 만약, 리플리카 서버에서도 마스터 서버와 동일한 수준의 실시간 데이터 조회가 필요하다면, remote_apply로 설정해야 한다.

단, 동기화 레벨이 높아질수록 리플리카 서버의 응답을 기다리는 시간이 길어지기 때문에 복제 지연 시간은 증가할 수밖에 없다. 따라서 트랜잭션 유실을 방지하는 목적이라면, 기본값인 on 설정만으로도 충분하다.

## Cascade 복제 구성 절차

Cascade 복제는 마스터 서버가 아닌 리플리카 서버를 통해 또 다른 리플리카 서버로 복제를 수행하는 방식이다. Cascade 복제 구성 개념은 그림 5-4와 같다.

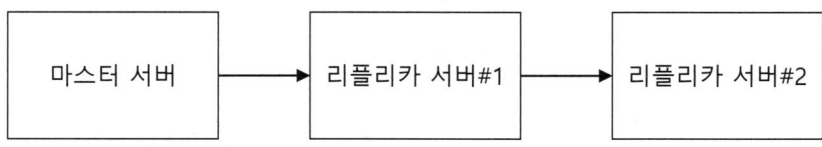

그림 5-4. Cascade 복제 개념

즉, 마스터 서버가 아닌 리플리카 서버가 하위 리플리카 서버의 마스터 역할을 수행하는 구조이다. 이 방식의 장점은 새로운 리플리카 서버 추가 시 마스터 서버에 부하를 주지 않는다는 점이다. 반면, 복제 지연 시간이 더 늘어날 수 있다는 단점도 존재한다.

이처럼 리플리카 서버를 다단계로 구성하는 방식은 일반적인 방법은 아니지만, 특정 상황에서는 매우 유용하게 활용될 수 있다.

예를 들어, 어느 정도 복제 지연을 감수할 수 있는 환경이라면 Cascade 복제를 고려할 수 있다. 대표적인 사례로는 DR(Disaster Recovery) 구성이 있다. DR 리플리카 서버로의 복제에 일정 수준의 지연이 허용되는 경우라면, 중간 단계 리플리카 서버를 통해 Cascade 복제를 적용하는 것이 적절하다.

Cascade 복제 테스트를 위해, 마스터 서버에 설정되어 있던 synchronous_standby_names 파라미터를 주석 처리한 후 pg_ctl reload 명령어를 수행하여 변경 사항을 적용한다.

```
#synchronous_standby_names = 'replica1' #
```

이후 절차는 다음과 같다.

1. 리플리카 서버#1의 pg_hba.conf 항목 추가
2. .pgpass 파일 설정
3. 리플리카 서버#2의 primary_conninfo 파라미터 변경

### 리플리카 서버#1의 pg_hba.conf 항목 추가

Cascade 복제에서는 리플리카 서버#1이 리플리카 서버#2의 마스터 역할을 수행하게 된다. 따라서 리플리카 서버#1의 pg_hba.conf 파일에 아래 내용을 추가한다. 설정 후에는 pg_ctl reload 명령어를 통해 변경 사항을 적용한다.

```
host    replication     dbarep      192.168.200.203/32      scram-sha-256
```

### .pgpass 파일 설정

리플리카 서버#2에서 리플리카 서버#1에 접속하기 위한 인증 정보를 .pgpass 파일에 등록한다.

```
$ cd ~postgres
$ touch .pgpass
$ chmod 600 .pgpass
$ vi .pgpass
192.168.200.202:54321:replication:dbarep:reppass
```

### 리플리카 서버#2의 primary_conninfo 파라미터 변경

이제 리플리카 서버#2의 마스터 역할은 리플리카 서버#1이므로, primary_conninfo 파라미터의 host 항목을 리플리카 서버#1의 IP 주소로 변경한다. 변경 후에는 pg_ctl reload 명령어를 통해 변경 사항을 적용한다.

```
primary_conninfo = 'user=dbarep … host=192.168.200.202'
```

마스터 서버에서 pg_stat_replication 뷰를 조회한 결과를 보면, 이전과 달리 하나의 리플리카 서버만 접속한 상태임을 알 수 있다.

```
=> select pid, client_addr, application_name, sync_state
   from   pg_stat_replication;
   pid   |   client_addr   | application_name | sync_state
---------+-----------------+------------------+------------
 1083811 | 192.168.200.202 | replica1         | async
```

Cascade 복제가 정상적으로 구성되면, 리플리카 서버#1에 리플리카 서버#2가 접속한 것을 확인할 수 있다.

```
=> select pid, client_addr, application_name, sync_state
   from   pg_stat_replication;
   pid   |   client_addr   | application_name | sync_state
---------+-----------------+------------------+------------
 1048945 | 192.168.200.203 | walreceiver      | async
```

만약 Cascade 복제를 해제하려면, 먼저 리플리카 서버#2의 primary_conninfo 파라미터의 host 값을 원래의 마스터 서버 IP 주소로 변경한다. 그 다음, 리플리카 서버#2에서 사용하던 .pgpass 파일의 접속 대상도 마스터 서버 IP 주소로 변경한다.

마지막으로, 리플리카 서버#1의 pg_hba.conf 파일에 추가했던 리플리카 서버#2의 접속 허용 항목을 주석 처리하거나 삭제한 후, pg_ctl reload 명령어를 수행한다. 이러한 절차를 통해 Cascade 복제 구성을 원래대로 되돌릴 수 있다.

## 5-2. 논리 복제

논리 복제도 WAL 파일을 이용한다는 점에서는 물리 복제와 동일하다. 하지만 논리 복제는 WAL 파일의 내용을 분석해 DML 쿼리를 생성하여 전달한다. 이 과정을 Logical Decoding이라고 한다. 이러한 구조 덕분에 논리 복제는 물리 복제와 달리 PostgreSQL 버전이 서로 달라도 복제를 수행할 수 있다는 장점이 있다. 이 특성을 활용해서 메이저 버전 업그레이드 시에 활용하기도 한다. 또한 서비스 별로 데이터베이스가 분리된 환경에서 배치 업무를 위해 필요한 테이블만 한곳에 모아 작업할 때도 유용하게 사용할 수 있다.

아울러, Oracle GoldenGate(OGG) for PostgreSQL 및 오픈소스 CDC 도구인 Debezium 역시 PostgreSQL의 논리 복제 기능을 기반으로 동작하므로, PostgreSQL DBA는 논리 복제에 대한 개념과 동작 원리에 대한 이해가 필요하다.

### 논리 복제 구성 절차

논리 복제는 발행(Publication) 서버에서 복제 대상 테이블을 등록하고, 구독(Subscription) 서버에서 이를 구독하는 방식으로 구성된다. 구성 절차는 다음과 같다.

1. 발행(Publication) 서버의 파라미터 설정 변경
2. Publication 생성
3. Publication 전용 유저 생성
4. 구독(Subscription) 서버에 스키마 및 테이블 생성
5. Subscription 생성

## 테스트 환경 구성

논리 복제 구성을 위한 테스트 환경을 구성한다.

```
=> set role svc;
=> drop table if exists svc.t1;
=> drop table if exists svc.t2;
=> create table svc.t1 (c1 integer, c2 integer, constraint t1_pk primary key(c1));
=> create table svc.t2 (c1 integer, c2 integer, constraint t2_pk primary key(c1));
=> insert into svc.t1 select i,i from generate_series(1,10) i;
INSERT 0 10
=> insert into svc.t2 select i,i from generate_series(1,10) i;
INSERT 0 10
=> insert into svc.t1_r select 1, to_char(i,'YYYYMMDD'), 'dummy'
    from    generate_series('20220101'::date, '20250401'::date, interval '1 months') i;
INSERT 0 40
```

## 발행(Publication) 서버의 파라미터 설정 변경

논리 복제 환경을 구성하기 위해 가장 먼저 수행해야 할 작업은 파라미터 설정이다. 논리 복제를 위해서는 다음과 같은 파라미터들을 설정해야 한다.

• 표 5-4. 논리 복제 구성을 위한 파라미터

| 파라미터 명 | 설정 가이드 |
| --- | --- |
| wal_level | 논리 복제를 위해서는 WAL 파일 내에 Logical Decoding용 추가 데이터를 기록해야 하므로, 해당 파라미터를 logical로 설정한다 |
| max_wal_senders | Subscription마다 하나의 walsender 프로세스가 필요하다. 또한, 물리 복제 리플리카 서버당 하나의 walsender가 추가로 필요하므로, 총 Subscription 개수 + 물리 복제 리플리카 서버 수 이상으로 설정한다. 일반적으로 기본값인 10이면 충분하다. |
| max_replication_slots | Subscription마다 하나의 replication 슬롯을 사용하며, 리플리카 구성 시 일시적으로 두 개의 슬롯이 사용될 수 있다. 따라서 Subscription 개수 + 2개 이상으로 설정하는 것이 바람직하다. 기본값인 10이면 대부분의 환경에서 충분하다. |
| logical_decoding_work_mem | walsender 프로세스 내에서 Logical Decoding 작업을 수행할 때 사용하는 메모리 공간을 설정한다. 기본값은 64MB이며, 이 공간이 클수록 성능상 유리하다. 따라서 시스템의 물리 메모리 여유를 고려해서 가능한 크게 설정하는 것이 좋다. |

## Publication 생성

Publication 생성은 슈퍼유저 권한을 가진 postgres 유저로 수행한다. Publication은 다음과 같이 다양한 범위로 지정할 수 있다.

- 데이터베이스 내의 전체 테이블
- 특정 스키마 내의 전체 테이블
- 특정 테이블만 선택

또한, 조건을 만족하는 레코드만 발행할 수 있도록 로우 필터(Row Filter) 기능도 제공한다. 각각의 생성 방식은 다음과 같다

```
create publication <publication명> for all tables;
create publication <publication명> for tables in schema <스키마명>;
create publication <publication명> for table <테이블명, 테이블명, …>;
create publication <publication명> for table <테이블명> WHERE (조건);
```

예제는 테이블 단위 복제를 기반으로 진행한다. 이를 위해 두 개의 Publication을 생성한다. 하나는 테스트용 테이블을 대상으로 하고, 다른 하나는 앞서 생성한 리스트 파티션 테이블을 대상으로 생성한다.

```
=> set role postgres;
=> create publication pub_svc_tbl for table svc.t1, svc.t2;
CREATE PUBLICATION
=> create publication pub_svc_prt for table svc.t1_r;
CREATE PUBLICATION
```

생성된 Publication 목록은 pg_publication 뷰를 통해 확인할 수 있다.

```
=> select pubname from pg_publication;
   pubname
--------------
 pub_svc_tbl
 pub_svc_prt
```

Publication에 포함된 테이블 목록은 pg_publication_tables 뷰를 통해 확인할 수 있다. 만약 Publication 대상이 파티션 테이블인 경우, 해당 파티션을 구성하는 모든 개별 테이블이 함께 출력된다.

```
=> select * from pg_publication_tables;
   pubname   | schemaname | tablename  |      attnames       | rowfilter
-------------+------------+------------+---------------------+----------
 pub_svc_tbl | svc        | t1         | {c1,c2}             |
 pub_svc_tbl | svc        | t2         | {c1,c2}             |
 pub_svc_prt | svc        | t1_r_p2022 | {c1,log_date,dummy} |
 pub_svc_prt | svc        | t1_r_p2023 | {c1,log_date,dummy} |
 pub_svc_prt | svc        | t1_r_p2024 | {c1,log_date,dummy} |
 pub_svc_prt | svc        | t1_r_p2025 | {c1,log_date,dummy} |
 pub_svc_prt | svc        | t1_r_p2026 | {c1,log_date,dummy} |
```

**Publication 전용 유저 생성**

발행 서버에 Publication을 전담할 전용 유저를 생성한다. 슈퍼유저를 이용해도 되지만 보안 측면을 고려하면 전용 유저를 생성하는 것이 바람직하다.

해당 유저는 복제 작업을 수행하므로 REPLICATION 권한을 부여한다. REPLICATION 권한이 있어야만 구독 요청이 들어왔을 때 walsender 프로세스를 기동할 수 있다.

```
=> create user lglrep with password 'reppass' replication;
```

또한, 생성한 유저가 Publication 대상 테이블을 조회할 수 있도록 권한을 부여한다. 이때, 스키마 내의 모든 테이블에 대한 조회 권한을 가진 svc_rs 롤을 부여하거나, Publication 대상 테이블만 조회 가능한 별도 롤을 생성해서 부여하는 방식 중 하나를 선택할 수 있다. 본 예제에서는 svc_rs 롤을 부여한다.

```
=> grant svc_rs to lglrep;
```

만약 별도 롤을 생성한다면, 파티션 테이블에 대해서는 자식 테이블마다 조회 권한을 부여해야 한다. 그렇지 않으면 Subscription 생성 시 권한 오류가 발생한다.

> 논리 복제는 물리 복제와 달리 pg_hba.conf 파일에 replication 항목을 추가할 필요는 없다. 이는 논리 복제가 특정 데이터베이스에 접속해서 복제를 수행하는 방식이기 때문이다. 본 예제에서는 이미 모든 클라이언트의 데이터베이스 접속을 허용하도록 pg_hba.conf 파일에 설정되어 있으므로 설정 변경은 필요하지 않다.

### 구독(Subscription) 서버에 스키마 및 테이블 생성

지금까지의 작업으로 발행 서버에서 수행해야 할 설정은 모두 완료되었다. 이제는 구독 서버에서 복제를 위한 스키마와 테이블을 생성한다.

테스트의 편의성을 위해, 앞서 물리 복제 구성 시 사용했던 리플리카 서버#2를 구독 서버로 활용한다. 구독 서버는 독립된 마스터 서버로 운영되어야 하므로, 리플리카 서버#2를 마스터로 승격시켜야 한다. 마스터 승격은 psql에서 pg_promote() 함수를 실행하거나 pg_ctl promote 명령어를 이용한다.

```
$ pg_ctl promote
```

승격이 완료되면 Subscription 대상 테이블을 생성한다. 이때 테이블 이름, 칼럼 구성, 스키마 명은 Publication 대상 테이블과 일치해야 한다. 본 예제에서는 리플리카 서버를 그대로 승격했기 때문에 동일한 구조의 테이블이 이미 존재하므로, TRUNCATE 명령어를 이용해서 테이블 초기화만 수행하면 된다.

```
=> truncate table svc.t1;
=> truncate table svc.t2;
=> truncate table svc.t1_r;
```

### Subscription 생성

논리 복제 구성의 마지막 단계는 Subscription 생성이다. 이전에 구성한 두 개의 Publication에 대해 각각 하나씩, 총 두 개의 Subscription을 생성한다.

```
=> create subscription sub_svc_tbl connection 'host=192.168.200.201 port=54321
         dbname=svcdb user=lglrep password=reppass'
         publication pub_svc_tbl;
NOTICE:  created replication slot "sub_svc_tbl" on publisher
CREATE SUBSCRIPTION
```

```
=> create subscription sub_svc_prt connection 'host=192.168.200.201 port=54321
        dbname=svcdb user=lglrep password=reppass'
        publication pub_svc_prt;
NOTICE:  created replication slot "sub_svc_prt" on publisher
CREATE SUBSCRIPTION
```

생성된 Subscription 목록은 pg_subscription 테이블을 통해 확인할 수 있다.

```
=> select subname from pg_subscription;
   subname
-------------
 sub_svc_tbl
 sub_svc_prt
```

Subscription 테이블을 조회하면, 논리 복제를 통해 데이터가 반영된 것을 확인할 수 있다.

```
=> select count(*) from svc.t1;
 count
-------
    10
=> select count(*) from svc.t2;
 count
-------
    10
=> select count(*) from svc.t1_r;
 count
-------
     1
```

논리 복제는 replication 슬롯 기반으로 동작하므로, pg_replication_slots 뷰를 조회하면 발행 서버에 생성된 두 개의 논리 복제용 슬롯을 확인할 수 있다.

```
=> select slot_name, slot_type from pg_replication_slots;
  slot_name  | slot_type
-------------+-----------
 sub_svc_tbl | logical
 sub_svc_prt | logical
```

논리 복제가 활성화되면 각 Subscription마다 하나의 walsender 프로세스가 기동된다. 따라서 ps 명령어로 확인해보면, 두 개의 walsender 프로세스가 실행 중인 것을 볼 수 있다.

```
00:00:00 postgres: walsender lglrep svcdb 192.168.200.203(53658) START_REPLICATION
00:00:00 postgres: walsender lglrep svcdb 192.168.200.203(53666) START_REPLICATION
```

## 논리 복제 아키텍처와 동작 순서

앞서 살펴본 것처럼, 일부 테이블을 복제하기 위한 논리 복제 구성 절차는 비교적 간단하다. 복제 전용 유저를 생성한 후 Publication을 생성하고, 이어서 Subscription을 생성하면 된다.

하지만 논리 복제에서는 Publication과 Subscription을 생성할 때 다양한 옵션을 지정할 수 있으며, 이러한 옵션들을 올바르게 이해하고 활용하기 위해서는 논리 복제 아키텍처에 대한 전반적인 이해가 필요하다.

그림 5-5에서는 논리 복제의 전체 아키텍처와 동작 순서를 확인할 수 있다. 물리 복제에 비해 구조가 더 복잡하며, replication slot, tablesync worker 등 새로운 구조와 프로세스가 포함되어 있다. 이제 논리 복제의 동작 순서에 따라 이들 구성 요소를 차례로 살펴보자.

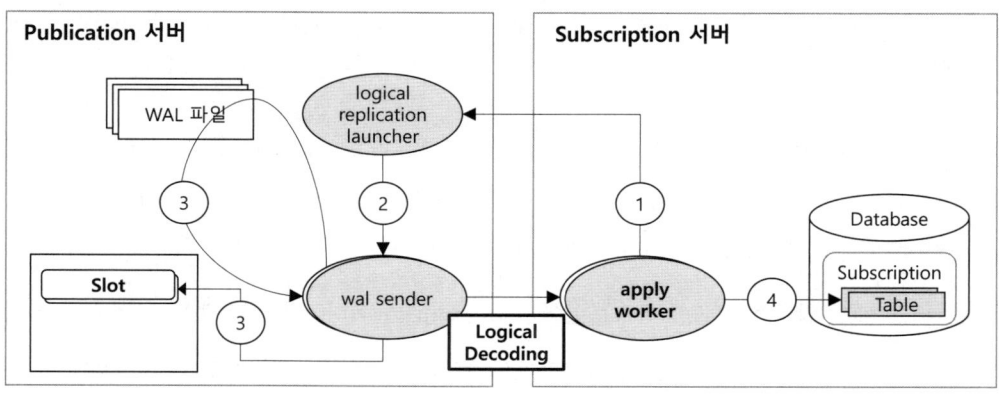

그림 5-5. 논리 복제 동작 순서

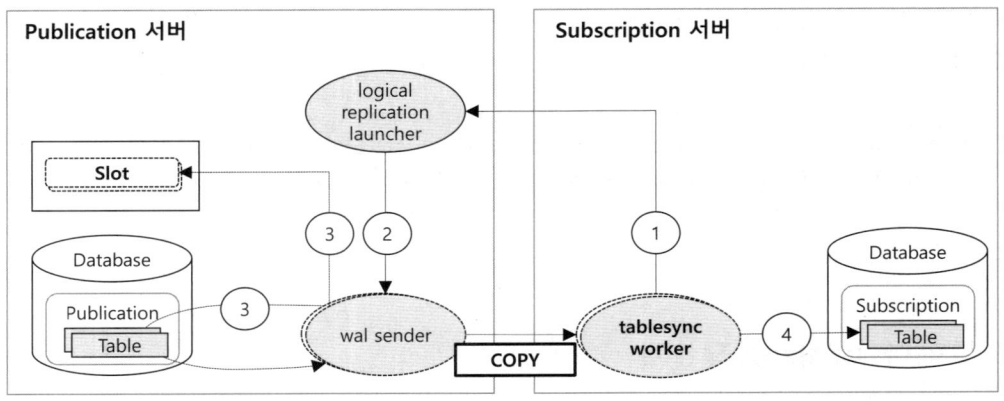

그림 5-6. 논리 복제 초기 데이터 적재 동작 순서

### 논리 복제를 위한 1단계

Subscription이 생성되면, 생성한 개수만큼 apply worker 프로세스가 자동으로 기동된다. 예제에서는 두 개의 Subscription을 생성했기 때문에, 두 개의 apply worker 프로세스가 실행된다. 프로세스 명령어 인자 중 숫자는 subid를 의미하며, 이는 pg_stat_subscription 뷰의 subid 칼럼 값과 동일하다.

```
postgres: logical replication apply worker for subscription 49400
postgres: logical replication apply worker for subscription 49401
```

Subscription을 생성할 때는 다양한 옵션을 설정할 수 있다. copy_data 옵션은 구독 시작 시점에 Publication 테이블의 데이터 복제 여부를 결정하는 옵션이며, 기본값은 true이다. 즉, Subscription이 생성되면 Publication 테이블의 모든 데이터를 초기 복제한다.

초기 데이터 복제를 담당하는 프로세스는 tablesync worker이다. 이 프로세스는 복제 대상 테이블 수와 관계없이 기본적으로 최대 2개까지 기동된다. 초기 복제가 완료되면 해당 프로세스는 자동으로 종료된다.

tablesync worker 프로세스의 명령어 인자 중 첫 번째 숫자는 Subscription ID(subid), 두 번째 숫자는 현재 복제 중인 테이블의 OID를 나타낸다. 예제에서는 다음과 같은 형태로 확인할 수 있다.

```
postgres: logical replication tablesync worker for subscription 49400 sync 49297
postgres: logical replication tablesync worker for subscription 49400 sync 49352
```

tablesync worker 프로세스들은 논리 복제를 시작하기 위해 발행 서버의 logical replication launcher 프로세스에 복제 작업용 프로세스를 요청하게 된다.

> ✅ 초기 복제 시간을 단축하려면 리플리카 서버의 max_sync_workers_per_subscription 파라미터 값을 증가시키는 것이 효과적이다. 이 파라미터는 tablesync worker 프로세스의 최대 개수를 설정하며, 기본값은 2이다. 설정 가능한 최대값은 max_logical_replication_workers 파라미터 값 이내로 제한된다. 초기 데이터 동기화 속도가 중요한 환경에서는 이 값을 조정해서 복제 성능을 향상시킬 수 있다.

### 논리 복제를 위한 2단계

논리 복제 요청을 받은 발행 서버의 logical replication launcher 프로세스는 두 가지 유형의 walsender 프로세스를 기동한다. 하나는 지속적인 데이터 변경 사항을 전달하기 위한 walsender이며, 다른 하나는 초기 데이터를 복제하기 위한 walsender이다. 이들 프로세스는 구독 서버의 apply worker 및 tablesync worker 프로세스와 각각 통신한다.

변경 데이터 전송을 담당하는 walsender 프로세스의 명령어 인자는 START_REPLICATION으로 표시되며, 초기 데이터 복제를 담당하는 프로세스는 COPY로 표시된다. 이를 통해 논리 복제에서 초기 데이터는 COPY 방식으로 전달된다는 것을 알 수 있다. 초기 복제가 완료되면 해당 COPY 프로세스는 자동으로 종료된다.

예제에서 확인되는 프로세스 목록은 다음과 같다.

```
postgres: walsender lglrep svcdb 192.168.200.203(59162) START_REPLICATION
postgres: walsender lglrep svcdb 192.168.200.203(59174) START_REPLICATION
postgres: walsender lglrep svcdb 192.168.200.203(59176) COPY
postgres: walsender lglrep svcdb 192.168.200.203(59178) COPY
```

### 논리 복제를 위한 3단계

초기 데이터를 복제하는 walsender 프로세스는 Publication 테이블을 읽어서 COPY 방식으로 구독 서버에 전달하며, 복제 진행 상황을 논리 복제 슬롯에 기록한다. 한편, 일반적인 walsender 프로세스는 WAL 파일을 읽은 후 논리 디코딩을 수행하여 변경된 내용을 구독 서버로 전송하고, 마찬가지로 복제 진행 상황을 논리 복제 슬롯에 기록한다.

이와 같은 논리 복제의 진행 상태는 다음과 같은 시스템 뷰들을 통해 확인할 수 있다.

- pg_replication_slots
- pg_stat_replication
- pg_stat_activity

**pg_replication_slots:** 현재 생성된 복제 슬롯과 슬롯 타입을 확인할 수 있다. 복제 슬롯은 복제 수행 상태 및 진행 정보를 저장하는 메모리 구조체로 이해하면 된다. 논리 복제 시에서는 Subscription 당 1개의 슬롯을 생성하며, 초기 데이터를 복제하기 위한 임시 슬롯은 초기 복제가 완료되면 자동으로 삭제된다.

```
=> select slot_name, slot_type from pg_replication_slots;
              slot_name                    | slot_type
-------------------------------------------+-----------
 sub_svc_tbl                               | logical
 sub_svc_prt                               | logical
 pg_49526_sync_49302_7477522300771099267   | logical
 pg_49526_sync_49322_7477522300771099267   | logical
```

**pg_stat_replication:** 현재 실행 중인 walsender 프로세스 정보를 확인할 수 있다.

```
=>  select pid, usename, application_name
    from    pg_stat_replication
    where   usename='lglrep' order by 3 desc;
   pid   | usename |           application_name
---------+---------+----------------------------------------
 1215483 | lglrep  | sub_svc_tbl
 1215487 | lglrep  | sub_svc_prt
 1215516 | lglrep  | pg_49526_sync_49262_7477522300771099267
 1215514 | lglrep  | pg_49526_sync_49257_7477522300771099267
```

**pg_stat_activity:** 각 프로세스에서 실제 수행 중인 명령어를 확인할 수 있다. 아래 예시에서는 START_REPLICATION 명령어와 COPY 수행 내용을 보여준다.

```
=> select pid, usename, application_name, left(query,35) as query
   from    pg_stat_activity where usename='lglrep';
  pid    | usename | application_name         |              query
---------+---------+--------------------------+---------------------------------------
 1215483 | lglrep  | sub_svc_tbl              | START_REPLICATION SLOT "sub_svc_tbl"
 1215487 | lglrep  | sub_svc_prt              | START_REPLICATION SLOT "sub_svc_prt"
 1215497 | lglrep  | pg_49526_sync_49312_7477 | COPY svc.t12 (c1, c2) TO STDOUT
 1215496 | lglrep  | pg_49526_sync_49332_7477 | COPY svc.t16 (c1, c2) TO STDOUT
```

이처럼 복제 슬롯과 각 프로세스의 동작 상태는 시스템 뷰를 통해 확인할 수 있으며, 논리 복제의 내부 흐름을 점검할 때 유용하게 활용된다.

### 논리 복제를 위한 4단계

논리 복제의 마지막 단계에서는, 구독 서버의 apply worker 프로세스가 발행 서버로부터 전송받은 논리 디코딩 결과를 데이터베이스에 적용한다. 또한, 초기 데이터를 복제하는 tablesync worker 프로세스는 COPY 명령어를 수신하여 해당 데이터를 데이터베이스에 적재한다.

## Publication 생성 옵션 및 설정 변경

Publication 생성 시 설정할 수 있는 주요 옵션은 다음 두 가지이다.

- publish
- publish_via_partition_root

### publish 옵션

복제 대상이 되는 SQL 명령어 유형을 정의한다. 기본값은 INSERT, UPDATE, DELETE 명령어와 TRUNCATE 명령어이다. 참고로, TRUNCATE 명령어의 논리 복제는 버전 11부터 제공된다.

### publish_via_partition_root 옵션

파티션 테이블에 대해 Publication을 생성하면, 기본적으로 자식 테이블 각각에 대한 변경 사항이 구독 서버로 전송된다. 따라서 구독 서버에도 동일한 자식 테이블이 존재해야 한다. 만약 구독 서버에는 파티션 테이블이 아닌 일반 테이블이라면, publish_via_partition_root 옵션을 true로 변경한다.

## 옵션 적용 방법

Publication 생성 시점에 옵션 적용은 WITH 절을 이용한다.

```
create publication <pub명> for table <테이블 목록>
with (publish='insert,delete,update', publish_via_partition_root=true);
```

Publication 생성 후에 옵션 변경은 SET 절을 이용한다.

```
alter publication <pub명> set (publish_via_partition_root = true);
```

### publish_via_partition_root 예제

테스트를 위해 기존 Subscription을 삭제하고, 파티션 테이블을 일반 테이블로 변경한다.

```
=> drop subscription sub_svc_prt ;
=> set role svc;
=> create table svc.t1_r_new (like svc.t1_r including all);
=> drop table svc.t1_r;
=> alter table svc.t1_r_new rename to t1_r;
```

이후에 기존과 동일한 방식으로 Subscription을 생성하면 자식 테이블이 없다는 에러가 발생한다.

```
=> create subscription sub_svc_prt connection 'host=192.168.200.201 port=54321
        dbname=svcdb user=lglrep password=reppass' publication pub_svc_prt;
ERROR:  relation "svc.t1_r_p2023" does not exist
```

이는 Publication이 자식 테이블에 대한 복제를 시도했지만, 구독 서버에 해당 자식 테이블이 존재하지 않기 때문이다. 이 경우 발행 서버에서 다음과 같이 옵션을 변경한다.

```
=> alter publication pub_svc_prt set (publish_via_partition_root = true);
```

옵션을 변경한 후 Subscription을 다시 생성하면 초기 데이터 복제까지 정상적으로 수행된다.

```
=> create subscription sub_svc_prt connection 'host=192.168.200.201 port=54321
        dbname=svcdb user=lglrep password=reppass' publication pub_svc_prt;
NOTICE:  created replication slot "sub_svc_prt" on publisher
CREATE SUBSCRIPTION
=> select count(*) from svc.t1_r;
 count
-------
    40
```

### Publication 대상 테이블 변경 방법

Publication을 테이블 레벨로 생성한 경우, 복제 대상 테이블을 추가, 삭제 또는 재설정할 상황이 발생할 수 있다. 이러한 작업은 ALTER PUBLICATION 명령어를 이용하며, 주요 명령어는 다음과 같다.

- 표 5-5. Publication 주요 작업 목록

| 작업 | 명령어 |
| --- | --- |
| 테이블 추가 | alter publication 〈Publication명〉 add table 〈테이블 목록〉; |
| 테이블 삭제 | alter publication 〈Publication명〉 drop table 〈테이블 목록〉; |
| 테이블 재설정 | alter publication 〈Publication명〉 set table 〈테이블 목록〉; |

### 테이블 추가 예제

pub_svc_tbl Publication에 svc.t3 테이블을 추가해보자. 먼저 발행 서버에서 테이블을 생성하고 초기 데이터를 입력한다.

```
=> set role svc;
=> drop table if exists svc.t3;
=> create table svc.t3 (c1 integer, c2 integer, constraint t3_pk primary key(c1));
=> insert into svc.t3 select i,i from generate_series(1,10) i;
```

그 다음, 구독 서버에도 동일한 테이블을 생성한다.

```
=> set role svc;
=> drop table if exists svc.t3;
=> create table svc.t3 (c1 integer, c2 integer, constraint t3_pk primary key(c1));
```

이제 ADD TABLE 옵션으로 svc.t3 테이블을 Publication에 추가한다.

```
=> alter publication pub_svc_tbl add table svc.t3;
```

발행 목록에 테이블이 추가되면, Subscription 측에서는 REFRESH PUBLICATION 명령어를 통해 해당 테이블을 반영해야 한다. 이 작업을 수행하면 svc.t3 테이블의 초기 데이터가 복제된다.

```
=> alter subscription sub_svc_tbl refresh publication;
=> select count(*) from svc.t3;
 count
-------
    10
```

### 테이블 삭제 예제

svc.t1 테이블을 Publication에서 삭제하려면 DROP TABLE 옵션을 이용한다. 해당 테이블은 발행 목록에서 삭제되는 즉시 논리 복제가 중단된다.

```
=> alter publication pub_svc_tbl drop table svc.t1;
```

### 테이블 재설정 예제

복제 대상 테이블을 대폭 변경해야 할 경우, SET TABLE 옵션으로 전체 발행 목록을 재설정하는 것이 효율적이다. 예를 들어 svc.t1 테이블을 다시 추가하고, svc.t3 테이블을 제거해보자.

```
=> alter publication pub_svc_tbl set table t1,t2;
```

svc.t1 테이블이 새롭게 발행 목록에 포함되었기 때문에, 구독 서버에서 REFRESH 명령어를 수행해야 한다. 하지만 svc.t1 테이블은 복제를 수행한 이력이 있으므로, copy_data=true

로 초기 복제를 수행하면 PK 중복 오류가 발생할 수 있다. 이 문제를 방지하기 위해서 copy_data=false 옵션을 이용해서 초기 데이터를 복제하지 않고 REFRESH를 수행한다.

```
=> alter subscription sub_svc_tbl refresh publication with (copy_data=false);
```

단, 이 방법을 사용하면 PK 중복 오류는 발생하지 않지만, 그동안 svc.t1 테이블에 입력된 데이터는 복제되지 않기 때문에 데이터 누락이 발생한다. 이를 해결하기 위해 일부 독자들은 로우 필터(Row Filter) 기능을 활용하는 방법을 생각할 수도 있다. 하지만 로우 필터가 설정된 테이블은 초기 데이터 복제를 수행하지 않는다는 제약이 있다.

따라서 이 같은 상황에서는 구독 서버의 테이블을 TRUNCATE한 뒤, copy_data=true 옵션으로 REFRESH를 수행하는 방식이 가장 현실적이다.

## Subscription 생성 옵션 및 설정 변경

Subscription 주요 생성 옵션은 다음과 같다.

• 표 5-6. Subscription 주요 생성 옵션

| 옵션 | 기본값 | 설명 |
| --- | --- | --- |
| enable | true | Subscription 활성화 여부를 설정한다. |
| copy_data | true | Subscription 생성 시점에 초기 데이터 복제 여부를 설정한다. |
| disable_on_error | false | 복제 중 에러가 발생했을 때 Subscription을 중단할지를 설정한다. false인 경우 문제 해결 직후 복제가 자동으로 재개되지만, true로 설정하면 Subscription을 수동으로 다시 활성화해야 하는 불편함이 있다. |
| synchronous_commit | off | 논리 복제에서도 동기 커밋 모드를 지원한다. 다만, 성능 저하 및 장애 가능성이 있으므로 off 설정이 권장된다. |
| streaming | off | 설정 가능한 값은 off, on, parallel(버전 16 이상)이다. 상세 내용은 아래 예제에서 설명한다. |

### 적용 방법

Subscription 생성 시에도 Publication과 마찬가지로 WITH 절을 이용해서 옵션들을 나열한

다. 예를 들어 다음과 같이 지정할 수 있다.

```
create subscription <Subscription명> connection '<접속정보>' publication <Publication명>
with (streaming= false, copy_data=false);
```

### streaming 옵션 설명 및 예제

논리 복제의 기본 동작 방식은 트랜잭션이 완료된 이후, 해당 변경 데이터를 논리 디코딩해서 구독 서버로 전달하는 구조이다. 따라서 Publication 대상 테이블에 대량 트랜잭션이 발생하면 복제 지연 시간이 길어질 수 있다. 이를 개선하기 위해 스트리밍 옵션이 제공된다.

- 표 5-7 논리 복제 스트리밍 옵션 설명

| 옵션 | 설명 |
| --- | --- |
| off | 트랜잭션 완료 후에 변경 데이터를 논리 디코딩해서 구독 서버로 전달한다. |
| on | 트랜잭션 진행 중에 논리 디코딩을 수행해서 구독 서버의 Temp 파일에 저장한다. 트랜잭션이 종료되면 구독 서버의 Apply 프로세스가 해당 파일을 읽어 반영한다. |
| parallel | on과 유사하지만 Temp 파일이 아닌 병렬 프로세스 메모리에 변경 데이터를 저장한다. |

스트리밍 옵션을 사용하면 복제 지연 시간은 개선되는 반면, 트랜잭션 처리 시간이 지연되는 단점이 있다. 그 이유는 스트리밍 옵션의 기본값인 off는 '트랜잭션이 완료된 후'에 변경 데이터를 논리 디코딩해서 구독 서버로 전달하기 때문에, 트랜잭션 처리 과정에서 논리 복제의 영향을 받지 않는다.

반면, on 또는 parallel과 같은 스트리밍 옵션을 사용하면 '트랜잭션 진행 중'에 논리 디코딩을 수행하고, 그 결과를 구독 서버로 전달한 뒤에야 트랜잭션이 완료된다. 즉, 논리 복제 처리 시간이 트랜잭션 수행 시간에 포함되기 때문에 트랜잭션 성능이 저하될 수 있다.

이처럼 스트리밍 옵션은 복제 지연 시간이 줄어들어 논리 복제 성능 측면에서는 유리하지만, 트랜잭션 성능 측면에서는 불리하다. 따라서 스트리밍 옵션 적용 여부는 트랜잭션 성능과 논리 복제 성능 중 어떤 요소가 더 중요한지에 따라 결정해야 한다. 일반적인 운영 환경에서는 트랜잭션 성능이 더 중요하므로 기본값인 off 사용이 권장된다.

또한 on 옵션은 Temp 파일에 대한 디스크 IO가 발생하기 때문에, 상황에 따라 off보다도 느릴 수 있다. parallel 옵션은 Temp 파일 대신 병렬 apply worker의 메모리 영역에 논리 디코딩 결과를 저장하므로, on보다 논리 복제 성능은 우수하다.

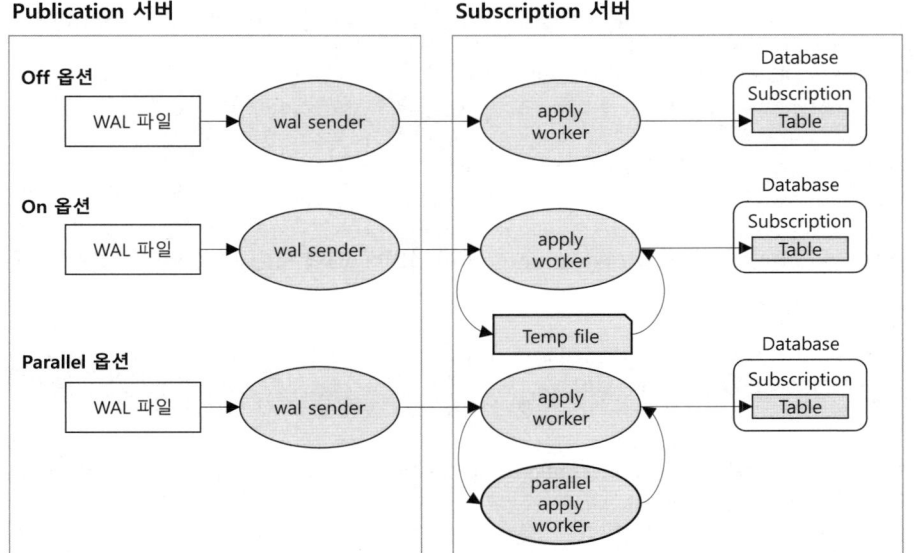

그림 5-7. 논리 복제 스트리밍 옵션 별 수행 방식 비교

### synchronous_commit 설명 및 예제

이 옵션은 실제 환경에서 활성화하지 않는 것이 권장된다. 물리 복제의 동기화 모드보다도 성능 및 가용성 측면에서 훨씬 더 불리하며, 실무 환경에서는 매우 위험한 옵션이다.

물리 복제는 트랜잭션 변경 내용을 리플리카 서버로 실시간 스트리밍 방식으로 전송하지만, 논리 복제는 트랜잭션이 종료된 이후에 논리 디코딩 과정을 거쳐 데이터를 구독 서버로 전달한다. 이러한 구조 때문에 대량 트랜잭션이 발생하는 환경에서 이 옵션을 활성화하면 트랜잭션 성능이 급격히 저하된다.

더 큰 문제는, 대량 트랜잭션 완료 전까지는 이후에 수행되는 다른 트랜잭션들도 모두 대기하게 된다는 점이다. 또한 구독 서버에 장애가 발생하면, 모든 트랜잭션이 Hang 상태에 빠지는 심각한 문제가 발생한다. 이러한 문제를 보완하려면 구독 서버에 대한 이중화 구성이 반드시 필요하다.

이처럼 심각한 단점을 모두 인지하고도 해당 기능을 활성화하려면, 다음과 같이 Subscription 옵션을 수정한다.

```
=> alter subscription sub_svc_tbl set (synchronous_commit=on);
=> select subname, subsynccommit from pg_subscription;
   subname    | subsynccommit
--------------+---------------
 sub_svc_tbl  | on
```

이후, 발행 서버의 synchronous_standby_names 파라미터에 해당 Subscription 이름을 등록한 후 pg_ctl reload 명령어를 수행한다.

```
synchronous_standby_names = 'sub_svc_tbl'
```

> ✅ 물리 복제가 동기 모드로 설정되어 있다면 Subscription의 synchronous_commit 옵션 값과 무관하게 논리 복제는 항상 Sync 모드로 동작한다는 점을 주의해야 한다.

### Subscription 주요 작업

Subscription 수행 중에는 주로 Subscription을 중단하거나 재개하는 작업, 그리고 에러가 발생한 지점을 스킵하는 작업을 수행하게 된다.

- 표 5-8. Subscription 주요 작업 목록

| 작업 | 명령어 |
| --- | --- |
| Subscription 중단 | alter subscription 〈Subscription명〉 disable; |
| Subscription 재개 | alter subscription 〈Subscription명〉 enable; |
| 에러 Skip | alter subscription 〈Subscription명〉 skip (lsn='〈LSN〉'); |

### Subscription 중단 및 재개

Subscription의 중단과 재개는 매우 간단하다. 앞서 표 5-8에서 살펴본 것처럼 disable, enable 명령어를 사용하면 된다.

단, Subscription을 중단할 때 주의할 점이 있다. 중단 시점에 복제 지연이 발생하고 있으면, 복

제 지연 중인 레코드는 구독 서버에 반영되지 않는다는 점이다. 복제 지연 여부는 발행 서버의 pg_stat_replication 뷰와 구독 서버의 pg_stat_subscription 뷰를 통해 확인할 수 있다.

아래와 같이 모든 LSN 값이 동일하고 LAG 칼럼이 NULL인 경우라면, 변경 내용이 구독 서버로 전송되었을 뿐 아니라 적용까지 완료된 상태이다. 반면 LSN은 동일하지만 LAG 칼럼에 값이 존재하면, 전송은 완료되었으나 반영이 진행 중인 상태를 의미한다. 이 경우에는 반영이 완료된 후에 Subscription을 중단하는 것이 바람직하다.

```
=> select sent_lsn, write_lsn,flush_lsn,replay_lsn, write_lag, flush_lag, replay_lag
   from   pg_stat_replication;
-[ RECORD 1 ]----+------------
sent_lsn         | F/80206710
write_lsn        | F/80206710
flush_lsn        | F/80206710
replay_lsn       | F/80206710
write_lag        |
flush_lag        |
replay_lag       |
=> select subname, pid, received_lsn, latest_end_lsn
   from   pg_stat_subscription;
  subname    |   pid   | received_lsn  | latest_end_lsn
-------------+---------+---------------+----------------
 sub_svc_tbl | 1275799 | F/80206710    | F/80206710
```

### 에러 Skip 예제

에러 Skip 기능은 주로 Primary Key 중복 오류를 처리할 때 사용된다. 구독 서버도 DML이 가능한 마스터 서버이기 때문에, 동일한 키 값을 가진 레코드가 두 서버에 모두 존재할 가능성이 있다. 예를 들어, 다음과 같이 구독 서버에서 데이터를 입력한다.

```
=> insert into t2 values(2,2);
INSERT 0 1
```

이후 발행 서버에서도 동일한 값을 입력한다.

```
=> insert into t2 values(2,2);
INSERT 0 1
```

해당 레코드가 구독 서버로 전송되는 시점에 PK 중복 오류가 발생하고, 구독 서버 로그에 다음과 같은 메시지가 기록된다. 이 오류가 해결되기 전까지는 apply worker 프로세스가 반복적으로 종료 및 재시작되며 복제가 지연된다.

```
ERROR:  duplicate key value violates unique constraint "t2_pk"
DETAIL:  Key (c1)=(2) already exists.
CONTEXT:  processing remote data for replication origin "pg_49883" during message type
"INSERT" for replication target relation "svc.t2" in transaction 2467, finished at
F/802920F8
LOG:  background worker "logical replication apply worker" exited with exit code 1
```

이 문제의 해결 방법은 간단하다. ALTER SUBSCRIPTION ... SKIP 구문을 이용해서 오류가 발생한 위치(LSN)를 건너뛰면 된다. 이후부터 논리 복제는 정상적으로 재개된다.

```
=> alter subscription sub_svc_tbl skip (lsn='F/802920F8');
```

## 양방향 논리 복제

PostgreSQL은 현재까지 멀티 마스터 기능을 지원하지 않는다. 오라클 RAC와 같은 디스크 공유 방식의 멀티 마스터 구조를 PostgreSQL의 아키텍처에 적용하는 것은 매우 어렵기 때문이다. 하지만 PostgreSQL 진영에서는 논리 복제를 활용한 멀티 마스터 기능을 준비 중이며, 그 출발점으로 볼 수 있는 기능이 버전 16부터 도입된 양방향 논리 복제이다. 아직 성능이나 안정성 측면에서는 개선이 필요하지만, PostgreSQL의 지속적인 발전을 고려하면 기대해볼 만한 기능이다.

### 양방향 복제 동작 원리

지금까지 살펴본 논리 복제는 단방향 구조였다. 즉, 발행 서버에서 발생한 변경 내용을 구독 서버로 전송하는 방식이다. 반면, 양방향 논리 복제는 구독 서버에서 발생한 변경 내용도 다시 발행 서버로 전송된다. 즉, 양쪽 서버 모두 Publication과 Subscription 역할을 동시에 수행하는 구조이다(그림 5-8. 참조).

개념 자체는 단순하다. 양방향 복제 구성 시 가장 중요한 점은 무한 루프 복제의 위험을 제거하는 것이다. 이를 위해서 각 변경 사항이 실제 트랜잭션에 의한 것인지, 복제를 통해 전달된 것인지를 구분하면 된다. 이 기능은 Subscription 생성 시 WITH (origin = 'none') 옵션을 지정함으로써 구현할 수 있다.

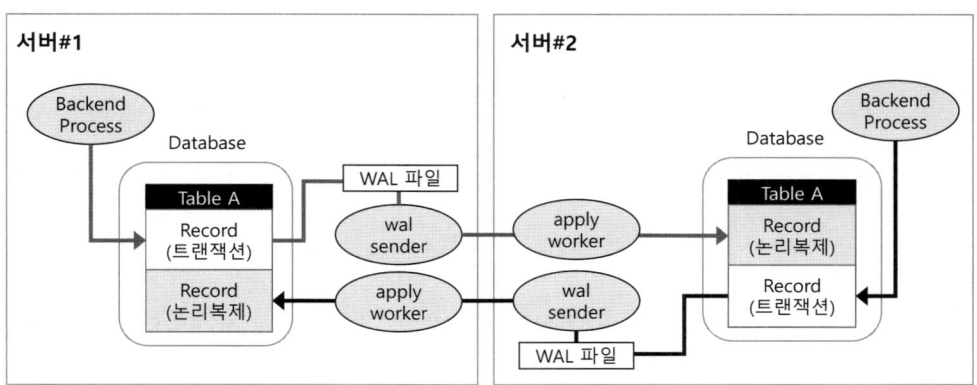

그림 5-8. 양방향 논리 복제 구성 개요

### 양방향 복제 구성 절차

구성 절차는 매우 간단하다. 다음과 같은 순서로 각 서버에서 publication과 subscription을 생성하면 된다.

1번 서버에서 Publication을 생성한다.

```
=> create publication pub_svc_tbl1 for table svc.t1;
```

2번 서버에서 Publication을 생성한다.

```
=> create publication pub_svc_tbl2 for table svc.t1;
```

1번 서버에서 WITH (origin='none') 옵션을 적용해서 Subscription을 생성한다.

```
=> create subscription sub_svc_tbl2 connection 'host=192.168.200.203 port=54321
        dbname=svcdb user=lglrep password=reppass' publication pub_svc_tbl2
        WITH (origin = 'none');
```

2번 서버에서 동일하게 WITH (origin = 'none') 옵션을 적용해서 Subscription을 생성한다. 이때 아래와 같은 경고 메시지가 출력되지만, 무시해도 된다.

```
=> create subscription sub_svc_tbl1 connection 'host=192.168.200.201 port=54321
        dbname=svcdb user=lglrep password=reppass' publication pub_svc_tbl1
        WITH (origin = 'none');
WARNING:  subscription "sub_svc_tbl1" requested copy_data with origin = NONE but might
copy data that had a different origin
```

위와 같이 양방향 논리 복제를 구성하면 대상 테이블의 변경 내용이 양쪽 서버 모두에 적용된다.

**논리 복제 제약 사항**

버전 17 에서도 DDL 동기화와 시퀀스 복제 기능을 지원하지 않는다. 이 제약은 양방향 복제에서도 동일하게 적용되며, 다음과 같은 주의가 필요하다.

- 테이블 스키마(칼럼 추가/삭제 등)가 변경되면 양쪽 서버 모두 동일하게 수동 반영해야 한다.
- 시퀀스는 복제되지 않으므로, 기본 키 칼럼에 시퀀스를 사용하는 테이블에 양방향 복제를 적용할 경우 PK 중복 오류가 발생할 수 있다.

## 5-3. 논리/물리 복제를 활용한 전일자 배치 환경 구성

지금까지 학습한 내용을 종합적으로 검토하는 차원에서, 논리 복제와 물리 복제를 활용해 전일자 기준의 배치 시스템을 구성하는 실습 예제를 살펴본다.

매일 00시 30분 기준으로 전일 데이터를 활용해 배치 작업을 수행해야 한다고 가정하자. 가장 간단한 방법은 OS 차원에서 제공하는 디스크 스냅샷 기능을 사용하는 것이다. 하지만, 업무 서비스가 여러 대의 서버로 분산되어 있고, 서버마다 배치 작업에 필요한 테이블이 일부에 불과하며, 테이블들 간 조인까지 필요한 경우에는 스냅샷 방식이 적절하지 않다.

이러한 상황에서는 논리 복제와 물리 복제를 혼합해서 활용하는 구성을 고려할 수 있다. 각 서버에서 필요한 테이블만 선별하여 하나의 통합 논리 복제 서버로 복제하고, 이 통합 복제 서버에는 물리 복제를 통해 리플리카 서버를 구성한다. 이 리플리카 서버가 실제로 배치 작업을 수행할 대상 서버가 된다.

운영 방식은 다음과 같다. 매일 00시 30분에 통합 복제 서버에서 Subscription을 일시 중단한 뒤, 리플리카 서버를 마스터로 승격시킨다. 승격이 완료되면 다시 Subscription을 재개한다. 승격된 서버에서 배치 작업을 수행하고, 작업이 완료된 후에는 해당 서버를 다시 리플리카 서버로 재구성하면 된다.

겉으로 보기엔 복잡해 보이지만, 지금까지 학습한 논리 복제 및 물리 복제의 개념을 종합적으로 활용하면 충분히 구성 가능한 시나리오이다. 물론 실무 환경에서 그대로 적용하기는 까다로울 수 있지만, 학습 관점에서는 복제 기술의 통합적 이해를 돕는 좋은 예제가 된다.

전체 구성도는 그림 5-9와 같다.

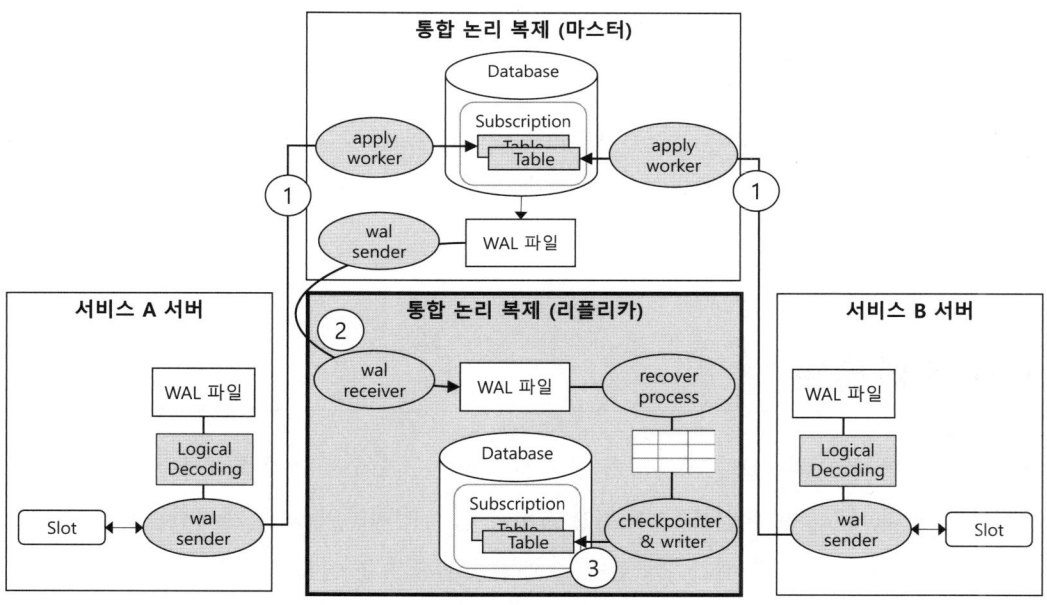

그림 5-9. 논리 복제와 물리 복제 구성을 통한 이전일 배치 환경 구성도

00시 30분이 되면 복제 지연 여부를 확인한 후, 아래와 같이 논리 복제를 중단한다. 예를 들어 Subscription 명이 sub_svc_a, sub_svc_b라고 하면, 통합 복제 서버에서 다음 명령어를 수행한다(Subscription을 중단하면 논리 복제 관련 프로세스는 모두 종료된다).

```
=> alter subscription sub_svc_a disable;
=> alter subscription sub_svc_b disable;
```

이제 통합 복제 서버에는 특정 시점 기준의 데이터가 존재한다. 이후 리플리카 서버에서 다음 명령어를 실행해 마스터로 승격시킨다.

```
$ pg_ctl promote
```

승격 작업이 완료되면, 중단했던 Subscription을 다시 활성화한다.

```
=> alter subscription sub_svc_a enable;
=> alter subscription sub_svc_b enable;
```

마스터로 승격된 통합 논리 복제 서버의 배치 작업이 완료된 후에는 pg_basebackup 명령어를 이용해서 리플리카 서버를 재구성하면 된다. 이 예제는 지금까지 학습한 개념들을 종합해보는 데에 적합하며, 복제 기술의 실제 활용 가능성과 확장성을 이해하는 데 큰 도움이 될 것이다.

## 5-4. 복제 슬롯

복제 슬롯은 복제 진행 상태를 기록하기 위해 사용하는 구조체로, 물리 복제와 논리 복제 모두 활용할 수 있다. 물리 복제에서는 선택적으로 사용할 수 있지만, 논리 복제에서는 반드시 필요하므로 이에 대한 충분한 이해가 요구된다. 복제 슬롯이 필요한 이유는 다음과 같다.

- 슬롯 내에 복제 진행 완료 위치를 기록하여, 아직 전송되지 않은 WAL 파일이 삭제되지 않도록 보존한다.
- 논리 복제를 재개할 때 복제 시작 위치를 정확히 확인할 수 있다.

복제를 재구성하는 작업은 시간이 많이 소요되기 때문에, 복제 대상 WAL 파일을 유지하는 것은 매우 중요하다. 만약 아직 복제되지 않은 WAL 파일이 삭제된다면, 복제는 중단되고 복제를 재구성해야 한다. 슬롯을 사용하면 복제 대상 WAL 파일이 삭제되는 일을 방지할 수 있기 때문에, 복제 안정성을 확보하는 데 매우 유용한 도구라고 할 수 있다.

## 미사용 슬롯의 문제점

슬롯을 사용하면 복제 대상 WAL 파일이 WAL 디스크 볼륨에 보존된다는 장점이 있지만, 이로 인해 인스턴스가 비정상 종료될 수 있다는 단점도 있다. 예를 들어 disable 명령어로 논리 복제를 중단한 뒤 오랜 시간 동안 enable하지 않거나, Debezium, OGG 등 외부 복제 프로그램이 장시간 중단된 경우를 생각해보자.

이러한 상황에서는 결국 WAL 디스크 볼륨이 가득 차서 인스턴스가 비정상 종료될 수 있다. 즉, 복제 안정성을 위한 슬롯이 오히려 업무 서비스의 가용성을 떨어뜨리는 원인이 될 수 있는 것이다. 따라서 슬롯에 대한 지속적인 모니터링이 매우 중요하다.

슬롯 상태는 pg_replication_slots 뷰를 통해 확인할 수 있다. 정상적인 경우 active 칼럼은 't' 값을 가지며, active_pid 칼럼에는 연결된 walsender 프로세스의 PID가 표시된다. 또한 복제 지연 여부는 pg_wal_lsn_diff() 함수를 이용해 현재 LSN과 confirmed_flush_lsn 간의 차이를 계산해서 확인할 수 있다. pg_size_pretty() 함수를 함께 사용하면 읽기 쉬운 단위(예: MB, GB)로 결과를 표시할 수 있다.

대량 트랜잭션이 발생한 경우에는 일시적으로 복제 지연이 발생할 수 있으며, 복제가 모두 완료되면 이 값은 0이 된다.

```
select slot_name,
       active,
       active_pid,
       confirmed_flush_lsn,
       pg_size_pretty(pg_wal_lsn_diff(pg_current_wal_lsn(),confirmed_flush_lsn)) as
       flush_lag_sz
from pg_replication_slots;
```

```
-- 복제 진행 중 모니터링 결과
-[ RECORD 1 ]-------+------------
slot_name           | sub_svc_tbl
active              | t
active_pid          | 1310784
confirmed_flush_lsn | F/90F01FD0
flush_lag_sz        | 49 MB
-- 복제 완료 후 모니터링 결과
-[ RECORD 1 ]-------+------------
slot_name           | sub_svc_tbl
active              | t
active_pid          | 1310784
confirmed_flush_lsn | F/A721C410
flush_lag_sz        | 0 bytes
```

문제 상황을 유도하기 위해 논리 복제를 일시적으로 중단해보자.

```
=> alter subscription sub_svc_tbl disable;
```

pg_replication_slots 뷰를 통해 상태를 확인하면, active 칼럼은 'f'로 표시되고, active_pid 칼럼은 NULL로 나타나는 것을 확인할 수 있다.

```
-[ RECORD 1 ]-------+------------
slot_name           | sub_svc_tbl
active              | f
active_pid          |
confirmed_flush_lsn | F/A721C468
flush_lag_sz        | 0 bytes
```

이 상태에서 대량의 트랜잭션을 발생시키고 다시 모니터링을 수행해보면, 복제 지연이 크게 증가한 것을 확인할 수 있다. 아래 예시는 flush_lag_sz가 11GB까지 증가한 상황을 보여준다.

```
-[ RECORD 1 ]-------+------------
slot_name           | sub_svc_tbl
active              | f
active_pid          |
confirmed_flush_lsn | F/A721C468
flush_lag_sz        | 11 GB
```

## WAL 디스크 볼륨 공간 부족으로 인스턴스 비정상 종료 시의 조치 방법

WAL 디스크 볼륨 공간 부족으로 인해 인스턴스가 비정상 종료되었다고 가정하자. 이 경우, 업무 서비스를 빠르게 정상화하는 것이 우선이다. 따라서 인스턴스 복구에 필수적인 WAL 파일만 남기고, 나머지는 삭제한다. 인스턴스 복구에 필요한 WAL 파일은 마지막 체크포인트 이후에 생성된 WAL이다. 이 정보는 pg_controldata 명령어로 확인할 수 있다. 아래는 실행 예이다.

```
$ pg_controldata
pg_control 버전 번호:              1700
카탈로그 버전 번호:                202406281
마지막 체크포인트 REDO WAL 파일:   000000010000001200000051
```

이제 WAL 전용 디스크 볼륨에서 '마지막 체크포인트 REDO WAL 파일' 이전에 생성된 파일들을 삭제한다.

```
$ ls -r1t > z
$ vi z
파일 오픈 후에 마지막 체크포인트 WAL 파일 및 그 이후에 생성된 WAL 파일만 남겨두고 z 파일 내에서 모두 삭제
:1, $ s/^/rm /g
$ sh -x z
```

WAL 파일 정리가 끝나면 pg_ctl start 명령어로 인스턴스를 기동한다. 체크포인트 이후의 WAL이 존재하므로, 일정 시간 동안 복구 과정을 거친 후 정상적으로 시작될 것이다. 이후 재발 방지를 위해 다음과 같이 미 사용 중인 복제 슬롯을 삭제한다.

```
=> select pg_drop_replication_slot('sub_svc_tbl');
```

## max_slot_wal_keep_size 파라미터를 이용한 장애 방지 방안

버전 13부터 도입된 max_slot_wal_keep_size 파라미터를 활용하면, 미사용 복제 슬롯으로 인해 인스턴스가 비정상 종료되는 상황을 방지할 수 있다. 이 파라미터는 복제 슬롯을 위해 유지할 WAL 파일의 최대 크기를 제한한다.

PostgreSQL은 다음과 같은 규칙으로 복제 슬롯을 위해 유지할 최대 WAL 크기를 결정한다.

```
greatest(wal_keep_size 파라미터 값, max_slot_wal_keep_size 파라미터 값)
```

즉, 두 파라미터 중 큰 값이 우선 적용된다. max_slot_wal_keep_size 파라미터의 기본값은 -1(무제한)이므로, 이 값을 제한하지 않으면 WAL이 무한정 쌓여 인스턴스가 중단될 수 있다. 따라서 이 값을 WAL 볼륨 크기보다 작게 설정하면 복제 슬롯으로 인한 장애를 사전에 방지할 수 있다.

이 파라미터는 체크포인트 발생 시점에 동작하며, 설정된 용량을 초과한 WAL 파일은 삭제된다. 일반적으로 WAL 디스크 볼륨의 80% 수준으로 설정하는 것이 적절하다. 예를 들어 WAL 볼륨이 10GB라면, max_slot_wal_keep_size 파라미터 값은 8GB 정도로 설정한다. 아래는 설정 예시이다.

```
max_slot_wal_keep_size=8GB
max_wal_size  = 4GB
wal_keep_size = 6GB
```

파라미터를 설정한 후, 논리 복제를 다시 연결하기 위해 기존 Subscription을 삭제하면 다음과 같은 오류가 발생한다.

```
=> drop subscription sub_svc_tbl ;
ERROR:  could not drop replication slot "sub_svc_tbl" on publisher: ERROR:  replication slot "sub_svc_tbl" does not exist
```

이 오류는 발행 서버에서 해당 복제 슬롯이 이미 삭제된 상태이기 때문에 발생한다. 따라서 다음과 같은 순서로 처리한다.

```
=> alter subscription sub_svc_tbl set (slot_name = none);
=> drop subscription sub_svc_tbl ;
=> create subscription sub_svc_tbl connection 'host=192.168.200.201 port=54321
         dbname=svcdb user=lglrep password=reppass'
         publication pub_svc_tbl;
NOTICE:  created replication slot "sub_svc_tbl" on publisher
```

논리 복제를 재연결한 후 pg_replication_slots 뷰를 조회하면, safe_wal_size 칼럼 값이 활성화된 것을 확인할 수 있다.

```
select slot_name,
       active,
       active_pid,
       pg_size_pretty(pg_wal_lsn_diff(pg_current_wal_lsn(),confirmed_flush_lsn)) as
       flush_lag_sz,
       safe_wal_size,
       invalidation_reason
from pg_replication_slots;
-[ RECORD 1 ]-------+------------
slot_name           | sub_svc_tbl
active              | f
active_pid          |
flush_lag_sz        | 0 bytes
safe_wal_size       | 8653952160
invalidation_reason |
```

테스트를 위해 구독 서버에서 다시 논리 복제를 중단해보자.

```
=> alter subscription sub_svc_tbl disable;
```

발행 서버에서 대량의 트랜잭션을 수행하면 safe_wal_size 칼럼 값이 점차 감소하는 것을 확인할 수 있다. 이 값은 파라미터로 설정한 임계값까지 감소한 후, 체크포인트가 발생하기 전까지는 음수로도 계속 감소한다. 이 시점까지는 WAL 파일이 삭제되지 않는다. 체크포인트가 발생하면, 설정값 이전에 생성된 WAL 파일이 삭제되며, invalidation_reason 칼럼 값은 'wal_removed'로 표시된다.

```
-[ RECORD 1 ]-------+------------
flush_lag_sz        | 1944 MB
safe_wal_sz         | 119 MB
invalidation_reason |

-[ RECORD 1 ]-------+------------
flush_lag_sz        | 4059 MB
safe_wal_sz         | -1996 MB
invalidation_reason |
```

```
-[ RECORD 1 ]-------+------------
flush_lag_sz        | 4245 MB
safe_wal_sz         |
invalidation_reason | wal_removed
```

이 시점부터 해당 복제 슬롯은 Invalid 상태로 전환된다. 이때, 발행 서버의 로그 파일에는 다음과 같은 메시지가 기록된다.

```
LOG:  invalidating obsolete replication slot "sub_svc_tbl"
DETAIL:  The slot's restart_lsn 15/370BCAA0 exceeds the limit by 8653952160 bytes.
HINT:  You might need to increase "max_slot_wal_keep_size".
```

구독 서버의 로그 파일에는 다음과 같은 오류 메시지가 출력된다.

```
ERROR:  could not start WAL streaming: ERROR:  can no longer get changes from
replication slot "sub_svc_tbl"
DETAIL:  This slot has been invalidated because it exceeded the maximum reserved size.
```

따라서 DBA는 해당 파라미터를 환경에 맞게 적절히 설정하고, 관련 모니터링 뷰와 로그 파일을 지속적으로 점검함으로써 안정적인 복제 환경을 유지할 수 있을 것이다.

## 5-5. LSN과 WAL 파일명

LSN(Log Sequence Number)은 WAL 파일 내의 트랜잭션 위치를 식별하는 데 활용된다. 이를 위해 LSN은 'WAL File ID / WAL Segment ID + Offset' 형식을 따른다(예: 14/263F7E88). LSN이 제공하는 정보를 이해하려면 먼저 WAL 파일명의 구조를 알아야 한다.

WAL 파일명은 총 24자리의 16진수로 구성되며, 8자리씩 나뉜다.

- 첫번째 8개: Timeline
- 두번째 8개: WAL File ID
- 세번째 8개: WAL Segment ID

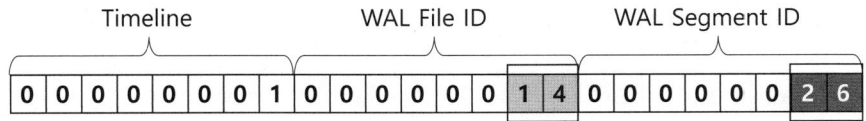

그림 5-10. WAL 파일명 구조

Timeline은 initdb 명령어로 데이터베이스 클러스터를 생성할 때 1로 시작되며, 복구 작업이나 리플리카 서버의 마스터 승격 시마다 1씩 증가한다.

WAL Segment ID는 0부터 255까지의 값을 가지며, 세그먼트 단위는 총 256개이다. 이 단위는 4GB를 WAL 크기로 나눈 값으로 계산된다. 예를 들어 WAL 크기가 16MB이면 4GB ÷ 16MB = 256이 되어 세그먼트 단위는 256이 된다.

WAL File ID는 세그먼트 단위(256개)를 초과할 때마다 1씩 증가한다.

다시 앞서 예로 든 LSN '14/263F7E88'을 살펴보면 다음과 같이 해석할 수 있다.

- WAL File ID = 14
- WAL Segment ID = 26
- Offset = 3F7E88 (WAL 파일 내 위치)

즉, 이 LSN은 14번 WAL 파일의 26번 세그먼트에 있는 오프셋 위치를 가리킨다.

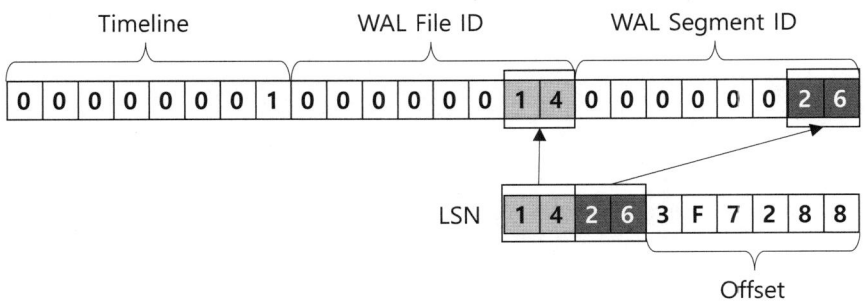

그림 5-11. LSN과 WAL 파일명 관계

참고: pg_walfile_name() 함수를 이용하면 특정 LSN이 포함된 WAL 파일명을 확인할 수 있다.

```
=> select pg_walfile_name('14/263F7E88');
    pg_walfile_name
--------------------------
 000000010000001400000026
```

# 6. 백업과 복구

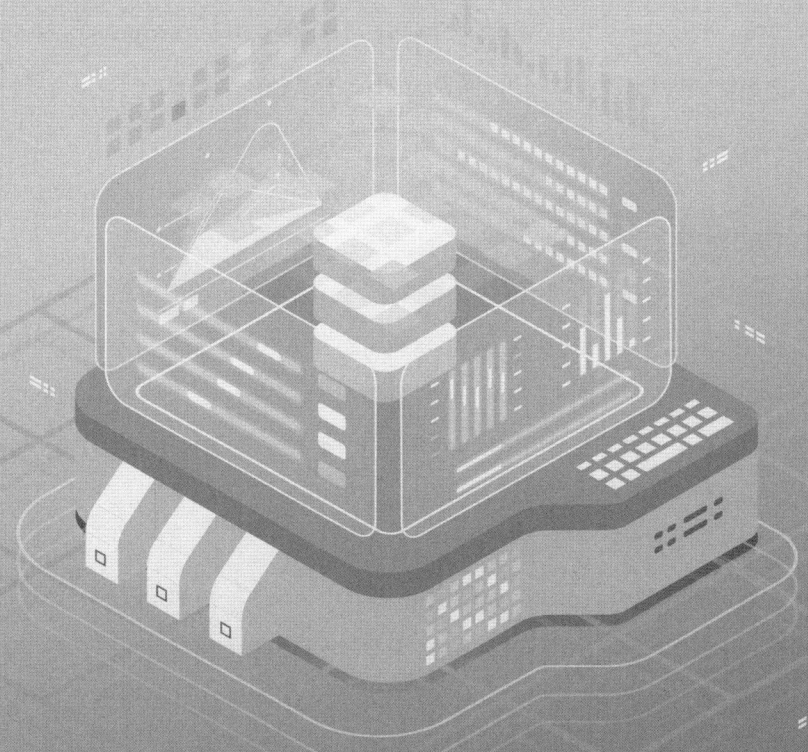

DBA에게 백업은 아무리 강조해도 지나치지 않을 정도로 매우 중요한 업무이다. 이는 DBA가 데이터베이스에 저장된 데이터를 안전하게 보호할 책임을 가지고 있기 때문이다. PostgreSQL은 다른 DBMS와 마찬가지로 논리 백업과 물리 백업 기능을 제공한다. 이번 장에서는 PostgreSQL이 제공하는 백업 및 복구 방법과 함께 범용적으로 사용되는 pgBackRest 백업 툴을 이용한 백업 및 복구 방식을 설명한다. 또한, 버전 17부터 도입된 증분 백업 기능에 대해서도 설명한다.

## 6-1. 논리 백업과 복구

논리 백업은 물리 백업과 달리 '완전한 복구' 기능을 제공하지 않는다. 물리 백업처럼 아카이브 파일을 이용해서 장애 발생 시점까지 복구할 수 있는 기능이 없기 때문이다. 따라서 논리 백업은 백업 시점의 데이터를 복원하는 용도로 사용된다. 즉, 복구보다는 데이터 보관 및 이행 목적으로 활용되며, 개발 환경의 데이터베이스 백업 시에 사용된다. PostgreSQL에서는 논리 백업을 위해 pg_dumpall, pg_dump, COPY 명령어를 제공한다.

### pg_dumpall을 이용한 백업

pg_dumpall 명령어는 데이터베이스 클러스터 내의 모든 데이터베이스와 관련 정보를 한꺼번에 백업할 수 있는 기능을 제공한다. 데이터베이스 클러스터 내에 다수의 데이터베이스가 존재할 경우 편리하게 사용할 수 있으나, 압축 및 병렬 백업 기능을 제공하지 않는다는 단점이 있다. 이 명령어는 주로 논리 복제 구성 시에 데이터베이스 클러스터 내의 모든 형상 정보와 롤(Role) 정보를 백업하는 데 사용된다.

### 데이터베이스 클러스터 생성 스크립트 백업 방법

데이터베이스 클러스터 내의 모든 오브젝트 생성 스크립트만 백업할 경우에는 -s 옵션을 사용한다. 이 옵션을 지정하면 데이터는 백업하지 않고, 오브젝트 생성 스크립트만 백업한다. 백업 및 복원 작업을 수행할 때는 아래의 예시와 같이 작업 결과를 로그 파일에 저장하는 습관을 들이는 것이 좋다(이후 예제에서는 지면 제약으로 로그 파일 저장 부분은 생략한다).

```
$ pg_dumpall -s -f database_cluster.sql > database_cluster_dump.log 2>&1
```

해당 파일에는 롤, 데이터베이스, 스키마, 테이블 등 모든 생성 스크립트가 포함된다.

```
CREATE ROLE dba01;
ALTER ROLE dba01 WITH SUPERUSER INHERIT NOCREATEROLE NOCREATEDB LOGIN NOREPLICATION …
CREATE DATABASE svcdb WITH TEMPLATE = template0 ENCODING = 'UTF8' LOCALE_PROVIDER = libc
LOCALE = 'C';
… 이하 생략
```

### 데이터베이스 클러스터 형상 복원 방법

백업 파일을 이용해서 데이터베이스 클러스터 전체 형상을 복원할 때는 psql 명령어를 사용한다.

```
$ psql -f database_cluster.sql
```

### 롤 백업

롤 정보만 별도로 백업할 때는 -r 옵션을 사용한다.

```
$ pg_dumpall -r -f role.sql
```

### 롤 복원

롤 복원도 psql 명령어를 사용한다.

```
$ psql -f role.sql
```

## pg_dump를 이용한 백업

pg_dump 명령어는 개발 환경의 데이터베이스 백업이나, 데이터베이스 및 스키마 단위의 이행 업무에 자주 사용된다. 사용 범위가 넓고 사용 빈도도 높기 때문에 다양한 실무 상황에 맞춰 활용할 수 있도록 여러 옵션을 제공한다. 특히 압축과 병렬 처리 기능도 제공하므로 대용량 데이터의 백업 작업에 유용하게 활용할 수 있다.

이번 단락에서는 실무에서 자주 사용하는 주요 옵션들을 중심으로 설명한다. 모든 옵션 목록은 'pg_dump --help' 명령어로 확인할 수 있다.

### Format 옵션

pg_dump 명령어는 -F 옵션을 이용해서 백업 파일 포맷을 지정할 수 있다. 기본값은 p(plain text) 포맷이다. 각 포맷별 주요 특징은 다음과 같다.

- 표 6-1. pg_dump 명령어 포맷 옵션

| 옵션값 | 백업 파일 형태 | 압축 지원 | 병렬 백업 지원 | 부분 복구 지원 |
|---|---|---|---|---|
| p (plain) | 텍스트 파일 | X | X | X |
| c (custom) | 바이너리 파일 | O | X | O |
| d (directory) | 바이너리 파일 | O | O | O |
| t (tar) | Tar 파일 | X | X | X |

> ✅ '부분 복구'란 백업 파일 내에 포함된 여러 테이블 중 일부 테이블만 선택해서 복구하는 기능을 의미한다.

p(Plain) 포맷은 압축과 부분 복구 기능을 지원하지 않기 때문에 복구 목적의 백업에는 거의 사용되지 않는다. 대신, 데이터베이스 또는 스키마 단위의 오브젝트 생성 스크립트를 백업하는 용도로 활용된다.

예를 들어 svcdb 데이터베이스의 svc 스키마에 포함된 모든 오브젝트의 생성 스크립트를 백업하려면 다음과 같이 수행한다. -d 옵션을 생략하면 PGDATABASE 환경 변수에 지정된 데이터베이스로 설정된다. -n은 백업 대상 스키마명을 지정한다.

```
$ pg_dump -Fp -d svcdb -n svc -s -f svc_schema.sql
```

백업 대상 스키마가 여러 개인 경우에는 -n 옵션을 반복해서 사용하거나, 정규 표현식을 사용한다. 예를 들어 svc1과 svc2 스키마를 백업하려면 다음과 같이 지정한다.

```
pg_dump -Fp -n svc1 -n svc2 또는 pg_dump -Fp -n svc[1-2]
```

c(Custom)와 d(Directory) 포맷은 압축과 부분 복구를 모두 지원하므로 개발 데이터베이스 데이터 백업 용도로 자주 사용된다.

c(Custom) 포맷을 사용하면 하나의 덤프 파일로 저장되므로 관리가 편리하다는 장점이 있다. 사용 예시는 다음과 같다.

```
$ pg_dump -Fc -f svcdb.custom
```

d(Directory) 포맷은 백업 결과를 여러 파일로 분할하여 디렉토리에 저장하며, 병렬 처리를 지원하므로 대용량 데이터 백업 시에 속도가 빠르다는 장점이 있다. 따라서 백업 속도가 중요한 경우에는 d 포맷을, 그렇지 않다면 관리가 편리한 c 포맷을 사용하는 것이 일반적이다. -f 뒤에 지정한 디렉토리는 백업 시 자동으로 생성된다. 사용 예시는 다음과 같다.

```
$ pg_dump -Fd -f dumpdir
```

d(Directory) 포맷으로 백업을 수행한 후 해당 디렉토리를 조회하면 다음과 같이 다수의 파일이 생성된 것을 확인할 수 있다.

```
$ ls -al dumpdir | more
-rw-r--r--. 1 postgres postgres    27  3773.dat.gz
-rw-r--r--. 1 postgres postgres    25  3774.dat.gz
-rw-r--r--. 1 postgres postgres    25  3775.dat.gz
...
```

t(Tar) 포맷은 백업 데이터를 TAR 파일로 묶어서 저장한다. 압축을 지원하지 않기 때문에 활용도가 낮다.

## 압축 옵션

pg_dump 명령어는 -Z 옵션을 이용해서 압축 방식을 지정하며, gzip과 lz4 두 가지 압축 방식을 지원한다. gzip은 0부터 9까지 압축 레벨을 제공하며, 레벨이 높아질수록 백업 파일 크기는 작아지지만 그만큼 압축 시간이 길어진다. 참고로 레벨 0은 압축을 하지 않는다. lz4는 0부터 12까지의 압축 레벨을 지원하며, 버전 16부터 사용할 수 있다.

압축 방식과 압축 레벨은 압축률과 압축 시간 간의 트레이드오프를 고려해서 선택해야 한다.

필자의 테스트 환경에서는 gzip 방식에 레벨 1을 적용했을 때 가장 효율적이었다. gzip은 레벨 1만으로도 충분히 우수한 압축률을 보여주며, 레벨 9와도 큰 차이가 없었다. 반면, 레벨 6 이상부터는 압축 시간이 급격히 증가하는 단점이 있다. lz4는 압축 속도가 매우 빠르다는 장점이 있지만, 상황에 따라 압축률이 낮은 경우도 있었다. 이런 이유로 gzip 방식의 레벨 1이 좋은 기본값이 될 수 있다.

하지만, 사용하는 시스템 환경과 데이터 특성에 따라 차이가 있을 수 있으므로 직접 테스트해보고 가장 적절한 압축 방식을 선택하는 것이 좋다. 사용 예시는 다음과 같다.

```
$ pg_dump -Fc -Z1 -f svcdb_gzip1.custom
```

## 병렬 처리 옵션

병렬 처리를 위해서는 -j 옵션을 사용한다. 이 옵션은 directory 포맷(-Fd)을 사용할 때만 적용 가능하며, 병렬로 데이터를 백업하는 워커 프로세스의 개수를 지정한다.

병렬 프로세스 수는 시스템의 CPU 코어 수나 디스크 I/O 성능 등에 따라 달라질 수 있다.

필자의 경험상 일반적인 환경에서는 -j4 정도가 적절했지만, 이는 시스템 환경에 따라 달라질 수 있다. 따라서 실제 환경에서 몇 가지 값을 테스트해보고, 백업 속도와 시스템 부하 간의 균형이 잘 맞는 값을 선택하는 것이 좋다. 사용 예시는 다음과 같다.

```
$ pg_dump -Fd -Z1 -j4 -f backup_pq4
```

### 그 외의 옵션들

지금까지 pg_dump 명령어에서 자주 활용되는 파일 형식(-F), 압축 방식(-Z), 병렬 처리(-j) 옵션에 대해 살펴보았다. 이외에도 실무에서 자주 사용되는 유용한 옵션들이 있으므로 함께 정리해두면 백업 작업에 큰 도움이 된다.

• 표 6-2. pg_dump 옵션들

| 옵션 | 설명 |
| --- | --- |
| -d | 백업 대상 데이터베이스를 지정한다. PGDATABASE 환경 변수로 설정되지 않은 데이터베이스를 백업할 때 사용한다. |
| -s | 오브젝트 생성 스크립트만 백업하며, 데이터는 포함하지 않는다. |
| -a | 데이터만 백업한다. |
| -n | 특정 스키마만 백업한다. 옵션을 반복 사용해서 여러 스키마를 지정할 수 있으며, 패턴 매칭도 지원된다.<br>예: -n schema1 -n schema2 또는 -n schema[0-9] |
| -t | 특정 테이블만 백업한다. -t 옵션도 -n 옵션과 동일하게 반복 지정 및 패턴 매칭이 가능하다.<br>예: -t t01 -t t02 또는 -t t0[1-9] |
| -b | 스키마(-n) 또는 테이블(-t) 단위 백업 시에는 large 오브젝트가 포함되지 않는다. large 오브젝트는 pg_largeobject 시스템 테이블에 저장되기 때문에, large 오브젝트를 포함한 테이블을 백업할 때는 -b 옵션을 함께 사용해야 한다. |

## psql과 pg_restore를 이용한 복원

프로젝트를 진행하다 보면 스키마 이행 작업을 자주 하게 된다. 이때, 스키마 형상만 이행하는 경우와 데이터를 포함해서 이행하는 경우가 있다. 각각의 내용을 살펴보자.

### 스키마 형상을 타 데이터베이스에 적용하는 방법

개발 단계에서는 테이블 구조가 수시로 바뀌게 마련이다. 칼럼 추가나 삭제, 테이블명 변경, 테이블이나 인덱스의 생성 및 삭제 등 다양한 변경 작업이 반복된다. 그렇다면 현재 시점의 스키마 형상을 다른 데이터베이스에 반영하려면 어떤 방법이 가장 효율적일까?

방법은 여러 가지가 있겠지만, 필자가 실무에서 주로 사용하는 방식은 다음과 같다.

1. 개발 데이터베이스에서 pg_dump를 이용해 스키마 형상을 백업한다.
2. 이행 대상 데이터베이스에서 기존 스키마를 삭제한다.
3. 백업한 스키마 스크립트를 psql을 이용해서 적용한다.

예를 들어 살펴보자. 스키마 형상만 필요하므로 -Fp 옵션을 사용해서 텍스트 파일로 백업한다.

```
$ pg_dump -Fp -n svc -s -f svc_schema.sql
```

생성된 파일을 이행 대상 서버로 업로드한 뒤, 이행 대상 데이터베이스에 접속해 기존 스키마를 삭제한다(이행 대상 데이터베이스명은 svcdb_mig이다).

```
$ psql -d svcdb_mig
=> drop schema svc cascade;
```

업로드한 파일에는 스키마 생성부터 테이블, 인덱스 등 다양한 오브젝트 생성 스크립트가 포함되어 있다. 따라서 아래 명령어를 실행하면 개발 데이터베이스와 동일한 구조로 스키마가 재구성된다.

```
$ psql -d svcdb_mig -f svc_schema.sql
```

### 스키마 형상 및 데이터를 타 데이터베이스에 적용하는 방법

스키마 형상뿐만 아니라 데이터까지 함께 반영하려면, 앞서 설명한 절차와 거의 동일하게 진행하면 된다. 다만 데이터를 포함해야 하므로 작업 시간까지 고려했을 때는 -Fc 또는 -Fd 옵션을 이용해서 백업하는 것이 유리하다.

먼저 -Fc와 -Z1 옵션을 이용해서 스키마 형상과 데이터를 함께 백업한다. 아래는 svc 스키마 전체를 custom 포맷으로 백업하는 예제이다.

```
$ pg_dump -Fc -Z1 -n svc -f svc_schema_data.custom
```

백업이 완료되면, 이전과 마찬가지로 이행 대상 데이터베이스에 접속해 기존 스키마를 삭제한다.

```
=> drop schema svc cascade;
```

-Fc 옵션으로 백업한 파일은 바이너리 포맷이므로 복원 시에 pg_restore 명령어를 사용한다. 이때 -d 옵션으로 복원 대상 데이터베이스를 지정한다. 복원 과정을 자세히 확인하려면 -v 옵션을 함께 사용한다.

```
$ pg_restore -d svcdb_mig -v svc_schema_data.custom
```

백업 파일의 크기가 크거나 오브젝트 수가 많을 경우에는 병렬 처리 옵션(-j)을 추가해서 복원 속도를 높일 수 있다. 병렬 프로세스 개수는 시스템의 코어 수에 맞춰 적절히 설정한다(참고로, custom 포맷은 백업 시에는 병렬 처리를 지원되지 않지만, 복원 시에는 병렬 복원을 지원한다).

```
$ pg_restore -d svcdb_mig -v -j 4 svc_schema_data.custom
```

## pg_restore를 이용한 복구

개발자가 실수로 개발 데이터베이스 내의 특정 테이블 데이터를 모두 삭제한 상황을 가정해보자. 이 경우, pg_dump 명령어로 백업해둔 파일을 이용해서 해당 테이블을 복구할 수 있다. 단, 이때의 복구는 백업 시점의 상태로 되돌리는 것일 뿐, 장애 시점까지의 복구은 불가능하므로 완전 복구는 아니다.

### 특정 테이블 복구 방법

예를 들어, 일 단위로 다음과 같이 데이터베이스 전체를 custom 포맷으로 백업한다고 가정하자.

```
$ pg_dump -Fc -Z1 -f svcdb_full_20250413.custom
```

svc 스키마 내의 t1 테이블에 대한 복구가 필요할 경우에 다음과 같이 복구한다. -d 옵션으로 복구 대상 데이터베이스를 지정하고 -n 옵션으로 스키마명을 -t로 테이블 명을 지정한다. 데이터만 복구하면 되므로 -a 옵션을 지정한다. 백업 파일명은 옵션 없이 기술한다.

```
$ pg_restore -d svcdb -v -n svc -t t1 -a svcdb_full_20250413.custom
```

명령어를 수행하면 t1 테이블은 백업 시점 데이터로 복원된다. 만약 개발자가 일부 데이터를 삭제했거나 잘못된 내용을 업데이트한 경우에는, TRUNCATE 후에 데이터를 복구하면 된다. 아래는 pg_restore 명령어를 이용해 t1 테이블을 복원했을 때 출력되는 예시이다.

```
pg_restore: 복원 작업을 위해 데이터베이스에 접속 중
pg_restore: "svc.t1" 테이블의 자료를 처리 중
```

pg_restore 명령어는 기본적으로 테이블을 생성한 뒤에 데이터를 입력하는 방식으로 동작한다. 따라서 -a 옵션 없이 복원을 수행하면, 이미 테이블이 존재하는 경우 다음과 같은 경고 메시지가 출력된다. 하지만, 데이터는 정상적으로 복원된다.

```
pg_restore: 복원 작업을 위해 데이터베이스에 접속 중
pg_restore: TABLE "svc.t1" 만드는 중
pg_restore: 280 TOC 항목에서; 1259 41174 TABLE t1 svc
pg_restore: 오류: could not execute query: ERROR:  relation "t1" already exists
pg_restore: "svc.t1" 테이블의 자료를 처리 중
pg_restore: ACL "svc.TABLE t1" 만드는 중
pg_restore: 경고: 복원작업에서의 오류들이 무시되었음: 1
```

### 테이블 복구 시 -c 옵션의 위험성

pg_restore 명령어 수행 시에 -c(Clear) 옵션은 기존에 존재하는 테이블을 DROP한 후 다시 생성하는 방식으로 동작한다. 단, 이 옵션은 테이블 단위 복원 시에는 주의가 필요하다. 테이블 단위로 -c 옵션을 사용할 경우, 기존에 설정되어 있던 기본 키(PK), 인덱스, 제약 조건, 그리고 논리 복제 설정은 복원되지 않기 때문이다. 따라서 테이블 단위의 복구 작업 시에는 -c 옵션 사용에 신중해야 한다.

> ✅ 스키마 단위나 전체 데이터베이스 단위의 복원 시에는 -c 옵션을 사용하더라도 PK, 인덱스, 제약 조건 및 논리 복제 설정 내용을 포함한 모든 내용이 복원된다.

## COPY

PostgreSQL은 COPY 명령어를 이용한 테이블 단위의 데이터 추출(unload)과 적재(load) 기

능을 제공한다. 이 명령어의 가장 큰 장점은 유연한 데이터 추출이 가능하다는 점이다. 예를 들어 특정 칼럼만 선택적으로 추출하거나, WHERE 조건을 활용해서 필요한 데이터만 필터링해서 추출할 수 있다. 또한 단일 테이블뿐 아니라 조인 결과도 파일로 출력할 수 있다.

이처럼 COPY 명령어는 테이블 단위 백업이나 데이터 이행 작업에서 매우 유용하게 활용할 수 있으며, PostgreSQL 버전이 높아질수록 성능도 점점 향상되고 있다. 다만, 버전 17 이전까지는 에러 처리를 지원하지 못한다는 단점이 있었다.

예를 들어, 레거시 시스템에서 COPY를 이용해서 대량 데이터를 이행할 때, 단 1건이라도 문제가 있는 데이터가 있으면 전체 명령어가 실패하며 롤백되기 때문에 실무 적용이 어려웠다. 이를 피하려면 데이터 추출 시 정제 과정을 거쳐 오류 가능성이 있는 데이터를 사전에 제거하거나 수정해야 했다.

하지만, 버전 17부터는 에러 처리 기능이 도입되어, 문제가 되는 데이터는 건너뛰고 정상적인 데이터만 적재할 수 있게 되었다. 따라서 버전 17부터는 COPY 기반의 데이터 이행 작업을 안정적으로 수행할 수 있다.

### COPY 명령어 종류

COPY 명령어는 psql을 통해 데이터베이스에 접속한 상태에서 수행한다. 사용 방법은 두 가지가 있는데, 하나는 COPY 명령어 앞에 역슬래시(\)를 붙여서 실행하는 방식이고, 다른 하나는 COPY만 입력하는 방식이다.

실무에서는 일반적으로 '\copy' 방식을 사용한다. '\copy' 방식은 사용자가 접근할 수 있는 경로에 있는 파일을 읽거나 쓸 수 있고, 별도의 권한 설정 없이도 사용할 수 있기 때문이다. 반면, COPY 방식을 사용하려면 슈퍼유저 권한이나 별도의 파일 접근 권한 설정이 필요하다. 이 책에서는 별도의 설명이 없는 한 COPY 명령어는 모두 '\copy' 방식을 의미한다.

### 데이터 추출과 적재

데이터를 파일로 추출하는 기본적인 사용법은 다음과 같다.

```
\copy <테이블명> to '<덤프파일명>' with (format csv, delimiter '|', header);
```

구분자(delimiter)는 반드시 한 글자만 지정할 수 있으며, 덤프 파일의 칼럼 구성을 쉽게 확인하려면 header 옵션을 함께 사용하는 것이 좋다. 참고로, 구분자는 헥사 코드(hex code) 형태로도 지정할 수 있다. 예를 들어, 탭 문자를 구분자로 사용할 경우 E'\x09'와 같이 표현할 수 있다.

덤프 파일을 테이블에 적재할 때는 FROM 키워드를 사용한다.

```
\copy <테이블명> from '<덤프파일명>' with (format csv, delimiter '|', header);
```

COPY 명령어는 테이블 구조만 동일하다면 테이블 명이 달라도 데이터를 적재할 수 있다.

```
create table <백업테이블명> as select * from <원본테이블명> where 1=2;
\copy <백업테이블명> from '<덤프파일명>' with (format csv, delimiter '|', header);
```

칼럼값에 구분자가 포함된 경우, COPY 명령어는 자동으로 해당 값을 더블 쿼테이션(double quote)으로 감싸기 때문에 문제없이 추출과 적재가 가능하다. 아래의 예를 보자.

```
=> select * from svc.t1;
 c1 | c2  | c3  | c4
----+-----+-----+----
  1 | A   | B   | 1
  2 | A|B | C|D | 2    -- 칼럼 값에 구분자가 포함됨
=> \copy svc.t1 to 't1.csv' with (format csv, delimiter '|', header);
COPY 2
=> \! cat t1.csv
c1|c2|c3|c4
1|A|B|1
2|"A|B"|"C|D"|2        -- 덤프 시에 자동으로 ""을 적용
=> \copy svc.t1_bak from 't1.csv' with (format csv, delimiter '|', header);
COPY 2
=> select * from svc.t1_bak;
 c1 | c2  | c3  | c4
----+-----+-----+----
  1 | A   | B   | 1
  2 | A|B | C|D | 2
```

**쿼리 결과 추출 기능**

COPY 명령어는 테이블 전체가 아닌 특정 쿼리 결과를 추출하는 기능도 제공한다. 사용 예시

는 다음과 같다.

```
=> \copy (select t1.c1, t1.c3, t1.c4, t2.c2 from t1 left join t2 on t1.c1=t2.c1) to './
t2.csv' with (format csv, delimiter '|', header);
```

이 기능을 이용하면 필요한 칼럼만 선택하거나 조인 결과를 추출할 수 있어서, 정제된 데이터를 외부로 내보낼 때 매우 유용하다. 단, COPY 명령어는 반드시 한 줄로 입력해야 한다는 제약이 있다. 따라서 쿼리문이 긴 경우에는 뷰(view)를 생성한 후 해당 뷰를 이용해서 추출 작업을 수행하는 것이 효율적이다.

```
=> create or replace view t2_dump_vw as
     select t1.c1, t1.c3, t1.c4, t2.c2
     from   t1 left join t2 on t1.c1=t2.c1;
CREATE VIEW
=> \copy (select * from t2_dump_vw) to './t2_dump_vw.csv' with (format csv, delimiter '|',
header);
```

### 에러 처리 기능

버전 17부터는 COPY 명령어에 에러 처리 기능이 추가되어, 덤프 파일 내에 에러를 유발하는 레코드를 식별하고 무시할 수 있게 되었다. 이 기능을 활용하면 일부 오류 데이터로 인해 전체 적재 작업이 중단되는 문제를 방지할 수 있다. 예제를 통해 살펴보자.

AS-IS 데이터베이스는 날짜 데이터를 CHAR(8) 타입 칼럼에 저장하고, TO-BE 데이터베이스는 이를 DATE 타입으로 저장한다고 가정하자.

```
=> create table asis_t1 (c1 integer, c2 char(8));
=> insert into asis_t1 values
   (1,'20250132'),(2,'20250101'),(3,'20250201'),(4,'20250230');
INSERT 0 4
=> create table tobe_t1 (c1 integer, c2 date);
```

이 상태에서 COPY 명령어로 데이터를 이행하면 다음과 같은 오류가 발생한다.

```
=> \copy asis_t1 to './asis_t1.csv' with (format csv, delimiter '|', header);
COPY 4
```

```
=> \copy tobe_t1 from './asis_t1.csv' with (format csv, delimiter '|', header);
ERROR:  date/time field value out of range: "20250132"
힌트:  Perhaps you need a different "datestyle" setting.
구문:  COPY tobe_t1, line 2, column c2: "20250132"
```

왜냐하면, '20250132' 및 '20250230'은 날짜 형식에 맞지 않기 때문에 DATE 타입 칼럼에 저장할 수 없기 때문이다. 이전 버전에서는 이 같은 오류가 단 한 건만 발생해도 전체 COPY 작업이 실패했기 때문에, 대용량 데이터를 이행할 때 COPY 명령어를 사용하기 어려운 단점이 있었다.

하지만 버전 17부터는 on_error 및 log_verbosity 옵션을 이용해서 이 문제를 해결할 수 있다.

- on_error ignore: 오류가 발생한 레코드는 건너뛴다.
- log_verbosity verbose: 오류 발생 라인을 로그로 출력한다.

이 옵션들을 이용하면, 대용량 레거시 데이터를 이행할 때 일부 오류 레코드로 인해 전체 로드 작업이 실패하는 상황을 방지할 수 있다.

다음은 해당 옵션들을 적용한 예시이다.

```
=> \copy tobe_t1 from './asis_t1.csv' with (on_error ignore, log_verbosity verbose, format csv, delimiter '|', header);
NOTICE:  skipping row data type incompatibility at line 2 for column "c2": "20250132"
NOTICE:  skipping row data type incompatibility at line 5 for column "c2": "20250230"
NOTICE:  2 rows were skipped due to data type incompatibility
COPY 2
```

이처럼 오류가 발생한 행의 라인 번호와 문제 칼럼 및 칼럼 값까지 명확히 로그에 출력되기 때문에, 이후에 문제 데이터를 추적하거나 별도로 정제하는 작업이 훨씬 수월해진다. 또한, 아래와 같은 방법을 이용하면 에러 레코드만 별도의 로그 파일에 저장할 수 있다.

```
$ cat load.sql
\copy tobe_t1 from './asis_t1.csv' with (on_error ignore, log_verbosity verbose, format csv, delimiter '|', header);
$ psql -f load.sql > load.bad 2>&1
$ cat load.bad
NOTICE:  skipping row data type incompatibility at line 2 for column "c2": "20250132"
NOTICE:  skipping row data type incompatibility at line 5 for column "c2": "20250230"
```

## 6-2. 물리 백업과 복구

물리 백업은 데이터베이스 클러스터를 구성하는 파일 단위의 백업을 의미한다. 물리 백업은 인스턴스가 기동 중인 상태에서 수행하는 온라인 백업과, 인스턴스를 종료한 뒤 수행하는 오프라인 백업이 있다. 이번 단락에서 설명할 물리 백업은 모두 온라인 백업을 기준으로 설명한다.

물리 백업의 가장 큰 장점은 장애 시점까지의 '완벽한 복구'를 지원한다는 점이다. 이 덕분에 사용자 입장에서는 데이터를 안심하고 사용할 수 있는 환경을 제공받을 수 있다. 뿐만 아니라, 사용자의 실수로 데이터가 삭제되었을 경우에도 손실 직전 시점까지 복구할 수 있는 시점 복구(Point-in-Time Recovery) 기능도 함께 제공된다.

물리 백업은 PostgreSQL에서 기본으로 제공하는 pg_basebackup 명령어나 pg_backup_start, pg_backup_end 함수를 이용해서 수행할 수 있다. 또한 다양한 서드파티 백업 도구들도 물리 백업을 지원한다. 그중에서도 가장 강력한 백업 및 복구 기능을 제공하는 도구는 단연코 pgBackRest이다. 이번 단락에서는 pg_basebackup과 pgBackRest를 활용한 백업 및 복구 절차와 함께, 물리 백업을 이해하는 데 필요한 기본 개념도 함께 설명한다.

### 백업 및 복구 개요

백업은 궁극적으로 복구를 위한 작업이며, 복구의 목표는 트랜잭션 유실이 없는 '완벽한 복구'를 실현하는 데 있다. 이를 위해서는 단순히 백업을 수행하는 것뿐만 아니라, 백업 주기 설정, 보관 기간 관리, 복구 절차 수립 등 백업 전반에 대한 전략을 사전에 마련해두는 것이 중요하다.

#### 일반적인 백업 유형

백업은 일반적으로 다음 세 가지 유형으로 구분된다.

- 전체 백업 (Full Backup)
- 증분 백업 (Incremental Backup)
- 차등 백업 (Differential Backup)

전체 백업은 데이터베이스 클러스터 내의 모든 파일을 백업한다. 증분 백업은 마지막 증분 백업 이후에 변경된 내용만 백업한다. 차등 백업은 마지막 전체 백업 이후에 변경된 내용만 백업한다.

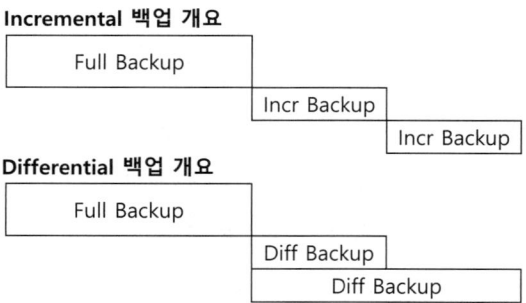

그림 6-1. Incremental 및 Differential 백업 개요

**완벽한 복구를 위한 백업 데이터 세트**

완벽한 복구를 수행하려면, 최근 백업 파일뿐만 아니라 장애 시점까지 생성된 모든 WAL 파일이 필요하다. 백업 유형에 따라 복구에 필요한 데이터 세트는 다음과 같이 달라진다.

- 증분 백업을 수행한 경우는 마지막 전체 백업, 모든 증분 백업, 마지막 증분 백업 이후의 WAL 파일이 필요하다.
- 차등 백업을 수행한 경우는 마지막 전체 백업, 마지막 차등 백업, 해당 시점 이후의 WAL 파일이 필요하다.

증분 백업은 이전 백업 이후의 변경분만 백업하므로 백업 속도는 빠르나, 전체 백업 주기가 길수록 복구 대상이 많아지고, 그에 따라 복구 시간이 늘어날 수 있다.

반면, 차등 백업은 전체 백업 이후의 변경분을 백업하므로 백업 속도는 느리나, 하나의 전체 백업과 하나의 차등 백업만 있으면 복구가 가능하므로 일반적으로 복구 속도 측면에서는 차등 백업 방식이 더 유리하다.

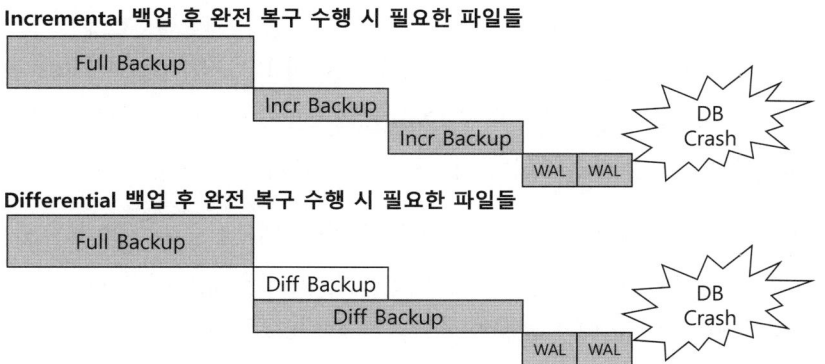

그림 6-2. 완전 복구를 위해 필요한 백업 파일들

### 백업 주기

복구 시간 관점에서 보면, 전체 백업을 매일 수행하는 것이 가장 이상적이다. 가장 최근에 수행한 전체 백업 파일과 그 이후에 생성된 WAL 파일만 있으면 완전 복구가 가능하기 때문이다. 따라서 매일 전체 백업을 수행할 수 있는 시스템 환경이라면, 전체 백업만으로 운영하는 것이 가장 효율적이다. 하지만 현실적으로 매일 전체 백업을 수행하기 어려운 경우에는, 전체 백업은 주 1회 수행하고, 차등 또는 증분 백업을 매일 수행하는 방식으로 운영하는 것이 일반적이다.

### 백업 파일 보관 기간

완전 복구 기준으로 보면, 가장 최근에 백업한 파일과 해당 시점 이후의 WAL 파일만 있으면 복구가 가능하기 때문에, 백업 파일을 장기간 보관할 필요는 없다. 하지만, 실무에서는 다음과 같은 상황을 고려해 보관 기간을 더 길게 설정하는 경우가 많다.

- 최근 백업본 자체에 오류나 누락이 있었던 경우
- 일주일 전이나 며칠 전 등 특정 시점으로 복구가 필요한 상황이 발생하는 경우

예를 들어, 일주일 전 상태로 되돌려야 한다면 해당 시점의 백업 파일이 반드시 있어야 한다. 이런 이유로 일반적으로는 1주일에서 1개월 범위 내에서 백업 파일 보관 기간을 설정하며, 감사 요구 사항과 같이 별도의 요구 사항이 있는 경우에는 더 길게 보관하기도 한다.

**백업 툴 선정**

백업 전략을 수립했다면, 그에 맞는 적절한 백업 툴을 선택한다. 버전 16까지는 pgBackRest를 사용하는 것이 모든 측면에서 유리하다. 하지만 버전 17부터는 pg_basebackup 수행 시 강력한 '증분 백업' 기능을 지원하므로 운영 환경에 따라 적절한 툴을 선택하도록 한다.

pgBackRest 역시 증분 백업 기능을 제공하지만, 이는 '변경된 파일 단위'의 증분 백업이다. 즉, 1GB 파일에서 1바이트만 변경돼도 1GB 파일을 다시 백업한다. 따라서 pgBackRest는 증분 또는 차등 백업을 사용해도 백업 디스크 사용률 절감 효과는 크지 않다.

반면, pg_basebackup의 증분 백업은 '변경된 블록 단위'로 동작하기 때문에 백업 시간과 백업 용량을 모두 줄일 수 있다는 점에서 실무적으로 매우 유리하다.

두 툴의 주요 기능을 비교한 내용은 다음과 같다.

- 표 6-3. pg_basebackup과 pgBackRest 백업 툴 간의 기능 비교

| 항목 | pg_basebackup | pgbackrest |
| --- | --- | --- |
| 백업 유형 | 전체 백업, 증분 백업 | 전체 백업, 차등 백업, 증분 백업 |
| 증분 백업 단위 | 블록 단위 | 파일 단위 |
| 압축 지원 | 지원 (TAR 포맷 백업 시) | 지원 |
| 병렬 백업 | 미지원 | 지원 |
| 병렬 복원 | 미지원 | 지원 |
| 백업 재시도(Resume) | 미지원<br>(실패 시 처음부터 다시 시작) | 지원<br>(실패 시점부터 이어서 수행) |
| 델타 복구 | 미지원<br>(항상 전체 복원 후에 복구) | 지원<br>(특정 파일만 복원 후 복구 가능) |

표에서 확인할 수 있듯이, 증분 백업 방식을 제외한 모든 항목에서 pgBackRest가 우수하다. 특히 '델타 복구'는 복구 시간 단축을 위해 매우 중요한 기능이다. PostgreSQL은 데이터 파일 중 단 하나라도 손상되면, 전체 백업을 복원한 후에 복구 작업을 수행한다. 따라서 백업 볼륨 크기가 클수록 복구 시간이 오래 걸린다.

하지만 pgBackRest는 델타 복구 기능을 통해 손상된 파일만 복원한 후 복구 작업을 진행할 수 있기 때문에, 복구 시간이 획기적으로 줄어든다. 게다가 병렬 백업 및 병렬 복원 기능도 지원하므로 대용량 데이터베이스 환경에서 원하는 시간 내에 백업 및 복원이 가능하다.

> 참고로, pg_basebackup은 노아카이브 모드인 경우에도 사용할 수 있지만, pgBackRest는 아카이브 모드에서만 동작한다.

## pgBackRest 설치 및 환경 파일 설정

pgBackRest를 설치하기 위해서는 먼저 EPEL(Extra Packages for Enterprise Linux) 저장소를 설치해야 한다. 이는 pgBackRest 설치 시 필요한 libssh2 패키지가 EPEL 저장소를 통해 제공되기 때문이다. EPEL은 https://www.rpmfind.net/에서 'epel' 키워드로 검색한 후, 독자들의 리눅스 환경에 맞는 rpm 파일을 다운로드해서 데이터베이스 서버로 업로드한 뒤 설치한다. 예를 들어, CentOS 8 또는 RHEL 8 환경에서는 다음과 같이 설치할 수 있다.

```
# dnf install epel-release-8-21.el8.noarch.rpm
```

EPEL 저장소가 정상적으로 설치된 후에 pgBackRest 패키지를 설치한다.

```
# dnf install pgbackrest
```

pgBackRest가 시스템에 설치된 후에는 환경 설정 작업을 수행한다.

### pgBackRest 환경 설정

pgBackRest 설치가 완료되면, 다음 절차에 따라 백업 환경을 구성한다.

1. 백업 볼륨을 생성한다.
2. 백업 볼륨 내에 필요한 디렉토리를 생성한다.
3. pgBackRest 환경 파일을 설정한다.
4. 스탠자(Stanza)를 생성한다.
5. 데이터베이스를 아카이브 모드로 전환한다.

이 책에서는 /dbbackup 디렉토리를 백업 전용 디스크 볼륨으로 사용하며, 해당 디렉토리의 소유자는 postgres 유저로 설정한다.

pgBackRest의 환경 설정 파일인 pgbackrest.conf의 기본 위치는 /etc 디렉토리이다. 하지만 실무에서는 postgres 유저가 직접 접근하고 관리할 수 있도록, 해당 유저 권한으로 접근 가능한 별도 디렉토리에 설정 파일을 저장한다. 이 책에서는 /dbbackup 디렉토리에 환경 파일을 저장해서 사용할 것이다. 환경 파일의 기본 구성 예시는 다음과 같다.

```
[global]
repo1-path=/dbbackup
log-path=/dbbackup/log
spool-path=/dbbackup/spool
repo1-retention-full=2
repo1-retention-diff=2
[svcdb]
pg1-path=/data/svc01
pg1-port=54321
start-fast=y
compress-type=gz
compress-level=1
process-max=4
```

[global] 섹션은 데이터베이스 서버 내의 데이터베이스 클러스터 환경을 설정한다. 항목 별 설명은 다음과 같다(log 및 spool 디렉토리는 미리 생성해야 한다).

• 표 6-4. pgbackrest.conf 환경 파일 내의 [global] 섹션 항목

| 항목 | 설명 |
| --- | --- |
| repo1-path | 백업이 저장될 볼륨(또는 디렉토리)을 설정한다. |
| log-path | 로그 파일이 저장될 디렉토리를 설정한다. |
| spool-path | 아카이브 파일을 비동기 모드로 저장할 때 사용하는 임시 디렉토리이다. 기본값은 /var/spool/pgbackrest이므로 백업 볼륨 내로 경로를 변경하는 것이 권장된다. |
| repo1-retention-full | 전체 백업본 보관 개수를 설정한다. 예를 들어 2로 설정하면 최근 전체 백업본 2벌만 유지하고, 세 번째 전체 백업이 수행되면 가장 오래된 백업본은 자동으로 삭제된다. |

| | |
|---|---|
| repo1-retention-diff | 차등 백업본 보관 개수를 설정한다. 예를 들어 2로 설정하면 최근 차등 백업본 2벌을 유지하고, 세 번째 차등 백업이 수행되면 가장 오래된 차등 백업본은 자동 삭제된다. 또한 전체 백업 이후에 더 이상 필요하지 않은 차등 백업본도 자동으로 정리된다. |

> ✅ retention 관련 파라미터는 보관 개수 또는 보관 기간 단위로 설정할 수 있으며, 기본값은 개수 기준이다. 한 가지 유의할 점은, 증분 백업에 대해 별도로 설정할 수 있는 retention 파라미터는 존재하지 않는다. 따라서 전체 백업 또는 차등 백업이 수행되면, 설정된 retention 값에 따라 불필요한 증분 백업본은 자동으로 삭제된다.

[svcdb]로 표시된 섹션은 스탠자(Stanza) 정보를 정의하는 영역이다. pgBackRest에서 스탠자란 하나의 데이터베이스 클러스터를 구분하기 위한 논리 단위로, 서버 내에 여러 클러스터가 존재할 경우 각 클러스터마다 별도의 스탠자를 지정하면 된다. 스탠자 명은 임의로 설정할 수 있으며, 이 책에서는 svcdb를 사용한다. 스탠자 설정 항목에 대한 설명은 다음과 같다.

- 표 6-5. pgbackrest.conf 환경 파일 내의 스탠자 설정 항목

| 항목 | 설명 |
|---|---|
| pg1-path | 백업 대상이 되는 데이터베이스 클러스터의 경로를 지정한다. |
| pg1-port | PostgreSQL 인스턴스의 접속 포트를 지정한다. |
| start-fast | 백업 시작 전 강제 체크포인트를 수행하여 백업을 빠르게 시작하도록 설정한다. y로 지정하는 것이 일반적이다. |
| compress-type | 사용할 압축 알고리즘을 지정한다. 기본값은 gz (gzip)이다. |
| compress-level | 압축 레벨을 지정한다. gzip의 기본값은 6이다. |
| process-max | 백업 또는 복원 작업 시 사용할 병렬 프로세스 수를 설정한다. |

물리 백업은 일반적으로 운영 데이터베이스를 대상으로 수행하며, 운영 데이터베이스 크기는 수백 GB에서 수 TB에 이르는 경우도 많다. 이처럼 데이터 양이 많은 상황에서는 압축 알고리즘과 압축 레벨 선택이 백업 성능에 큰 영향을 미친다. 따라서 운영 환경에 적용하기 전에, 압축 방식과 압축 레벨에 대한 충분한 테스트를 수행한 후 최적값을 찾아야 한다.

> ✅ 필자가 최근 수행한 프로젝트에서는 gzip과 lz4 압축 알고리즘에 대해 다양한 압축 레벨로 테스트를 진행했다. 그 결과, gzip의 기본 설정값인 레벨 6이 백업 속도와 압축률 면에서 가장 우수했다. 다만, 테스트 결과는 데이터 유형이나 크기에 따라 달라질 수 있으므로 반드시 사전 테스트를 수행하도록 한다.

또한, 병렬 프로세스 수(process-max)를 늘릴수록 백업 처리 속도는 선형적으로 향상된다. 하지만 백업 과정에서 대량의 디스크 I/O와 압축 작업으로 인한 CPU 리소스를 사용하기 때문에, 백업 수행 시점에는 다른 업무의 성능이 일시적으로 저하될 수 있다. 이러한 점을 고려해 백업 수행 시간대와 병렬 프로세스 수를 조정하는 것이 바람직하다.

환경 파일 설정이 완료되면 스탠자를 생성한다. 스탠자 생성이 완료되면 /dbbackup 디렉토리 내에 backup 및 archive 디렉토리가 자동으로 생성된다.

```
$ pgbackrest --stanza=svcdb stanza-create --config=/dbbackup/pgbackrest.conf
$ ls -al
drwxr-x---. 3 postgres postgres  19 archive
drwxr-x---. 3 postgres postgres  19 backup
drwxr-xr-x. 2 postgres postgres  85 log
-rw-r--r--. 1 postgres postgres 234 pgbackrest.conf
drwxr-xr-x. 2 postgres postgres   6 spool
```

마지막으로, 아카이브 모드로 전환하기 위해 postgresql.conf 파일에 아래 설정을 추가한 뒤, 인스턴스를 재시작한다.

```
archive_mode = on
archive_command = 'pgbackrest --stanza=svcdb archive-push %p --config=/dbbackup/pgbackrest.conf'
```

## pgBackRest를 이용한 백업

pgBackRest는 --type 옵션으로 백업 유형을 설정한다. full(전체 백업), diff(차등 백업), incr(증분 백업) 중 하나로 설정할 수 있다. 사용 예시는 다음과 같다.

```
$ pgbackrest --stanza=svcdb --type=full backup --config=/dbbackup/pgbackrest.conf
$ pgbackrest --stanza=svcdb --type=diff backup --config=/dbbackup/pgbackrest.conf
$ pgbackrest --stanza=svcdb --type=incr backup --config=/dbbackup/pgbackrest.conf
```

백업 파일은 /dbbackup/backup/svcdb 디렉토리 아래에 저장되며, 백업 유형에 따라 디렉토리 명이 구분된다. 전체 백업은 (F), 차등 백업은 (D), 증분 백업은 (I)로 끝나는 디렉토리 명이 생성된다. 또한 latest라는 심볼릭 링크가 자동으로 생성되어, 가장 최근에 수행된 백업 디렉토리를 가리킨다.

```
$ ls -rlt
drwxr-x---. 4 postgres postgres   89  20250414-142001F
drwxr-x---. 3 postgres postgres   72  20250414-142001F_20250414-142812D
drwxr-x---. 3 postgres postgres   72  20250414-142001F_20250414-142828I
lrwxrwxrwx. 1 postgres postgres   33  latest -> 20250414-142001F_20250414-142828I
```

## pg_basebackup을 이용한 전체 백업

pg_basebackup은 PostgreSQL이 제공하는 기본 백업 도구로, 전체 백업을 간편하게 수행할 수 있다는 장점이 있다. 로컬 디스크로 백업을 수행하려면 먼저 pg_hba.conf 파일에 로컬 복제 항목을 추가한다.

```
# TYPE  DATABASE     USER       ADDRESS    METHOD
local   replication  postgres              peer
```

그리고 아카이브 모드를 활성화하고 archive_command를 설정한다.

```
archive_mode = on
archive_command = 'dd if=%p of=/dbbackup/svc01/archive/tmp/%f.tmp && mv /dbbackup/svc01/archive/tmp/%f.tmp /dbbackup/svc01/archive/%f'
```

위 설정을 적용한 후에는 아카이브 디렉토리를 생성하고 인스턴스를 재시작한다.

```
$ mkdir -p /dbbackup/svc01/archive/tmp/
$ pg_ctl restart
```

백업 수행 시에는 -D 옵션으로 백업 파일을 저장할 디렉토리 경로를 지정해야 한다. 지정한 디렉토리는 백업 수행 시 자동으로 생성되며, 미리 생성해도 무방하지만 디렉토리 내부에 파일이 존재하면 백업이 실패하므로 주의해야 한다. 기타 백업 옵션은 리플리카 생성 시 사용하는 옵션과 대부분 유사하다. 다만, 리플리카 생성을 위한 옵션인 -R과 WAL 스트리밍 옵션인 -X는 지정하지 않는다.

사용자 테이블스페이스를 생성한 경우, --tablespace-mapping 옵션을 이용해 테이블스페이스별로 백업 경로를 명시적으로 지정해야 한다. 이때, 향후 복구 편의성을 위해서 아래의 예제처럼 테이블스페이스를 별도의 디렉토리에 백업하는 것이 좋다.

```
$ pg_basebackup -D /dbbackup/svc01/20250414F -U postgres -c fast -v -P \
--tablespace-mapping=/svc_dat/dbbackup/svc01/20250414F_TS/svc_dat \
--tablespace-mapping=/svc_idx/dbbackup/svc01/20250414F_TS/svc_idx \
--tablespace-mapping=/svc_tmp/dbbackup/svc01/20250414F_TS/svc_tmp
```

### 압축 기능

버전 15부터 pg_basebackup 명령어도 압축 기능을 지원한다. 단, pgBackRest처럼 파일 단위로 압축하는 방식이 아니라, 백업 전체를 TAR 파일로 묶은 후 압축하는 방식이기 때문에, 복원 시에는 압축을 수작업으로 해제해야 한다는 점을 유의해야 한다. 따라서 이 기능은 주로 백업 저장 공간이 부족한 경우에만 선택적으로 사용하는 것이 좋다.

압축은 -Z 옵션을 통해 지정하며, 압축 방식과 압축 레벨을 함께 설정할 수 있다. 예를 들어 다음과 같이 lz4 방식에 압축 레벨 1을 적용할 수 있다(압축 옵션을 사용하는 경우 --tablespace-mapping 옵션은 무시된다).

```
$ pg_basebackup -Ft -Z lz4:1 -D /dbbackup/svc01/20250415F -U postgres -c fast -v -P
```

> ✓ 필자가 테스트한 환경에서 lz4 방식은 레벨 1 설정 시 백업 속도와 압축률 모두 우수한 결과를 보였다. 반면 gzip 압축을 적용하면 이상하게도 백업 속도가 눈에 띄게 느려지는 문제가 있었다. 또한, lz4의 경우 압축 레벨이 3 이상으로 올라가면 백업 속도가 급격히 저하되었다. 따라서 반드시 독자들의 시스템 환경에서 사전 테스트를 수행할 필요가 있다.

백업 수행 후에는 백업 디렉토리 내에 데이터 유형 별로 압축된 TAR 파일과 메타 정보를 저장하는 backup_manifest 파일이 생성된다. 숫자로 시작하는 파일은 테이블스페이스 백업 파일이다.

```
$ ls -1
backup_manifest
base.tar.lz4       -- $PGDATA 백업 파일
pg_wal.tar         -- WAL백업 파일
32811.tar.lz4      -- 테이블스페이스 백업 파일들
```

## pg_basebackup을 이용한 증분 백업

버전 17부터는 블록 단위 증분 백업 기능을 지원한다. 블록 단위 증분 백업을 지원하기 위해서는 다음 두 가지 요소가 필요하다.

- 변경된 블록 위치를 식별하는 방법
- 변경된 블록 위치를 저장하는 방법

변경된 블록 위치 식별은 WAL 파일을 기반으로 한다. WAL에는 트랜잭션 수행으로 인해 변경된 블록 정보가 포함되어 있기 때문이다. 또한, 변경된 블록 위치를 저장하기 위해 walsummarizer 백그라운드 프로세스가 추가되었다. summarize_wal 파라미터를 on으로 설정하면 해당 프로세스가 기동된다.

```
$ echo "summarize_wal = on" >> $PGDATA/postgresql.conf
$ pg_ctl reload
```

파라미터가 적용되면 walsummarizer 백그라운드 프로세스가 실행된다.

```
postgres    9390    1159 36 postgres: walsummarizer
```

walsummarizer 프로세스는 체크포인트 발생 시마다 변경된 블록 위치를 다음과 같은 요약 파일에 기록한다. 요약 파일은 WAL 저장 경로 하위의 summaries 디렉토리에 저장된다.

```
0000000C000000187C94A4F8000000187EB34938.summary
0000000C000000187EB349380000000187EB34A40.summary
```

요약 파일명은 'Timeline + 시작 LSN + 종료 LSN' 형태로 구성되며, 각 요약 파일의 종료 LSN이 다음 요약 파일의 시작 LSN이 된다.

그림 6-3. 증분 백업을 위한 요약 파일명 형식

요약 파일의 내용을 확인하려면 pg_walsummary 명령어를 이용한다. 파일 내에는 테이블스페이스 OID, 데이터베이스 OID, 테이블 OID, 변경된 블록 범위가 기록된다.

```
$ pg_walsummary 0000000C000000187C94A4F8000000187EB34938.summary
TS 1663, DB 32818, REL 60103, FORK main: blocks 27167..29618
```

요약 파일의 보관 기간은 wal_summary_keep_time 파라미터로 설정하며, 기본값은 10일이다. 일반적으로 주 1회 전체 백업을 수행하므로 기본값이면 충분하지만, 전체 백업 주기가 10일 이상이면 이 값을 늘려야 한다. 보관 기간을 초과한 요약 파일은 walsummarizer 프로세스가 자동으로 삭제한다.

```
=> \dconfig *summary*
        매개변수          |  값
----------------------+-----
 wal_summary_keep_time | 10d
```

증분 백업 기능이 실제로 블록 단위로 동작하는지 확인해보기 위해 테스트를 수행해보자. 먼저 테스트 테이블을 생성하고 대량의 데이터를 입력한다.

```
=> drop table t1 cascade;
=> create table t1 (c1 char(100));
=> insert into t1 select 'A' from generate_series(1,1000000);
INSERT 0 1000000
=> \dt+ t1
                         릴레이션 목록
 스키마 | 이름 | 형태  | 소유주 | 지속성 | 접근 방법 |  크기  | 설명
--------+------+-------+--------+--------+-----------+--------+------
 svc    | t1   | 테이블 | svc   | 영구   | heap      | 128 MB |
```

증분 백업 기능을 사용하려면 먼저 전체 백업을 1회 수행해야 한다. 따라서 아래와 같이 전체 백업을 먼저 수행한다.

```
$ pg_basebackup -D /dbbackup/svc01/20250417F -U postgres -c fast -v -P \
--tablespace-mapping=/svc_dat=/dbbackup/svc01/20250417F_TS/svc_dat \
--tablespace-mapping=/svc_idx=/dbbackup/svc01/20250417F_TS/svc_idx \
--tablespace-mapping=/svc_tmp=/dbbackup/svc01/20250417F_TS/svc_tmp
```

전체 백업 후, 증분 백업을 테스트하기 위해 1건만 추가 입력한다.

```
=> insert into t1 values ('B');
INSERT 0 1
```

이제 증분 백업을 수행해보자. 증분 백업은 --incremental 옵션을 사용하며, 기준이 되는 백업 디렉토리의 backup_manifest 파일 경로를 지정해야 한다. 최초 증분 백업 시에는 전체 백업의 manifest 파일을 기준으로 지정하고, 이후부터는 직전 증분 백업의 manifest 파일을 지정한다.

```
$ pg_basebackup -D /dbbackup/svc01/20250418I -U postgres -c fast -v -P \
--incremental=/dbbackup/svc01/20250417F/backup_manifest \
--tablespace-mapping=/svc_dat=/dbbackup/svc01/20250418I_TS/svc_dat \
--tablespace-mapping=/svc_idx=/dbbackup/svc01/20250418I_TS/svc_idx \
--tablespace-mapping=/svc_tmp=/dbbackup/svc01/20250418I_TS/svc_tmp
```

변경된 블록만 백업되었는지 확인하기 위해 테이블 파일 경로를 확인한다.

```
=> select pg_relation_filepath('t1');
 pg_relation_filepath
---------------------
 base/32818/60107
```

증분 백업 파일은 INCREMENTAL.<OID> 형식으로 저장된다. 백업 디렉토리를 확인해보면, INCREMENTAL.60107 파일의 크기가 16KB에 불과한 것을 알 수 있다. 즉, 변경된 블록만 백업되었음을 명확히 알 수 있다.

```
$ cd /dbbackup/svc01/20250418I/base/32818
$ ls -al *60107*
-rw-------. 1 postgres postgres 57344   60107_fsm
-rw-------. 1 postgres postgres 16384   INCREMENTAL.60107
-rw-------. 1 postgres postgres    12   INCREMENTAL.60107_vm
```

지금까지 pgBackRest와 pg_basebackup을 이용한 물리 백업 구성 방법과 각 도구의 특징을 살펴보았다. 독자들은 각 백업 툴의 장단점을 고려해서 적절한 도구를 선택하도록 한다. 백업 도구와 환경 구성이 완료되면, 이후에는 백업 주기에 따라 스케줄러(cron 등)를 활용해 주기적인 백업을 수행하면 된다. 지금까지 살펴본 내용의 개략적인 구성도는 다음과 같다.

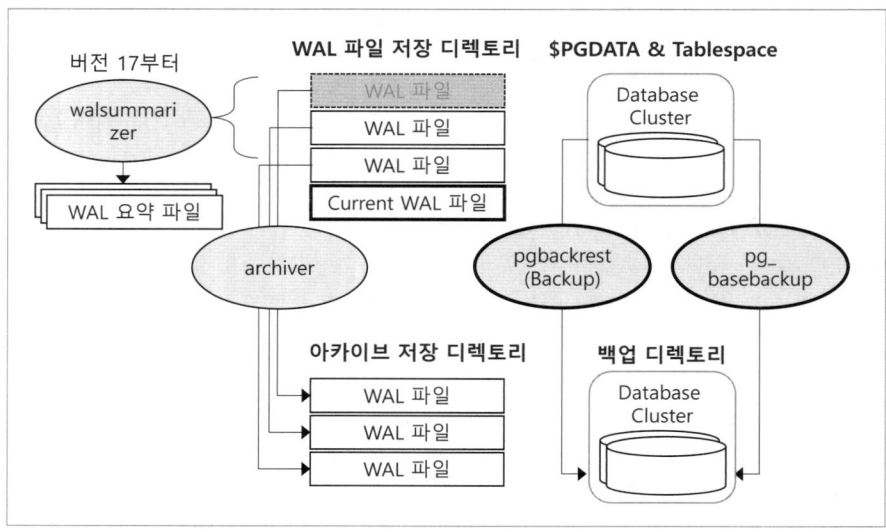

그림 6-4. 백업 수행 개략도

## pgBackRest를 이용한 완전 복구

완전 복구를 위해서는 최근 백업본과 아카이브된 WAL 파일, 그리고 Current WAL 파일이 필요하다. 즉, $PGDATA 디렉토리와 테이블스페이스 디렉토리에 존재하는 모든 데이터 파일이 삭제된 상황에서도, Current WAL 파일만 있다면 백업본과 아카이브된 WAL 파일을 이용해서 완전 복구가 가능하다.

반면, WAL 디스크 볼륨 손상으로 Current WAL 파일이 유실된 경우에는 완전 복구를 수행할 수 없다. 이때는 백업된 WAL 파일까지만 복구할 수 있다. 이러한 복구를 '불완전 복구'라고 한다.

> ✅ 아래 예제들은 서로 다른 서버에서 pgbackrest와 pg_basebackup 명령어를 사용해서 테스트한 내용이다. pgBackRest를 사용할 때는 summarize_wal 파라미터를 off로 유지해야 한다.

pgBackRest를 이용한 완전 복구는 전체 복원 방식과 delta 옵션을 이용하는 방식으로 나뉜다. 이 중 전체 복원 방식은 $PGDATA 볼륨 전체가 손상된 경우에 사용하며, 다음과 같은 단계로 진행한다.

1. pgbackrest restore 명령어를 실행한다.
2. WAL 파일 저장 디렉토리에 대한 심볼릭 링크를 생성한다.
3. 인스턴스를 시작한다.

완전 복구 테스트를 위해 기본 테이블스페이스와 사용자 테이블스페이스에 각각 테이블과 인덱스를 생성하고, 1,000건씩 데이터를 입력한다.

```
=> drop table t1 cascade;
=> create table t1 (c1 char(100));
=> create table t1ts (c1 char(100)) tablespace svc_dat;
=> create index t1ts_n1 on t1ts(c1) tablespace svc_idx;
=> insert into t1 select 'A' from generate_series(1,1000);
INSERT 0 1000
=> insert into t1ts select 'A' from generate_series(1,1000);
INSERT 0 1000
```

전체 백업을 수행한다.

```
$ pgbackrest --stanza=svcdb --type=full backup --config=/dbbackup/pgbackrest.conf
```

백업 이후 테스트 테이블에 각각 100만 건의 데이터를 추가 입력한다.

```
=> insert into t1 select 'B' from generate_series(1,1000000);
INSERT 0 1000000
=> insert into t1ts select 'B' from generate_series(1,1000000);
INSERT 0 1000000
```

$PGDATA 볼륨 디스크 장애로 모든 데이터 파일이 손상되었다고 가정하고, 완전 복구 절차를 수행해보자. 먼저 $PGDATA 디렉토리를 삭제한다.

```
$ rm -rf $PGDATA
```

사용자 테이블스페이스도 삭제한다. 해당 디렉토리 내에 파일이 존재하면 pgbackrest restore 명령어 수행 시 에러가 발생한다.

```
$ rm -rf /svc_dat/*; rm -rf /svc_idx/*; rm -rf /svc_tmp/*
```

복원 명령어를 수행한다(테이블스페이스를 사용하는 경우 --tablespace-map 옵션을 지정한다).

```
$ pgbackrest --stanza=svcdb restore --config=/dbbackup/pgbackrest.conf \
--tablespace-map=svc_dat=/svc_dat \
--tablespace-map=svc_idx=/svc_idx \
--tablespace-map=svc_tmp=/svc_tmp \
--log-level-console=info
```

복원 작업이 완료되면, 복구를 위한 아래의 사항들이 자동으로 적용된다.

- 복구 모드로 인스턴스를 기동하도록 $PGDATA 디렉토리에 recovery.signal 파일 생성
- $PGDATA/postgresql.auto.conf 파일에 restore_command 파라미터 설정

참고로, restore_command 파라미터는 다음과 같이 설정된다.

```
restore_command = 'pgbackrest --config=/dbbackup/pgbackrest.conf --stanza=svcdb archive-get %f "%p"'
```

current WAL 파일을 적용하기 위해 $PGDATA/pg_wal 디렉토리를 삭제한 후, 실제 WAL 파일 저장 경로로 심볼릭 링크를 생성한다. 이 작업은 완전 복구를 수행하기 위한 매우 중요한 작업이다. 만약 이 작업을 생략하면 복구 시에 current WAL 파일이 적용되지 않기 때문에 완전 복구에 실패하게 된다.

```
$ cd $PGDATA
$ rm -rf pg_wal
$ ln -s /pg_wal/svc01 ./pg_wal
```

이제 복구 준비가 완료되었다. 인스턴스를 기동하면 restore_command 파라미터에 지정된 명령어를 이용해서 WAL 파일이 순차적으로 적용된다. 즉, 아카이브된 WAL 파일들이 순차적으로 적용되고 마지막으로 /pg_wal/svc01 디렉토리에 저장된 current WAL 파일이 적용된다.

```
$ pg_ctl start
```

복구 진행 상황은 로그 파일을 통해 확인할 수 있다. 로그 파일에 'database system is ready to accept connections' 메시지가 출력되면 복구가 정상적으로 완료된 것이다. 복구가 완료되면 recovery.signal 파일은 자동으로 삭제된다.

```
restored log file "0000000F0000001800000036" from archive
restored log file "0000000F0000001800000037" from archive
restored log file "0000000F0000001800000038" from archive      -> current WAL 파일
database system is ready to accept connections
```

여기서 중요한 점은 current WAL 파일이 정상적으로 적용되었는지를 반드시 확인해야 한다는 것이다. PostgreSQL은 복구에 필요한 WAL 파일이 누락된 경우, 누락 직전 WAL 파일까지만 적용한 후에 에러 없이 인스턴스를 기동하기 때문이다.

예를 들어, 0000000F0000001800000037번 파일이 아카이브 디렉토리에서 삭제되었다면, 그 이전 아카이브 파일까지만 복구를 수행하고 복구 작업이 완료되는 문제가 있다.

복구가 완료된 이후, 테이블 건수를 확인해보면 정상적으로 복구된 것을 확인할 수 있다.

```
=> select count(*) from t1;
  count
---------
 1001000
=> select count(*) from t1ts;
  count
---------
 1001000
```

전체적인 복구 구성도는 다음과 같다(그림 6-5. 참조).

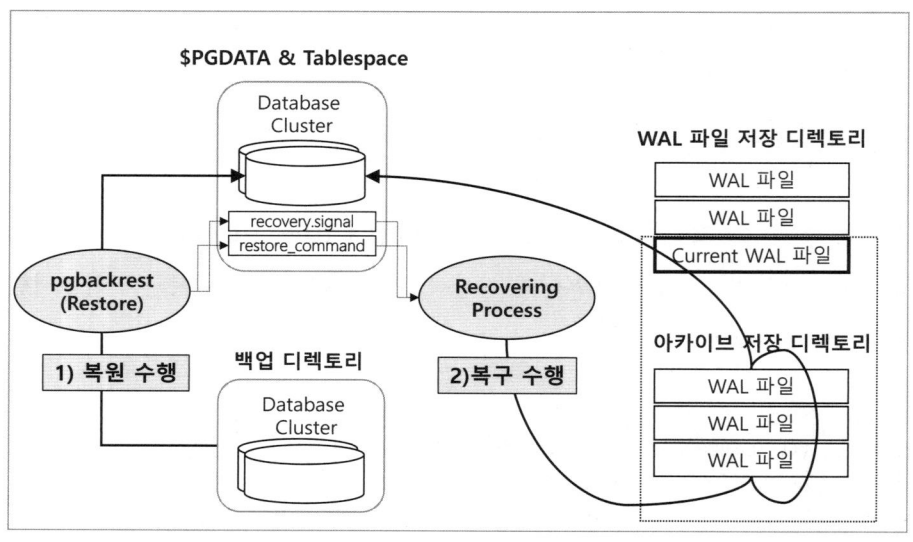

그림 6-5. pgBackRest를 이용한 전체 복구 개략도

## pgBackRest를 이용한 완전 복구 (Delta 옵션)

델타 옵션을 이용한 완전 복구는 $PGDATA 디스크 볼륨 전체가 아닌, 일부 데이터 파일만 손상된 경우에 사용하는 방식이다. 수행 절차는 다음과 같다.

1. 인스턴스를 종료한다.
2. pgbackrest restore 명령어를 --delta 옵션으로 실행한다.
3. WAL 파일 저장 디렉토리에 대한 심볼릭 링크를 생성한다.
4. 인스턴스를 시작한다.

테스트를 위해 특정 테이블의 데이터 파일을 삭제해보자(먼저 파일 경로를 확인한다).

```
=> select pg_relation_filepath('t1');
 pg_relation_filepath
----------------------
 base/32818/84679
```

```
=> select pg_relation_filepath('t1ts');
         pg_relation_filepath
------------------------------------------
 pg_tblspc/32811/PG_17_202406281/32818/84682
```

확인한 경로를 이용해서 실제 테이블 파일을 삭제한다.

```
=> \! rm $PGDATA/base/32818/84679*
=> \! rm $PGDATA/pg_tblspc/32811/PG_17_202406281/32818/84682
```

PostgreSQL은 일부 테이블의 데이터 파일이 손상되더라도 인스턴스가 즉시 종료되지는 않는다. 하지만 해당 테이블을 조회하면 다음과 같은 오류 메시지가 로그에 기록되어 파일 손상 여부를 확인할 수 있다.

```
[58P01]ERROR:  could not open file "base/32818/84679"
[58P01]STATEMENT:  select * From t1;
[58P01]ERROR:  could not open file "pg_tblspc/32811/PG_17_202406281/32818/84682"
[58P01]STATEMENT:  select * From t1ts;
```

이제 델타 복원을 수행하기 위해 인스턴스를 종료한다.

```
$ pg_ctl stop
```

인스턴스 종료 후, --delta 및 --tablespace-map 옵션을 이용해서 복원을 수행한다.

```
$ pgbackrest --stanza=svcdb restore --delta --config=/dbbackup/pgbackrest.conf \
--tablespace-map=svc_dat=/svc_dat \
--tablespace-map=svc_idx=/svc_idx \
--tablespace-map=svc_tmp=/svc_tmp \
--log-level-console=info
```

델타 복원 시에 --link-map 옵션을 사용하면 WAL 저장 디렉토리에 대한 심볼릭 링크를 자동으로 생성할 수 있다. 하지만, 동일 장비에서 완전 복구를 수행할 때는 이 옵션을 사용해서는 안된다. 예를 들어, --link-map=pg_wal=/pg_wal/svc01 옵션을 적용하면, 'remove invalid files /links/paths from /pg_wal/svc01' 메시지와 함께 current WAL 파일이 삭제되는 위험성이 있기 때문이다.

따라서 델타 복원 시에도 수동으로 pg_wal 디렉토리를 삭제한 후 심볼릭 링크를 생성한다.

```
$ cd $PGDATA
$ rm -rf pg_wal
$ ln -s /pg_wal/svc01 ./pg_wal
```

복구 준비가 완료되었으므로 인스턴스를 기동한다.

```
$ pg_ctl start
```

복구가 완료된 이후, 테이블 건수를 확인해보면 정상적으로 복구된 것을 확인할 수 있다.

```
=> select count(*) from t1;
  count
---------
 1001000
=> select count(*) from t1ts;
  count
---------
 1001000
```

## pg_basebackup을 이용한 완전 복구 (전체 백업)

pg_basebackup을 이용한 완전 복구는 전체 백업 또는 증분 백업을 이용하는 방식이 있다. 이 단락에서는 전체 백업을 이용한 완전 복구 절차에 대해 설명한다. 복구 절차는 다음과 같다.

1. 데이터베이스 클러스터 내의 모든 파일을 삭제한다.
2. 백업본을 원래 위치로 복사한다.
3. 심볼릭 링크를 생성한다.
4. recovery.signal 파일을 생성한다.
5. restore_command 파라미터를 설정한다.
6. 인스턴스를 시작한다.

복구 테스트를 위해 전체 백업을 수행한다(테스트 테이블 생성과 데이터 입력은 앞에서 사용한 스크립트와 동일하므로 생략한다).

```
$ pg_basebackup -D /dbbackup/svc01/2025041808F -U postgres -c fast -v -P \
--tablespace-mapping=/svc_dat=/dbbackup/svc01/2025041808F_TS/svc_dat \
--tablespace-mapping=/svc_idx=/dbbackup/svc01/2025041808F_TS/svc_idx \
--tablespace-mapping=/svc_tmp=/dbbackup/svc01/2025041808F_TS/svc_tmp
```

백업 후 테스트 테이블에 100만 건의 데이터를 추가로 입력한다.

```
=> insert into t1 select 'B' from generate_series(1,1000000);
INSERT 0 1000000
=> insert into t1ts select 'B' from generate_series(1,1000000);
INSERT 0 1000000
```

이제 $PGDATA 볼륨의 디스크 장애로 모든 데이터 파일이 손상되었다고 가정한다.

```
$ rm -rf $PGDATA
```

테이블스페이스 디렉토리도 삭제한다.

```
$ rm -rf /svc_dat/*; rm -rf /svc_idx/*; rm -rf /svc_tmp/*
```

백업된 $PGDATA 및 테이블스페이스 파일들을 원래 위치로 복사한다.

```
$ cd /dbbackup/svc01
$ cp -rp 2025041808F /data/svc01
$ cp -rp 2025041808F_TS/svc_dat/* /svc_dat
$ cp -rp 2025041808F_TS/svc_idx/* /svc_idx
$ cp -rp 2025041808F_TS/svc_tmp/* /svc_tmp
```

WAL 파일은 별도 디렉토리에 저장되므로 pg_wal 디렉토리에 심볼릭 링크를 생성한다. 또한 사용자 테이블스페이스도 $PGDATA/pg_tblspc 경로 하위에 심볼릭 링크를 생성한다.

```
$ cd $PGDATA
$ rm -rf pg_wal
$ ln -s /pg_wal/svc01 ./pg_wal
```

6. 백업과 복구   247

```
$ cd $PGDATA/pg_tblspc
$ rm *
$ ln -s /svc_dat ./32811; ln -s /svc_idx ./32812; ln -s /svc_tmp ./32813
```

복구 준비가 완료되었으므로 $PGDATA 디렉토리에 recovery.signal 파일을 생성한다.

```
$ cd $PGDATA
$ touch recovery.signal
```

아카이브 파일 적용을 위해 restore_command 파라미터를 설정한다.

```
$ echo "restore_command = 'cp /dbbackup/svc01/archive/%f %p'" >> postgresql.auto.conf
```

인스턴스를 기동하면 restore_command 파라미터에 지정된 디렉토리에서 아카이브된 WAL 파일을 모두 적용하고, 이어서 $PGDATA/pg_wal 디렉토리의 Current WAL 파일을 적용한다.

```
$ pg_ctl start
```

복구가 완료된 이후, 테이블 건수를 확인해보면 정상적으로 복구된 것을 확인할 수 있다.

```
=> select count(*) from t1;
  count
---------
 1001000
=> select count(*) from t1ts;
  count
---------
 1001000
```

## pg_basebackup을 이용한 완전 복구 (증분 백업)

증분 백업을 이용한 완전 복구 절차는 다음과 같다(pg_combinebackup 명령어를 이용한다는 점을 제외하면 이전 복구 절차와 동일하다).

1. 데이터베이스 클러스터 내의 모든 파일을 삭제한다.

2. pg_combinebackup 명령어를 이용해서 전체, 증분 백업 파일을 합쳐서 복원한다.
3. 심볼릭 링크를 생성한다.
4. recovery.signal 파일을 생성한다.
5. restore_command 파라미터를 설정한다.
6. 인스턴스를 시작한다.

증분 백업 테스트를 위해 테이블에 각각 1,000건의 데이터를 추가 입력한다.

```
=> insert into t1 select 'C' from generate_series(1,1000);
INSERT 0 1000
=> insert into t1ts select 'C' from generate_series(1,1000);
INSERT 0 1000
```

이후 첫 번째 증분 백업을 수행한다. 이때 --incremental 옵션에는 직전 전체 백업 디렉토리의 backup_manifest 파일을 지정한다.

```
$ pg_basebackup -D /dbbackup/svc01/2025041809I -U postgres -c fast -v -P \
--incremental=/dbbackup/svc01/2025041808F/backup_manifest \
--tablespace-mapping=/svc_dat=/dbbackup/svc01/2025041809I_TS/svc_dat \
--tablespace-mapping=/svc_idx=/dbbackup/svc01/2025041809I_TS/svc_idx \
--tablespace-mapping=/svc_tmp=/dbbackup/svc01/2025041809I_TS/svc_tmp
```

복수 개의 증분 백업 파일 테스트를 위해서 각각 1,000건의 데이터를 추가 입력한다.

```
=> insert into t1 select 'D' from generate_series(1,1000);
INSERT 0 1000
=> insert into t1ts select 'D' from generate_series(1,1000);
INSERT 0 1000
```

두 번째 증분 백업을 수행한다. 이때는 직전 증분 백업의 backup_manifest 파일을 지정한다.

```
$ pg_basebackup -D /dbbackup/svc01/2025041810I -U postgres -c fast -v -P \
--incremental=/dbbackup/svc01/2025041809I/backup_manifest \
--tablespace-mapping=/svc_dat=/dbbackup/svc01/2025041810I_TS/svc_dat \
--tablespace-mapping=/svc_idx=/dbbackup/svc01/2025041810I_TS/svc_idx \
--tablespace-mapping=/svc_tmp=/dbbackup/svc01/2025041810I_TS/svc_tmp
```

이제 $PGDATA 볼륨에 디스크 오류가 발생해 모든 데이터 파일이 손상되었다고 가정하자.

```
$ rm -rf $PGDATA
```

테이블스페이스 디렉토리도 이전과 동일하게 삭제한다.

```
$ rm -rf /svc_dat/*; rm -rf /svc_idx/*; rm -rf /svc_tmp/*
```

이제 pg_combinebackup 명령어를 이용해 전체 백업과 중분 백업 파일들을 순차적으로 조합해 복원한다. 백업 디렉토리는 전체 백업 → 가장 오래된 증분 백업 → 가장 최근 증분 백업 순으로 나열하며, -o 옵션으로 복원 대상 디렉토리를 지정한다. 테이블스페이스를 사용하는 경우, 마지막 증분 백업의 테이블스페이스 디렉토리를 기준으로 --tablespace-mapping 옵션을 설정한다.

```
$ pg_combinebackup -o /data/svc01 \
    /dbbackup/svc01/2025041808F \
    /dbbackup/svc01/2025041809I \
    /dbbackup/svc01/2025041810I \
  --tablespace-mapping=/dbbackup/svc01/2025041810I_TS/svc_dat=/svc_dat \
  --tablespace-mapping=/dbbackup/svc01/2025041810I_TS/svc_idx=/svc_idx \
  --tablespace-mapping=/dbbackup/svc01/2025041810I_TS/svc_tmp=/svc_tmp
```

이후의 복구 절차(심볼릭 링크 생성, recovery.signal 생성, restore_command 설정, 인스턴스 기동)는 앞의 전체 백업 복구 예제와 동일하므로 반복 설명은 생략한다.

## pgBackRest를 이용한 시점 복구 (별도 서버)

시점 복구(Point-In-Time Recovery, PITR)는 사용자 실수나 애플리케이션 오류 등으로 인해 데이터가 손실되었을 때, 특정 시점으로 데이터베이스를 되돌리는 기능이다. 시점 복구는 동일 서버에서 수행할 수도 있고, 별도의 서버에서 수행할 수도 있다.

동일 서버에서 복구를 진행할 경우, 복원 위치 변경뿐만 아니라 포트, 로그 파일 경로, 아카이브 명령어 등을 모두 재설정해야 하며, 복구를 위해 일시적으로 동일 서버에 별도의 인스턴스를 기동해야 하므로 메모리 여유율도 함께 고려해야 한다. 이러한 제약으로 인해, 시점 복구는 별도의 서버에서 수행하는 것이 보다 안전하고 편리하다.

이 책에서는 pgBackRest를 이용한 시점 복구의 경우, 동일 서버와 별도 서버에서의 복구 절차를 모두 설명한다. 반면, pg_basebackup은 별도 서버에서의 복구 절차만 다룬다. 동일 서버에서의 복구는 앞의 다른 예제를 통해 설명 없이도 충분히 유추할 수 있을 것이다.

별도 서버에서의 시점 복구 절차는 다음과 같다.

1. pg_switch_wal() 함수를 이용해서 current WAL 파일을 아카이브 디렉토리로 복사한다.
2. 백업 파일을 복구용 서버로 전송한다.
3. 복구 시점을 지정하고 pgbackrest restore 명령어를 수행한다.
4. 인스턴스를 시작한다.
5. 복구된 테이블을 덤프한다.
6. 덤프 파일을 원본 서버로 전송한 후 복원한다.

시점 복구 테스트를 위해 기존 테이블에 데이터를 입력한다.

```
=> insert into t1   select 'PITR' from generate_series(1,10000);
INSERT 0 10000
=> insert into t1ts select 'PITR' from generate_series(1,10000);
INSERT 0 10000
=> select count(*) from t1;
  count
---------
 1011000
=> select count(*) from t1ts;
  count
---------
 1011000
```

테이블을 삭제한다.

```
=> drop table t1;
=> drop table t1ts;
```

테이블이 삭제된 시점은 PostgreSQL 로그 파일에서 확인할 수 있다. 만약 DELETE, UPDATE 같은 데이터 수정 작업에 대한 시점 복구라면, 애플리케이션 로그를 참고해 정확한 시점을 확인해야 한다.

```
2025-04-18 13:28:34.583 KST ... LOG:  statement: drop table t1;
2025-04-18 13:28:35.289 KST ... LOG:  statement: drop table t1ts;
```

이제 시점 복구를 시작해보자. 시점 복구 시에는 current WAL 파일 내에 복구 대상 시점이 포함되어 있을 수 있으므로, pg_switch_wal() 함수를 이용해서 current WAL 파일을 아카이브 디렉토리로 복사한다.

```
=> select pg_switch_wal();
 pg_switch_wal
---------------
 19/BD4A55A0
```

백업 디렉토리를 TAR 파일로 압축한다.

```
# cd /
# tar -czvf dbbackup.tar.gz dbbackup
```

압축된 백업 파일을 복구용 서버로 전송한 후, 동일한 경로에 압축을 해제한다.

```
# cd /
# tar -xvf dbbackup.tar.gz
```

시점 복구 시에 --type 옵션은 time으로 설정하고 --target 옵션은 복구 시점을 설정한다. 테이블스페이스 매핑은 생략할 수 있으며, 이 경우 $PGDATA/pg_tblspc 경로에 복원된다. 그리고 시점복구는 기본적으로 마스터로 승격되지 않기 때문에 --target-action 옵션을 promote로 지정한다.

```
$ pgbackrest --stanza=svcdb restore --config=/dbbackup/pgbackrest.conf \
--type=time --target="2025-04-18 13:28:34" \
--target-action=promote \
--log-level-console=info
```

복원 완료 후 $PGDATA/postgresql.auto.conf 파일에는 아래와 같은 파라미터가 자동으로 설정된다.

```
restore_command = 'pgbackrest --config=/dbbackup/pgbackrest.conf --stanza=svcdb archive-get %f "%p"'
recovery_target_time = '2025-04-18 13:28:34'
recovery_target_action = 'promote'
```

인스턴스를 기동하면 복구를 시작한다.

```
$ pg_ctl start
```

시점 복구 완료 후 테이블이 정상적으로 복구된 것을 확인할 수 있다.

```
=> select count(*) from t1;
  count
---------
 1001000
=> select count(*) from t1ts;
  count
---------
 1001000
```

복원된 테이블을 덤프한다.

```
$ pg_dump -Fc -Z1 -p 54321 -d svcdb -t t1 -t t1ts -f svcdb_table.custom
```

덤프 파일을 원본 서버로 전송한 후, pg_restore를 이용해 테이블을 복원하면 시점 복구 작업이 마무리된다.

```
$ pg_restore -v -d svcdb svcdb_table.custom > svcdb_table.log 2>&1
```

## pgBackRest를 이용한 시점 복구 (동일 서버)

동일 서버에서의 시점 복구 절차는 다음과 같다.

1. pg_switch_wal() 함수를 수행한다.
2. pgBackRest 환경 파일을 복사한 후, 복원 경로를 변경한다.
3. 복구 시점을 지정하고 pgbackrest restore 명령어를 실행한다.
4. 복원된 디렉토리의 postgresql.conf 파일에서 일부 파라미터를 수정한다.
5. 인스턴스를 시작한다.
6. 복구 완료 후 테이블을 덤프하고 원본 환경에 복원한다.

시점 복구 테스트를 위해 테이블에 데이터를 추가로 입력한다.

```
=> insert into t1   select 'PITR2' from generate_series(1,10000);
INSERT 0 10000
=> insert into t1ts select 'PITR2' from generate_series(1,10000);
INSERT 0 10000
=> select count(*) from t1;
  count
---------
 1021000
=> select count(*) from t1ts;
  count
---------
 1021000
```

테이블을 삭제한다.

```
=> drop table t1;
=> drop table t1ts;
```

테이블이 삭제된 시점은 PostgreSQL 로그에서 확인할 수 있다.

```
2025-04-18 14:12:01.598 KST ... LOG:  statement: drop table t1;
2025-04-18 14:12:06.425 KST ... LOG:  statement: drop table t1ts;
```

current WAL 파일을 아카이브 디렉토리로 복사하기 위해 pg_switch_wal() 함수를 수행한다.

```
=> select pg_switch_wal();
 pg_switch_wal
---------------
 19/CD52AAA8
```

이제 시점 복구를 위한 환경 설정을 진행한다. 기존 pgbackrest.conf 파일을 복사하여 별도의 환경 파일을 만든다.

```
$ cp /dbbackup/pgbackrest.conf /dbbackup/pgbackrest_pitr.conf
```

복사한 환경 파일 내 pg1-path 항목을 복구용 디렉토리로 수정한다.

```
[svcdb]
pg1-path=/data/svc01_pitr
```

수정한 환경 파일을 기반으로 시점 복구를 수행한다. 이때는 테이블스페이스 경로도 함께 매핑해야 한다.

```
$ pgbackrest --stanza=svcdb restore --config=/dbbackup/pgbackrest_pitr.conf \
--type=time --target="2025-04-18 14:12:01" \
--target-action=promote \
--tablespace-map=svc_dat=/svc_dat/pitr \
--tablespace-map=svc_idx=/svc_idx/pitr \
--tablespace-map=svc_tmp=/svc_tmp/pitr \
--log-level-console=info
```

복원된 디렉토리 내의 postgresql.conf 파일에서 로그 디렉토리, 포트, 아카이브 명령어를 수정한다.

```
$ cd /data/svc01_pitr
$ vi postgresql.conf
log_directory = '/logs/svcdb_pitr'
port = 54322
archive_command = '/usr/bin/pgbackrest --stanza=svcdb archive-push %p --config=/dbbackup/pgbackrest_pitr.conf'
```

복원 디렉토리를 -D 옵션으로 지정한 후 인스턴스를 시작한다.

```
$ pg_ctl start -D /data/svc01_pitr
```

복구가 완료되면 테이블이 정상적으로 복구된 것을 확인할 수 있다.

```
psql -p 54322
psql (17.4)
도움말을 보려면 "help"를 입력하십시오.
=> select count(*) from t1;
  count
---------
 1021000
=> select count(*) from t1ts;
  count
---------
 1021000
```

복구가 완료된 테이블은 기존 절차와 동일하게 덤프한 후, 원본 서버에 복원한다.

## pg_basebackup을 이용한 시점 복구 (별도 서버)

pg_basebackup을 이용한 시점 복구는 일부 수작업이 필요하다는 점을 제외하면, 전체적인 흐름은 pgBackRest를 이용한 시점 복구와 거의 동일하다. 별도 서버에서의 복구 절차는 다음과 같다.

1. pg_switch_wal() 함수를 수행한다.
2. 백업 파일을 복구용 서버로 전송한다.
3. 백업본을 원래 위치로 복사한다.
4. 심볼릭 링크를 생성한다.
5. recovery.signal 파일을 생성한다.
6. restore_command, recovery_target_time 등의 파라미터를 설정한다.
7. 인스턴스를 시작한다.
8. 복구 완료 후 테이블을 덤프한다.

9. 덤프 파일을 원본 서버로 전송한 후 복원한다.

시점 복구 테스트를 위한 데이터를 입력한다.

```
=> insert into t1   select 'PITR' from generate_series(1,10000);
INSERT 0 10000
=> insert into t1ts select 'PITR' from generate_series(1,10000);
INSERT 0 10000
=> select count(*) from t1;
  count
---------
 1014000
=> select count(*) from t1ts;
  count
---------
 1014000
```

전체 백업을 수행한다.

```
$ pg_basebackup -D /dbbackup/svc01/2025041815F -U postgres -c fast -v -P \
--tablespace-mapping=/svc_dat=/dbbackup/svc01/2025041815F_TS/svc_dat \
--tablespace-mapping=/svc_idx=/dbbackup/svc01/2025041815F_TS/svc_idx \
--tablespace-mapping=/svc_tmp=/dbbackup/svc01/2025041815F_TS/svc_tmp
```

테이블을 삭제한다.

```
=> drop table t1;
=> drop table t1ts;
```

삭제 시점은 로그 파일에서 확인할 수 있다.

```
2025-04-18 15:12:49.047 KST ... LOG:  statement: drop table t1;
2025-04-18 15:12:52.589 KST ... LOG:  statement: drop table t1ts;
```

이제 시점 복구를 시작해보자. 가장 먼저 pg_switch_wal() 함수를 실행한다.

```
=> select pg_switch_wal();
```

```
 pg_switch_wal
----------------
 19/EF079C70
```

백업 디렉토리를 압축한다.

```
# cd /
# tar -czvf dbbackup.tar.gz dbbackup
```

압축된 백업 파일을 복구용 서버로 전송한 후에 동일한 위치에 압축을 해제한다.

```
# cd /
# tar -xvf dbbackup.tar.gz
```

백업본을 원래 위치로 복사한다.

```
$ cd /dbbackup/svc01
$ cp -rp 2025041815F /data/svc01
$ cp -rp 2025041815F_TS/svc_dat/* /svc_dat
$ cp -rp 2025041815F_TS/svc_idx/* /svc_idx
$ cp -rp 2025041815F_TS/svc_tmp/* /svc_tmp
```

테이블스페이스용 심볼릭 링크를 생성한다.

```
$ cd $PGDATA
$ cd $PGDATA/pg_tblspc
$ rm *
$ ln -s /svc_dat ./32811; ln -s /svc_idx ./32812 ln -s /svc_tmp ./32813
```

recovery.signal 파일을 생성한다.

```
$ cd $PGDATA
$ touch recovery.signal
```

postgresql.auto.conf 파일에 복구에 필요한 파라미터를 설정한다.

```
restore_command          = 'cp /dbbackup/svc01/archive/%f %p'
```

```
recovery_target_time   = '2025-04-18 15:12:49'
recovery_target_action = 'promote'
```

인스턴스를 시작한다.

```
$ pg_ctl start
```

시점 복구가 완료되면 테이블이 정상적으로 복구된 것을 확인할 수 있다.

```
=> select count(*) from t1;
  count
---------
 1004000
=> select count(*) from t1ts;
  count
---------
 1004000
```

테이블 덤프 및 복원 절차는 앞에서 설명한 내용을 참고한다. pg_basebackup을 이용한 동일 서버에서의 시점 복구는 앞의 예제들을 참고하면 별도의 설명 없이도 충분히 진행할 수 있을 것이다. 이로써 두 가지 백업 도구를 활용한 복구 방법에 대한 설명을 마무리한다.

### 불필요한 아카이브 파일 정리 방법

pgBackRest는 복구에 불필요한 아카이브 파일을 자동으로 삭제한다. 반면, pg_basebackup은 수동 삭제가 필요하다. 이를 위해 PostgreSQL은 pg_archivecleanup 명령어를 제공한다. 사용법은 다음과 같다.

```
$ pg_archivecleanup /dbbackup/svc01/archive 000000240000001900000EE
```

위 명령어에서 첫 번째 인자는 아카이브 파일이 저장된 디렉토리 경로이며, 두 번째 인자는 보관 기준 WAL 파일명이다. 즉, 지정한 WAL 파일보다 이전에 생성된 WAL 파일들이 삭제된다.

보관 기준 WAL 파일명은 가장 오래된 전체 백업 디렉토리의 backup_label 파일을 이용해서 확인할 수 있다.

```
$ cat backup_label
START WAL LOCATION: 19/EE000028 (file 000000240000001900000EE)
```

위에서 보이는 START WAL LOCATION 항목의 file 값이 바로 보관 기준 WAL 파일명이 된다.

# 7 모니터링

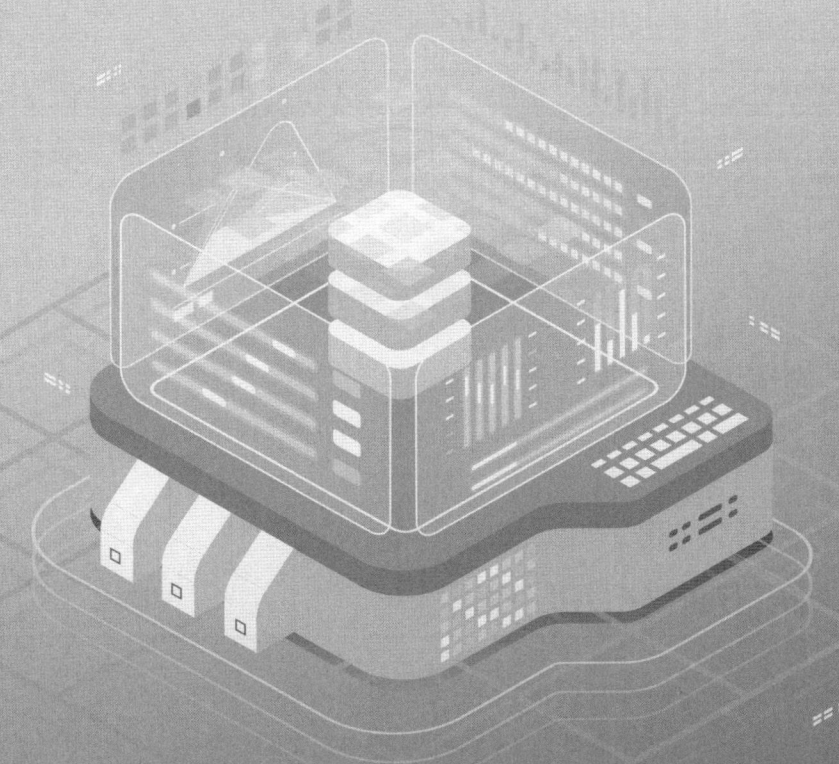

이번 장에서는 데이터베이스 모니터링을 위해 PostgreSQL이 제공하는 다양한 성능 관리용 뷰와 작업 진행 상황을 모니터링할 수 있는 뷰에 대해서 설명한다. 모니터링은 개발 단계뿐 아니라 특히, 성능 테스트 단계부터 매우 중요한 작업이다. 대부분의 경우, 실시간 모니터링과 사후 성능 분석을 위한 성능 관리 솔루션을 도입하거나, 프로메테우스와 그라파나를 이용해서 자체적인 모니터링 시스템을 구축한다. 그러나 이러한 도구를 사용하더라도 스크립트 기반의 모니터링 방법과 PostgreSQL이 제공하는 성능 관리 뷰에서 제공하는 각 데이터의 정확한 의미를 숙지하는 일은 매우 중요하다.

## 7-1. 성능 모니터링 개요

PostgreSQL은 버전이 올라갈수록 성능 관리 기능이 점차 강화되며, 새로운 버전에서는 성능 분석을 위한 뷰가 추가되거나 기존 뷰에 칼럼이 추가되어 관리 효율성이 향상되고 있다. 주요 성능 관리용 뷰는 유형별로 다음과 같이 분류할 수 있다.

| Database | SQL | IO | Replication |
|---|---|---|---|
| pg_stat_database | pg_stat_statements | pg_stat_io | pg_stat_replication |
| **Session & Lock** | Log(slow query) | pg_stat_all_tables | |
| pg_stat_activity | Log(auto explain) | pg_statio_all_tables | |
| pg_locks | | pg_stat_wal | |
| pg_wait_events | | | |

그림 7-1. 성능 관리 모니터링 주요 뷰와 로그

## 7-2. 데이터베이스 모니터링

PostgreSQL은 Top-Down 방식의 모니터링 기법을 적용하기가 어렵다. 그 이유는 세션 레벨에서 제공되는 성능 데이터가 충분하지 않기 때문이다. 오라클의 경우 시스템 레벨에서 제공하는 성능 지표를 세션 레벨에서도 동일하게 제공한다. 이를 이용하면 시스템에서 세션으로 이어지는 Top-Down 분석이 가능하다. 예를 들어, 데이터베이스 전체의 I/O 일량을 확인한 후, I/O를 유발하는 세션을 추적할 수 있다.

반면, PostgreSQL은 아직 세션 단위의 성능 지표를 제공하지 않는다. 이로 인해 데이터베이스 레벨의 모니터링을 통해 문제 세션을 직접 추적할 수는 없다. 다만, 데이터베이스 전체 일량을 확인할 수 있으므로 시스템의 Peak 시점을 빠르게 확인할 수 있으며, 각 지표 값을 이용해서 알람 설정을 할 수 있는 점은 매우 유용하다.

## pg_stat_database 뷰를 이용한 데이터베이스 성능 모니터링

pg_stat_database 뷰는 데이터베이스 레벨의 성능 정보를 제공하는 뷰이다. numbackends 항목을 제외한 칼럼들은 데이터베이스가 생성된 이후 또는 마지막 pg_stat_reset() 함수 호출 이후부터 현재까지의 누적 값이다.

모니터링 관점에서는 누적값보다는 모니터링 주기 내에 증가한 양(델타 값)과, 이를 초 단위로 환산한 초당 처리량(Value/sec)이 더욱 의미 있다. 따라서 자체 모니터링 시스템을 구축할 때는 이러한 델타 값과 초당 값을 이용할 필요가 있다.

### pg_stat_database 뷰

pg_stat_database 뷰에서 제공하는 주요 칼럼은 다음과 같다.

- 표 7-1. pg_stat_database 뷰 주요 칼럼

| 지표 명 | 설명 |
| --- | --- |
| numbackends | 현재 데이터베이스에 접속 중인 백엔드 프로세스 수를 나타낸다. |
| xact_commit | 커밋 횟수를 나타낸다. 커밋은 트랜잭션 보장을 위한 필수요소이지만, 지나치게 빈번한 커밋은 성능에 악영향을 줄 수 있다. 매건 커밋 방식의 배치 프로그램이 있다면, 일정 건수 단위로 묶어서 커밋하도록 개선할 수 있는지 검토가 필요하다. |
| blks_read | 디스크 읽기 블록 수를 나타낸다. 일반적으로 인덱스가 없는 테이블을 전체 스캔하면 해당 수치가 급격히 증가한다. 이 경우에는, 해당 시점에 수행된 쿼리를 확인하고, 인덱스 생성을 검토한다. |

| | |
|---|---|
| blks_hit | 공유 버퍼(메모리)에서 읽은 블록 수를 나타낸다. 이 수치가 비정상적으로 높아지는 경우, 비효율적인 쿼리가 수행되고 있을 가능성이 높다. 해당 시점의 쿼리를 확인해서 튜닝이 필요한지를 검토해야 한다. |
| active_time | 쿼리 수행 시간을 나타낸다. 버전 14부터 제공된다. |
| stats_reset | pg_stat_reset() 함수에 의해 초기화된 시간을 나타낸다. |

> ✅ 자체적인 모니터링 시스템을 구축할 때는, 데이터베이스 레벨의 성능 지표와 함께 해당 시점의 Active 세션 정보를 함께 저장하는 것이 좋다. 이렇게 하면 특정 시점의 성능 저하 원인을 분석할 때, 세션이 수행한 SQL과 SQL 응답시간을 이용해서 문제 SQL을 추적할 수 있다.

## 7-3. 세션 모니터링

데이터베이스 성능 모니터링에서 가장 핵심적인 요소는 세션 모니터링이다. 세션 정보를 통해 현재 접속 중인 세션들의 상태, 실제 작업을 수행 중인 세션, 쿼리 수행 정보, 병목 현상 등 다양한 내용을 확인할 수 있기 때문이다. PostgreSQL에서는 pg_stat_activity 뷰를 이용해서 세션 단위의 모니터링을 수행할 수 있다.

### pg_stat_activity 뷰를 이용한 세션 모니터링

pg_stat_activity 뷰는 세션 레벨의 성능 정보를 제공하는 대표적인 뷰이다. 성능 모니터링 관점에서는 "이 뷰 없이는 모니터링을 할 수 없다"고 해도 과언이 아닐 정도로 필수적인 뷰이다.

### pg_stat_activity 뷰

pg_stat_activity 뷰에서 제공하는 주요 칼럼은 다음과 같다.

- 표 7-2. pg_stat_activity 뷰 주요 칼럼

| 칼럼 명 | 설명 |
| --- | --- |
| datname | 대부분의 stat 관련 뷰는 인스턴스 단위에서 수집되므로, 어떤 데이터베이스에서 조회하더라도 동일한 결과를 제공한다. 따라서 데이터베이스명을 식별하기 위해 datname 칼럼이 제공된다. |
| pid | 백엔드 프로세스의 OS PID. OS 레벨에서 세션을 추적할 때 유용하다. |
| usename | 접속 유저명. 유저별 접속 통계를 낼 때 활용할 수 있다. |
| application_name | 애플리케이션 명. JDBC 기반 접속 여부를 식별하는 데 유용하다. |
| client_addr | 클라이언트 IP 주소. 주로 WAS 서버별 접속 통계를 확인할 때 활용한다. |
| xact_start | 트랜잭션 시작 시간. 트랜잭션 응답 시간을 파악할 때 매우 중요한 지표이다. 특히, 트랜잭션 내에 여러 개의 쿼리가 수행될 때 특히 유용하다. |
| query_start | 쿼리 시작 시간. 쿼리 응답 시간을 측정할 수 있는 핵심 칼럼이다. |
| wait_event_type | 대기이벤트 유형. 병목 발생 위치를 대략적으로 파악할 수 있다. |
| wait_event | 대기이벤트. 병목이 발생한 구체적인 대기이벤트를 보여준다. 매우 중요한 지표이므로 '8. 트랜잭션과 대기이벤트' 장에서 별도로 설명한다. |
| state | 세션 상태. 특히 idle in transaction 상태는 락 유발 가능성이 있으며 비정상 세션일 가능성도 있으므로 반드시 확인해야 한다.<br>• active: 쿼리 수행 또는 락 대기중<br>• idle: 작업 없음<br>• idle in transaction: 트랜잭션 시작 후 대기 중 |
| backend_xmin | 쿼리 수행 시점의 XMIN 값. 일반적으로 모니터링할 필요는 없으나 Hot Standby Feedback 동작과 관련해서 확인하는 경우가 있다. 해당 내용은 '9. Vacuum' 장에서 다룬다. |
| query_id | 쿼리 ID. compute_query_id 파라미터를 on으로 설정해야 데이터가 제공된다. |
| query | 현재 수행 중인 SQL 문장. 실시간 모니터링에서 반드시 필요한 항목이다. idle in transaction 상태에서는 직전에 수행된 SQL문장을 제공한다. |

## 모니터링 스크립트 예제

세션 모니터링에 사용할 수 있는 스크립트 예제이다. 아래 스크립트는 독자의 환경에 맞게 필요한 칼럼을 변경해서 활용하면 된다.

```
select
     datname
```

```
    , pid
    , pg_blocking_pids(pid) as holder
    , substr(query, 1, 14) as query
    , state
    , extract(epoch from current_timestamp - query_start)::integer as querytime
    , extract(epoch from current_timestamp - xact_start)::integer as txntime
    , usename
    , application_name
    , wait_event_type
    , wait_event
from  pg_stat_activity
where state in ('active', 'idle in transaction')
and pid not in (select pg_backend_pid())
order by 6 desc;
```

### extract (epoch from)

extract(epoch from) 함수는 타임스탬프 형식을 초 단위로 변환한다. 다음 예제처럼, 두 타임스탬프 간의 간격을 초 단위로 계산할 때 사용된다.

```
select
      query_start
    , current_timestamp
    , current_timestamp - query_start as elapsed_time
    , extract(epoch from current_timestamp - query_start) as elapsed_time_sec
from  pg_stat_activity
where pid = 137754;
query_start       | 2025-04-19 10:53:23.383706+09
current_timestamp | 2025-04-19 11:00:31.188847+09
elapsed_time      | 00:07:07.805141
elapsed_time_sec  | 427.805141
```

### pg_blocking_pids() 함수

pg_blocking_pids() 함수는 현재 세션을 블로킹하고 있는 세션의 PID를 제공한다. 예제를 통해 살펴보자.

세션 #1 (PID=170782): 테스트용 테이블을 생성한 후에 업데이트를 수행한다.

```
=> create table lock_test (c1 integer);
=> insert into lock_test values(1);
INSERT 0 1
=> begin;
BEGIN
svcdb=*# update lock_test set c1=c1+1 where c1=1;
UPDATE 1
```

세션 #2 (PID=137754): 다른 세션에서 동일 레코드를 업데이트하면 락 대기가 발생한다.

```
=> update lock_test set c1=c1+1 where c1=1;  → 락 대기
```

위 스크립트 내의 pg_blocking_pids() 함수를 통해서 락 홀더 PID를 확인할 수 있다.

| datname | pid | holder | query | state | querytime |
|---------|--------|---------|------------------|---------------------|-----------|
| svcdb | 170782 | {} | select pg_back | idle in transaction | 214 |
| svcdb | 137754 | {170782} | update lock_te | active | 77 |

만약 락 홀더 세션이 비정상 세션이면, pg_terminate_backend() 함수를 이용해서 정리한다.

```
=> select pg_terminate_backend(170782);
 pg_terminate_backend
----------------------
 t
```

# 7-4. SQL 모니터링

데이터베이스 성능을 개선하는 활동은 매우 다양하다. OS 레벨에서는 CPU 및 메모리 증설, 커널 파라미터 튜닝, 디스크 구조 최적화 및 SSD 적용 등이 있으며, 데이터베이스 인스턴스 레벨에서는 메모리 설정과 옵티마이저 관련 파라미터 튜닝을 통해 성능을 향상시킬 수 있다. 그러나 가장 직접적인 효과를 줄 수 있는 것은 SQL 튜닝이다. 실제로 SQL 튜닝을 수행해보거나 튜닝 컨설팅을 경험한 독자라면, SQL 튜닝 효과를 체감했을 것이다.

SQL 튜닝은 문제 SQL을 식별하는 것에서 시작된다. 문제 SQL은 다음 두 가지 유형으로 분류한다.

- 1회 수행 시 응답 시간이 느린 쿼리
- 반복 수행으로 시스템 자원을 과도하게 사용하는 쿼리

첫 번째 유형은 로그 파일을 통해 확인할 수 있으며, 두 번째 유형은 pg_stat_statements 뷰를 이용해서 모니터링할 수 있다. 각 항목을 자세히 살펴보자.

## 1회 수행 시 응답시간이 느린 쿼리 모니터링

설정된 log_min_duration_statement 파라미터 값보다 오래 수행된 쿼리는 자동으로 로그 파일에 기록된다. 예를 들어 이 값을 1000으로 설정하면, 1초 이상 수행된 쿼리는 로그 파일에 기록된다.

특히 바인드 방식으로 실행된 쿼리의 경우, 바인드 변수에 입력된 실제 값도 함께 기록된다. 이는 문제 SQL을 재현하거나 테스트할 때 매우 유용하다. 예를 들어 기간 조건이 포함된 쿼리라면, 범위가 1일인지 1개월인지에 따라 튜닝 방향이 달라질 수 있기 때문이다.

한 가지 주의점은, 정상적으로 종료된 쿼리만 로그 파일에 기록된다는 점이다. 예를 들어, WAS 타임아웃이 10분으로 설정된 경우, 쿼리가 10분 이상 수행되다가 타임아웃으로 중단되면 로그 파일에는 기록되지 않는다.

### Slow 쿼리 확인 방법

PostgreSQL은 MySQL처럼 별도의 Slow Query Log 파일을 제공하지 않기 때문에, 일반 로그 파일에서 duration 키워드로 Slow 쿼리를 검색한다.

아래는 WAS에서 prepared statement 방식으로 실행한 예시이다.

```
String fromDate = "20200101";
String toDate   = "20250101";
String sql = "select count(*) from t_log_r where log_date between ? and ?";
```

```
Connection conn = DriverManager.getConnection(url, user, password);
PreparedStatement pstmt = conn.prepareStatement(sql)
pstmt.setString(1, fromDate);
pstmt.setString(2, toDate);
```

만약 이 쿼리가 설정된 기준보다 오래 수행되면, SQL 문장, 수행 시간(duration) 및 바인드 변수에 입력된 값이 로그 파일에 기록된다.

```
LOG:  duration: 1685.644 ms  execute <unnamed>: select count(*) from t_log_r where log_
date between $1 and $2
DETAIL:  Parameters: $1 = '20200101', $2 = '20250101'
```

## 런타임 실행계획 확인: auto_explain 활용

로그 파일에 기록된 문제 쿼리를 확인한 후에 튜닝을 시작한다고 가정해보자. 가장 먼저 해야 할 작업은 explain (analyze, buffers) 명령어를 이용해 쿼리 실행 시의 실행 계획과 일량을 직접 분석하는 것이다.

하지만 쿼리를 다시 실행했을 때는 매우 빠르게 수행될 수 있다. 이런 경우에는 로그에 기록된 시점의 실행 계획과 현재 실행 계획을 비교해서, 응답 시간 차이가 실행 계획 변경 때문인지, 디스크 I/O 영향 때문인지를 구분할 필요가 있다.

이때 유용한 도구가 auto_explain 익스텐션이다. 이 익스텐션을 설정해두면 일정 시간 이상 수행된 쿼리에 대해 실제 실행계획이 로그에 자동으로 기록된다.

### auto_explain 설정

auto_explain 익스텐션 관련 파라미터들은 다음과 같다. log_min_duration 값은 배치 환경에서는 60초, 온라인 환경에서는 10초 정도로 설정한 뒤, 점차 시간을 조정하면 된다.

```
shared_preload_libraries = 'pg_stat_statements,auto_explain'
auto_explain.log_min_duration = 60s
auto_explain.log_analyze = on
auto_explain.log_buffers = on
```

테스트를 위해서 해당 파라미터를 1초로 변경한다.

```
$ echo "auto_explain.log_min_duration = 1s" >> $PGDATA/postgresql.conf
$ pg_ctl reload
```

쿼리를 다시 수행하면, 아래와 같은 내용이 로그에 자동으로 기록된다. 즉, 'plan:' 키워드 뒤에 SQL 문장, 런타임 실행계획, 수행 시간 및 일량 정보를 함께 제공함으로써 이전 시점의 쿼리 성능 저하 원인을 명확하게 확인할 수 있다.

```
LOG:  duration: 1881.102 ms  plan:
    Query Text: SELECT COUNT(*) FROM t_log_r WHERE log_date BETWEEN $1 AND $2
    Query Parameters: $1 = '20200101', $2 = '20250101'
    Finalize Aggregate (actual time=1873.180..1881.086 rows=1 loops=1)
      Buffers: shared hit=12208
      -> Gather (actual time=1865.930..1881.065 rows=3 loops=1)
          Buffers: shared hit=12208
          -> Partial Aggregate (actual time=1846.521..1846.524 rows=1 loops=3)
              Buffers: shared hit=12208
              -> Parallel Seq Scan on t_log_r_p2025 t_log_r (actual …
                  Rows Removed by Filter: 27000
                  Buffers: shared hit=12208
```

✅ 오라클의 경우, 런타임 바인드 값 및 실행계획을 수집하는 것은 쉽지 않은 작업들이다. 반면 PostgreSQL은 파라미터 설정만으로도 이를 자동화할 수 있다는 점에서 매우 큰 장점을 가진다.

## 반복 수행으로 과부하를 주는 쿼리 모니터링

개별 쿼리의 응답 시간이 느리면, 시스템을 사용하는 사용자들의 불만이 커지기 마련이다. 이 때문에 성능 튜닝 담당자들은 일반적으로 로그 파일에 기록된 Slow 쿼리를 우선적으로 튜닝한다. 하지만 시스템 리소스 관점에서 보면, 응답 속도는 빠르지만 매우 자주 수행되는 쿼리들이 오히려 더 큰 부하를 유발하는 경우가 많다.

예를 들어, 0.1초 만에 수행되지만 인덱스가 없어 매번 테이블 전체를 읽는 쿼리는 인덱스를 생성하는 것만으로도 0.001초 이내로 성능을 개선할 수 있다. 또는 0.1초가 걸리는 쿼리도 튜닝을 통해 0.001초 이내로 최적화할 수 있는 여지가 충분히 존재한다.

실제로 시스템 레벨의 CPU 사용률이나 디스크 I/O 사용률을 개선하기 위해서는 개별 Slow 쿼리보다는 빈번하게 수행되는 쿼리들을 튜닝하는 것이 더 효과적인 경우가 많다. 이러한 유형의 SQL을 모니터링하기 위해 PostgreSQL은 pg_stat_statements 익스텐션을 제공한다.

### pg_stat_statements 설정

pg_stat_statements 익스텐션과 관련된 파라미터들은 다음과 같다.

```
shared_preload_libraries  = 'pg_stat_statements,auto_explain'
pg_stat_statements.max    = 10000
pg_stat_statements.track  = all
track_activity_query_size = 64kB
```

### pg_stat_statements: 쿼리 기본 정보 칼럼

pg_stat_statements 뷰는 쿼리 성능 분석을 위한 다양한 칼럼을 제공한다. 제공되는 칼럼 수가 많기 때문에, 유형별로 구분해서 설명한다. 우선, 쿼리와 관련된 기본 정보 칼럼은 다음과 같다.

● 표 7-3. 쿼리 기본 정보 칼럼 목록

| 칼럼 명 | 설명 |
| --- | --- |
| userid | 쿼리를 실행한 유저 ID (pg_roles.old 참조) |
| dbid | 쿼리가 실행된 데이터베이스 ID (pg_database.oid 참조) |
| queryid | 정규화된 쿼리의 해시값(ID) |
| query | 정규화된 SQL 문장 (입력값이 변수로 치환됨) |

query 칼럼에 저장되는 쿼리 문장은 정규화된 형태로 기록된다. 여기서 정규화된 형태란, 쿼리 내 입력값들이 변수 형태로 치환된 상태를 의미한다. 예를 들어, '20240101'과 같은 실제 값은 $1, $2 등의 변수로 대체된다. 또한 대소문자 구분이나 스페이스 개수 등도 모두 '처음 수행된 쿼리'를 기준으로 정규화된다.

아래는 정규화 동작을 확인하기 위한 예시이다.

```
=> select pg_stat_statements_reset(); -- pg_stat_statements 초기화
=> select pg_sleep(1) from generate_series(1,1) i;
=> SELECT PG_SLEEP(2) FROM GENERATE_SERIES(2,2) I;
```

query 칼럼에 저장되는 쿼리는 다음과 같은 형태로 정규화된다.

```
select pg_sleep($1) from generate_series($2,$3) I -- 첫 번째 수행 기준으로 정규화
```

이제 첫 번째 쿼리를 변경한 후, 다시 수행해보자.

```
=> select pg_stat_statements_reset(); -- pg_stat_statements 초기화
=> SELECT PG_SLEEP(2) FROM GENERATE_SERIES(2,2) I;
=> select pg_sleep(1) from generate_series(1,1) i;
```

query 칼럼에 저장되는 쿼리는 다음과 같은 형태로 정규화된다.

```
SELECT PG_SLEEP($1) FROM GENERATE_SERIES($2,$3) I -- 첫 번째 수행 기준으로 정규화
```

queryid는 정규화된 쿼리에 해시 함수를 적용해서 생성된 값이며 pg_stat_activity 뷰의 query_id 칼럼값과 동일하다. 따라서 세션이 실행 중인 쿼리의 성능 정보는 pg_stat_statements 뷰의 queryid 칼럼과 이용해서 조인한 후에 필요한 내용을 추출할 수 있다.

**pg_stat_statements: 파싱 수행 정보 칼럼**

pg_stat_statements.track_planning 파라미터를 on으로 설정하면 pg_stat_statements 뷰의 파싱 관련 정보를 확인할 수 있다. 일반적으로 온라인 서비스에서 사용하는 쿼리들은 파싱이 성능에 미치는 영향이 거의 없기 때문에, 이 파라미터는 비활성화된 상태로 운영해도 큰 문제가 없다. 하지만 SQL 길이가 길고 복잡한 쿼리가 자주 수행되는 환경이라면, 파싱 정보를 수집해서 분석하는 것이 도움이 될 수 있다.

- 표 7-4. 파싱 수행 정보 칼럼 목록

| 칼럼 명 | 설명 |
| --- | --- |
| plans | 파싱 수행 횟수 |
| total_plan_time | 총 파싱 시간 (1/1000초 단위, 이하 동일) |
| min_plan_time | 최소 파싱 시간 |
| max_plan_time | 최대 파싱 시간 |
| mean_plan_time | 평균 파싱 시간 |
| stddev_plan_time | 표준 편차 |

### pg_stat_statements: 응답 시간 정보 칼럼

pg_stat_statements 뷰는 쿼리의 응답 시간 정보를 제공한다. total_exec_time 칼럼을 활용하면, 데이터베이스 내에서 전체 실행 시간 비중이 높은 Top 쿼리를 쉽게 식별할 수 있다.

- 표 7-5. 응답 시간 정보 칼럼 목록

| 칼럼 명 | 설명 |
| --- | --- |
| total_exec_time | 총 응답 시간 (1/1000초 단위, 이하 동일) |
| min_exec_time | 최소 응답 시간 |
| max_exec_time | 최대 응답 시간 |
| mean_exec_time | 평균 응답 시간 |
| stddev_exec_time | 표준 편차 |
| calls | 수행 횟수 |
| rows | 결과 건수 (사용자에게 리턴된 건수. 따라서 카운트 쿼리의 rows는 1이다) |

### pg_stat_statements: IO 정보 칼럼

pg_stat_statements 뷰는 쿼리 수행 시 발생하는 I/O 관련 통계 정보를 제공한다. 이때 I/O는 다음의 세 가지 유형으로 구분할 수 있다(각 유형에 대응되는 칼럼은 표 7-6. 참조).

- 공유 버퍼 관련 I/O
- Temporary 테이블 관련 I/O
- 로컬 메모리 부족으로 인한 Temp 파일 I/O

• 표 7-6. IO 정보 칼럼 목록

| 칼럼 명 | 설명 |
| --- | --- |
| shared_blks_hit | 공유 버퍼에서 처리된 메모리 읽기 블록 수 |
| shared_blks_read | 디스크에서 읽은 블록 수 |
| local_blks_hit | Temporary 테이블용 로컬 메모리에서 읽은 블록 수 |
| local_blks_read | Temporary 테이블용 로컬 메모리 공간 부족으로 Temp 파일에서 읽은 블록 수 |
| temp_blks_read | work_mem 메모리 공간 부족으로 Temp 파일에서 읽은 블록 수 |
| temp_blks_written | work_mem 메모리 부족으로 인한 Temp 파일로 기록한 블록 수 |

※ 아래에 각 칼럼의 의미와 실무 활용 관점에서의 추가 설명을 덧붙인다.

먼저, 공유 버퍼 관련 I/O 정보는 shared_로 시작하는 칼럼에서 확인할 수 있다.

일반적으로 공유 버퍼에서 대량의 메모리 읽기를 수행하는 쿼리는 CPU 리소스를 많이 사용하기 때문에, CPU 사용률을 낮추기 위해서는 shared_blks_hit 값이 높은 쿼리부터 우선적으로 튜닝하는 것이 효과적이다.

반면, 디스크 I/O가 많은 쿼리는 인덱스가 없거나 비효율적인 인덱스를 사용하는 경우가 많다. 이러한 쿼리는 shared_blks_read 값을 기준으로 쉽게 추출할 수 있으며, 인덱스 추가나 쿼리 튜닝을 통해 성능 개선이 가능하다.

Temporary 테이블 관련 I/O 정보는 local_로 시작하는 칼럼에서 확인할 수 있다. 여기서 'local'은 Temporary 테이블에 대한 작업 시 발생하는 I/O를 의미한다는 점에 유의한다.

마지막으로, work_mem 메모리 부족으로 인해 생성되는 Temp 파일 I/O는 temp_로 시작하는 칼럼에서 확인할 수 있다. 이러한 I/O는 일반적으로 work_mem 파라미터 값이 작아서 정렬이나 해시 작업 중 메모리가 부족할 때 발생한다.

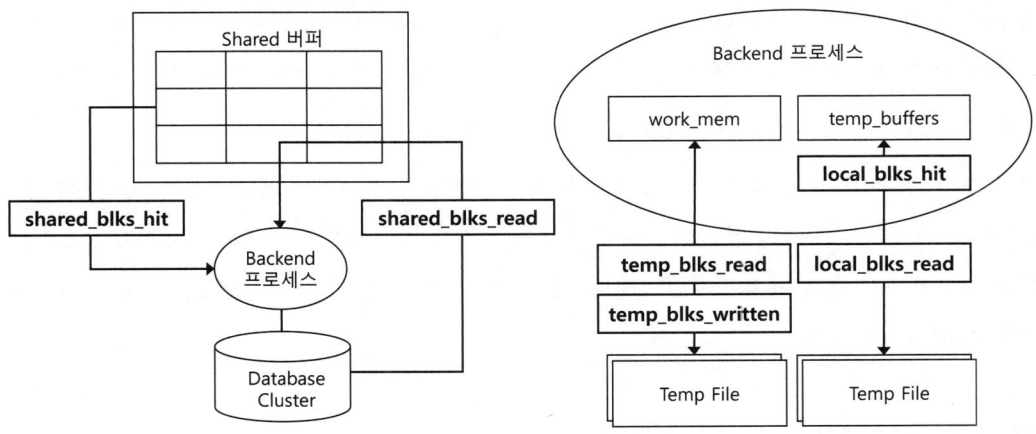

그림 7-2. IO 유형 별 pg_stat_statements 칼럼 명

> track_io_timing 파라미터를 on으로 설정하면, 각 I/O 유형에 대한 처리 시간 정보를 포함한 _time 칼럼이 함께 제공된다. 이를 통해 I/O 수행 시간까지 포함한 보다 정밀한 분석이 가능해진다.

# 7-5. I/O 모니터링

I/O 모니터링은 성능을 개선하거나, 성능 저하가 발생한 시점을 분석하기 위한 필수적인 작업이다. PostgreSQL은 버전 16부터 pg_stat_io 뷰를 제공함으로써, 시스템 레벨에서 I/O 성능을 모니터링할 수 있는 환경을 지원한다. 이 뷰를 이용하면 성능 저하 시점의 I/O 원인을 시스템 관점에서 손쉽게 분석할 수 있다.

또한, 그 외의 뷰를 활용하면 테이블 및 인덱스 단위로 I/O 유형과 처리량을 확인할 수 있으며, 백그라운드 프로세스의 I/O 일량을 확인할 수 있다. 이번 단락에서는 이러한 뷰들을 활용한 I/O 모니터링 방법에 대해 살펴본다.

### 버퍼 액세스 전략과 링 버퍼

본격적인 I/O 설명에 앞서, 버퍼 액세스 전략(Buffer Access Strategy, BAS) 개념을 간단히 살펴보자. 버퍼 액세스 전략이란 I/O 유형에 따라 서로 다른 방식으로 버퍼를 액세스하는 방법을 말한다. 이처럼 전략을 구분해서 버퍼를 액세스하는 이유는, 대용량 테이블을 읽거나 쓸 때 공유 버퍼 영역을 보호하기 위해서이다.

예를 들어, 공유 버퍼 크기가 100GB인 환경에서 100GB 크기의 테이블을 Seq Scan 방식으로 읽는다고 가정해보자. 적절한 I/O 전략이 적용되지 않으면, 한 번의 Seq Scan만으로도 공유 버퍼에 적재된 모든 블록이 디스크로 밀려날 수 있다. 버퍼 액세스 전략은 이러한 문제를 방지하기 위한 메커니즘이다.

### 버퍼 액세스 전략 유형

버퍼 액세스 전략은 총 4가지이다(소스 7-1. 참조). 이 전략들은 pg_stat_io 뷰의 context 칼럼에서도 확인할 수 있다.

- 소스 7-1. src/include/storage/bufmgr.h

```
BAS_NORMAL       /* Normal random access */
BAS_BULKREAD     /* Large read-only scan (hint bit updates are ok) */
BAS_BULKWRITE    /* Large multi-block write (e.g. COPY IN) */
BAS_VACUUM       /* VACUUM */
```

각 전략의 특징은 다음과 같다.

- NORMAL: 일반적인 버퍼 I/O시에 사용한다.
- BULKREAD: 대용량 테이블에 대한 읽기 작업 시에 사용한다.
- BULKWRITE: 대용량 파일에 대한 COPY 작업과 대용량 테이블에 대한 CTAS 작업 시에 사용한다.
- VACCUM: Vacuum 작업 시에 사용한다.

이 중 NORMAL 전략을 제외한 나머지 전략은 모두 Ring Buffer(링 버퍼)를 이용한다.

### 대용량 테이블 판단 기준

테이블의 블록 수가 전체 공유 버퍼 크기(NBuffers)의 1/4을 초과하는 경우, 해당 테이블을 대용량 테이블로 인식하고 BULKREAD 전략을 적용한다(소스 7-2. 참조).

- 소스 7-2. src/backend/access/heap/heapam.c

```
if (scan->rs_nblocks > NBuffers / 4)
    scan->rs_strategy = GetAccessStrategy(BAS_BULKREAD);
```

이와 반대로, 공유 버퍼의 1/4(25%) 이내의 테이블은 Seq Scan을 수행하더라도 전체 테이블을 공유 버퍼에 적재할 수 있다. 이는 성능 튜닝 작업 시 반드시 인지해야 할 중요한 포인트이다.

예를 들어, 공유 버퍼 크기가 100GB인 환경에서 기존에 24GB였던 테이블이 데이터 증가로 인해 26GB 이상으로 커졌다고 가정해보자. 이 테이블에 대해 반복적인 Seq Scan을 수행하는 배치 작업이 있었다면, 이전에는 전체 테이블이 공유 버퍼에 적재될 수 있었다. 그러나 테이블 크기가 1/4 임계치를 넘어서면, 링 버퍼를 사용하는 방식으로 전환되기 때문에 성능 저하가 발생할 수 있다.

### 링 버퍼란?

링 버퍼란 논리적으로 원형(Ring) 형태로 동작하는 버퍼 배열이다. 즉, 일정 크기의 버퍼 영역을 순환 방식으로 사용하면서, 대용량 Seq Scan으로 인해 전체 공유 버퍼가 밀려나는 현상을 방지한다.

### 링 버퍼의 크기

링 버퍼의 크기는 IO 전략에 따라 다르다.

- BULKREAD: 256 KB (32 블록)
- BULKWRITE: 16 MB (2,048 블록)
- VACUUM: 2 MB (256 블록)

> 링 버퍼는 테이블 단위로 하나씩 할당되는 것은 아니다. 예를 들어, 동일한 대용량 테이블을 반복해서 스캔하면, 스캔 시점마다 32 블록 크기의 링 버퍼가 새로 할당된다.

## pg_stat_io 뷰를 이용한 시스템 레벨의 I/O 성능 분석

버전 15까지는 시스템 레벨의 I/O 성능을 분석하기가 쉽지 않았다. DBA가 할 수 있는 일은, OS 모니터링 도구를 활용해 WAL 볼륨과 데이터 볼륨의 디스크 I/O 현황을 확인하거나, pg_stat_activity 뷰를 통해 Autovacuum 프로세스의 수행 여부 및 실행 중인 쿼리를 모니터링하는 정도에 불과했다.

그러나 버전 16부터는 이러한 I/O 모니터링의 한계를 극복하기 위해 pg_stat_io 뷰가 도입되었다. 이 뷰를 활용하면 시스템 레벨에서 I/O 성능을 체계적으로 모니터링하고, 병목 지점을 효과적으로 분석할 수 있다.

pg_stat_io 뷰는 프로세스를 10가지 유형으로 분류한 뒤, 각 프로세스 유형별로 오브젝트 유형 및 버퍼 액세스 전략에 따른 다양한 성능 지표를 제공한다(관련 구조는 그림 7-3. 참조).

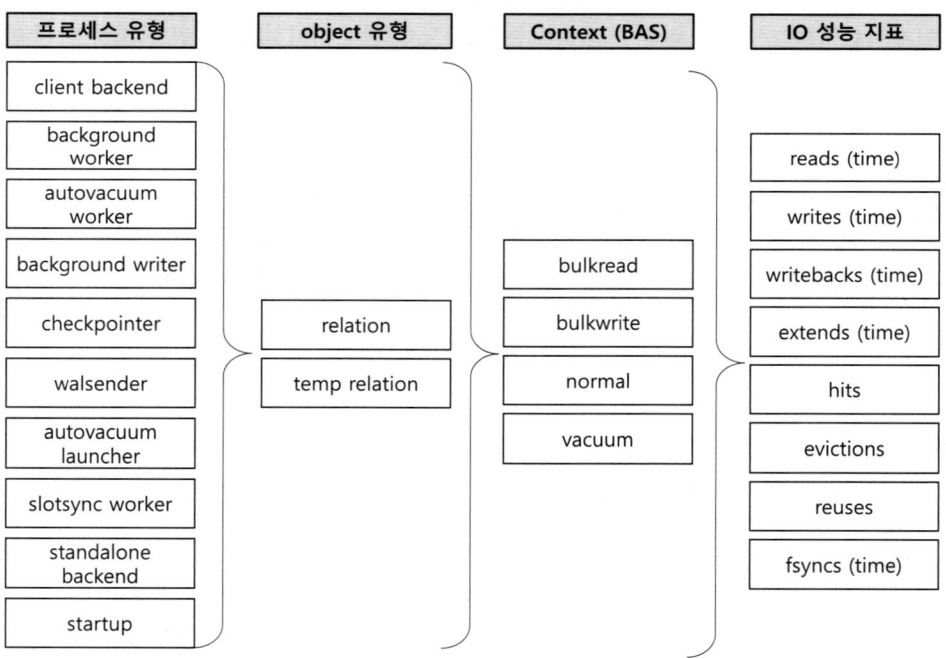

그림 7-3. pg_stat_io 뷰 개략도

### pg_stat_io 뷰

pg_stat_io 뷰에서 제공하는 주요 백엔드 프로세스 유형은 다음과 같다.

- 표 7-7. 주요 프로세스 유형

| 프로세스 유형 | 설명 |
| --- | --- |
| client backend | 사용자 쿼리를 수행하는 일반 백엔드 프로세스 |
| background worker | 병렬 쿼리를 수행하는 병렬 프로세스 |
| autovacuum worker | Autovacuum 프로세스 |
| background writer | background writer 프로세스 |
| Checkpointer | checkpointer 프로세스 |

pg_stat_io 뷰에서 제공하는 오브젝트 유형은 두 가지이다.

- relation: 테이블과 및 인덱스를 의미한다.
- temp relation: temporary 테이블 및 temporary 인덱스를 의미한다.

pg_stat_io 뷰에서 제공하는 Context 유형은 총 4개이며, 앞서 살펴본 버퍼 액세스 전략과 동일한 normal, bulkread, bulkwrite, vacuum이다.

pg_stat_io 뷰에서 제공하는 I/O 성능 지표들은 다음과 같다.

- 표 7-8. IO 성능 지표

| 성능 지표명 | 설명 |
| --- | --- |
| reads / read_time | 디스크 읽기 횟수 및 읽기 시간 |
| writes / write_time | 디스크 쓰기 횟수 및 쓰기 시간 |
| writebacks / writeback_time | 공유 버퍼 내의 더티 버퍼를 디스크에 기록한 횟수 및 시간. 이 성능 지표는 background writer와 checkpointer 프로세스에서만 관찰된다. |
| extends / extend_time | 테이블 또는 인덱스에 대한 익스텐드 수행 횟수 및 시간 |
| hits | 메모리 IO 블록 수 |
| evictions | 새로운 블록 적재를 위해 공유 버퍼 또는 temp_buffer 로컬 메모리 내의 기존 페이지가 밀려나간 횟수 |
| reuses | 링 버퍼를 사용하는 전략에서 링 버퍼를 재사용한 횟수 |
| fsyncs / fsync_time | fsync() 함수 호출 횟수 및 시간 |

이중에서 _time으로 끝나는 칼럼들은 track_io_timing 파라미터를 on으로 설정해야만 활성화되며, 모든 시간 단위는 1/1000초 기준이다. op_bytes 칼럼은 IO 단위를 제공한다(모두 8 KB이다). 따라서 수행 횟수에 op_bytes를 곱하면 IO 용량을 확인할 수 있다.

**시간 정보 활성화 시 고려 사항**

I/O 성능 분석을 정확하게 수행하기 위해서는, I/O 처리 시간 정보가 반드시 필요하다. 동일한 일량을 수행했더라도 시스템 상황에 따라 처리 시간이 달라질 수 있기 때문이다.

예를 들어, 오늘 새벽 01시~02시 사이에 수행된 배치 작업의 성능이 급격히 저하되었다고 가정하자. 어제와 동일한 시간대와 비교했을 때 I/O 일량에는 차이가 없었다면, 실행계획 변경 등의 원인보다는 시스템 레벨에서 발생한 다른 I/O 영향을 의심해야 한다.

이때 pg_stat_io 뷰의 처리 시간 정보는 병목 분석에 매우 유용한 단서가 된다. 이러한 이유로 pg_stat_io 뷰를 효과적으로 활용하기 위해서는, track_io_timing 파라미터를 on으로 설정해서 I/O 처리 시간 정보를 수집해야 한다.

다만 이 설정은 시스템에 일정 수준의 성능 오버헤드를 유발할 수 있기 때문에, 사전 테스트가 필요하다. 이를 위해 PostgreSQL에서는 pg_test_timing 유틸리티를 제공한다.

공식 매뉴얼에서는 "개별 타이밍 호출 중 90% 이상이 1마이크로초 미만이면 양호한 결과"라고 안내하고 있다. 따라서 파라미터 적용 전에, 다음 명령어를 이용해서 테스트를 수행한다.

```
$ /usr/pgsql-17/bin/pg_test_timing
```

**모니터링 스크립트**

다음은 pg_stat_io 뷰를 기반으로 I/O 성능 데이터를 분석하는 예제 스크립트이다(수행 결과는 길이 제한으로 인해 일부 칼럼만 출력했다).

```
select
      backend_type
    , object
    , context
    , round((rtime + wtime) / 1000, 1) as iotime_s
```

```
           , round((rtime + wtime) / sum(rtime + wtime) over() * 100, 1) as "pct(%)"
           , round(rtime / 1000, 1) as rtime_s
           , round(wtime / 1000, 1) as wtime_s
           , (reads + writes) as totio
           , round((reads + writes) / sum(reads + writes) over() * 100, 1) as "pct(%)"
           , reads
           , writes
      from (
           select
                    backend_type
                  , object
                  , context
                  , coalesce(read_time::numeric, 0)  as rtime
                  , coalesce(write_time::numeric, 0) as wtime
                  , coalesce(reads, 0)  as reads
                  , coalesce(writes, 0) as writes
             from pg_stat_io
      ) t
      order by 4 desc;
          backend_type     |  object  |  context  | iotime_s | pct(%) | totio  | pct(%)
      -------------------+----------+-----------+----------+--------+--------+--------
          client backend    | relation | normal    |   162.6  |  73.2  | 837103 |  27.4
          background writer | relation | normal    |    24.8  |  11.1  | 621868 |  20.4
          background worker | relation | bulkread  |    15.9  |   7.2  | 599493 |  19.6
          client backend    | relation | bulkread  |     9.5  |   4.3  | 643776 |  21.1
          client backend    | relation | bulkwrite |     2.9  |   1.3  | 161892 |   5.3
```

### client backend 유형의 normal IO 비중이 높은 경우

normal I/O 비중이 높은 주요 원인은 버퍼 캐시 크기의 1/4보다 작은 테이블에 대한 반복적인 Seq Scan 때문일 가능성이 높다. 이런 테이블들은 블록 전체를 공유 버퍼에 적재할 수 있기 때문에 링 버퍼를 사용하지 않는다. 그 결과 normal I/O 비중이 높게 나타난다.

이 경우에는 해당 시점에 수행된 세션, 세션에서 수행한 쿼리 및 테이블 별 I/O를 함께 확인해야 한다. 만약 동일 테이블에 대한 반복적인 Seq Scan이 확인된다면, 해당 칼럼에 적절한 인덱스를 생성해야 한다.

이를 위해서는 pg_stat_io 뷰뿐만 아니라 세션 정보와 테이블 단위의 I/O 정보를 일정 주기마다 저장해 두는 것이 분석에 큰 도움이 된다.

### client backend 유형의 bulkread 비중이 높은 경우

bulkread 비중이 높은 원인은 버퍼 캐시의 1/4보다 큰 대용량 테이블에 대해 반복적인 Seq Scan 때문일 가능성이 높다. 이 경우 PostgreSQL은 자동으로 bulkread 전략을 적용하고, 링 버퍼를 사용하게 된다.

분석 및 대응 방식은 normal I/O와 동일하게 해당 시간대에 수행된 세션의 쿼리 내용과 관련 테이블의 I/O 정보를 함께 확인한다. 이 정보를 바탕으로, 불필요한 Seq Scan 여부를 판단하고 인덱스 생성 또는 쿼리 튜닝을 검토한다.

### client backend 유형의 bulkwrite 비중이 높은 경우

bulkwrite 비중이 높은 주된 원인은 대용량 파일을 이용한 COPY 작업이나, 대용량 테이블을 대상으로 한 CTAS 작업 때문이다. 이러한 작업은 일반적으로 데이터 이행이나 적재 과정에서 수행되는 작업이므로, 별도의 조치는 필요하지 않다. 다만, 작업 스케줄이 서비스 시간과 겹치지 않도록 적절하게 조정되었는지 여부만 확인한다.

### client backend 유형의 temp relation IO 비중이 높은 경우

temp relation에 대한 I/O 비중이 높은 원인은 temp_buffer 파라미터로 설정된 메모리 공간이 부족하기 때문이다. 이 경우에는 Temp 테이블을 사용하는 세션과 해당 세션에서 수행된 쿼리를 확인한다. 그리고 필요 이상으로 많은 데이터를 Temp 테이블로 처리하는지를 점검한다. 만약 필요하다고 판단되면 temp_buffer 파라미터 값을 증가한다.

### background worker 유형의 bulkread 비중이 높은 경우

이 유형에서 bulkread 비중이 높게 나타나는 이유는 일정 크기 이상의 테이블에 대해 병렬 프로세스가 Seq Scan을 수행했기 때문이다. PostgreSQL은 테이블 크기에 따라 자동으로 병렬 쿼리를 실행하며, 이때 background worker가 사용된다.

이 경우에도 세션이 수행한 쿼리와 대상 테이블의 I/O 정보를 함께 확인해서 불필요한 Seq Scan 발생 여부를 확인한다.

### autovacuum worker 유형의 vacuum 비중이 높은 경우

업무 시간에 Autovacuum 프로세스의 I/O 활동으로 인해 서비스 응답 시간에 영향을 준다고 판단되면, 일시적으로 Autovacuum 관련 파라미터를 off로 변경하고 해당 프로세스를 정리한다(정리 작업은 pg_terminate_backend() 함수를 이용한다).

이러한 현상은 Vacuum 대상 테이블이 많거나, 동시에 수행되는 Autovacuum 프로세스 수가 많은 경우에 발생한다. 이 경우에는 다음과 같이 조치한다.

- autovacuum_max_workers 파라미터 값을 낮춰서 동시에 실행되는 Autovacuum 프로세스 수를 줄인다.
- 장시간 Vacuum 작업이 수행되는 테이블을 식별한 후, 업무 외 시간에 수동으로 Vacuum 작업을 수행한다.

## pg_stat_all_tables와 pg_statio_all_tables 뷰를 이용한 테이블 IO 분석

테이블 관련 성능 뷰를 활용하면, 테이블에 대한 다양한 정보를 확인할 수 있다.

### pg_stat_all_tables 뷰

pg_stat_all_tables 뷰는 액세스 패턴 별 수행 횟수, 명령어 별 수행 건수, Vacuum 및 통계 정보 생성 작업 수행 이력 등의 다양한 정보를 제공한다. 주요 칼럼 정보는 다음과 같다.

- 표 7-9. pg_stat_all_tables 뷰 주요 칼럼

| 칼럼 명 | 설명 |
| --- | --- |
| relname | 테이블 명 |
| seq_scan | Seq Scan 횟수 (병렬 쿼리인 경우 병렬 프로세스 수만큼 증가. 예: 병렬 프로세스 2개로 실행 시 3회 증가) |
| seq_tup_read | Seq Scan으로 읽은 레코드 수 |
| idx_scan | 인덱스 스캔 횟수 |
| idx_tup_fetch | 인덱스 스캔으로 읽은 레코드 수 |

| 칼럼 명 | 설명 |
| --- | --- |
| n_tup_ins | INSERT된 레코드 수 |
| n_tup_upd | UPDATE된 레코드 수 |
| n_tup_del | DELETE된 레코드 수 |
| n_tup_hot_upd | HOT 방식으로 UPDATE된 레코드 수 (HOT는 '9. Vacuum' 장에서 설명한다) |
| n_tup_newpage_upd | non-HOT 방식으로 UPDATE된 레코드 수 |
| n_live_tup | Live 튜플 수 (Current 레코드라고도 한다) |
| n_dead_tup | 데드 튜플 수 (Vacuum 대상 레코드 수이다) |
| n_mod_since_analyze | 마지막 통계 작업 수행 후에 변경된 레코드 수 |
| n_ins_since_vacuum | 마지막 Vacuum 작업 후에 INSERT된 레코드 수 |
| last_vacuum | 마지막 수동 Vacuum 수행 시각 |
| last_autovacuum | 마지막 Autovacuum 수행 시각 |
| last_analyze | 마지막 수동 통계 수행 시각 |
| last_autoanalyze | 마지막 자동 통계 수행 시각 |

## pg_statio_all_tables 뷰

pg_statio_all_tables 뷰는 테이블 및 인덱스에 대한 I/O 블록 수를 제공한다. 주요 칼럼 정보는 다음과 같다.

- 표 7-10. pg_statio_all_tables 뷰 주요 칼럼

| 칼럼 명 | 설명 |
| --- | --- |
| relname | 테이블 명 |
| heap_blks_read | 디스크에서 읽은 테이블 블록 수 (Seq Scan 방식과 인덱스 스캔 방식에 상관없이 테이블 블록을 디스크에서 읽은 경우에 증가한다) |
| heap_blks_hit | 공유 버퍼에서 읽은 테이블 블록 수 |
| idx_blks_read | 디스크에서 읽은 인덱스 블록 수 |
| idx_blks_hit | 공유 버퍼에서 읽은 인덱스 블록 수 |

### Seq Scan 방식으로 빈번하게 액세스하는 테이블 추출 방법

테이블별 Seq Scan의 영향도를 분석하려면, 수행 횟수뿐만 아니라 레코드 수, I/O 블록 수, 테이블 크기, 공유 버퍼 대비 크기, 버퍼 액세스 전략 등의 다양한 지표를 함께 고려해야 한다.

아래는 필자가 실무에서 사용하는 예제 스크립트이다. 디스크 I/O 블록 수가 많은 테이블 중에서 Seq Scan이 빈번하게 수행되는 테이블을 추출하며, 테이블 크기와 공유 버퍼 크기 비율에 따라 적용된 버퍼 액세스 전략도 함께 확인할 수 있다.

```
select
      a.schemaname
    , a.relname
    , b.heap_blks_read
    , a.seq_scan
    , a.seq_tup_read
    , a.seq_tup_read / a.seq_scan as seq_tup_read_1
    , b.heap_blks_hit
    , round((b.heap_blks_hit::numeric
          / (b.heap_blks_hit + b.heap_blks_read)) * 100, 1) as "hit(%)"
    , round(pg_table_size(a.relid) / 1024 / 1024, 0) as tab_mb
    , (select setting::int * 8 / 1024
         from pg_settings
        where name = 'shared_buffers') as buf_mb
    , (case
         when pg_table_size(a.relid)
             / (select setting::numeric * 8 * 1024
                  from pg_settings
                 where name = 'shared_buffers') > 0.25
         then 'BULKREAD'
         else 'NORMAL'
       end) as bas
 from  pg_stat_all_tables a
     , pg_statio_all_tables b
where a.schemaname = b.schemaname
  and a.relname    = b.relname
  and a.seq_scan         > 0
  and b.heap_blks_read > 0
order by b.heap_blks_read desc
limit 10 \gx
```

## pg_stat_wal 뷰를 이용한 WAL I/O 모니터링

성능 모니터링 시에 WAL I/O를 모니터링하는 것은 매우 중요하다. 일반적으로 WAL 파일은 별도의 볼륨으로 구성하기 때문에 OS 모니터링을 통해서도 WAL 디스크 볼륨의 I/O 현황을 모니터링할 수 있다. 하지만 성능 분석을 위해서는 초당 발생하는 WAL 크기, FPW (Full Page Write) 발생 횟수 정보가 필요하다. 이러한 정보는 pg_stat_wal 뷰를 이용해서 확인할 수 있다.

### pg_stat_wal 뷰

pg_stat_wal 뷰는 버전 14부터 제공되며, WAL 관련 내부 처리 현황을 상세히 모니터링할 수 있다. 이 뷰에서 '_time'으로 끝나는 칼럼들은 track_wal_io_timing 파라미터를 on으로 설정해야 활성화되며, 모든 시간 단위는 1/1000초 기준이다.

• 표 7-11. pg_stat_wal 뷰 주요 칼럼

| 칼럼 명 | 설명 |
| --- | --- |
| wal_records | 생성된 WAL 레코드 수 (변경된 레코드 수 + 커밋 횟수만큼 증가한다) |
| wal_fpi | Full Page Write(FPW) 수행을 위한 블록 수. 매 체크포인트 후에는 FPW가 발생한다. WAL 압축을 적용하지 않으면 극심한 IO 경합이 발생할 수 있으므로 반드시 wal_compression 파라미터를 이용해서 WAL 압축을 적용하도록 한다. |
| wal_bytes | 생성된 WAL 크기(바이트 단위) |
| wal_buffers_full | WAL 버퍼가 꽉 차서 디스크로 기록된 횟수. 커밋 시마다 WAL 버퍼의 내용을 디스크로 기록하기 때문에 일반적으로 0이다. |
| wal_write / wal_write_time | WAL 버퍼를 WAL 파일에 기록한 횟수 및 시간 |
| wal_sync / wal_sync_time | fsync() 함수로 WAL 파일을 디스크로 flush한 횟수 및 시간 |
| stats_reset | 마지막 리셋 시각. 초기화는 pg_stat_reset_shared('wal') 함수를 이용한다. |

### WAL 파일 덤프 예제

WAL 파일 내부에 저장된 내용을 직접 확인하려면 pg_waldump 명령어를 이용한다.

```
$ pg_waldump 0000002400000001C0000005
```

다음은 1건을 입력한 뒤의 WAL 덤프 결과 예시이다(INSERT와 COMMIT 레코드를 확인할 수 있다).

```
INSERT off: 18, flags: 0x08, blkref #0: rel 1663/32818/150399 blk 0
COMMIT 2025-04-30 10:42:48.088824 KST; apply_feedback
```

이번에는 체크포인트 이후에 동일한 작업을 수행한 예시이다(INSERT 레코드 뒤에 FPW가 추가로 기록되어 있음을 확인할 수 있다).

```
CHECKPOINT_ONLINE redo 1B/C8000060; tli 36; prev tli 36; fpw true; wal_level logical;
INSERT off: 20, flags: 0x08, blkref #0: rel 1663/32818/150399 blk 0 FPW
COMMIT 2025-04-30 10:52:22.374603 KST; apply_feedback
```

## 7-6. 복제 모니터링

복제는 일반적으로 비동기 방식을 사용하기 때문에, 대량의 트랜잭션이 발생하면 복제 지연 현상이 발생한다. 복제 지연이 발생한 경우, 복제 지연된 WAL 용량과 복제 지연 시간을 함께 분석해야 한다. 또한, 복제 지연 원인을 파악하기 위해서는 각 단계별 지연 정도를 확인해야 한다.

PostgreSQL의 물리 복제와 논리 복제는 다음과 같은 4단계로 구성된다.

1. WAL 정보를 스트리밍 방식으로 전송받는다.
2. 전송받은 WAL을 OS 캐시로 기록한다.
3. OS 캐시에 기록된 WAL을 디스크에 flush한다.
4. 디스크에 기록된 WAL을 공유 메모리에 적용한다.

각 단계별 지연 정보는 pg_stat_replication 뷰를 이용해서 분석할 수 있다.

### pg_stat_replication 뷰를 이용한 복제 지연 분석

복제 지연 시간은 '_lag'로 끝나는 3개의 칼럼을 통해 확인할 수 있다. 이 정보를 이용하면 2~4단계까지의 복제 지연 시간을 측정할 수 있다.

또한, 각 단계별로 제공되는 LSN 값의 차이를 통해 복제 지연 용량도 확인할 수 있다. LSN은 WAL 내의 위치를 바이트 단위로 나타내므로, 칼럼 간 pg_wal_lsn_diff() 함수를 사용해 차이를 계산하면 된다.

### pg_stat_replication 뷰

pg_stat_replication 뷰에서 제공하는 주요 칼럼은 다음과 같다.

• 표 7-12. pg_stat_replication 뷰 주요 칼럼

| 칼럼 명 | 설명 |
| --- | --- |
| pid | walsender 프로세스 PID |
| sent_lsn | 마스터 서버에서 walsender 프로세스가 마지막으로 전송한 WAL LSN |
| write_lsn | 복제 서버에서 마지막으로 기록한 WAL LSN |
| flush_lsn | 복제 서버에서 마지막으로 flush한 WAL LSN |
| replay_lsn | 복제 서버에서 마지막으로 공유 버퍼에 적용한 WAL LSN |
| write_lag | 마스터 서버에서 WAL 정보를 flush한 이후부터 복제 서버에서 마지막으로 WAL을 기록한 시점까지의 복제 지연 시간 |
| flush_lag | 마스터 서버에서 WAL 정보를 flush한 이후부터 복제 서버에서 마지막으로 WAL을 flush한 시점까지의 복제 지연 시간 |
| replay_lag | 마스터 서버에서 WAL 정보를 flush한 이후부터 복제 서버에서 마지막으로 WAL을 공유 버퍼에 적용한 시점까지의 복제 지연 시간 |

복제 지연 관련 칼럼들의 이해를 돕기 위해 아래의 도식화를 참고하기 바란다.

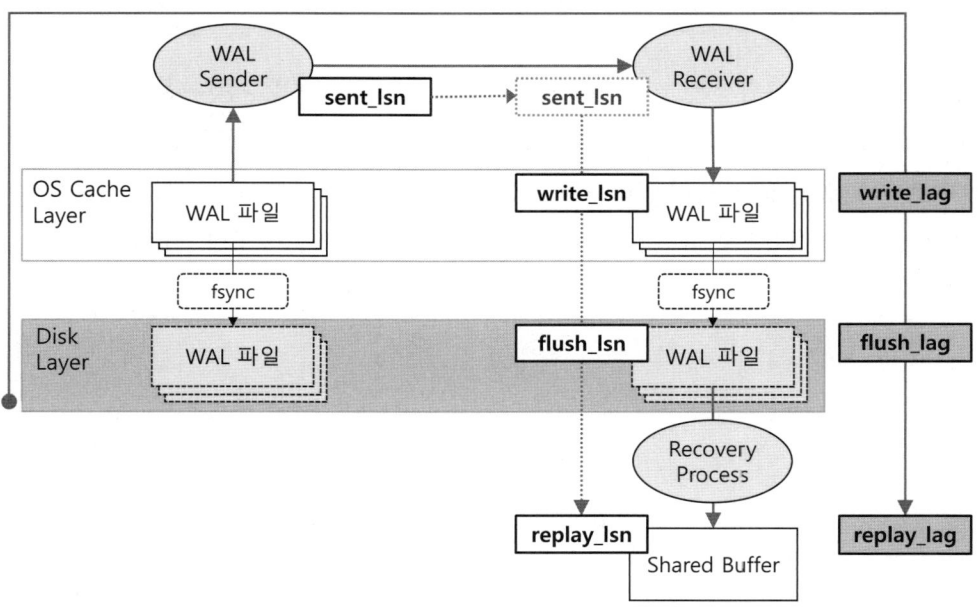

그림 7-4. 복제 지연 관련 칼럼 정보 도식화

**모니터링 스크립트**

다음은 복제 지연을 모니터링하기 위한 예제 스크립트이다. pg_wal_lsn_diff() 함수는 LSN 간의 차이를 바이트 단위로 반환한다. 또한, '_lag' 칼럼들은 해당 단계까지의 누적 지연 시간을 의미하므로, 구간별 지연 시간을 계산하려면 마이너스 연산을 이용하면 된다.

```sql
select
       pid
     , application_name
     , client_addr
     , pg_size_pretty(pg_wal_lsn_diff(pg_current_wal_lsn(), sent_lsn))   as send_lag_sz
     , pg_size_pretty(pg_wal_lsn_diff(sent_lsn,  write_lsn))             as write_lag_sz
     , pg_size_pretty(pg_wal_lsn_diff(write_lsn, flush_lsn))             as flush_lag_sz
     , pg_size_pretty(pg_wal_lsn_diff(flush_lsn, replay_lsn))            as replay_lag_sz
     , pg_size_pretty(pg_wal_lsn_diff(pg_current_wal_lsn(), replay_lsn)) as total_lag_sz
     , write_lag                   as write_lag_time
     , flush_lag - write_lag       as flush_lag_time
     , replay_lag - flush_lag      as replay_lag_time
     , replay_lag                  as total_lag_time
from pg_stat_replication;
```

복제 지연은 대부분 네트워크 성능과 WAL 디스크 I/O 성능에 의해 발생한다. send_lag_sz 값이 크게 나타나는 경우, 네트워크 성능 이슈일 가능성이 높다. 따라서 네트워크 대역폭과 처리 성능을 점검할 필요가 있다. 특히 클라우드 환경과 같이 네트워크 대역폭에 제한이 있는 경우에는, 대량의 트랜잭션이 발생하면 이 구간에서 병목 현상이 발생하기 쉽다. 한편, write_lag_sz 값이 크다면, 복제 서버의 WAL 디스크 I/O 성능을 의심할 수 있다.

## 7-7. 작업 진행 상황 모니터링

PostgreSQL은 'progress' 뷰들을 통해 인덱스 생성, Vacuum, 통계 정보 생성, COPY, 베이스 백업과 같은 작업의 진행 상황을 실시간으로 확인할 수 있는 기능을 제공한다. 이러한 뷰들은 대용량 작업의 완료 시점을 예측하거나, 작업이 정상적으로 수행되고 있는지를 확인하는 데 매우 유용하다.

예를 들어, 대용량 테이블에 인덱스를 생성하는 작업과 Vacuum 작업은 수십 분 이상 소요될 수 있다. 이때, 진행률이나 현재 작업 단계를 확인할 수 없다면 작업이 중단되었는지, 정상적으로 진행 중인지 파악하기 어렵다. 'progress' 뷰들을 활용하면 이러한 불확실성을 줄이고, 작업 상태를 정밀하게 추적할 수 있다.

작업 진행 상황 모니터링용 뷰 목록은 다음과 같다. 버전 13 이상에서는 대부분의 'progress' 뷰를 사용할 수 있으며, pg_stat_progress_copy 뷰는 버전 14부터 제공된다.

- 표 7-13. 작업 진행상황 모니터링 뷰 목록

| 뷰 명 | 설명 |
| --- | --- |
| pg_stat_progress_analyze | 통계 정보 생성 진행 상황을 제공한다. |
| pg_stat_progress_create_index | 인덱스 생성 진행 상황을 제공한다. |
| pg_stat_progress_vacuum | 수동 VACUUM 명령어와 Autovacuum 작업 진행 상황을 제공한다. |
| pg_stat_progress_cluster | CLUSTER 명령어와 VACUUM FULL 명령어 진행 상황을 제공한다. |
| pg_stat_progress_copy | COPY 명령어의 진행 상황을 제공한다. (버전 14부터 제공) |
| pg_stat_progress_basebackup | pg_basebackup 명령어의 진행 상황을 제공한다. |

## 인덱스 생성 진행 상황 모니터링

pg_stat_progress_create_index 뷰를 이용하면 인덱스 생성 작업의 현재 상태를 실시간으로 확인할 수 있다. 이 뷰를 이용하면 인덱스 생성 단계별 진행률을 확인할 수 있으며, 특히 대용량 테이블에 인덱스를 생성할 때 작업이 얼마나 진행되었는지를 파악하는 데 유용하다.

### pg_stat_progress_create_index 뷰

pg_stat_progress_create_index 뷰에서 제공하는 주요 칼럼은 다음과 같다.

- 표 7-14. pg_stat_progress_create_index 뷰 주요 칼럼

| 칼럼 명 | 설명 |
| --- | --- |
| pid | 인덱스 생성 작업을 수행하는 프로세스의 PID. 병렬 처리인 경우에도 코디네이터 프로세스의 PID만 표시된다. |
| command | 인덱스 생성 명령어. CREATE INDEX, REINDEX, CONCURRENTLY 옵션 사용 여부 등을 확인할 수 있다. |
| phase | 인덱스 생성 단계. 인덱스 생성(building index)은 다음과 같이 단계로 수행된다.<br>• scanning table<br>• sorting live tuples<br>• loading tuples in tree<br><br>CONCURRENTLY 옵션을 사용할 경우에는 시작 전후로 유효성 검사 및 락 충돌 여부를 체크하는 단계가 추가된다. |
| blocks_total | 현재 단계에서 처리해야 할 총 블록 수 |
| blocks_done | 현재 단계에서 처리한 블록 수 |
| tuples_total | 현재 단계에서 처리해야 할 총 레코드 수 |
| tuples_done | 현재 단계에서 처리된 레코드 수 |

**모니터링 스크립트**

진행 상황 모니터링 시에는 pg_stat_activity 뷰와 조인해서 쿼리 문장, 실행 시간, 대기이벤트, 락 홀더 등의 정보도 함께 확인하는 것이 좋다.

```
select
    a.pid
  , b.query
  , extract(epoch from current_timestamp - b.query_start)::integer as runtime
  , a.command
  , a.phase
  , a.blocks_total
  , a.blocks_done
  , round((blocks_done::numeric / (case when blocks_total = 0 then 1 else blocks_total
end) * 100.0), 1) as blk_scan_ratio
  , a.tuples_total
  , a.tuples_done
  , round((tuples_done::numeric / (case when tuples_total = 0 then 1 else tuples_total
end) * 100.0), 1) as tup_scan_ratio
  , b.wait_event
  , b.wait_event_type
  , pg_blocking_pids(b.pid) as holder
from pg_stat_progress_create_index a
   , pg_stat_activity b
where a.pid = b.pid;
```

다음은 모니터링 결과 예시이다. 현재 인덱스 트리에 데이터를 로딩하는 단계(loading tuples in tree)를 수행 중이며, tuples_total 칼럼 값을 기준으로 tuples_done 값을 비교하면 약 62%의 작업이 완료된 상태임을 확인할 수 있다.

```
-[ RECORD 1 ]---+-------------------------------------------
pid             | 112763
query           | create index concurrently t2_n1 on t2(c1);
runtime         | 49
command         | CREATE INDEX CONCURRENTLY
phase           | building index: loading tuples in tree
tuples_total    | 24160000
tuples_done     | 14993102
tup_scan_ratio  | 62.1
```

## Vacuum 진행 상황 모니터링

수동 Vacuum 및 Autovacuum 작업의 진행 상황은 pg_stat_progress_vacuum 뷰를 통해 모니터링할 수 있다. 대용량 테이블에 대한 Vacuum 작업은 특히 인덱스 정리 단계에서 시간이 오래 걸릴 수 있으며, 이 뷰를 활용하면 작업 진행률뿐만 아니라 maintenance_work_mem 파라미터 설정이 적절한지도 함께 판단할 수 있다. 따라서 실무 환경에서는 매우 유용한 모니터링 도구로 활용된다.

### pg_stat_progress_vacuum 뷰

pg_stat_progress_vacuum 뷰에서 제공하는 주요 칼럼은 다음과 같다.

- 표 7-15. pg_stat_progress_vacuum 뷰 주요 칼럼

| 칼럼 명 | 설명 |
| --- | --- |
| pid | Vacuum 수행 중인 프로세스의 PID |
| phase | 현재 Vacuum 수행 단계. 주요 단계는 다음과 같다.<br>• scanning heap: 테이블을 스캔 및 Freezing 수행<br>• vacuuming indexes: 인덱스 별 Vacuum 수행<br>• vacuuming heap: 테이블 Vacuum 수행<br>• truncating heap: 테이블 맨 뒤부터 일정 크기 이상 빈공간 삭제 |
| heap_blks_total | 테이블 총 블록 수 |
| heap_blks_scanned | 현재까지 스캔한 블록 수. scanning heap 단계에서만 증가한다. |
| index_vacuum_count | 수행된 인덱스 Vacuum 사이클 횟수. maintenance_work_mem 값이 작을수록 더 많은 사이클을 수행한다. |
| max_dead_tuple_bytes | 인덱스 Vacuum 사이클 내에서 처리 가능한 데드 튜플 용량 (버전 17부터 제공) |
| dead_tuple_bytes | 마지막 인덱스 Vacuum 사이클 이후부터 처리한 데드 튜플 크기 (버전 17부터 제공) |
| num_dead_item_ids | 마지막 인덱스 Vacuum 사이클 이후부터 수집된 데드 튜플 건수 (이전 버전에서 제공하던 num_dead_tuples에서 명칭이 변경됨) |
| indexes_total | 대상 인덱스 수 (버전 17부터 제공) |
| indexes_processed | Vacuum 작업이 완료된 인덱스 수 (버전 17부터 제공) |

## 모니터링 스크립트

Vacuum 진행 상황 모니터링 시에도 pg_stat_activity 뷰를 함께 활용하여 쿼리, 응답 시간, 대기이벤트 및 블로킹 세션 정보를 함께 조회하는 것이 좋다.

```
select
    b.pid
  , b.query
  , extract(epoch from current_timestamp - b.query_start)::integer as runtime
  , round((heap_blks_scanned * 100.0 / heap_blks_total), 1)  as scan_ratio
  , round((heap_blks_vacuumed * 100.0 / heap_blks_total), 1) as vacuum_ratio
  , a.index_vacuum_count
  , a.phase
  , a.heap_blks_total
  , a.heap_blks_scanned
  , a.heap_blks_vacuumed
  , pg_size_pretty(a.max_dead_tuple_bytes) as max_dead_tuple_sz
  , pg_size_pretty(a.dead_tuple_bytes) as dead_tuple_sz
  , a.num_dead_item_ids
  , a.indexes_total
  , a.indexes_processed
  , b.wait_event
  , b.wait_event_type
  , pg_blocking_pids(b.pid) as holder
from pg_stat_progress_vacuum a
   , pg_stat_activity b
where a.pid = b.pid;
```

아래는 maintenance_work_mem 파라미터 값을 128KB로 작게 설정한 후 테스트한 결과이다. 인덱스 Vacuum 사이클이 4회 발생한 것을 통해 현재 설정된 값이 너무 작다는 점을 확인할 수 있다. 이처럼 pg_stat_progress_vacuum 뷰를 통해 해당 파라미터의 적정 여부를 판단하고, 필요 시 값을 조정하도록 한다.

```
-[ RECORD 1 ]------+-------------------------
scan_ratio         | 20.9
vacuum_ratio       | 20.9
index_vacuum_count | 4 → 인덱스 Vacuum 사이클 횟수
phase              | vacuuming indexes
```

## Vacuum Full 진행 상황 모니터링

Vacuum Full 작업의 진행 상황은 pg_stat_progress_cluster 뷰를 통해 모니터링할 수 있다. 이 작업은 락 경합 문제로 인해, 일반적으로 정기 점검과 같이 서비스 중단이 가능한 시간대에 수행한다. 따라서 제한된 시간 내에 작업 완료 가능 여부를 판단하기 위해, 현재 수행 단계와 전체 진행률을 모니터링하는 것이 매우 중요하다.

### pg_stat_progress_custer 뷰

pg_stat_progress_cluster 뷰에서 제공하는 주요 칼럼은 다음과 같다.

- 표 7-16. pg_stat_progress_cluster 뷰 주요 칼럼

| 칼럼 명 | 설명 |
| --- | --- |
| pid | Vacuum Full 작업을 수행 중인 프로세스 PID |
| phase | Vacuum Full 현재 단계. Vacuum Full 주요 단계는 다음과 같다.<br>• seq scanning heap: 테이블 스캔<br>• rebuilding index: 인덱스 재생성 |
| heap_tuples_scanned | 스캔한 레코드 수 |
| heap_blks_scanned | 스캔한 블록 수 |
| heap_tuples_written | 기록한 레코드 수 |
| heap_blks_total | 테이블 전체 블록 수 |
| index_rebuild_count | 현재까지 재생성한 인덱스 수 |

## 모니터링 스크립트

다음은 Vacuum Full 작업의 진행 상황을 모니터링할 수 있는 스크립트 예시이다.

```
select
       b.pid
     , b.query
     , extract(epoch from current_timestamp - b.query_start)::integer as runtime
     , round((heap_blks_scanned * 100.0 / heap_blks_total), 1) as scan_ratio
     , a.phase
     , a.heap_tuples_scanned
     , a.heap_blks_scanned
     , a.heap_tuples_written
     , a.heap_blks_total
     , a.index_rebuild_count
     , b.wait_event
     , b.wait_event_type
     , pg_blocking_pids(b.pid) as holder
  from   pg_stat_progress_cluster a
     , pg_stat_activity b
 where   a.pid = b.pid;
```

테이블 스캔 단계에서는 heap_blks_total과 heap_blks_scanned 값을 이용해서 진행률을 확인할 수 있다. 반면 인덱스 재생성 단계에서는 index_rebuild_count 칼럼을 통해 현재까지 완료된 인덱스 개수만 확인할 수 있다.

```
-[ RECORD 1 ]-------+------------------------
pid                 | 153332
query               | vacuum full verbose t3;
runtime             | 371
scan_ratio          | 100.0
phase               | rebuilding index
heap_tuples_scanned | 17000000
heap_blks_scanned   | 211180
heap_tuples_written | 17000000
heap_blks_total     | 211180
index_rebuild_count | 2
```

## COPY 진행 상황 모니터링

COPY 명령어는 6장의 논리 백업과 복구 단락에서 언급한 것처럼 \copy와 COPY 두 가지 유형이 있으며 일반적으로는 \copy 명령어를 사용한다. 진행 상황은 pg_stat_progress_copy 뷰를 통해 모니터링할 수 있으며, 모니터링 관점에서 두 명령어 간에 큰 차이는 없다. 다만, bytes_total 칼럼은 COPY 명령어로 수행했을 때만 값이 제공되며, \copy 명령어를 사용할 경우에는 해당 칼럼 값이 표시되지 않는다.

### pg_stat_progress_copy 뷰

pg_stat_progress_copy 뷰에서 제공하는 주요 칼럼은 다음과 같다.

- 표 7-17. pg_stat_progress_copy 뷰 주요 칼럼

| 칼럼 명 | 설명 |
| --- | --- |
| pid | COPY 명령어를 수행 중인 프로세스 PID |
| command | 수행 중인 명령어. COPY FROM 또는 COPY TO |
| bytes_processed | 지금까지 처리한 데이터 크기 (바이트 단위) |
| bytes_total | 처리 대상 파일의 전체 크기 (COPY FROM 명령어에서만 제공됨) |
| tuples_processed | 지금까지 처리한 레코드 수 |
| tuples_skipped | ON_ERROR 옵션 사용 시 스킵된 레코드 수 (버전 17부터 제공됨) |

**모니터링 스크립트**

다음은 COPY 작업의 진행 상황을 모니터링할 수 있는 스크립트 예시이다.

```sql
select
      b.pid
    , b.query
    , extract(epoch from current_timestamp - b.query_start)::integer as runtime
    , case when a.command = 'COPY FROM' and bytes_total > 0
           then round((bytes_processed * 100.0 / bytes_total), 1)
      end as copy_from_ratio
    , case when a.command = 'COPY TO'
           then round((a.tuples_processed * 100.0
                       / (select reltuples
                            from pg_class
                           where oid = a.relid))::numeric, 1)
      end as copy_to_ratio
    , a.command
    , a.bytes_processed
    , a.bytes_total
    , a.tuples_processed
    , a.tuples_skipped
    , b.wait_event
    , b.wait_event_type
    , pg_blocking_pids(b.pid) as holder
 from pg_stat_progress_copy a
    , pg_stat_activity b
where a.pid = b.pid;
```

COPY TO 수행 시에는 pg_class 테이블의 reltuples 칼럼 값을 이용해서 전체 레코드 수 대비 진행률을 계산할 수 있다. 반면, COPY FROM 수행 시의 진행률을 확인하려면 대상 파일의 전체 크기를 나타내는 bytes_total 값이 필요하다. 하지만 \copy 명령어는 이 값을 제공하지 않기 때문에, COPY FROM의 정확한 진행률을 파악하려면 실제 파일 크기를 확인한 후에 수동으로 계산해야 한다.

# 8
# 트랜잭션과 대기이벤트

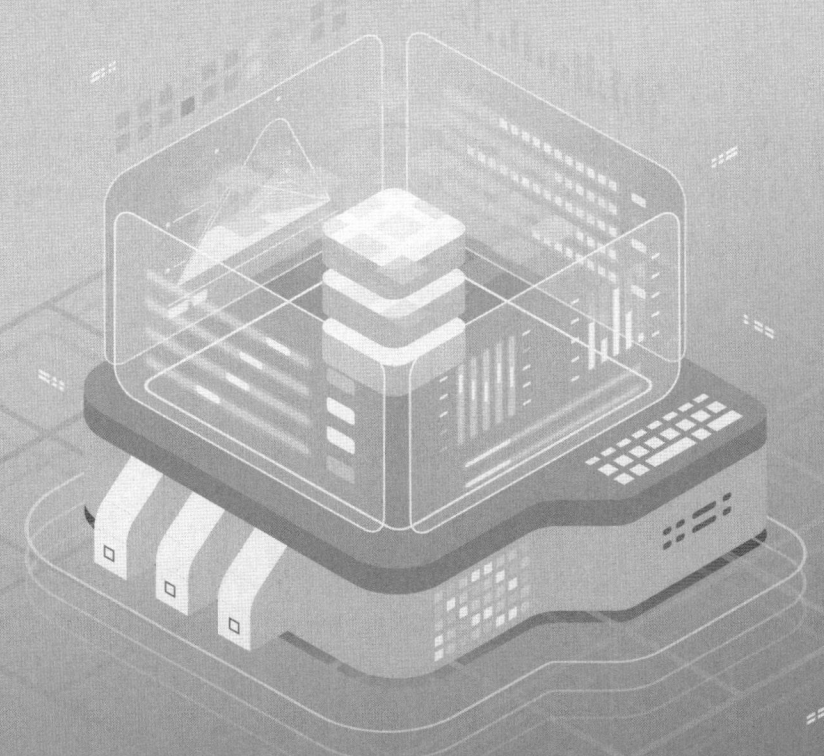

이번 장에서는 트랜잭션 수행 중 발생할 수 있는 락 대기 현상을 분석하기 위해, 로우 레벨 락과 테이블 락에 대해 살펴본다. 또한 PostgreSQL의 MVCC(Multi-Version Concurrency Control) 특성 때문에 필요한 멀티 트랜잭션 처리 방식에 대해서도 간단히 설명한다. 이어서, 동시에 다수의 트랜잭션이 수행되는 상황에서 시스템 병목이 발생할 경우, 문제의 원인을 빠르게 파악할 수 있도록 도와주는 대기이벤트(WAIT EVENT)의 개요를 소개한다. 마지막으로, 실무 환경에서 부하 상황 시 자주 발생하는 주요 대기이벤트에 대해서도 함께 살펴본다.

## 8-1. 트랜잭션과 락(Lock)

락에 대한 이해는 모니터링 관점에서 반드시 필요한 요소는 아니다. 실제로 모니터링 중에 락 대기가 발생하면 pg_blocking_pids() 함수를 이용해서 블로킹 세션을 신속히 파악할 수 있으며, 해당 세션의 종료 가능 여부를 판단한 뒤 pg_terminate_backend() 함수를 이용해서 세션을 정리하면 된다.

하지만, 락이 발생한 근본 원인을 정확히 파악하려면 락 메커니즘에 대한 이해가 필요하다. 따라서 이번 단락에서는 로우 레벨 락, 테이블 레벨 락, 데드락 발생 원인 등에 대해서 설명한다. 또한, 락 정보를 확인할 수 있는 pg_locks 뷰와 함께, 실제 사례를 통한 락 분석 방법도 함께 살펴본다.

### 로우 레벨(Row-Level) 락

PostgreSQL은 개별 레코드 단위로 락을 제어하는 로우 레벨 락(row-level lock)을 제공하며, 이는 크게 Exclusive 모드와 Share 모드로 나뉜다.

레코드를 변경하는 명령어는 Exclusive 모드로 로우 레벨 락을 획득한다. Exclusive 모드는 동일 레코드에 대한 동시 접근을 차단한다. 대표적인 명령어로는 INSERT, DELETE, UPDATE, SELECT FOR UPDATE가 있다. 이 명령어들은 동일 레코드에 대해 동시에 수행될 수 없다.

반면, 레코드의 변경을 방지하는 목적으로 사용되는 SELECT FOR SHARE 명령어는 Share 모드로 로우 레벨 락을 획득하며, 여러 세션에서 동시에 동일 레코드에 대한 락을 설정할 수 있다.

명령어 수행 시 필요한 락 모드와 락 모드 간의 호환성은 다음과 같다.

| 명령어 | 락 모드 | Share | Exclusive |
| --- | --- | --- | --- |
| SELECT FOR SHARE | Share | O | X |
| SELECT FOR UPDATE<br>INSERT, DELETE, UPDATE | Exclusive | X | X |

그림 8-1. 로우 레벨 락 모드간 호환성 매트릭스

## 테이블 레벨 락

테이블 레벨 락은 테이블에 대한 명령어를 수행할 때 필요하며, PostgreSQL은 다음과 같은 테이블 락 모드를 제공한다.

- Access Share
- Row Share
- Row Exclusive
- Share Update Exclusive
- Share
- Share Row Exclusive
- Exclusive
- Access Exclusive

이처럼 다양한 락 모드를 제공하는 이유는, 한 테이블에 여러 명령어가 동시에 수행될 수 있도록 동시성을 최대한 보장하면서도 데이터 무결성을 유지하기 위함이다. 각 락 모드 간의 호환성 여부에 따라 명령어들이 동시에 수행 가능한지 여부가 결정되며, 호환되지 않는 락 모드가 충돌할 경우에는 락 대기가 발생한다(그림 8-2. 참조).

예를 들어, Vacuum 작업 중에는 DML을 수행할 수 있다. 이는 Vacuum 작업 시에 필요한 Share Update Exclusive 모드의 테이블 락과 DML 수행 시에 필요한 Row Exclusive 모드는 락 호환성이 있기 때문이다. 반면, 인덱스 생성과 DML은 동시에 수행할 수 없다. 인덱스 생성 시 필요한 Share 모드의 테이블 락은 Row Exclusive 모드와 호환되지 않기 때문이다. 따라서 인덱스 생성 중에 DML 명령어를 수행하면 락 대기가 발생하며, 반대의 경우도 동일하다.

자주 사용하는 명령어별 락 모드와 락 호환성 여부는 다음과 같다.

| 명령어 | 락 모드 | Access Share | Row Share | Row Exclusive | Share Update Exclusive | Share | Share Row Exclusive | Exclusive | Access Exclusive |
|---|---|---|---|---|---|---|---|---|---|
| SELECT | Access Share | O | O | O | O | O | O | O | X |
| SELECT FOR UPDATE | Row Share | O | O | O | O | O | O | X | X |
| INSERT, DELETE, UPDATE | Row Exclusive | O | O | O | O | X | X | X | X |
| VACUUM, ANALYZE, CIC, CREATE STATISTICS, COMMENT ON, REINDEX CONCURRENTLY | Share Update Exclusive | O | O | O | X | X | X | X | X |
| CREATE INDEX | Share | O | O | X | X | O | X | X | X |
| CREATE TRIGGER | Share Row Exclusive | O | O | X | X | X | X | X | X |
| REFRESH MATERIALIZED VIEW CONCURRENTLY | Exclusive | O | X | X | X | X | X | X | X |
| DROP TABLE, TRUNCATE, REINDEX, CLUSTER, VACUUM FULL, REFRESH MATERIALIZED VIEW | Access Exclusive | X | X | X | X | X | X | X | X |

그림 8-2. 명령어 별 락 모드와 락 호환성 매트릭스

## 테이블 레벨 락 모드별 설명

Access Share 모드는 SELECT 명령어 수행 시에 필요한 락 모드이다. 이 모드는 DROP TABLE 수행 시에 필요한 Access Exclusive 모드와 호환되지 않는다. 따라서 테이블 조회 중에 DROP 명령어를 수행하면 락 대기가 발생한다. 이는 오라클과의 주요 차이점 중 하나이다. 오라클은 SELECT 시 'Breakable 락'이라고 불리는 NULL 락만 획득하므로, 조회 중에 테이블 삭제가 가능하다.

Row Share 모드는 SELECT FOR UPDATE, SELECT FOR SHARE 명령어 수행 시에 필요한 락 모드이다. 이 락 모드는 Access Exclusive 및 Exclusive 모드를 제외한 대부분의 락 모드와 호환된다. 예를 들어, 이들 명령어 수행 중에 인덱스 생성이 가능하다.

Row Exclusive 모드는 INSERT, DELETE, UPDATE 명령어 수행 시에 필요한 락 모드이다. 이 락 모드는 Share 모드 이상의 락 모드와는 호환되지 않는다. 예를 들어, DML 수행 중에 인덱스 생성을 시도하면, 인덱스 생성을 수행한 세션은 락 대기를 한다.

Share Update Exclusive 모드는 CREATE INDEX CONCURRENTLY, VACUUM, ANALYZE 와 같은 명령어 수행 시에 필요한 락 모드이다. 이 락 모드는 Row Exclusive 모드와 락 경합이 없기 때문에 실무에서 자주 활용된다. 단, Share Update Exclusive 모드 간에는 락 충돌이 발생하므로 동시에 수행할 수 없다.

Share 모드는 인덱스 생성 시에 필요한 락 모드이다. Row Exclusive 이상의 락 모드와는 호환되지 않는다. 예를 들어, 인덱스 생성 중에 DML을 수행한 세션은 락 대기를 한다. Shared Update Exclusive 모드와는 달리 Share 모드 간에는 락 호환성이 있으므로, 테이블에 여러 개의 인덱스를 동시에 생성할 수 있다.

Access Exclusive 모드는 TRUNCATE, DROP, VACUUM FULL 등과 같은 명령어 수행 시에 필요한 락 모드이다. 이 모드는 가장 강력한 락 모드이며 SELECT 수행 시에 필요한 Access Share 모드와도 락 호환성이 없다.

> https://pglocks.org/ 사이트에는 PostgreSQL 명령어 별로 필요한 락 모드가 잘 정리되어 있다. 관심있는 독자들은 한번씩 방문해보면 좋을 것 같다.

## 데드락 (Deadlocks)

데드락은 두 개 이상의 세션이 서로가 보유한 락을 필요로 하면서, 상대방의 락 해제를 기다리는 상태를 의미한다. 이러한 상황에서는 각 세션이 상대 세션의 종료를 기다리게 되므로 교착 상태에 빠지게 된다. 해당 상황이 발생하면 데드락을 감지한 세션이 트랜잭션을 강제로 롤백하고 세션을 종료함으로써 문제를 해소한다.

### 테스트 환경

다음은 데드락 상황을 재현하기 위한 테스트 테이블과 데이터 생성 예제이다.

```
=> create table ltest (c1 integer, c2 integer);
```

```
=> insert into ltest values(1,1),(2,2),(3,3);
INSERT 0 3
```

데드락 감지 주기는 deadlock_timeout 파라미터로 제어하며, 기본값은 1초이다. 즉, 세션이 1초 이상 락을 대기하게 되면 데드락 여부를 검사한다.

```
=> \dconfig deadlock_timeout
    매개변수        | 값
-----------------+----
 deadlock_timeout | 1s
```

**두 세션 간의 데드락 상황**

두 세션 간에 데드락이 발생하면, 이를 감지한 세션이 자신의 트랜잭션을 롤백하고 자동 종료한다. 아래 예제를 통해 데드락 상황을 확인해보자.

세션#1 (PID: 196417): 1건을 업데이트 한다.

```
=> begin;
BEGIN
svcdb=*# update ltest set c2=c2+1 where c1=1;
UPDATE 1
```

세션#2 (PID: 197243): 1건을 업데이트 한다.

```
=> begin;
BEGIN
svcdb=*# update ltest set c2=c2+1 where c1=2;
UPDATE 1
```

세션#1: 세션#2가 업데이트한 레코드를 업데이트 한다. 이 시점에 락 대기가 발생한다.

```
svcdb=*# update ltest set c2=c2+1 where c1=2;
```

세션#2: 세션#1이 업데이트한 레코드를 업데이트 한다. 이 시점에 데드락 상황이 발생하고, 데드락을 감지한 세션은 다음과 같은 에러 메시지를 출력하고 종료한다.

```
svcdb=*# update ltest set c1=c1 where c1=1;
ERROR:  deadlock detected
상세정보:
Process 197243 waits for ShareLock on transaction 12959; blocked by process 196417.
Process 196417 waits for ShareLock on transaction 12960; blocked by process 197243.
힌트:  See server log for query details.
구문:  while updating tuple (0,1) in relation "ltest"
```

해당 에러는 log_lock_waits 파라미터 설정과 무관하게 항상 로그로 기록되며, 서버 로그에는 다음과 같은 정보가 기록된다.

```
(197243) ERROR:  deadlock detected
(197243) DETAIL:
Process 197243 waits for ShareLock on transaction 12959; blocked by process 196417.
  Process 196417 waits for ShareLock on transaction 12960; blocked by process 197243.
  Process 197243: update ltest set c2=c2+1 where c1=1;
  Process 196417: update ltest set c2=c2+1 where c1=2;
```

이처럼 PostgreSQL은 일정 시간 락을 대기한 후 데드락 체인을 감지하고, 자동으로 트랜잭션을 종료시켜 교착 상태를 해소한다. 일반적으로 데드락을 유발한 세션이 종료 대상이 된다. 데드락 체인은 그림 8-3을 참고한다.

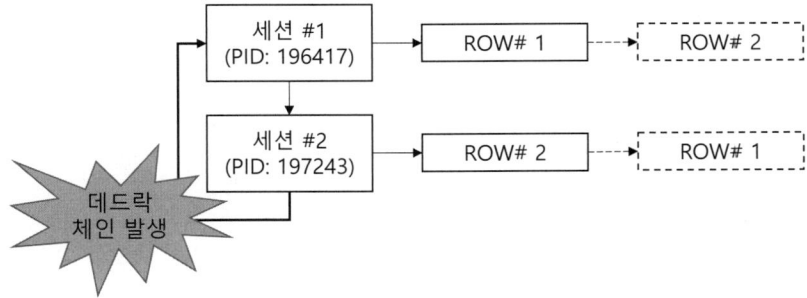

그림 8-3. 2개 세션 간의 데드락 체인

> ✅ 오라클은 데드락이 발생하면 ORA-060 에러가 발생하고, 마지막 DML 문장만 롤백된다. 세션 자체는 종료되지 않기 때문에 락 대기 상황이 유지된다. 반면, PostgreSQL은 세션을 종료함으로써 데드락뿐 아니라 락 대기 상황 자체도 함께 해소된다는 차이점이 있다.

**세 세션 간의 데드락 상황**

세 개의 세션이 서로 순환적으로 락을 대기하는 구조에서도 데드락이 발생할 수 있다. 세 세션 간에 데드락이 발생한 경우에도, 데드락을 감지한 세션이 자신의 트랜잭션을 롤백하고 자동 종료한다. 단, 데드락 상황이 아닌 락 대기 세션은 여전히 락을 대기하게 된다. 아래의 예제를 통해 이러한 상황을 확인해보자.

세션#1 (PID: 198932): 1건을 업데이트 한다.

```
=> begin;
BEGIN
svcdb=*# update ltest set c2=c2+1 where c1=1;
UPDATE 1
```

세션#2 (PID: 198266): 1건을 업데이트 한다.

```
=> begin;
BEGIN
svcdb=*# update ltest set c2=c2+1 where c1=2;
UPDATE 1
```

세션#3 (PID: 202710): 1건을 업데이트 한다.

```
=> begin;
BEGIN
svcdb=*# update ltest set c2=c2+1 where c1=3;
UPDATE 1
```

세션#1: 세션#2에서 업데이트한 레코드를 업데이트한다. 이 시점에 락 대기가 발생한다.

```
svcdb=*# update ltest set c2=c2+1 where c1=2;
```

세션#2: 세션#3에서 업데이트한 레코드를 업데이트한다. 이 시점에 락 대기가 발생한다.

```
svcdb=*# update ltest set c2=c2+1 where c1=3;
```

세션 #3은 세션 #1이 업데이트한 레코드를 다시 업데이트하려고 시도한다. 이 시점에 세 개의 세션이 서로 순환 참조 형태로 락을 대기하게 되면서 데드락이 발생한다(그림 8-4. 참조).

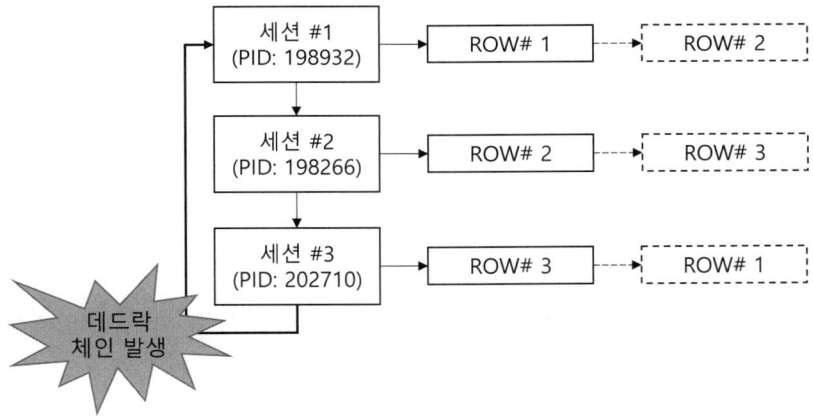

**그림 8-4. 3개 세션 간의 데드락 체인**

이 경우, 데드락을 감지한 세션#3이 트랜잭션을 롤백하고 종료함으로써 세션#2가 작업을 시작할 수 있게 된다. 반면, 세션 #1은 데드락 상황에는 포함되지 않았으므로, 여전히 락을 대기하는 상태로 유지된다.

```
svcdb=*# update ltest set c1=c1 where c1=1;
ERROR:  deadlock detected
상세정보:
Process 202710 waits for ShareLock on transaction 12970; blocked by process 198932.
Process 198932 waits for ShareLock on transaction 12971; blocked by process 198266.
Process 198266 waits for ShareLock on transaction 12972; blocked by process 202710.
힌트:  See server log for query details.
구문:  while updating tuple (0,18) in relation "ltest"
```

로그 파일에는 다음과 같은 내용이 기록된다.

```
(202710) ERROR:  deadlock detected
(202710) DETAIL:
Process 202710 waits for ShareLock on transaction 12970; blocked by process 198932.
   Process 198932 waits for ShareLock on transaction 12971; blocked by process 198266.
   Process 198266 waits for ShareLock on transaction 12972; blocked by process 202710.
   Process 202710: update ltest set c2=c2+1 where c1=1;
   Process 198932: update ltest set c2=c2+1 where c1=2;
   Process 198266: update ltest set c2=c2+1 where c1=3;
```

✅ 데드락은 잘못 설계된 애플리케이션 트랜잭션 처리 로직으로 인해 발생한다. 따라서 데드락 자체를 미연에 방지하려면 일관된 트랜잭션 처리 순서와 락 최소화 설계가 중요하다.

## 멀티 트랜잭션 (Multi-Transaction)

멀티 트랜잭션이란 하나의 레코드에 동시에 여러 개의 트랜잭션이 수행되는 것을 의미한다. INSERT, UPDATE, DELETE 및 SELECT FOR UPDATE 명령어는 로우 레벨 락을 Exclusive 모드로 획득하기 때문에, 동일 레코드에 대해 멀티 트랜잭션 처리는 불가능하다. 반면, SELECT FOR SHARE 명령어는 Share 모드의 로우 레벨 락을 획득하므로, 여러 트랜잭션이 하나의 레코드에 대한 멀티 트랜잭션 처리가 가능하다.

PostgreSQL은 멀티 트랜잭션 정보를 $PGDATA/pg_multixact 디렉토리 하위의 members와 offsets 서브 디렉토리에 저장한다. 이처럼 트랜잭션 정보를 디스크에 기록하면 디스크 I/O가 증가하고 성능 저하가 발생할 수 있기 때문에, PostgreSQL은 해당 정보를 공유 메모리에 적재해서 관리하는 방식을 채택하고 있다.

이 공유 메모리 구조는 SLRU(Simple Least Recently Used) 알고리즘을 기반으로 동작한다. SLRU는 가장 오랫동안 참조되지 않는 정보를 우선적으로 제거하는 단순한 LRU 정책을 따른다. PostgreSQL에서는 멀티 트랜잭션 외에도 commit, clog, subxact, notify 등 여러 내부 관리 정보를 SLRU 방식으로 관리한다.

멀티 트랜잭션이 과도하게 발생하면 SLRU 버퍼가 자주 교체되고 디스크 I/O 부하도 함께 증가하게 된다. 따라서 시스템 성능을 안정적으로 유지하려면 SLRU의 활동성을 주기적으로 모니터링할 필요가 있다. 멀티 트랜잭션 관련 통계는 pg_stat_slru 뷰를 통해 확인할 수 있다.

### Foreign Key와 멀티 트랜잭션

Foreign Key(FK)를 사용하는 경우, 내부적으로 다수의 멀티 트랜잭션이 발생할 수 있다는 점을 반드시 인지해야 한다. PostgreSQL은 트랜잭션의 동시성을 높이기 위해 SELECT FOR KEY SHARE 및 SELECT FOR NO KEY UPDATE 구문과 그에 해당하는 락 모드를 제공하며, FK 제약 조건 처리 시 내부적으로 이 락 모드를 활용한다.

특히 SELECT FOR KEY SHARE 모드는 Primary Key(PK)의 변경을 방지하는 용도로 사용된다. 즉, 마스터-디테일 관계에서 디테일 테이블에 트랜잭션이 발생하면, 해당 트랜잭션은 마스터 테이블의 PK가 변경되지 않도록 보호하기 위해 마스터 테이블의 해당 레코드에 KEY SHARE 락을 설정한다.

이러한 구조로 인해, 디테일 테이블에 다수의 트랜잭션이 수행되면 마스터 테이블 레코드에 대한 멀티 트랜잭션 상황이 발생할 수 있다. 따라서 FK 제약 조건이 많다면, pg_stat_slru 뷰를 통해 관련 부하를 모니터링할 필요가 있다.

이제 FK로 인한 멀티 트랜잭션 발생을 확인하기 위해, 마스터-디테일 구조의 테스트 테이블을 생성하고 PK 및 FK 제약 조건을 생성해보자.

```
=> create table t_master (
    master_id      integer not null,
    master_name    varchar(20) not null
);
=> alter table t_master add constraint t_master_pk primary key (master_id);
=> insert into t_master values(1,'master_1');
INSERT 0 1
=> create table t_detail (
    detail_id      integer   not null,
    master_id      integer   not null,
    order_date     timestamp not null,
    order_amt      integer   not null
);
=> alter table t_detail add constraint t_detail_pk primary key (detail_id);
=> alter table t_detail add constraint t_detail_fk foreign key (master_id)
         references t_master (master_id) on delete cascade;
=> create sequence t_detail_sq;
```

디테일 테이블에 다수의 트랜잭션이 동시에 수행되도록 pgbench를 이용해서 테스트를 수행한다. 이때 모든 트랜잭션이 동일한 마스터 레코드(master_id = 1)를 참조하게 되므로, 멀티 트랜잭션이 발생한다.

```
$ cat t_insert.sql
insert into t_detail values (nextval('t_detail_sq'), 1, now(), 10);
$ pgbench -f t_insert.sql -c 10 -j 10 -T 600
```

테스트 도중 또는 테스트가 끝난 후, pg_stat_slru 뷰를 통해 multixact 관련 SLRU 활동 내역을 모니터링할 수 있다. 해당 결과에서 multixact_member 및 multixact_offset 항목의 I/O 활동이 확인되며, 실제로 다수의 멀티 트랜잭션이 발생했음을 알 수 있다.

```
=> select name, blks_hit, blks_read, blks_written from pg_stat_slru;
      name        | blks_hit | blks_read | blks_written
------------------+----------+-----------+--------------
 multixact_member |   175329 |         2 |          419
 multixact_offset |   174592 |         8 |           48
```

멀티 트랜잭션 정보는 $PGDATA/pg_multixact 디렉토리 하위의 members 및 offsets 디렉토리에 파일 형태로 저장된다. 아래는 테스트 이후 생성된 파일의 예이다.

```
$ ls -Rl pg_multixact
pg_multixact:
drwx------. 2 postgres postgres    198 members
drwx------. 2 postgres postgres     42 offsets
pg_multixact/members:
-rw-------. 1 postgres postgres 237568 0CFD
pg_multixact/offsets:
-rw-------. 1 postgres postgres  73728 00A4
```

이처럼 FK는 단순한 제약 조건 이상의 내부 동작을 수반하며, 특히 동일한 마스터 키를 참조하는 다수의 트랜잭션이 동시에 발생할 수 있는 시스템에서는 멀티 트랜잭션으로 인한 성능 이슈가 발생할 수 있다.

## pg_locks 뷰

pg_locks 뷰는 현재 데이터베이스에서 활성화된 락 정보를 제공하는 시스템 뷰이다. 앞서 설명한 것처럼, PostgreSQL의 모든 명령어는 해당 명령어에 필요한 락 모드를 획득한 후 실행된다. 따라서 데이터베이스 전반의 락 현황을 모니터링할 때에는 pg_locks 뷰가 매우 유용하다. 다음은 pg_locks 뷰에서 제공하는 주요 칼럼이다.

- 표 8-1. pg_locks 뷰 주요 칼럼

| 칼럼 명 | 설명 |
| --- | --- |
| locktype | 락 대상 유형. 주로 모니터링되는 유형은 다음과 같다.<br>• relation: 테이블, 인덱스<br>• transactionid: 트랜잭션 ID<br>• tuple: 개별 레코드<br>• virtualxid: 프로세스별 로컬 트랜잭션 ID |
| relation | 테이블 또는 인덱스의 OID (relation::regclass로 캐스팅하면 오브젝트 명을 확인할 수 있다) |
| transactionid | 트랜잭션 시작 시점의 XID |
| pid | OS 프로세스 PID |
| mode | 락 획득(또는 요청) 모드 |
| granted | 락 획득 여부. 'f' 면 락 대기 상태를 나타낸다. |
| fastpath | fast path 방식 락 획득 여부. 't'면 fast path 방식으로 락을 획득한 상태이다. |
| waitstart | 락 대기 시작 시각. current_timestamp와 연산을 통해서 락 대기 시간을 확인할 수 있다. (버전 14부터 제공) |

### pg_locks 뷰 조회 예제

두 개의 세션에서 각각 삭제와 조회를 수행한 뒤 락 상황을 분석해보자.

세션#1 (PID: 225114): 한 건을 삭제한다.

```
=> begin;
BEGIN
svcdb=*# delete from ltest where c1=1;
DELETE 1
```

세션#2 (PID: 225857): 한 건을 조회한다.

```
=> begin;
BEGIN
svcdb=*# select * from ltest where c1=2;
 c1
----
  2
```

지금까지 학습한 내용을 이용해서 pg_locks 뷰의 조회 결과를 분석해보자.

```
select
      locktype
    , relation::regclass
    , virtualxid         as vxid
    , transactionid      as txid
    , virtualtransaction as vtxid
    , pid
    , mode
    , granted
from  pg_locks
where pid in (225114, 225857)
order by pid, locktype;
    locktype    | relation | vxid  | txid  | vtxid | pid    |       mode       | granted
----------------+----------+-------+-------+-------+--------+------------------+--------
 relation       | ltest    |       |       | 16/13 | 225114 | RowExclusiveLock | t
 transactionid  |          |       | 13041 | 16/13 | 225114 | ExclusiveLock    | t
 virtualxid     |          | 16/13 |       | 16/13 | 225114 | ExclusiveLock    | t
 relation       | ltest    |       |       | 17/4  | 225857 | AccessShareLock  | t
 virtualxid     |          | 17/4  |       | 17/4  | 225857 | ExclusiveLock    | t
```

세션#1 (PID: 225114):

DELETE 명령어 수행으로 Row Exclusive 모드의 테이블 락과 Exclusive 모드의 로우 레벨 락을 획득했다. 테이블 락은 relation, 로우 레벨 락은 transactionid 락 타입으로 표시된다. relation 락 타입은 relation 칼럼에 테이블(또는 인덱스)명을 제공하며, transaction 락 타입은 txid 칼럼에 트랜잭션 ID(XID)를 제공한다.

세션#2 (PID: 225857):

SELECT 명령어 수행으로 Access Share 모드의 테이블 락을 획득했다. SELECT 수행 시에는 로우 레벨 락을 획득하지 않는다.

이처럼 pg_locks 뷰는 세션 별 락 정보를 자세히 확인할 수 있다(두 세션 모두 획득한 virtualxid 락에 대해서는 'Virtual XID' 단락에서 설명한다).

## 동일 레코드 락 경합 모니터링 시의 주의점

로우 레벨 락 대기가 발생할 경우, PostgreSQL은 다음과 같은 특징이 있다.

- 첫 번째 대기 세션은 transactionid 락을 Share 모드로 요청하면서 대기한다.
- 이후 대기 세션은 tuple 락을 Exclusive 모드로 요청하면서 대기한다.

오라클의 경우 TX락을 Share 모드로 요청하면서 대기하는 경우는 주로 유니크 인덱스 경합인 경우가 많기 때문에, 오라클에 익숙한 독자들은 모니터링 결과를 잘못 해석할 수 있다. 예제를 통해 확인해보자.

세션#1 (PID: 214046): 1건을 업데이트 한다.

```
=> begin;
BEGIN
svcdb=*# update ltest set c2=c2+1 where c1=1;
UPDATE 1
```

세션#2 (PID: 214542): 세션#1에서 업데이트한 레코드를 업데이트한다. 이 시점에 락 대기가 발생한다.

```
=> begin;
BEGIN
svcdb=*# update ltest set c2=c2+1 where c1=1;
```

이 시점에 pg_locks 뷰를 조회하면 대기 세션은 transactionid 락을 Share 모드로 요청하면서 대기하는 것을 알 수 있다.

```
 locktype      | relation | transactionid | pid    | mode      | granted
---------------+----------+---------------+--------+-----------+--------
 transactionid |          |         13001 | 214542 | ShareLock | f
```

세션#3 (PID: 216797): 세션#1에서 업데이트한 레코드를 업데이트한다. 이 시점에 락 대기가 발생한다.

```
=> begin;
BEGIN
svcdb=*# update ltest set c2=c2+1 where c1=1;
```

이 시점에 pg_locks 뷰를 조회하면 대기 세션은 tuple 락을 Exclusive 모드로 요청하면서 대기하는 것을 알 수 있다.

| locktype | relation | transactionid | pid | mode | granted |
|---|---|---|---|---|---|
| tuple | ltest | | 216797 | ExclusiveLock | f |

이처럼 PostgreSQL에서는 동일 레코드에 대한 로우 레벨 락 경합이 여러 세션에서 발생할 경우에, 첫 번째 대기 세션은 transactionid 락을, 이후 세션들은 tuple 락을 요청한다는 것을 사전에 인지하고 있어야, pg_locks 뷰를 해석할 때 혼동을 줄일 수 있다.

## Virtual XID

pg_locks 뷰를 통해 SELECT, DELETE 등의 명령어 수행 시 virtualxid 락을 Exclusive 모드로 획득한 것을 알 수 있다. Virtual XID는 세션별 트랜잭션을 관리하기 위해 사용되는 내부 구조로, 다음과 같이 두 개의 값으로 구성된다(소스 8-1. 참조).

- ProcNumber: 백엔드 프로세스 시작 시 내부적으로 할당되는 값으로, 운영체제의 PID와는 무관하다. 실제로는 공유 메모리 내에 프로세스를 관리하는 배열의 인덱스이다.
- LocalTransactionId: 해당 세션 내에서 트랜잭션이 발생할 때마다 1씩 증가하는 값이다.

- 소스 8-1. src/include/storage/lock.h

```
typedef struct
{
    ProcNumber      procNumber;             /* proc number of the PGPROC */
    LocalTransactionId localTransactionId;  /* lxid from PGPROC */
} VirtualTransactionId;
```

Virtual XID 락 경합은 CONCURRENTLY 옵션을 사용해서 인덱스를 생성하거나 삭제할 때 흔히 관찰된다. 다음 예제를 통해 이러한 경합 상황을 직접 확인해보자.

세션#1 (PID: 36044): 레코드를 조회한다.

```
=> begin;
BEGIN
svcdb=*# select * from ltest where c1=1;
 c1 | c2
----+----
  1 |  1
```

세션#2 (PID: 36126): 레코드를 변경한다.

```
=> begin;
BEGIN
svcdb=*# update ltest set c2=c2+1 where c1=2;
UPDATE 1
```

세션 3 (PID: 36185) : CONCURRENTLY 옵션으로 인덱스를 생성한다.

```
=> create index concurrently ltest_n1 on ltest(c1);
```

이 시점에 세션 #3은 세션 #2가 보유하고 있는 Virtual XID(2/4) 락을 Share 모드로 요청하면서 대기 중인 것을 확인할 수 있다.

```
  locktype   | relation | vxid | vtxid |  pid  |    mode      | granted
-------------+----------+------+-------+-------+--------------+--------
 virtualxid  |          | 2/4  | 2/4   | 36126 | ExclusiveLock | t  -- 세션#2
 virtualxid  |          | 2/4  | 3/4   | 36185 | ShareLock     | f  -- 세션#3 대기
```

세션 #2의 트랜잭션이 종료되는 시점에 세션 #3의 인덱스 생성 작업이 완료된다. 이 시점에서 pg_locks 뷰를 조회해보면, 조회 트랜잭션만 존재하는 상태임을 확인할 수 있다.

```
 locktype   | relation | vxid  | vtxid | pid   | mode            | granted
------------+----------+-------+-------+-------+-----------------+--------
 relation   | ltest    |       | 1/27  | 36044 | AccessShareLock | t   -- 세션#1
 virtualxid |          | 1/27  | 1/27  | 36044 | ExclusiveLock   | t   -- 세션#1
```

이제 인덱스를 CONCURRENTLY 옵션으로 삭제해보자.

```
=> drop index concurrently ltest_n1;
```

이때도 이전과 동일하게, 조회 중인 세션이 보유한 Virtual XID(1/27) 락을 Share 모드로 요청하면서 대기하게 된다.

```
 locktype   | relation | vxid  | txid | vtxid | pid   | mode          | granted
------------+----------+-------+------+-------+-------+---------------+--------
 virtualxid |          | 1/27  |      | 1/27  | 36044 | ExclusiveLock | t   -- 세션#1
 virtualxid |          | 1/27  |      | 3/8   | 36185 | ShareLock     | f   -- Drop 수행세션
```

즉, 인덱스 삭제는 조회 트랜잭션이 종료되어야만 완료된다. 이처럼 CONCURRENTLY 옵션을 사용하는 경우, 다른 세션의 획득한 Virtual XID 락에 대한 락 대기 발생으로 인해 작업 시간이 지연될 수 있다.

## fastpath

pg_locks 뷰는 fastpath 칼럼을 제공한다. fastpath는 락을 빠르게 획득하기 위한 경량화된 방법이다. 이를 위해 PostgreSQL은 인스턴스가 시작될 때 각 프로세스마다 일정 개수의 슬롯(배열)을 공유 메모리에 할당하며, 이 슬롯을 이용해서 relation 유형의 락을 관리한다.

슬롯 수는 버전 17 기준으로 16개이며 파라미터를 통해 조정할 수 없다. 즉, 하나의 트랜잭션 내의 17번째 relation 락부터는 fastpath가 아닌 slowpath를 통해 처리된다(slowpath는 공식 용어는 아니며, fastpath에 대응하는 상대적 개념이다).

slowpath는 모든 세션이 공유하는 전역 락 테이블(LockManager 구조체)을 통해 락을 관리하는 방식이다. 이 구조체에 다수의 프로세스가 동시에 접근하게 되므로 락 관리 구조 자체에 경합이 발생할 수 있고, fastpath에 비해 성능이 떨어질 수 있다.

**fastpath 동작방식**

PostgreSQL은 트랜잭션 수행 시에 테이블뿐만 아니라 해당 테이블에 생성된 모든 인덱스에 대해서도 relation 락을 획득한다. 즉, 트랜잭션 내에서 액세스하는 테이블 수가 많거나, 인덱스가 많은 테이블에 접근할 경우에도 fastpath 슬롯 초과로 인해 slowpath 전환 가능성이 높아진다.

**테스트#1: 테이블 액세스 시에 인덱스에도 relation 락 획득 여부**

테스트 테이블에 인덱스를 생성한 후 실행 계획을 확인해보면, 인덱스를 사용하지 않고 테이블 전체를 스캔하는 방식(Seq Scan)으로 쿼리가 수행되는 것을 확인할 수 있다.

```
=> create index ltest_n1 on ltest(c1);
=> create index ltest_n2 on ltest(c2);
=> explain select * from ltest where c1=1;
                   QUERY PLAN
---------------------------------------------------
 Seq Scan on ltest  (cost=0.00..1.04 rows=1 width=8)
   Filter: (c1 = 1)
```

그렇다면 해당 쿼리를 수행하면, 테이블뿐 아니라 인덱스에도 relation 락을 획득하는지를 확인해보자.

```
=> begin;
BEGIN
svcdb=*# select * from ltest where c1=1;
 c1 | c2
----+----
  1 |  1
```

pg_locks 뷰를 조회해보면, 테이블뿐 아니라 모든 인덱스에 대해서도 relation 락을 획득한 것을 확인할 수 있다. 즉, 테이블을 액세스하면(쿼리의 실행 계획과는 무관하게) 테이블에 생성된 모든 인덱스에 대해서 relation 락을 획득한다. 또한, 현재 트랜잭션에서 액세스한 릴레이션 수는 3개이므로, 이들 모두 fastpath 방식으로 relation 락을 획득했다.

```
=> select locktype, relation::regclass, pid, mode, fastpath
   from    pg_locks
   where   locktype='relation'
   order   by pid;
 locktype | relation | pid    | mode            | fastpath
----------+----------+--------+-----------------+----------
 relation | ltest_n2 | 218351 | AccessShareLock | t
 relation | ltest_n1 | 218351 | AccessShareLock | t
 relation | ltest    | 218351 | AccessShareLock | t
```

**테스트#2: 슬롯 초과 시 slowpath 전환 여부**

ltest 테이블과 동일한 구조의 테이블을 6개(ltest1~ltest6) 생성하고, 각 테이블마다 2개의 인덱스를 생성한 뒤, 5개 테이블을 조인한 쿼리를 수행해보자.

```
=> begin;
BEGIN
svcdb=*# select *
         from    ltest1 a, ltest2 b, ltest3 c, ltest4 d, ltest5 e
         where   a.c1=b.c1
         and     a.c1=c.c1
         and     a.c1=d.c1
         and     a.c1=e.c1;
```

이 경우 총 15개의 relation 락이 필요하다(테이블 5개×락 3(테이블1개, 인덱스 2개)). 필요한 relation 락이 16개 이내이므로 모두 fastpath 방식으로 획득한 것을 알 수 있다.

```
 locktype | relation | pid    | mode            | fastpath
----------+----------+--------+-----------------+----------
 relation | ltest5_n2| 218351 | AccessShareLock | t
 relation | ltest4   | 218351 | AccessShareLock | t
 relation | ltest1_n1| 218351 | AccessShareLock | t
```

여기서 하나의 테이블(ltest6)을 추가로 액세스하면, 한 트랜잭션 내에서 필요한 relation 락 개수가 총 18가 된다. 따라서 17번째부터는 slowpath 방식으로 전환된다.

```
svcdb=*# select * from ltest6 where c1=1;
```

pg_locks 조회 결과를 보면, 인덱스 두 개는 slowpath 방식으로 relation 락을 획득한 것을 확인할 수 있다.

```
locktype | relation  | pid    | mode            | fastpath
---------+-----------+--------+-----------------+---------
relation | ltest6    | 218351 | AccessShareLock | t
relation | ltest6_n1 | 218351 | AccessShareLock | f  -- 17번째: slowpath 방식으로 획득
relation | ltest6_n2 | 218351 | AccessShareLock | f  -- 18번째: slowpath 방식으로 획득
```

슬롯 부족으로 인해 slowpath 방식으로 전환되면, 락 테이블 접근으로 인한 경합이 발생할 수 있다. 이로 인해 락 획득이 지연되는 경우, LWLock: LockManager 대기이벤트가 관찰된다. 따라서 다수의 테이블을 액세스하는 트랜잭션이 동시에 수행될 경우에는 slowpath 전환으로 인한 성능 저하 가능성을 염두에 두어야 한다.

특히 Foreign Key를 사용하는 경우에는 더욱 주의가 필요하다. 자식 테이블에 트랜잭션이 발생하면, 참조 무결성을 보장하기 위해 부모 테이블에 대해서도 내부적으로 락을 획득하게 되며, 이로 인해 트랜잭션 수행 시 필요한 relation 락 개수가 증가하기 때문이다.

## 8-2. 대기이벤트

오라클에 익숙한 독자라면 Oracle Wait Interface(OWI)를 활용한 성능 분석 방식이 낯설지 않을 것이다. OWI는 대기이벤트를 기반으로 특정 시점의 병목 현상을 파악하는 데 사용되는 도구이며, 본질적으로는 성능 프로파일링을 위한 디버깅 코드라고 할 수 있다. 즉, 트랜잭션 성능을 분석하려면 어디에서 성능 지연이 발생했는지, 그리고 얼마나 지연되었는지를 측정하는 것이 핵심이다.

OWI는 트랜잭션 처리 과정에서 호출되는 함수의 시작 지점과 종료 지점에 디버깅 코드를 삽입하고, 각 함수의 실행 시간 및 대기 시간을 기록해 사용자에게 제공한다. 이러한 방식이 바로 대기이벤트 기반 성능 분석 기법이다.

PostgreSQL도 버전 9.6부터 대기이벤트 정보를 제공하기 시작했으며, 이후 버전이 올라감에

따라 지원되는 대기이벤트의 수와 범위가 점점 확장되었다. 버전 17에서는 200개 이상의 대기이벤트를 제공한다. 물론 오라클 19c에서 제공하는 2,000여 개의 대기이벤트에 비하면 부족한 편이지만, PostgreSQL이 제공하는 대기이벤트 정보만으로도 병목 현상을 분석하는 데 매우 유용한 도구가 될 수 있다.

이번 단락에서는 시스템 부하가 발생하는 상황에서 관찰되는 주요 대기이벤트를 중심으로, 각각의 발생 원인과 최소화 방안에 대해 설명한다.

## 대기이벤트 유형

버전 17부터 제공되는 pg_wait_events 뷰를 이용하면, 시스템에서 정의된 모든 대기이벤트의 목록과 유형을 확인할 수 있다. 이벤트 유형(event type)은 비슷한 성격의 이벤트들을 묶은 것으로, 버전 17에서는 다음의 9가지 유형이 제공된다.

• 표 8-2. 대기이벤트 유형

| 대기이벤트 유형 | 설명 |
| --- | --- |
| LWLock | 메모리 락(Lightweight Lock) 관련 대기이벤트 |
| IO | IO 관련 대기이벤트 |
| IPC | 프로세스 간 통신(IPC)과 관련된 대기이벤트 |
| Activity | 백그라운드 프로세스의 내부 작업 관련 대기이벤트 |
| Lock | 락 관련 대기이벤트 |
| Timeout | 타임아웃 관련 대기이벤트 |
| Client | 클라이언트와의 송수신 관련 대기이벤트 |
| BufferPin | 공유 버퍼에 로딩된 버퍼의 Pin 수행과 관련된 대기이벤트 |
| Extension | 확장 모듈 (Extension)과 관련된 대기이벤트 |

## 대기이벤트 모니터링 방법

대기이벤트는 pg_stat_activity 뷰의 wait_event_type과 wait_event 칼럼을 통해 모니터링할 수 있다. 해당 칼럼에 대기이벤트가 표시되어 있으면 현재 세션이 대기 중임을 의미하며, 칼럼 값이 NULL이면 작업 수행 중인 상태로 해석할 수 있다.

PostgreSQL의 버전이 올라갈수록 제공되는 대기이벤트의 수는 점점 증가하고 있지만, 이를 모니터링하고 분석할 수 있는 수단이 여전히 pg_stat_activity 뷰 하나뿐이라는 점은 아쉬운 부분이다. 병목 구간의 원인을 보다 정밀하게 분석하려면, 대기이벤트별로 대기 시간, 누적 발생 횟수, 그리고 대기이벤트에 대한 상세 정보까지 함께 확인할 수 있어야 하기 때문이다.

오라클은 이러한 부분에서 훨씬 더 정교한 정보를 제공한다. 예를 들어 세션의 상태를 WAITING, WAITED SHORT TIME, WAITED KNOWN TIME 등으로 세분화하여, 세션이 현재 대기 중인지, 또는 CPU를 사용하고 있지만 직전에는 어떤 대기이벤트가 있었는지를 구분해서 확인할 수 있다. 또한 P1, P2, P3 추가 칼럼을 통해 대기 대상 객체의 세부 정보를 파악할 수 있다. 예를 들어 I/O 대기이벤트가 발생한 경우, 해당 I/O가 어떤 파일과 블록을 대기했는지도 추적이 가능하다.

반면 PostgreSQL에서는 대기이벤트 발생 여부만 확인할 수 있으며, 이벤트의 세부 정보나 대기 시간은 파악할 수 없는 한계가 있다.

> ✅ pg_wait_sampling 익스텐션은 PostgreSQL의 대기이벤트를 좀 더 정밀하게 관찰할 수 있는 기능을 제공한다. 이 익스텐션은 PostgreSQL 공식 배포판에는 포함되어 있지 않으며, GitHub를 통해 별도로 제공된다(https://github.com/postgrespro/pg_wait_sampling). 대기이벤트에 관심 있는 독자라면, 이 익스텐션을 개발 또는 테스트 환경에 설치해서 직접 활용해보는 것을 추천한다.

## DataFileRead 대기이벤트

PostgreSQL이 제공하는 대기이벤트의 수는 많지만, 이 책에서는 시스템 부하 상황에서 빈번하게 발생하는 주요 대기이벤트를 중심으로 설명한다(그림 8-5. 참조).

가장 먼저 살펴볼 대기이벤트는 DataFileRead이다.

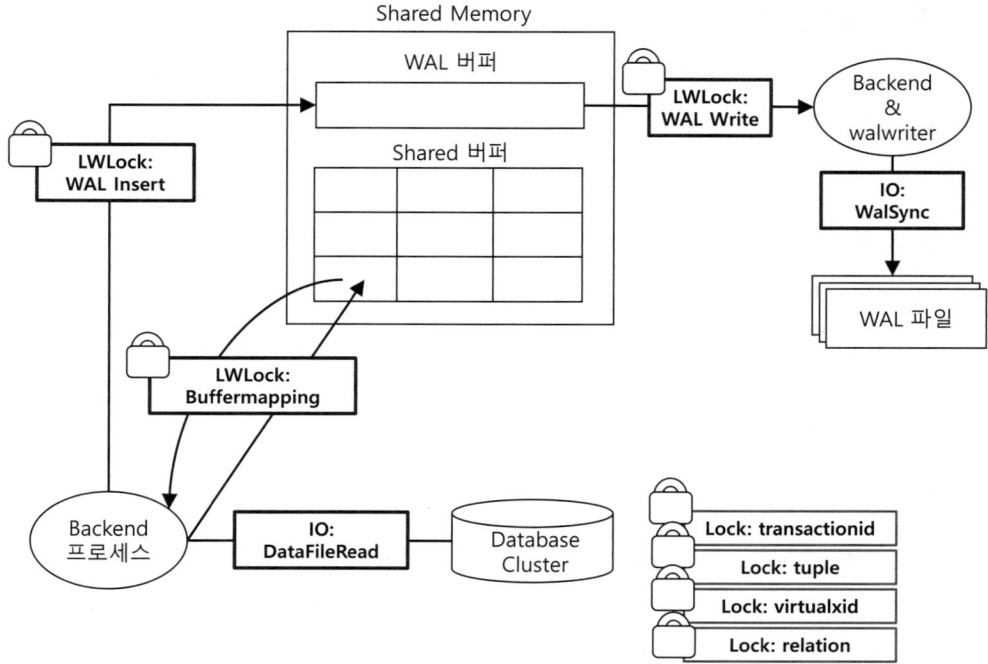

그림 8-5. 주요 병목 구간에서 발생하는 대기이벤트 유형

DataFileRead 대기이벤트는 디스크 I/O가 발생할 때 관찰된다. 백엔드 프로세스가 쿼리를 수행하는 과정에서 읽어야 할 블록이 공유 버퍼에 존재하지 않으면, 디스크에 저장된 블록을 읽어서 버퍼에 로딩하게 된다. 이 과정에서 해당 대기이벤트가 발생한다.

DataFileRead 이벤트의 주요 발생 원인은 다음과 같다.

- 인덱스 부재로 인한 테이블 스캔
- 비효율적으로 과도한 인덱스 스캔
- 너무나 작은 공유 버퍼

Datafile Read 대기이벤트가 자주 발생한다면 인덱스 부재 또는 결합 인덱스의 비효율성으로 인한 디스크 I/O 증가가 원인일 가능성이 높다. 따라서 인덱스가 없는 경우에는 인덱스 생성이 필요하며, 결합 인덱스가 조회 조건에 적합하지 않다면 추가 인덱스 생성 또는 기존 인덱스의 칼럼 순서 변경이 필요하다.

또한 간혹 공유 버퍼 크기를 지나치게 작게 설정한 경우에도 DataFileRead 이벤트가 빈번히 발생할 수 있으므로, shared_buffers 파라미터 값도 함께 점검하는 것이 좋다.

## WAL Insert 대기이벤트

백엔드 프로세스는 트랜잭션 수행 시에 생성된 변경 정보를 WAL 버퍼에 복사하기 위해 WAL 버퍼 내의 공간을 할당하고, 그 공간에 데이터를 복사하는 작업을 수행한다. 이때 WAL 버퍼 접근을 위해 LWLock을 획득해야 하며, 해당 락을 획득하지 못하면 WALInsert 대기이벤트를 대기하게 된다. 이 작업에 사용되는 LWLock은 총 8개로 고정되어 있다(소스 8-2. 참조).

- 소스 8-2. src/backend/access/transam/xlog.c

```
#define NUM_XLOGINSERT_LOCKS  8
```

즉, 최대 8개의 백엔드 프로세스가 동시에 WAL 버퍼에 트랜잭션 정보를 복사할 수 있으며, 이 구조는 그림 8-6과 같이 도식화할 수 있다.

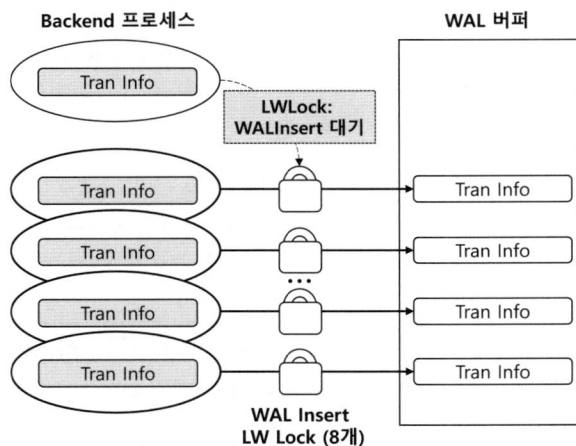

그림 8-6. WALInsert 대기이벤트 도식화

이 작업은 일반적으로 매우 빠르게 처리되므로, WALInsert 대기이벤트는 대부분의 상황에서는 거의 관찰되지 않는다. 그러나 만약 이 대기이벤트가 빈번하게 발생한다면, 이는 WAL 버퍼에 대한 메모리 복사 작업의 속도가 느리거나, 전체 트랜잭션 처리량에 비해 WAL 버퍼 공간이 작다는 신호일 수 있다. 이러한 경우에는 wal_buffers 파라미터 값을 확인하고, 필요 시 WAL 버퍼 크기 조정을 고려해볼 수 있다.

## WALWrite & WalSync 대기이벤트

WALWrite와 WalSync 대기이벤트는 항상 함께 관찰되는 대기이벤트로, 백엔드 프로세스가 WAL 버퍼에 기록된 트랜잭션 정보를 WAL 파일에 기록할 때 발생한다. 트랜잭션 정보를 디스크에 안전하게 기록하기까지의 절차는 다음과 같다.

- 프로세스 메모리 내에 트랜잭션 정보를 기록한다.
- WAL 버퍼에 메모리 공간을 할당하고, 트랜잭션 정보를 복사한다.
- WAL 버퍼에 복사된 트랜잭션 정보를 WAL 파일에 기록한다.

이 중 세 번째 단계, 즉 WAL 파일에 기록하는 단계에서는 WALWrite용 LWLock을 획득해야 하며, 해당 락을 획득하지 못한 프로세스는 WALWrite 대기이벤트를 대기하게 된다.

이 락은 오직 하나만 존재하므로, 동시에 여러 세션이 트랜잭션을 커밋하려는 상황에서는 단 1개의 세션만 WAL 파일에 쓰기 작업을 수행할 수 있고, 나머지 세션들은 대기하게 된다(그림 8-7. 참조).

WalSync 대기이벤트는 WAL 파일의 내용을 디스크에 flush할 때 발생한다. PostgreSQL은 성능 향상을 위해 WAL 정보를 디스크에 직접 쓰지 않고, OS 버퍼 캐시에 먼저 저장한 뒤 fsync() 함수를 호출하여 디스크에 최종 반영한다.

즉, fsync() 호출이 완료되어야만 트랜잭션 정보가 WAL 파일에 영구적으로 저장되었음을 보장할 수 있다. 이 fsync() 작업 역시 WALWrite LWLock을 보유한 세션에서만 수행 가능하므로, 대기이벤트를 모니터링해보면 WalSync 이벤트를 대기하는 세션은 항상 1개임을 확인할 수 있다.

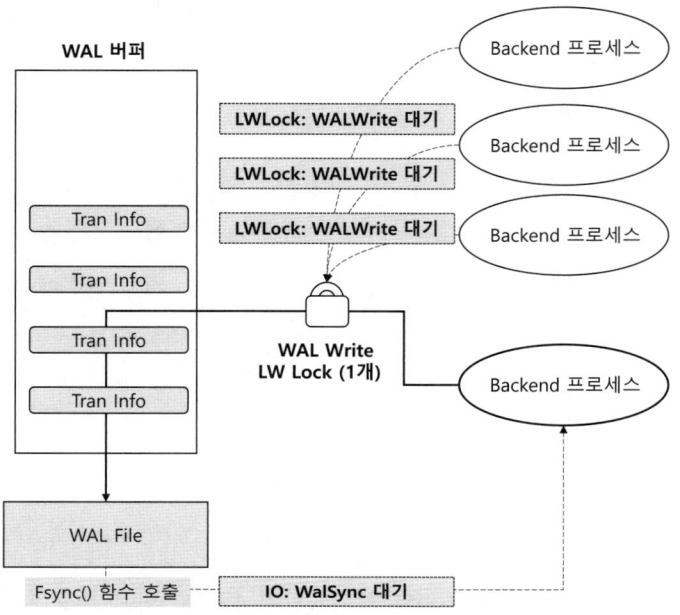

그림 8-7. WALWrite와 WalSync 대기이벤트 도식화

WALWrite와 WalSync 대기이벤트는 디스크 I/O 성능의 영향을 직접적으로 받는 병목 지점이다. 이 두 대기이벤트를 최소화하려면 WAL 파일을 저장하는 디스크의 쓰기 성능을 개선하는 것이 가장 효과적이다. 특히, WAL 파일은 순차적으로 기록되는 특성이 있으므로 WAL 전용 디스크 볼륨은 '순차쓰기' 성능이 매우 중요하다.

### 오라클과 PostgreSQL의 커밋 처리 방식의 차이점

커밋 시점에 백엔드 프로세스가 직접 WAL 버퍼의 내용을 WAL 파일에 기록한다는 점은, 오라클 사용자 입장에서는 꽤 놀라운 구조일 수 있다. 오라클에서는 로그 버퍼의 내용을 로그 파일에 기록하는 역할을 오직 LGWR 백그라운드 프로세스만이 수행한다.

이 구조에서는 모든 커밋 요청이 LGWR를 거쳐야 하기 때문에, 동시 커밋이 많은 환경에서는 다수의 세션이 log file sync 대기이벤트를 대기하게 되는 병목 현상이 자주 발생한다.

반면, PostgreSQL은 walwriter 프로세스 외에도, 백엔드 프로세스가 WAL 버퍼에 기록된 트랜잭션 정보를 WAL 파일에 직접 반영하는 작업을 수행한다.

이러한 설계 덕분에 일부 병목 구간은 분산될 수 있지만, 앞서 살펴본 것처럼 WALWrite나 WalSync 대기이벤트는 여전히 발생할 수 있으며, 이 경우 디스크 쓰기 성능이 시스템 전반의 트랜잭션 처리 속도에 직접적인 영향을 준다.

또한, 이러한 구조로 미루어 짐작해보면, 트랜잭션을 수행 중인 백엔드 프로세스를 OS 레벨에서 kill -9 명령으로 강제 종료했을 때 인스턴스가 종료되는 이유도 이와 관련이 있는 것으로 보인다. 백엔드 프로세스가 WAL 버퍼에 직접 쓰기 작업을 수행하는 구조에서는, 커밋 직전에 백엔드 프로세스를 강제 종료하면 트랜잭션 일관성이 깨질 가능성이 있으며, PostgreSQL은 이를 감지하여 즉시 인스턴스를 종료(crash)시키는 것으로 보인다.

## BufferMapping 대기이벤트

공유 버퍼에 접근할 때 BufferMapping용 LWLock을 획득하지 못하면, BufferMapping 대기이벤트를 대기하게 된다. 이 대기이벤트의 의미를 정확히 이해하려면, 먼저 공유 버퍼의 구조를 간략히 살펴볼 필요가 있다. 공유 버퍼의 주요 구성 요소는 다음과 같다(그림 8-8. 참조).

- 해시 테이블
- 해시 테이블에 연결된 해시 엘리먼트 (및 엘리먼트 키)
- 버퍼 상태를 관리하는 버퍼 디스크립터
- 실제 블록을 저장하는 버퍼 풀

이러한 구조를 통해 PostgreSQL은 백엔드 프로세스가 필요한 블록을 공유 버퍼 내에서 빠르게 탐색할 수 있도록 설계되어 있다. 블록을 읽기 위해 해시 함수를 적용하고, 해당 결과에 따라 해시 체인을 탐색하게 되며, 이때 BufferMapping 락을 공유 모드로 획득한다. 공유 모드 간에는 락 호환성이 있으므로 여러 세션이 동시에 해시 체인을 탐색할 수 있다.

하지만, 해시 체인 탐색 결과 공유 버퍼에 원하는 블록이 없는 경우, 해당 블록을 디스크에서 읽어서 공유 버퍼에 적재해야 한다. 이때는 해시 체인을 수정해야 하므로 BufferMapping 락을 배타 모드로 획득해야 한다. 만약 이 시점에 다른 프로세스가 BufferMapping 락을 공유 모드로 획득하고 있다면, 해당 프로세스는 BufferMapping 대기이벤트를 대기하게 된다. 이 관계는 반대의 경우에도 마찬가지다.

BufferMapping LWLock의 개수는 버전 9.5부터 128개로 증가하였으며, 버전 17에서도 동일하게 유지되고 있다(소스 8-3. 참조).

- 소스 8-3. src/include/storage/lwlock.h

```
#define NUM_BUFFER_PARTITIONS  128
```

하지만 최근에는 공유 버퍼를 수백 GB 이상으로 설정하는 사례가 많아지면서, 128개의 락만으로 대규모 버퍼 공간을 관리하는 데에는 한계가 있다는 지적도 있다.

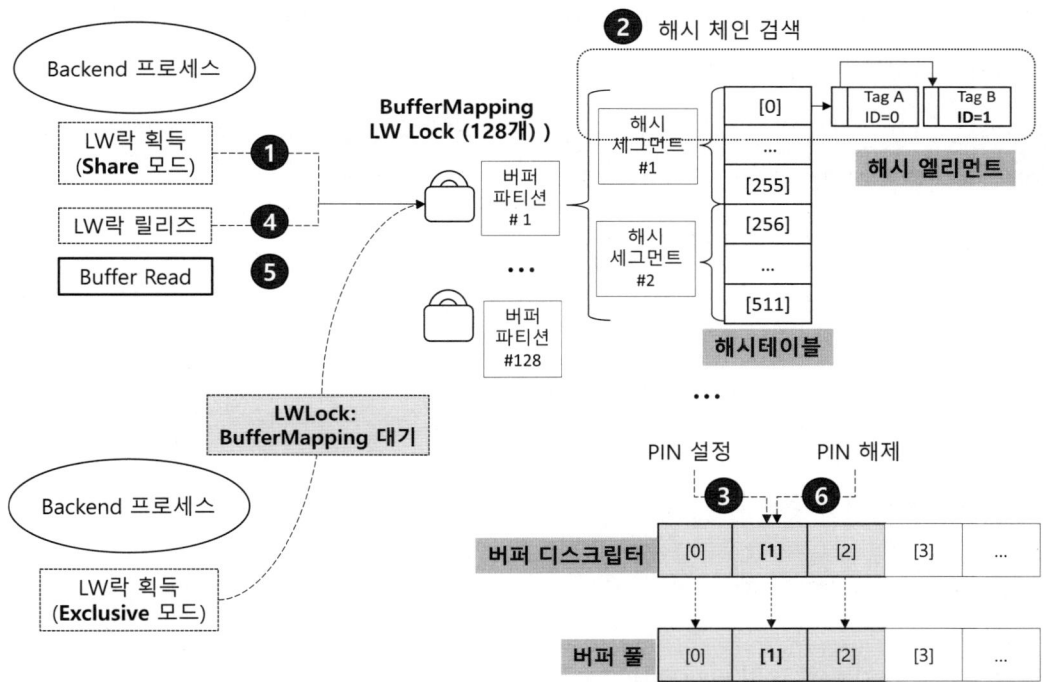

그림 8-8. 공유 버퍼 구조와 BufferMapping LW 락 (그림 내의 순번은 버퍼 액세스 순서를 의미)

### BufferMapping 대기이벤트 모니터링 시 주의 사항

BufferMapping 대기이벤트는 디스크 I/O가 발생하는 상황에서만 관찰된다는 점에 주의해야 한다. 즉, 디스크 I/O 없이 메모리에서만 데이터를 읽는 상황에서는 비효율적인 쿼리가 아무리 많은 메모리 액세스를 수행해도, 해당 대기이벤트는 발생하지 않는다. 이는 여러 세션이 동시에 BufferMapping LW락을 공유 모드로 획득할 수 있기 때문이다.

따라서 디스크 I/O가 거의 발생하지 않는 환경에서는, BufferMapping 대기이벤트만으로는 비효율적인 메모리 I/O를 유발하는 쿼리를 정확히 식별하기 어렵다. 다만, 이 대기이벤트가 관찰된다면, 해당 시점에 수행된 쿼리는 튜닝 대상으로 고려할 필요가 있다.

## transactionid 대기이벤트

이 단락에서는 실제 예제를 통해 transactionid, tuple, virtualxid, relation 대기이벤트가 어떤 상황에서 발생하는지를 살펴본다.

transactionid 대기이벤트는 다른 세션에서 트랜잭션이 아직 종료되지 않은 상태에서 해당 세션이 변경 중인 레코드에 접근하려고 할 때 발생한다. 아래는 그 예이다.

세션#1: 트랜잭션을 시작하고 여러 레코드를 수정한다.

```
=> begin;
BEGIN
svcdb=*# update ltest set c2=c2 where c1 in (1,2);
UPDATE 2
```

세션#2: 세션 #1이 수정한 레코드 중 하나를 다시 수정하려고 시도한다.

```
=> update ltest set c2=c2 where c1=1;
```

이 시점에서 세션 #2는 transactionid 락을 대기하게 된다.

| pid | holder | runtime | query | wait_info |
|---|---|---|---|---|
| 9478 | {} | 149 | update ltest set c2=c2 where c1 in | Client:ClientRead |
| 7635 | {9478} | 50 | update ltest set c2=c2 where c1=1; | **Lock:transactionid** |

## tuple 대기이벤트

tuple 대기이벤트는 앞선 transactionid 락을 대기하던 세션이 아직 완료되지 않은 상태에서, 또 다른 세션이 동일한 레코드를 변경하려고 시도할 때 발생한다.

세션#3: 세션 #2와 동일한 레코드를 수정하려고 시도한다.

```
=> update ltest set c2=c2 where c1=1;
```

이 시점에 세션#3은 tuple 락을 대기한다.

```
 pid  | holder | runtime |                 query                  |     wait_info
------+--------+---------+----------------------------------------+--------------------
 9478 | {}     |     361 | update ltest set c2=c2 where c1 in     | Client:ClientRead
 7635 | {9478} |     262 | update ltest set c2=c2 where c1=1;     | Lock:transactionid
 9544 | {7635} |       8 | update ltest set c2=c2 where c1=1;     | Lock:tuple
```

## virtualxid 대기이벤트

virtualxid 대기이벤트는 CONCURRENTLY 옵션을 사용하는 작업 수행 시에 락을 대기할 때 발생한다. 아래의 예를 보자.

세션#4: CIC 옵션으로 인덱스를 생성한다.

```
=> create index concurrently ltest_n3 on ltest(c1,c2);
```

이 시점에 세션#4은 virtualxid 락을 대기한다.

```
 pid  | holder | runtime |                 query                  |     wait_info
------+--------+---------+----------------------------------------+--------------------
 9478 | {}     |     655 | update ltest set c2=c2 where c1 in     | Client:ClientRead
 7635 | {9478} |     557 | update ltest set c2=c2 where c1=1;     | Lock:transactionid
 9544 | {7635} |     303 | update ltest set c2=c2 where c1=1;     | Lock:tuple
 9612 | {7635} |      37 | create index concurrently ltest_n3     | Lock:virtualxid
```

## relation 대기이벤트

relation 대기이벤트는 락 호환성이 없는 작업을 수행하려고 할 때 발생한다. 아래의 예를 보자.

세션#4: Vacuum Full 작업을 수행한다.

```
=> vacuum full ltest;
```

Vacuum Full 작업은 SELECT를 포함한 어떠한 작업과도 락 호환성이 없기 때문에 relation 락을 대기한다.

```
  pid  |         holder         | runtime |          query          |   wait_info
-------+------------------------+---------+-------------------------+------------------
  9478 | {}                     |     894 | update ltest set c2=c2  | Client:ClientRead
  7635 | {9478}                 |     796 | update ltest set c2=c2  | Lock:transactionid
  9544 | {7635}                 |     541 | update ltest set c2=c2  | Lock:tuple
  9612 | {7635}                 |     276 | create index concurren  | Lock:virtualxid
 10548 | {9612,7635,9478,9544}  |      43 | vacuum full ltest;      | Lock:relation
```

transactionid 및 tuple 대기이벤트는 동일 레코드에 대한 락 경합이 발생했음을 의미하며, 이런 경우에는 애플리케이션 로직에 대한 점검이 필요하다.

virtualxid 대기이벤트는 CIC 작업 시에 idle in transaction 상태의 비정상 세션이 원인인 경우가 많으며, 불필요한 세션을 정리함으로써 해결할 수 있다.

relation 대기이벤트는 DDL이나 VACUUM FULL과 같은 작업이 원인이므로, 적절한 시간대를 선택해 작업을 수행하는 것이 바람직하다.

# 9 Vacuum

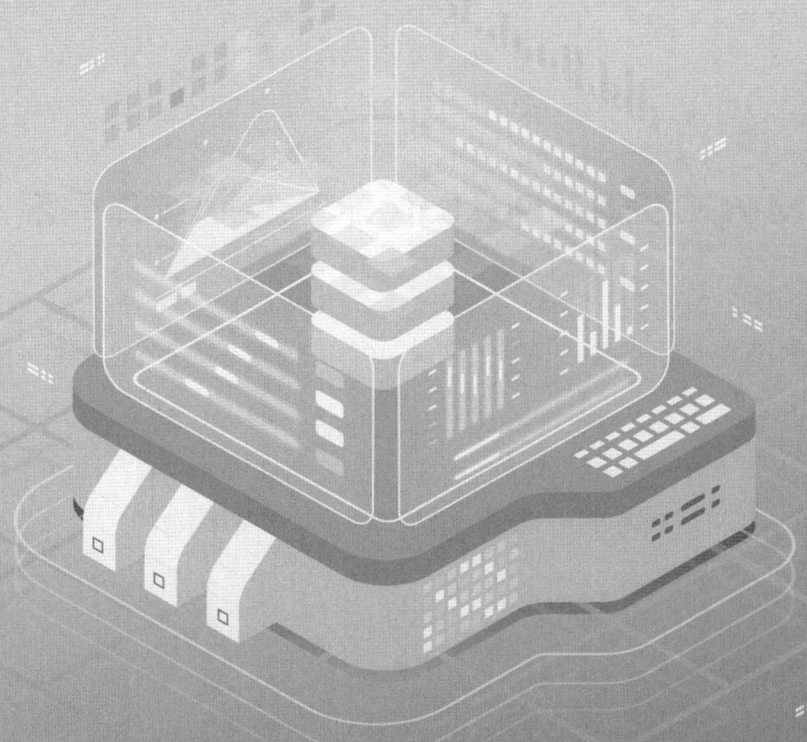

이 책의 마지막 장은 PostgreSQL DBA들이 반드시 이해해야 할 Vacuum에 대해서 살펴본다. Vacuum은 PostgreSQL이 채택한 MVCC(Multi-Version Concurrency Control) 모델의 특징 때문에 필요한 작업이다.

PostgreSQL은 버전이 올라갈수록 Vacuum의 안정성과 성능을 지속적으로 개선해왔다. 그 결과, 최신 버전에서는 특별히 신경 쓰지 않아도 될 만큼 안정적으로 동작하는 것이 사실이다. 하지만, PostgreSQL의 MVCC 구조적 특성상 Vacuum과 관련된 성능 이슈가 발생할 수 있으며, 이러한 문제를 정확히 진단하고 해결하기 위해서는 Vacuum의 동작 원리를 정확히 이해할 필요가 있다.

Vacuum의 원리를 이해하려면 먼저 PostgreSQL의 MVCC 모델의 특징과 그에 따른 한계점, 이를 극복하기 위한 Freeze 작업, Freeze를 위한 Age 개념에 대한 이해가 필요하다. 또한, 데드 튜플을 정리하는 내부 메커니즘, 싱글 페이지 클린업(single page cleanup), Slow 쿼리 수행 중 Vacuum이 지연되는 이유, 복제 환경에서 Hot Standby Feedback에 대한 이해도 필요하다. 아울러, MVCC의 단점을 보완하기 위해 도입된 HOT(Heap-Only Tuple)에 대한 개념 역시 이해할 필요가 있다.

## 9-1. MVCC 모델과 PostgreSQL MVCC의 특징

이번 단락에서는 MVCC의 개요와 함께, PostgreSQL이 채택한 MVCC 모델의 특징과 한계점, 그리고 이러한 한계를 극복하기 위한 Freeze 작업의 필요성과 Age 개념에 대해 살펴본다.

Freeze와 Age는 다소 복잡한 개념이지만, Vacuum의 동작 원리를 제대로 이해하기 위해서는 반드시 짚고 넘어가야 할 핵심 개념이다. 처음부터 완벽히 이해하지 않아도 괜찮다. 이번 장을 끝까지 읽은 후 다시 이 부분을 복습하면 훨씬 명확하게 이해될 것이다.

### MVCC의 이해

데이터베이스 시스템은 다수의 사용자가 동시에 데이터를 읽고 쓰는 환경에서 동작한다. 따라서 읽기 작업과 쓰기 작업이 동시에 발생할 수밖에 없다. 만약 읽기 작업이 쓰기 작업을 블로킹하거나, 반대로 쓰기 작업이 읽기 작업을 블로킹한다면, 데이터베이스의 동시성은 심각하게 저하될 것이다.

이 문제를 해결하기 위해 데이터베이스 시스템은 MVCC 기법을 적용하고 있다. MVCC는 여러 개의 데이터 '버전'을 동시에 유지해서, 읽기와 쓰기 작업 간에 상호 블로킹이 발생하지 않도록 한다. '버전'이란 특정 시점의 데이터를 의미한다. 가장 최근 데이터는 '현재 버전(Current Version)', 그 이전에 존재했던 데이터들은 '이전 버전(Before Version)'이라고 이해하면 된다.

MVCC는 쿼리가 수행된 시점에 맞는 데이터 버전을 읽을 수 있도록 해준다. 예를 들어, 사용자가 수행한 쿼리가 1분 전에 시작되었다면, 1분 전 시점의 데이터를 읽을 수 있게 해준다. 여기서 '수행 시점'은 트랜잭션 ID를 통해 식별된다. 트랜잭션 ID는 매 트랜잭션마다 1씩 증가하기 때문에, 쿼리 수행 시점을 명확히 판단할 수 있다. MVCC의 동작 방식을 간단히 도식화하면 다음과 같다.

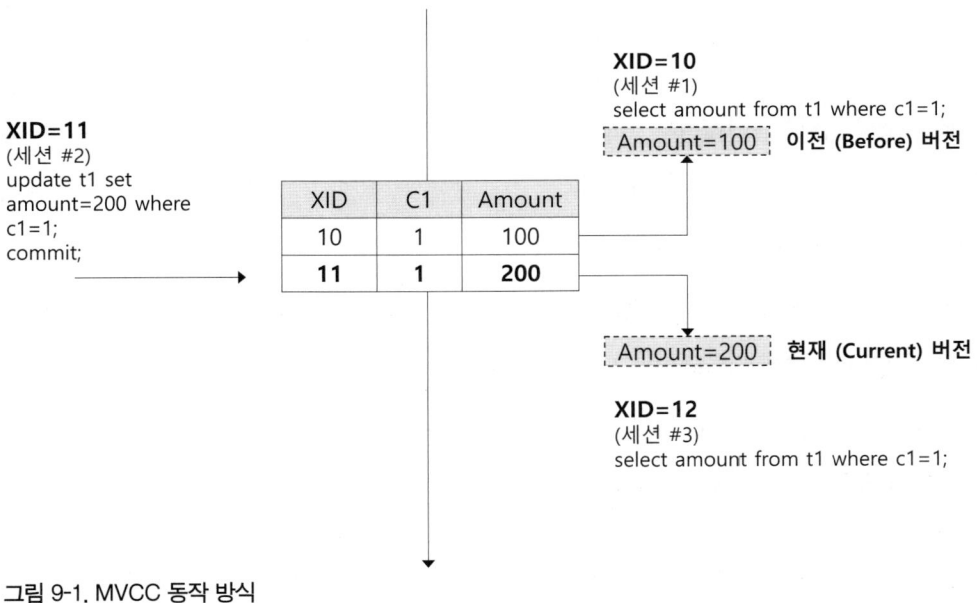

그림 9-1. MVCC 동작 방식

즉, 쿼리는 시작 시점의 트랜잭션 ID(XID)와 같거나 더 작은 버전을 읽는다. 이것이 MVCC의 핵심이며, 이 방식을 통해 읽기와 쓰기 간의 블로킹 현상을 제거하고 데이터베이스의 동시성을 극대화할 수 있다.

# PostgreSQL MVCC의 특징

앞선 '그림 9-1'에서 보았듯이, MVCC를 구현하려면 '이전 버전의 데이터'를 일정 기간 동안 보관해야 한다. 이전 버전 데이터를 보관하는 방식은 크게 두 가지로 나뉜다. 하나는 별도의 저장 공간에 보관하는 방식이고, 다른 하나는 테이블 내부에 함께 저장하는 방식이다.

오라클은 언두 세그먼트(Undo Segment)라는 별도의 공간에 이전 버전 데이터를 저장한다. 반면 PostgreSQL은 테이블 내부에 이전 버전 데이터를 함께 저장하며, 이것이 PostgreSQL MVCC의 중요한 특징이자 Vacuum 작업이 반드시 필요한 이유이다.

> ✅ PostgreSQL에서는 현재 레코드를 '라이브 튜플(Live Tuple)', 과거 레코드를 '데드 튜플(Dead Tuple)'이라 부른다. 따라서 이후 설명부터는 이 용어들을 사용해서 설명한다.

### 특징-1. 데드 튜플을 테이블 내에 저장한다.

데드 튜플을 테이블 안에 저장하면 어떤 문제가 생길까?

가장 먼저 떠오르는 문제는 테이블의 크기 증가이다. 데드 튜플이 누적될수록 테이블은 점차 커지게 되며, 이 현상을 블로팅(Bloating)이라고 부른다. 그리고 데드 튜플을 테이블 내부에 보관하기 때문에, UPDATE 명령어는 기존 레코드를 삭제하고 새로운 레코드를 삽입하는 방식, 즉 DELETE + INSERT 방식으로 동작한다.

그렇다면 블로팅 현상을 줄이려면 어떻게 해야 할까?

정답은 간단하다. '삭제 가능한' 데드 튜플을 제거해서 그 공간을 재활용하면 된다(삭제 가능한 기준은 'Slow Query 수행과 Vacuum' 단락에서 자세히 설명한다).

데드 튜플을 제거하는 작업이 바로 Vacuum이다. 이 작업은 VACUUM 명령어를 이용해서 수동으로 수행할 수도 있고, Autovacuum 프로세스를 통해 자동으로 수행되도록 설정할 수도 있다. 일반적으로는 Autovacuum 프로세스를 이용하며, 대용량 테이블의 경우 수동 Vacuum 작업을 통해 보다 빠르게 처리하는 경우도 있다.

여기까지만 보면, 데드 튜플을 테이블 안에 저장하더라도 Vacuum 작업만 '정상적으로' 수행된다면 큰 문제가 없어 보일 수도 있다. 그러나 현실은 조금 다르다. Slow 쿼리가 실행 중인 경우는 정상적인 Vacuum 작업을 방해할 수 있다. 이로 인해 성능 저하가 발생하는 경우도 있다(이

부분은 'Slow Query 수행과 Vacuum' 단락에서 설명한다).

Vacuum이 다소 어렵게 느껴지는 이유가 바로 여기에 있다. 겉으로 보기에는 단순한 작업처럼 보이지만, 그 내부를 하나하나 들여다보면 다양한 예외 조건과 제약 사항이 얽혀 있어 복잡하기 때문이다.

### 특징-2. 레코드 별로 트랜잭션 ID (XID)를 관리한다.

MVCC 모델의 핵심은 쿼리 수행 시점의 읽기 정합성에 맞는 레코드를 읽는 데 있다. 하나의 테이블 블록에는 라이브 튜플과 데드 튜플이 함께 존재하며, 동일한 레코드에 대해 여러 번의 변경이 발생할 경우 데드 튜플도 그만큼 누적되어 생성된다. 따라서 쿼리 수행 시점의 정합성에 맞는 정확한 레코드를 읽기 위해서는 각 레코드별로 트랜잭션 ID를 관리할 필요가 있다.

PostgreSQL은 이를 위해 XMIN, XMAX라는 두 개의 시스템 칼럼을 이용한다.

- XMIN: 해당 레코드를 생성한 시점의 트랜잭션의 ID(XID)를 저장
- XMAX: 해당 레코드가 삭제되거나 변경된 시점의 트랜잭션 ID를 저장

즉, 레코드가 변경되면 새로운 라이브 튜플이 생성되고, 직전 데드 튜플의 XMAX와 새로운 라이브 튜플의 XMIN은 동일한 값으로 설정된다. XMAX 값이 0이면 해당 튜플은 라이브 튜플로 간주된다(그림 9-2. 참조).

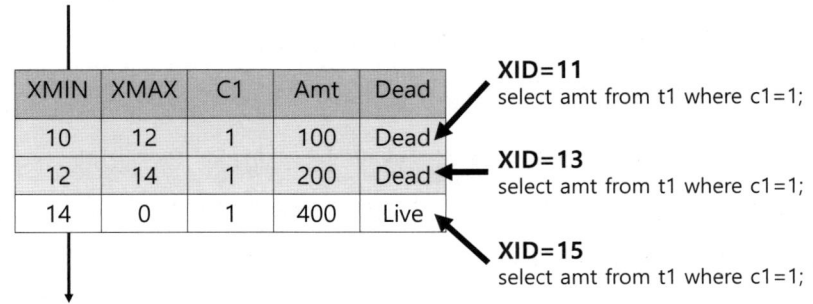

그림 9-2. PostgreSQL의 레코드 별 트랜잭션 ID 적용 방법

레코드마다 XMIN과 XMAX 정보를 저장하는 방식은 테이블 블록 공간 사용 측면에서 매우 비효율적이다. 이러한 오버헤드를 줄이기 위해 PostgreSQL은 이 값을 4바이트 정수형으로 저장

한다. 즉, XMIN과 XMAX는 32비트 트랜잭션 ID(XID)를 사용해서 관리된다.

그러나 여기서부터 골치 아픈 문제가 발생한다. 32비트로 표현할 수 있는 값의 범위는 약 43억 개에 불과하다(정확히는 0부터 4,294,967,295까지이지만, 설명의 편의를 위해 '43억'이라고 하자). 이 수치는 초당 1,000개의 트랜잭션이 발생하는 시스템에서는 약 50일(= 43억 / 86,400초 / 1,000 TPS)만에 모두 소진될 수 있는 매우 작은 범위이다.

43억 개의 XID를 모두 사용하게 되면, 다시 처음부터 순환하여 번호를 부여해야 한다(정확히는 3부터 재시작된다). 이러한 현상을 Wraparound라고 한다. 이 방식의 문제는 아무런 조치 없이 Wraparound가 발생하면, MVCC의 핵심인 트랜잭션 ID 순서 보장이 깨져버려 데이터 정합성이 훼손될 수 있다는 점이다.

이를 방지하기 위해 PostgreSQL은 Wraparound 발생 이전에 Vacuum 작업을 수행한다. 이 작업을 Anti-Wraparound Vacuum이라고 하며, 일반적인 데드 튜플 정리 목적의 Vacuum 작업보다 훨씬 복잡하게 동작한다.

사실, 이 문제는 다음과 같은 방식으로 간단히 해결할 수 있다.

- XMIN, XMAX를 64비트 XID로 관리
- 오라클처럼 Base SCN(4바이트) + Wrap 번호(2바이트)를 조합해서 사용

이런 구조를 사용하면 Wraparound 문제 자체가 발생하지 않는다. 예를 들어 초당 1,000개의 트랜잭션이 발생하는 환경에서도, 오라클 방식이라면 약 8,900년, 64비트 XID를 사용하는 방식이라면 약 5억 년 후에나 XID가 소진된다.

그러나 PostgreSQL은 공간 오버헤드 문제로 인해 이러한 방식을 도입하지 않고 있다. 왜냐하면, 레코드당 약 20바이트의 공간을 메타데이터 관리를 위해서 사용하기 때문에, 64비트 XID를 도입할 경우 레코드당 거의 30바이트에 달하는 오버헤드가 발생하기 때문이다.

이처럼 저장 공간 효율성이 악화된다는 이유로, PostgreSQL 코어 개발자들은 현재까지도 64비트 XID 도입에는 보수적인 입장을 유지하고 있다. 대신 PostgreSQL은 Anti-Wraparound Vacuum의 안정성 확보와 Vacuum 성능 향상에 집중하는 방향으로 개선을 이어가고 있다.

## 32비트 XID 문제 해결을 위한 2가지 기법

32비트 XID를 모두 소진한 후에, 즉 한 바퀴를 회전한 후에 XID가 다시 3부터 시작하는 경우의 문제점을 살펴보자.

한 바퀴를 회전 한 직후의 XID인 3은 실제로는 '43억+3'이다 하지만 XID는 32비트로 관리하므로 실제 값은 3일뿐이다. 따라서 이 값을 이전의 모든 XID보다 큰 수로 인식할 수 있도록 만드는 방법이 필요하다.

이를 위해 PostgreSQL은 두 가지 핵심 기법을 사용한다.

- 한 바퀴를 돌기 전에 오래된 레코드를 Frozen 상태로 만든다.
- 현재 기준으로 43억의 1/2(즉, 21.5억) 만큼은 항상 읽을 수 있는 상태로 간주한다.

Frozen이란 말 그대로 데이터를 '얼려서' XID와 무관하게 항상 읽을 수 있는 상태로 만드는 것이다. Frozen 상태가 되면 해당 레코드의 XMIN 값은 2로 설정된다. 일반 트랜잭션은 XID 3부터 시작되므로, Frozen 레코드는 어떤 트랜잭션보다도 과거에 존재한 것으로 간주되어 읽기 정합성이 보장된다.

참고로, XID의 구분은 다음과 같다.

- Bootstrap XID: initdb() 수행 시 사용되며 값은 1이다.
- Frozen XID: Anti-wraparound Vacuum 작업을 통해 적용되며 값은 2이다.
- Normal XID: 일반 트랜잭션에서 사용되며 3부터 시작한다.

> ✅ 버전 9.4부터는 XMIN 값을 2로 설정하는 대신, 힌트 비트(t_infomask)의 10번째 비트를 1로 설정한다.

하지만 Frozen 작업에는 시간이 필요하다. 예를 들어, XID가 다시 3부터 시작된 상황에서, XID가 43억인 레코드가 아직 Frozen 상태가 아니라면, 이 레코드는 MVCC 원칙상 읽을 수 없게 된다. 그러나 XID가 다시 3부터 시작되자마자 이전의 모든 레코드가 Frozen 되는 것은 현실적으로 불가능하다.

따라서 PostgreSQL은 일정 범위 내의 레코드는 Frozen 상태가 아니더라도 항상 읽을 수 있도록 설계되어 있다. 이를 위해 PostgreSQL은 현재 XID 기준으로 21.5억 이전까지의 레코드는 항상 읽을 수 있는 것으로 간주한다(그림 9-3. 참조). 반면, 이 범위를 넘는 레코드는 반드시 Frozen 상태여야 한다.

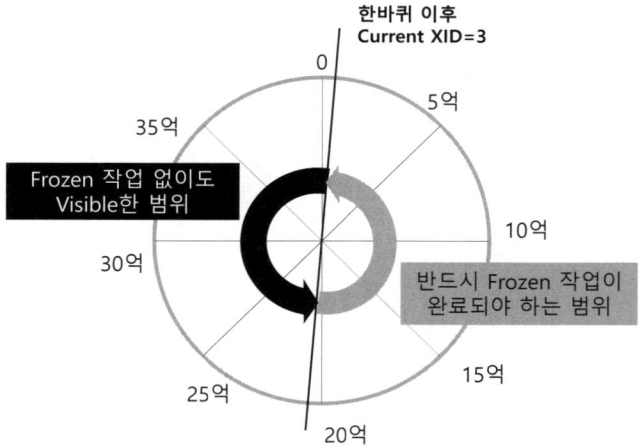

그림 9-3. 현재 XID 기준의 Visible, Invisible 범위

이 처리를 위해 PostgreSQL은 트랜잭션 ID 간의 비교 결과를 signed int(부호 있는 32비트 정수) 변수를 이용한다(소스 9-1. 참조). 예를 들어 현재 XID가 3이고, 비교 대상이 43억인 경우, '3 - 4,294,967,295' 연산은 음수가 되어야 하지만, signed int로 형 변환되면서 오버플로우가 발생해 양수로 해석된다. 이렇게 되면 PostgreSQL은 해당 레코드를 '과거의 것'으로 인식하고 정상적으로 읽을 수 있게 된다.

• 소스 9-1. src/backend/access/transam/transam.c

```
bool TransactionIdPrecedes(TransactionId id1, TransactionId id2)
{
        int32           diff;
        diff = (int32) (id1 - id2);
        return (diff < 0);
}
```

이 방식은 현재 XID 기준으로 21.5억 이전까지의 XID는 항상 Visible한 상태로 간주되도록 보장한다. 반대로 21.5억 이후의 XID에 대해서는 반드시 Frozen 상태가 되어야만 읽을 수 있다. 예를 들어, 현재 XID가 3인 상황에서 XID가 10인 레코드가 Frozen되지 않았다면, 해당 레코드는 읽을 수 없게 된다. '3 - 10' 연산은 음수이며, signed int로 변환해도 여전히 음수이기 때문이다. 이러한 이유로 PostgreSQL은 Frozen 처리가 일정 속도로 따라가지 못할 경우, 다음과 같은 에러 메시지를 출력하고 트랜잭션 처리를 중단시킨다.

```
ERROR:  database is not accepting commands to avoid wraparound data loss in database
HINT:   Stop the postmaster and use a standalone backend to VACUUM that database.
```

즉, 현재 XID 기준으로 데이터베이스 내의 모든 레코드는 Visible 상태여야 한다. Invisible 상태의 레코드는 존재해서도, 존재할 수도 없다.

- **참고:** XID 연산 테스트용 C 소스

```c
#include <stdio.h>
#include <stdlib.h>
int main(int argc, char *argv[]) {
    unsigned int id1 = atoi(argv[1]);
    unsigned int id2 = atoi(argv[2]);
    int      diff;
    diff = (int)(id1 - id2);
    printf("(int)(id1-id2): %d\n", diff);
}
$ ./xid_diff 3 4294967295  → visible
(int)(id1-id2): 4
$ ./xid_diff 3 2147483651  → 이 시점부터 invisible
(int)(id1-id2): -2147483648
```

## 정리

이번 단락에서는 MVCC의 기본 개념과 PostgreSQL의 MVCC 구조적 특징에 대해 살펴보았다.

PostgreSQL은 이전 버전의 레코드를 테이블 블록 내에 저장하며, 레코드마다 트랜잭션 ID를 관리한다. 이로 인해 공간 재활용을 위해 Vacuum 작업이 필요하다는 점을 확인할 수 있었다. 또한 32비트 XID로 인한 문제가 존재하며, 이를 방지하기 위한 Anti-Wraparound Vacuum의 필요성도 함께 살펴보았다.

결국, Vacuum의 개념은 단순하다. 불필요한 레코드를 제거하고, 오래된 트랜잭션 ID를 Frozen 처리해서 MVCC가 안정적으로 동작하도록 보장하는 것이다. 하지만 그 동작 원리와 내부 구조는 생각보다 복잡하다. 이제부터 본격적으로 Vacuum의 실제 동작과 그 세부 구현에 대해 살펴보자.

## 9-2. Vacuum 기본

이번 단락에서는 Vacuum 명령어의 수행 방법과 주요 옵션, Vacuum 수행 시 발생하는 WAL 발생량, 그리고 Large Object를 사용하는 환경에서 vacuumlo 명령어를 활용한 관리 방법까지 함께 알아본다.

### Vacuum 수행 방법과 옵션

Vacuum 작업은 VACUUM 명령어를 이용해서 수행하며, 테이블 또는 데이터베이스 단위로 수행할 수 있다. 일반적으로 테이블 단위로 Vacuum 작업을 수행한다. 스키마나 인덱스 단위의 작업은 제공되지 않는다. 옵션은 괄호 안에 쉼표로 구분하여 함께 지정할 수 있다.

```
=> vacuum (옵션, 옵션,…) 테이블 명;
=> vacuum (옵션, 옵션,…);
```

VACUUM 명령어에서 사용 가능한 주요 옵션은 다음과 같다.

- VERBOSE
- FULL
- FREEZE
- ANALYZE
- SKIP_LOCKED
- INDEX_CLEANUP

- TRUNCATE
- PARALLEL

### 테스트 환경 구성

각 옵션에 대한 설명을 위한 테스트 환경을 구성한다.

```
=> create table vt1 (c1 integer, c2 integer);
=> create index vt1_n1 on vt1 (c1);
=> insert into vt1 select i, i from generate_series(1,2) i;
INSERT 0 2
```

그리고 테이블 페이지 상태를 관찰하기 위해 pageinspect 익스텐션을 설치한다.

```
=> create extension pageinspect schema extdba;
```

### FULL 옵션

FULL 옵션을 이용해서 수행하는 VACUUM FULL 명령어는 일반적인 Vacuum 작업과는 달리 테이블을 재구성하는 작업이다. 따라서 FULL 옵션은 VACUUM 명령어의 하위 옵션이라기보다는 별도의 명령어로 이해하는 것이 바람직하다.

사용 방법은 다음과 같다

```
=> vacuum (full) <테이블명>;
```

pg_relation_filepath() 함수를 이용하면 VACUUM FULL 명령어 수행 시 테이블과 인덱스가 재생성된다는 사실을 쉽게 확인할 수 있다.

```
=> select pg_relation_filepath('vt1');    -- 수행결과: base/32818/158851
=> select pg_relation_filepath('vt1_n1'); -- 수행결과: base/32818/158854
=> vacuum full vt1;
=> select pg_relation_filepath('vt1');    -- 수행결과: base/32818/158900
=> select pg_relation_filepath('vt1_n1'); -- 수행결과: base/32818/158903
```

표 9-1은 VACUUM과 VACUUM FULL 명령어의 차이를 정리한 것이다. 해당 내용은 이후 실습에서도 직접 확인할 수 있다(락 발생 여부는 이미 8장에서 다루었기 때문에 이번 장에서는 생략한다).

- 표 9-1. VACUUM 명령어와 VACUUM FULL 명령어 비교

| 비교 항목 | VACUUM | VACUUM FULL |
|---|---|---|
| 목적 | 공간 정리 및 XID Freeze | 테이블 및 인덱스 재구성 |
| 락 발생 여부 | Shared Update Exclusive 모드로 락을 획득하므로 SELECT 및 DML과 병행 수행 가능 | Access Exclusive 모드로 락을 획득하므로 SELECT와도 락 경합 발생 |
| WAL 발생 여부 | 거의 없음. 단, 체크포인트 이후 Freeze 작업 시 증가할 수 있음 | 테이블 크기가 클수록 WAL 발생량이 크게 증가함 |

## FREEZE

FREEZE는 레코드에 대한 Frozen 작업을 매우 공격적으로 수행하는 옵션이다. 기본적으로 VACUUM 명령어만 수행하면, 설정된 파라미터 값에 따라 테이블 내의 일부 레코드만 Frozen 된다. 반면 FREEZE 옵션을 사용하면 테이블 내 모든 레코드를 대상으로 Frozen 작업을 수행한다.

사용방법은 다음과 같다.

```
=> vacuum (freeze) <테이블 명>;
```

VACUUM FULL 명령어를 수행하면 내부적으로 FREEZE 작업도 함께 진행된다. 따라서 테스트를 위해서 테이블을 다시 생성한 후 VACUUM과 VACUUM (FREEZE) 명령어를 각각 수행해보자. 이때 VERBOSE 옵션을 함께 사용하면 Vacuum 작업의 상세 내용을 확인할 수 있다.

먼저 VACUUM 명령어를 수행해보자.

```
=> vacuum (verbose) vt1;
INFO:  vacuuming "svcdb.svc.vt1"
frozen: 0 pages from table (0.00% of total) had 0 tuples frozen
VACUUM
```

수행 결과를 보면, 두 개의 레코드는 Vacuum 작업이 수행되었지만 Frozen 처리는 되지 않는 것을 알 수 있다. 이는 해당 레코드들이 아직 Frozen 대상이 아니기 때문이다.

이제 VACUUM (FREEZE) 명령어를 수행해보자.

```
=> vacuum (freeze, verbose) vt1;
INFO:  aggressively vacuuming "svcdb.svc.vt1"
frozen: 1 pages from table (100.00% of total) had 2 tuples frozen
VACUUM
```

수행 결과를 보면, FREEZE 옵션으로 인해 두 개의 레코드가 모두 Frozen 처리되었음을 확인할 수 있다.

## ANALYZE

ANALYZE 옵션은 Vacuum 작업을 수행한 후, 쿼리 옵티마이저의 비용 계산에 필요한 통계 정보까지 함께 생성하는 옵션이다.

사용 방법은 다음과 같다.

```
=> vacuum (analyze) <테이블 명>;
```

이 옵션은 VACUUM과 ANALYZE 명령어를 별도로 수행하는 대신, 두 작업을 하나의 명령어로 처리할 수 있다는 장점이 있다. 다음 예제를 보면, VACUUM (ANALYZE)와 ANALYZE 명령어의 결과가 완전히 동일함을 알 수 있다.

```
=> vacuum (verbose, analyze) vt1;
INFO:  vacuuming "svcdb.svc.vt1"
INFO:  analyzing "svc.vt1"
INFO:  "vt1": scanned 1 of 1 pages, containing 2 live rows and 0 dead rows; 2 rows in
sample, 2 estimated total rows
VACUUM
=> analyze (verbose) vt1;
INFO:  analyzing "svc.vt1"
INFO:  "vt1": scanned 1 of 1 pages, containing 2 live rows and 0 dead rows; 2 rows in
sample, 2 estimated total rows
ANALYZE
```

이처럼 ANALYZE 옵션을 사용하면 별도의 ANALYZE 명령어를 실행하지 않아도 Vacuum 작업 수행과 동시에 통계 정보까지 갱신된다.

### SKIP_LOCKED

VACUUM 명령어를 수행하려면 Shared Update Exclusive 모드의 테이블 락이 필요하다. 이 락 모드는 Share 모드 이상과는 호환되지 않기 때문에, 해당 테이블에 이미 Share 모드 이상의 락이 설정된 상태라면 락 대기가 발생한다. SKIP_LOCKED 옵션은 락 충돌 상황에서 락을 대기하지 않고 Vacuum 작업을 건너뛰도록 설정하는 옵션이다.

사용 방법은 다음과 같다.

```
=> vacuum (skip_locked) <테이블 명>;
```

이 옵션은 특히 쉘 스크립트를 이용해서 여러 개의 테이블에 대한 Vacuum 작업을 순차적으로 처리할 때 유용하게 사용할 수 있다. 락 충돌이 발생한 테이블만 건너뛰고 나머지 테이블에 대한 Vacuum 작업을 진행할 수 있기 때문이다. 작업이 완료된 이후에는 작업 로그를 확인한 후 SKIP된 테이블만 다시 Vacuum 작업을 수행하면 된다.

다음은 관련 예제이다.

세션#1: 인덱스를 생성한다(Share 모드 락 획득).

```
=> begin;
BEGIN
svcdb=*# create index vt1_n2 on vt1(c2);
CREATE INDEX
```

세션#2: Vacuum 작업 수행 → 락 대기 발생

```
=> vacuum (verbose) vt1;
^C취소 요청 보냄
```

세션#2: SKIP_LOCKED 옵션 사용 → Vacuum 작업 스킵

```
=> vacuum (verbose, skip_locked) vt1;
```

```
WARNING:  skipping vacuum of "vt1"
VACUUM
```

이처럼 SKIP_LOCKED 옵션을 사용하면 진행 가능한 테이블만 우선 처리하고, 스킵한 테이블은 별도로 다시 처리하는 유연한 운영이 가능하다.

### INDEX_CLEANUP

VACUUM 명령어를 수행하면 테이블과 해당 테이블에 존재하는 모든 인덱스에 대한 Vacuum 작업이 수행된다. INDEX_CLEANUP 옵션은 인덱스에 대한 Vacuum 작업 수행 여부를 결정하는 옵션이다.

사용 방법은 다음과 같다.

```
=> vacuum (index_cleanup=off) <테이블 명>;
```

이 옵션의 기본값은 AUTO이다. AUTO는 데드 튜플의 개수를 기준으로 인덱스 Vacuum 작업 수행 여부를 PostgreSQL이 자동으로 판단한다. OFF로 설정하면 인덱스에 대한 Vacuum 작업은 수행하지 않는다.

인덱스 Vacuum 작업은 테이블 Vacuum 작업에 비해 매우 오랜 시간이 소요되는 작업이다. 따라서 대용량 테이블의 데드 튜플 정리 및 Frozen 작업만 빠르게 처리하고자 할 때, 인덱스 Vacuum 작업을 생략하는 것도 고려해볼 수 있다. 다음은 해당 옵션 사용 예이다.

```
=> vacuum (verbose, index_cleanup off) vt1;
INFO:  vacuuming "svcdb.svc.vt1"
index scan bypassed: 0 pages from table (0.00% of total) have 0 dead item identifiers
VACUUM
```

INDEX_CLEANUP은 테이블 단위로 설정할 수 있는 스토리지 파라미터이며, 설정값은 수동 VACUUM 명령어뿐만 아니라 Autovacuum 작업에도 적용된다. 만약 Autovacuum 프로세스가 인덱스 Vacuum 작업을 장시간 수행한다면, 테이블 단위로 해당 파라미터를 OFF로 설정하고, 인덱스는 나중에 수동으로 리빌드하는 방식을 고려할 수 있다.

```
=> alter table vt1 set (vacuum_index_cleanup=off);
```

변경 내용은 pg_class 카탈로그 테이블을 통해 확인할 수 있다.

```
=> select reloptions from pg_class where relname='vt1';
       reloptions
---------------------------
 {vacuum_index_cleanup=off}
```

이후 Autovacuum 수행 로그를 보면, 인덱스 Vacuum 작업이 생략되었음을 확인할 수 있다.

```
LOG:
automatic vacuum of table "svcdb.svc.vt1": index scans: 0
index scan bypassed: 443 pages from table (50.06% of total) have 100002 dead item
identifiers
```

### TRUNCATE

TRUNCATE는 VACUUM 명령어 수행 시, 테이블의 맨 뒤부터 일정 크기 이상의 공간이 모두 빈 공간으로 정리되었을 때 해당 공간을 운영체제에 반납할지를 결정하는 옵션이다. 기본값은 ON이며, 이 경우 빈 공간은 OS에 자동으로 반환된다. 기준 조건은 다음 두 가지 중 하나라도 만족하면 된다(소스 9-2. 참조).

- 정리된 페이지 수가 1,000개 이상
- 테이블 전체 크기의 1/16 (6.25%) 이상

- 소스 9-2. src/backend/access/heap/vacuumlazy.c

```
#define REL_TRUNCATE_MINIMUM    1000
#define REL_TRUNCATE_FRACTION   16
```

사용 방법은 다음과 같다.

```
=> vacuum (truncate=off) <테이블 명>;
```

빈 공간을 OS에 반납하면 테이블의 물리적인 파일 크기가 줄어들기 때문에 디스크 사용량 절감 효과가 있다. 단, INDEX_CLEANUP 옵션이 OFF로 설정되어 있으면 TRUNCATE가 동작하지 않으므로, 테스트 전 해당 옵션을 원래대로 되돌려야 한다.

예제를 통해 VACUUM TRUNCATE 명령어로 인한 테이블 크기 축소 여부를 살펴보자.

```
=> alter table vt1 reset (vacuum_index_cleanup);
=> truncate table vt1;
=> insert into vt1 select i,i from generate_series(1,100000) i;
INSERT 0 100000
=> \dt+ vt1
                       릴레이션 목록
 스키마 | 이름 | 형태  | 소유주   | 지속성 | 접근 방법 | 크기    | 설명
--------+------+-------+----------+--------+-----------+---------+------
 svc    | vt1  | 테이블 | postgres | 영구   | heap      | 3568 kB |
```

이후 데이터를 삭제하고 VACUUM 명령어를 수행하면 다음과 같이 테이블 크기가 줄어든다.

```
=> delete from vt1 where c1 > 50000;
DELETE 50000
=> vacuum (verbose) vt1;
INFO:  vacuuming "svcdb.svc.vt1"
INFO:  table "vt1": truncated 443 to 222 pages
=> \dt+ vt1
                       릴레이션 목록
 스키마 | 이름 | 형태  | 소유주   | 지속성 | 접근 방법 | 크기    | 설명
--------+------+-------+----------+--------+-----------+---------+------
 svc    | vt1  | 테이블 | postgres | 영구   | heap      | 1808 kB |
```

이 작업은 테이블의 물리적 크기를 줄이는 작업이므로 VACUUM FULL과 마찬가지로 Access Exclusive 락을 요구한다. 다만, 락을 획득하지 못하더라도 대기하지 않고 5초간 최대 100회까지 재시도 후, 해당 단계를 스킵한다(소스 9-3. 참조). 따라서 이 작업으로 인해 백엔드 프로세스와의 락 경합 이슈는 크게 발생하지 않는다.

- 소스 9-3. src/backend/access/heap/vacuumlazy.c

```
#define VACUUM_TRUNCATE_LOCK_WAIT_INTERVAL          50       /* ms */
```

```
#define VACUUM_TRUNCATE_LOCK_TIMEOUT                    5000    /* ms */
if (++lock_retry > (VACUUM_TRUNCATE_LOCK_TIMEOUT /
                    VACUUM_TRUNCATE_LOCK_WAIT_INTERVAL))
/* we give up truncating */
```

예를 들어 살펴보자. 테이블 데이터를 초기화 한 후에 아래와 같이 수행한다.

세션#1: 해당 테이블에 대한 조회를 수행한다.

```
=> begin;
BEGIN
svcdb=*# select * from vt1 where c1=1;
 c1 | c2
----+----
  1 |  1
```

세션#2: 레코드 삭제 후에 Vacuum 작업을 수행한다. 이때, 조회 세션과의 락 충돌로 인해 TRUNCATE 작업을 5초간 재시도한 후에 해당 단계를 스킵한 것을 알 수 있다.

```
=> delete from vt1 where c1 > 50000;
DELETE 50000
=> vacuum (verbose) vt1;
INFO:  vacuuming "svcdb.svc.vt1"
INFO:  "vt1": stopping truncate due to conflicting lock request
system usage: CPU: user: 0.10 s, system: 0.00 s, elapsed: 5.67 s
VACUUM
```

해당 작업의 락 메커니즘을 고려하면, 기본값인 on을 그대로 유지해도 실무에서 큰 문제가 발생할 가능성은 낮다. 특히 테이블의 맨 뒤에서 일정량의 레코드가 주기적으로 삭제되는 경우는 메시지 큐와 같은 특수한 유형의 테이블에 국한된다.

만약 문제 상황이 발생한다면, 해당 테이블에 한해 TRUNCATE 옵션을 비활성화하는 방식으로 유연하게 대응할 수 있다. TRUNCATE 옵션은 테이블 단위의 스토리지 파라미터로도 설정할 수 있으며, 수동 VACUUM 명령어뿐 아니라 Autovacuum 작업에도 적용된다.

```
=> alter table vt1 set (vacuum_truncate=off);
```

## PARALLEL

PARALLEL 옵션은 인덱스에 대한 Vacuum 작업을 병렬로 수행하도록 설정하는 옵션이다. 이 기능은 수동 Vacuum 작업에만 적용되며, Autovacuum에는 적용되지 않는다. 일반적으로 Vacuum 단계 중에서 가장 시간이 오래 걸리는 작업은 인덱스 정리 작업이다. 따라서 하나의 테이블에 2개 이상의 인덱스가 존재하고, 각 인덱스의 크기가 일정 수준 이상이라면, 백엔드 프로세스(코디네이터)와 병렬 프로세스들이 함께 인덱스 Vacuum 작업을 수행한다.

사용 방법은 다음과 같다.

```
=> vacuum (parallel <병렬프로세스 수>) <테이블 명>;
```

병렬 Vacuum과 관련된 주요 파라미터는 다음과 같다.

- max_parallel_maintenance_workers: Vacuum 등 유지보수 작업에서 사용할 수 있는 전체 병렬 프로세스 수의 최대값
- max_parallel_workers_per_gather: 하나의 백엔드 프로세스가 사용할 수 있는 병렬 프로세스 수의 최대값

예를 들어 살펴보자. 테스트를 위해 인덱스를 추가하고 데드 튜플을 생성한다.

```
=> alter table vt1 add column c3 integer;
=> create index vt1_n2 on vt1(c2);
=> create index vt1_n3 on vt1(c3);
=> create index vt1_n4 on vt1(c1,c2);
=> create index vt1_n5 on vt1(c1,c3);
=> create index vt1_n6 on vt1(c1,c2,c3);
=> truncate table vt1;
=> insert into vt1 select i,i from generate_series(1,100000) i;
INSERT 0 100000
=> delete from vt1 where c1 > 50000;
DELETE 50000
```

이제 인덱스가 총 6개이고, 데드 튜플도 존재하는 상태이다. 이 상태에서 병렬 Vacuum 작업을 수행해보자.

```
=> vacuum (verbose, parallel 6) vt1;
INFO:  vacuuming "svcdb.svc.vt1"
INFO:  launched 2 parallel vacuum workers for index cleanup (planned: 2)
```

6개의 병렬 프로세스를 요청했지만, 실제로는 2개만 기동되었다. 이는 파라미터 제한 때문이다. 아래와 같이 병렬 처리 관련 파라미터를 변경한다.

```
=> alter system set max_parallel_maintenance_workers=8;
=> alter system set max_parallel_workers_per_gather=8;
=> select pg_reload_conf();
```

이후 테이블을 다시 초기화하고 데드 튜플을 생성한 뒤, 병렬 Vacuum 작업을 수행한다. 수행 결과를 보면, 인덱스 1개는 코디네이터 프로세스가 직접 처리하고 나머지 5개는 병렬 프로세스가 처리한 것을 확인할 수 있다.

```
=> vacuum (verbose, parallel 6) vt1;
INFO:  vacuuming "svcdb.svc.vt1"
INFO:  launched 5 parallel vacuum workers for index cleanup (planned: 5)
```

PARALLEL 옵션은 인덱스 개수가 많은 대용량 테이블에 대한 Vacuum 작업 성능을 개선하는 데 매우 유용하다. 다만, 시스템 리소스 상황과 병렬 관련 파라미터 제한을 고려해서 적용 범위를 조정하도록 한다.

## Vacuum 유형별 WAL 발생량

이번 단락에서는 VACUUM, VACUUM FULL, 그리고 VACUUM (FREEZE) 명령어 수행 시의 WAL 발생량을 비교해본다.

### 테스트 환경 초기화

먼저 두 개의 테스트 테이블을 초기화한 후, 각각 10만 건의 데이터를 입력한다.

```
=> truncate table vt1;
=> truncate table vt2;
```

```
=> insert into vt1 select i,i from generate_series(1,100000) i;
INSERT 0 100000
=> insert into vt2 select i,i from generate_series(1,100000) i;
INSERT 0 100000
=> \dt+ vt*
                            릴레이션 목록
 스키마 |  이름 |  형태  |  소유주  | 지속성 | 접근 방법 |   크기    | 설명
--------+------+--------+----------+--------+-----------+----------+------
 svc    | vt1  | 테이블 | postgres | 영구   | heap      | 3568 kB  |
 svc    | vt2  | 테이블 | postgres | 영구   | heap      | 3568 kB  |
```

### 데드 튜플 생성

모든 레코드를 한 번씩 업데이트해서 데드 튜플을 생성한다.

```
=> update vt1 set c2=c2+1;
UPDATE 100000
=> update vt2 set c2=c2+1;
UPDATE 100000
=> \dt+ vt*
                            릴레이션 목록
 스키마 |  이름 |  형태  |  소유주  | 지속성 | 접근 방법 |   크기    | 설명
--------+------+--------+----------+--------+-----------+----------+------
 svc    | vt1  | 테이블 | postgres | 영구   | heap      | 7104 kB  |
 svc    | vt2  | 테이블 | postgres | 영구   | heap      | 7104 kB  |
```

### 일반 VACUUM 수행 시 WAL 발생량

VACUUM 명령어는 t_infomask 칼럼의 9번째 비트를 수정하고, VM(Visibility Map) 및 FSM(Free Space Map) 파일을 갱신한다. 변경량이 매우 작기 때문에 WAL 발생량도 적다.

```
=> select pg_current_wal_lsn(); -- 수행 결과: 29/B494F6F8
=> vacuum vt1;
=> select pg_current_wal_lsn(); -- 수행 결과: 29/B4998B28
=> SELECT pg_size_pretty(pg_wal_lsn_diff('29/B4998B28','29/B494F6F8'));
 pg_size_pretty
----------------
 293 kB
```

Vacuum 작업은 트랜잭션 완전 복구와 직접 관련되지 않기 때문에 FPW(Full Page Write) 대상이 아니다. 따라서 체크포인트 이후에도 WAL 발생량은 적다.

### VACUUM FULL 수행 시 WAL 발생량

VACUUM FULL 명령어는 새로운 테이블을 생성하고 데이터를 다시 입력하는 작업을 수행한다. 이로 인해 테이블 크기에 상응하는 많은 양의 WAL이 발생한다.

```
=> select pg_current_wal_lsn(); -- 수행 결과: 29/B4998B28
=> vacuum (full) vt2;
=> select pg_current_wal_lsn(); -- 수행 결과: 29/B4D26878
=> SELECT pg_size_pretty(pg_wal_lsn_diff('29/B4D26878','29/B4998B28'));
 pg_size_pretty
----------------
 3639 kB
```

### FREEZE 옵션 수행 시 WAL 발생량

VACUUM (FREEZE) 명령어는 모든 레코드를 Frozen 상태로 변경하며, t_infomask의 9번째와 10번째 비트를 모두 1로 변경한다. 하지만 변경되는 정보량은 여전히 적기 때문에 WAL 발생량도 크지 않다.

```
=> update vt1 set c2=c2+1;
UPDATE 100000
=> select pg_current_wal_lsn(); -- 수행 결과: 29/E7000000
=> vacuum (freeze) vt1;
=> select pg_current_wal_lsn(); -- 수행 결과: 29/E707FC90
=> SELECT pg_size_pretty(pg_wal_lsn_diff('29/E707FC90','29/E7000000'));
 pg_size_pretty
----------------
 511 kB
```

### 체크포인트 이후 FREEZE 수행 시 WAL 증가

Frozen 작업은 MVCC 정합성과 밀접한 관련이 있으므로, 체크포인트 이후에는 FPW 방식으로 처리된다. 따라서 WAL 발생량이 증가한다.

```
=> update vt1 set c2=c2+1;
UPDATE 100000
=> checkpoint;
=> select pg_current_wal_lsn(); -- 수행 결과: 29/E9000000
=> vacuum freeze vt1;
=> select pg_current_wal_lsn(); -- 수행 결과: 29/E9396760
=> SELECT pg_size_pretty(pg_wal_lsn_diff('29/E9396760','29/E9000000'));
 pg_size_pretty
----------------
 3674 kB
```

## Vacuum 작업 수행 시 페이지 내의 변경 사항

Vacuum 작업을 정확히 이해하려면, 작업 수행 시에 테이블 블록 내부에서 어떤 변경이 발생하는지를 알아야 한다. 이번 단락에서는 테스트를 통해 VACUUM 명령어 수행 시 블록 내부의 변경 내용을 살펴본다.

### Autovacuum 비활성화 및 테스트 환경 구성

먼저 Autovacuum 프로세스를 비활성화한다.

```
=> alter system set autovacuum=off;
=> select pg_reload_conf();
pg_reload_conf
----------------
 t
```

테스트용 테이블을 생성한다.

```
=> drop table vt1;
=> create table vt1 (c1 integer, c2 integer);
```

현재 트랜잭션 ID를 확인한다.

```
=> select pg_current_xact_id();
 pg_current_xact_id
---------------------
            2231875
```

### 레코드 입력 및 페이지 상태 확인

두 건의 레코드를 입력한다.

```
=> insert into vt1 select i,i from generate_series(1,2) i;
INSERT 0 2
```

이 시점에서 테이블 블록을 확인하면, t_xmin 칼럼에 현재 트랜잭션 ID가 기록되어 있고, t_xmax는 0이다. 이는 해당 레코드가 라이브 튜플임을 의미한다.

```
=> select lp, t_xmin, t_xmax from heap_page_items(get_raw_page('vt1',0));
 lp |  t_xmin  | t_xmax
----+----------+--------
  1 | 2231876 |      0
  2 | 2231876 |      0
```

### 데드 튜플 생성

레코드를 업데이트해서 데드 튜플을 생성한다.

```
=> update vt1 set c2=c2+1;
UPDATE 2
```

이후 pg_stat_all_tables 뷰를 조회하면 DML 횟수와 함께 데드 튜플 수가 기록된 것을 확인할 수 있다.

```
=> select relname, n_tup_ins, n_tup_upd, n_dead_tup, last_vacuum
   from   pg_stat_all_tables
   where  relname in ('vt1');
```

```
 relname | n_tup_ins | n_tup_upd | n_dead_tup | last_vacuum
---------+-----------+-----------+------------+-------------
 vt1     |         2 |         2 |          2 |
```

테이블 블록을 다시 확인해보면, 라이브 튜플 2건이 추가되었고, 기존 레코드의 t_xmax 칼럼에는 라이브 튜플의 t_xmin 값이 저장된 것을 알 수 있다.

```
=> select lp, t_xmin, t_xmax from heap_page_items(get_raw_page('vt1',0));
 lp | t_xmin  | t_xmax
----+---------+---------
  1 | 2231876 | 2231878   -- 데드 튜플
  2 | 2231876 | 2231878   -- 데드 튜플
  3 | 2231878 |       0   -- 라이브 튜플
  4 | 2231878 |       0   -- 라이브 튜플
```

### 반복 업데이트로 데드 튜플 증가

한번 더 업데이트를 수행하면 데드 튜플이 더 증가한다.

```
=> update vt1 set c2=c2+1;
UPDATE 2
=> select lp, t_xmin, t_xmax from heap_page_items(get_raw_page('vt1',0));
 lp | t_xmin  | t_xmax
----+---------+---------
  1 | 2231876 | 2231878
  2 | 2231876 | 2231878
  3 | 2231878 | 2231880
  4 | 2231878 | 2231880
  5 | 2231880 |       0
  6 | 2231880 |       0
```

이처럼 동일한 레코드에 반복적인 변경 작업이 발생하면 데드 튜플이 증가한다. 그러나 Autovacuum 작업이나, 데이터 블록을 액세스한 백엔드 프로세스가 해당 블록의 데드 튜플을 정리하는 '싱글 페이지 클린업' 기능을 통해 이러한 데드 튜플은 주기적으로 정리되므로, 계속해서 무한히 증가하지는 않는다.

> ⊘ Slow 쿼리가 수행 중일 때는 Vacuum 작업과 싱글 페이지 클린업 작업이 정상적으로 동작하지 않기 때문에, 데드 튜플이 정리되지 않는 문제가 있다. 이와 관련된 자세한 내용은 'Slow Query와 Vacuum' 단락에서 설명할 것이다.

### VACUUM 수행 후 페이지 상태

VACUUM 명령어를 수행해서 데드 튜플을 정리해보자.

```
=> vacuum vt1;
```

다시 테이블 블록을 확인하면 데드 튜플이 정리된 것을 알 수 있다. Vacuum 작업을 통해, 기존 데드 튜플이 차지하던 공간이 정리되어 재사용 가능한 상태가 된 것이다.

```
=> select lp, t_xmin, t_xmax from heap_page_items(get_raw_page('vt1',0));
 lp | t_xmin  | t_xmax
----+---------+--------
  1 |         |
  2 |         |
  3 |         |
  4 |         |
  5 | 2231880 |      0
  6 | 2231880 |      0
```

### vacuumlo를 이용한 Orphan LOB 정리 방법

PostgreSQL은 다음과 같은 세 가지 타입의 LOB(Large Object)를 제공한다.

- BYTEA (오라클의 BLOB과 유사)
- TEXT (오라클의 CLOB과 유사)
- OID (오라클의 BFILE과 유사)

이 중 OID 타입은 LOB를 pg_largeobject 시스템 테이블에 저장하며, 이 경우 'Orphan LOB' 문제가 발생할 수 있으므로 각별한 주의가 필요하다.

### 테스트 예제: Orphan LOB 문제

OID 타입을 사용하는 경우에는 VACUUM 작업을 수행해도 pg_largeobject에 남아 있는 LOB 데이터가 정리되지 않는 문제가 있다. 다음 예제를 통해 확인해보자.

먼저, pg_largeobject 테이블의 건수 및 크기를 확인한다(현재 0건이다).

```
=> select count(*) from pg_largeobject;
 count
-------
     0
=> \dt+ pg_largeobject;
                              릴레이션 목록
   스키마    |      이름       | 형태  | 소유주   | 지속성 | 접근 방법 |  크기   | 설명
------------+-----------------+-------+----------+--------+-----------+---------+------
 pg_catalog | pg_largeobject  | 테이블 | postgres | 영구   | heap      | 0 bytes |
```

테스트 테이블을 생성하고, OID 타입의 LOB 10만건을 저장한다.

```
drop table if exists file_refs;
create table file_refs (
    id serial primary key,
    filename text,
    lo_oid oid
);
do $$
declare
    i integer;
    lo_oid oid;
    data bytea := e'\\x41';
begin
    for i in 1..100000 loop
        lo_oid := lo_from_bytea(0, data);
        insert into file_refs (filename, lo_oid)
        values ('file_' || i || '.bin', lo_oid);

        if i % 10000 = 0 then
            raise notice '% lobs created with data', i;
        end if;
    end loop;

end $$;
```

pg_largeobject 테이블 건수와 크기를 확인해보면, LOB 10만건이 입력된 것을 알 수 있다.

```
=> select count(*) from pg_largeobject;
 count
--------
 100000
=> \dt+ pg_largeobject
                         릴레이션 목록
    스키마    |      이름      | 형태  |  소유주  | 지속성 | 접근 방법 |   크기   | 설명
-------------+----------------+-------+----------+--------+-----------+---------+------
 pg_catalog  | pg_largeobject | 테이블 | postgres | 영구   | heap      | 4352 kB |
```

테스트를 위해 모든 레코드를 삭제하고 Vacuum 작업을 수행한다. 원본 테이블의 데드 튜플은 모두 제거되었지만, pg_largeobject의 데드 튜플은 1건도 정리되지 않은 것을 알 수 있다.

```
=> delete from file_refs;
DELETE 100000
=> vacuum (verbose) file_refs;
tuples: 100000 removed, 0 remain, 0 are dead but not yet removable
VACUUM
=> vacuum (verbose) pg_largeobject;
tuples: 0 removed, 100000 remain, 0 are dead but not yet removable
VACUUM
```

따라서 해당 테이블을 조회하면 여전히 10만건의 LOB가 존재한다.

```
=> select count(*) from pg_largeobject;
 count
--------
 100000
```

이처럼 원본 데이터가 삭제된 후에 남아있는 LOB를 "Orphan LOB"라고 한다.

### vacuumlo 명령어를 이용한 정리

Orphan LOB는 vacuumlo 유틸리티를 이용해서 정리할 수 있다.

```
$ vacuumlo -v svcdb
```

```
Connected to database "svcdb"
Checking lo_oid in svc.file_refs
Successfully removed 100000 large objects from database "svcdb".
```

vacuumlo 수행 후에, Orphan LOB는 삭제되었더라도 테이블 파일 크기는 줄어들지 않는다. 이를 정리하려면 VACUUM FULL 명령어를 수행해야 한다.

```
=> select count(*) from pg_largeobject;
 count
-------
     0
=> \dt+ pg_largeobject;
                              릴레이션 목록
    스키마    |      이름       | 형태   | 소유주    | 지속성 | 접근 방법 |   크기   | 설명
-------------+-----------------+--------+-----------+--------+-----------+----------+------
 pg_catalog  | pg_largeobject  | 테이블 | postgres  | 영구   | heap      | 4360 kB  |

=> vacuum (full) pg_largeobject;
VACUUM
=> \dt+ pg_largeobject;
                              릴레이션 목록
    스키마    |      이름       | 형태   | 소유주    | 지속성 | 접근 방법 |   크기   | 설명
-------------+-----------------+--------+-----------+--------+-----------+----------+------
 pg_catalog  | pg_largeobject  | 테이블 | postgres  | 영구   | heap      | 0 bytes  |
```

### 올바른 LOB 삭제 방식

사실 Orphan LOB는 애플리케이션의 LOB 삭제 로직 문제로 발생한다. OID 타입의 LOB는 삭제 전에 반드시 lo_unlink() 함수를 이용해 원본 테이블과 LOB 간 연결을 해제해야 한다(아래의 예는 편의상 전체 레코드를 대상으로 했지만, 실제로는 매 건 단위로 처리하도록 한다).

```
=> select lo_unlink(lo_oid) from file_refs;
=> delete from file_refs;
DELETE 100000
=> select count(*) from pg_largeobject;
 count
-------
     0
```

### 운영 시 고려사항

한 번 커진 pg_largeobject 테이블의 크기는 자동으로 줄어들지 않기 때문에, 해당 테이블을 모니터링하면서 주기적으로 VACUUM FULL 명령어를 수행할 필요가 있다. 이처럼 OID 기반의 LOB를 잘못 사용하면 Orphan LOB로 인해 불필요한 공간 낭비가 발생할 수 있으므로 반드시 올바른 방식으로 삭제 처리 로직을 구성해야 한다.

## AGE란?

Vacuum 관련 파라미터를 이해하려면 AGE 개념을 먼저 이해할 필요가 있다. AGE는 Vacuum 동작의 기준이 되며, 이를 이해하지 못하면 Frozen 관련 작업과 각종 Vacuum 설정의 의미를 파악하기 어렵기 때문이다. AGE는 말 그대로 '나이'를 의미하며, 우리가 일상적으로 사용하는 나이 개념과 유사하다. 테이블이 생성된 시점이 생일이고 트랜잭션이 발생할 때마다 1살씩 나이가 들어간다고 생각하면 된다. 중요한 점은 해당 테이블에 트랜잭션이 직접 발생하지 않아도, 전체 시스템의 트랜잭션이 증가하면 테이블의 나이도 함께 증가한다는 것이다. 다시 말해, 테이블은 생성 시점을 기준으로 나이가 계산된다.

### PostgreSQL에서 AGE를 관리하는 이유

PostgreSQL은 트랜잭션 ID(XID)를 32비트로 처리한다. 앞서 설명했듯이, MVCC 일관성을 유지하려면 일정 시점마다 레코드를 Frozen 처리해야 하고, 이를 위해 현재 XID와 비교할 기준값이 필요하다. 이 기준값이 바로 relfrozenxid이며, 현재 XID와의 차이(age())가 바로 '나이'이다.

```
즉, AGE = Current XID - relfrozenxid
```

Frozen 작업을 수행하면 AGE는 0부터 다시 시작된다.

### 테이블 생성 후 나이 확인

테이블 2개를 생성하고 나이를 확인해보면, 먼저 생성한 at1 테이블의 나이가 2살, 나중에 생성한 at2 테이블은 1살이다. 테이블이 생성된 시점은 pg_class 테이블의 relfrozenxid 칼럼에서 확인할 수 있으며, age() 함수를 이용해서 나이를 계산할 수 있다.

```
=> create table at1 (c1 integer);
=> create table at2 (c1 integer);
=> select relname, relfrozenxid, age(relfrozenxid)
   from  pg_class
   where relname in ('at1','at2');
 relname | relfrozenxid | age
---------+--------------+-----
 at1     |      2232676 |   2
 at2     |      2232677 |   1
```

### 레코드 입력 후 나이 변화

레코드의 나이는 레코드 입력 시점의 XMIN값과 Current XID의 차이로 계산한다. 레코드 역시 테이블과 동일하게 데이터베이스 내에 트랜잭션이 발생할 때마다 나이가 증가한다. 아래의 예를 보자. 레코드를 입력한 at1 테이블은 3살로 증가했고, 레코드의 나이는 1살이다. 이때, at2 테이블은 트랜잭션이 없었음에도 1살 증가했다.

```
=> insert into at1 values(1);
INSERT 0 1
=> select relname, relfrozenxid, age(relfrozenxid)
   from  pg_class
   where relname in ('at1','at2')
   union all
   select '(at1)'||c1::text, xmin, age(xmin) from at1;
 relname | relfrozenxid | age
---------+--------------+-----
 at1     |      2232676 |   3
 at2     |      2232677 |   2
 (at1)1  |      2232678 |   1
```

### INSERT 1회 추가 후 나이 변화

테이블과 레코드의 나이가 각각 1살씩 더 증가한 것을 확인할 수 있다.

```
=> insert into at1 values(2);
INSERT 0 1
```

```
=> select relname, relfrozenxid, age(relfrozenxid)
    from   pg_class
    where  relname in ('at1','at2')
    union all
    select '(at1)'||c1::text, xmin, age(xmin) from at1;
 relname | relfrozenxid | age
---------+--------------+-----
 at1     |    2232676   |  4
 at2     |    2232677   |  3
 (at1)1  |    2232678   |  2
 (at1)2  |    2232679   |  1
```

### INSERT 1회 추가 후 나이 변화 재 확인

마지막으로 INSERT를 한번 더 수행해보자. 결과적으로 at1 테이블은 5살, 레코드의 최대 나이는 3살, at2 테이블은 4살, 해당 레코드는 1살이다.

```
=> insert into at2 values(1);
INSERT 0 1
=> select relname, relfrozenxid, age(relfrozenxid)
    from   pg_class
    where  relname in ('at1','at2')
    union all
    select '(at1)'||c1::text, xmin, age(xmin) from at1
    union all
    select '(at2)'||c1::text, xmin, age(xmin) from at2 ;
 relname | relfrozenxid | age
---------+--------------+-----
 at1     |    2232676   |  5
 at2     |    2232677   |  4
 (at1)1  |    2232678   |  3
 (at1)2  |    2232679   |  2
 (at2)1  |    2232680   |  1
```

요약하면, AGE는 다음과 같은 기준으로 계산된다.

- 테이블 AGE: age(relfrozenxid) → 테이블 생성 시점과 현재 트랜잭션 XID의 차이
- 레코드 AGE: age(xmin) → 레코드 입력 시점과 현재 트랜잭션 XID의 차이

AGE는 Vacuum 작업에서 Frozen 대상을 판단하는 기준이며, 이후에 설명할 Vacuum 관련 파라미터를 이해하는 데 필요한 개념이다.

## Visibility Map

Visibility Map(이하 VM)은 PostgreSQL의 MVCC 특성으로 인해 필요한 오브젝트이다. VM은 각 테이블 블록당 2비트로 구성되며, 각 비트는 해당 블록 내 레코드의 가시성과 Frozen 상태를 나타낸다.

### ALL_VISIBLE 비트

해당 블록 내의 모든 레코드가 '모든 트랜잭션에게 가시적인 상태(Visible)'일 경우 이 비트는 1로 설정된다. 반대로, 하나라도 가시성이 보장되지 않는 레코드가 있으면 0으로 유지된다. VACUUM 명령어가 수행된 직후에는 모든 블록의 ALL_VISIBLE 비트가 1로 설정되며, 이후 해당 블록 내 레코드가 단 하나라도 변경되면 0으로 변경된다.

> ✅ ALL_VISIBLE=1인 블록만 Index Only Scan 방식으로 수행할 수 있다.

### ALL_FROZEN 비트

블록 내의 모든 레코드가 Frozen 상태일 경우 이 비트는 1로 설정된다. 그렇지 않은 경우에는 0으로 설정되며, 향후 Frozen 작업 대상으로 간주된다. 즉, ALL_FROZEN=0인 블록만 다음 Frozen 작업 대상이 된다. 이처럼 VM은 Index Only Scan 수행 여부 판단, Frozen 처리 범위 최소화, Vacuum 성능 최적화를 위한 중요한 역할을 수행한다.

### VACUUM FULL 작업 직후에 VACUUM 작업의 필요성

VACUUM FULL 명령어를 수행하면 내부적으로 Frozen 작업을 수행하므로 Vacuum 및 Frozen 여부를 나타내는 9, 10 번째 힌트 비트가 모두 1로 설정된다. 그런데, VACUUM FULL 명령어 수행 후에 VM 파일은 자동으로 생성되지 않는다. 이로 인해 VM 파일이 갖는 장점을 취할 수 없게 된다. 따라서 VACUUM FULL 작업 후에는 반드시 VACUUM 또는 VACUUM (FREEZE) 명령어를 수행해서 VM 파일을 생성해야 한다.

# 9-3. Vacuum과 Autovacuum 관련 주요 파라미터

이번 단락에서는 Vacuum 및 Autovacuum 작업과 관련된 주요 파라미터들을 설명한다. pg_settings 뷰 또는 \dconfig 메타 명령어를 사용하면, 'vacuum' 또는 'autovacuum'으로 시작하는 관련 파라미터들을 확인할 수 있다. 이들 파라미터는 크게 다음 세 가지 범주로 나눌 수 있다. 먼저 Autovacuum 프로세스의 역할을 살펴본 이후에 각 항목에 대해 하나씩 자세히 살펴보자.

- Autovacuum 작업 주기 설정용 파라미터
- Autovacuum (및 수동 Vacuum) 작업 부하 조절용 파라미터
- Autovacuum (및 수동 Vacuum) 작업 시점 계산용 파라미터

## Autovacuum 프로세스의 역할

Autovacuum 프로세스는 다음과 같은 작업을 자동으로 수행한다.

- 주기적인 통계 정보 갱신
- 주기적인 데드 튜플 정리
- 주기적인 입력 레코드에 대한 Vacuum 작업
- 주기적인 트랜잭션 ID Frozen 작업

이 중 마지막 작업인 Frozen 작업은 MVCC 일관성을 유지하기 위해 반드시 수행해야 하는 작업이다. 따라서 관련 파라미터가 off로 설정되어 있어도, Autovacuum 프로세스는 해당 작업을 무조건 수행한다. 반면, 나머지 세 가지 작업은 관련 Autovacuum 파라미터가 off로 설정되면 수행되지 않는다.

Autovacuum은 백그라운드에서 자동으로 수행되는 작업이므로, 업무 시간대의 부하를 최소화하면서도 적절한 시점에 수행될 수 있도록 여러 Autovacuum 파라미터들을 통해 동작 시점을 제어할 수 있다. 이러한 파라미터들은 이후 단락에서 하나씩 살펴볼 것이다.

### 입력 레코드에 대한 Autovacuum

입력 레코드에 대한 Autovacuum 작업은 버전 13부터 추가된 기능이다. 이전에는 데드 튜플이 존재하는 블록에 대해서만 Autovacuum 작업이 수행되었기 때문에, INSERT만 수행되는 로그성 테이블처럼 데드 튜플이 발생하지 않는 테이블은 Autovacuum 대상에서 누락되는 문제가 있었다. 이 문제를 해결하기 위해, 버전 13부터는 데드 튜플이 없어도 일정 건수 또는 비율 이상의 레코드가 입력되면 Autovacuum 작업이 수행되도록 개선되었다.

## Autovacuum 작업 주기 설정용 파라미터

Autovacuum 작업 수행 흐름은 다음과 같다(그림 9-4. 참조).

1. 런처 프로세스가 postgres 프로세스에게 워커 프로세스를 요청한다.
2. postgres 프로세스가 워커 프로세스를 생성한다.
3. 생성된 워커 프로세스가 Autovacuum 작업을 수행한다.
4. 작업 완료 후, 워커 프로세스가 런처 프로세스에게 완료 시그널을 전달한다.

※ 이번 단락에서는 용어 간소화를 위해 Autovacuum 런처 프로세스는 '런처 프로세스', Autovacuum 워커 프로세스는 '워커 프로세스'라고 부른다.

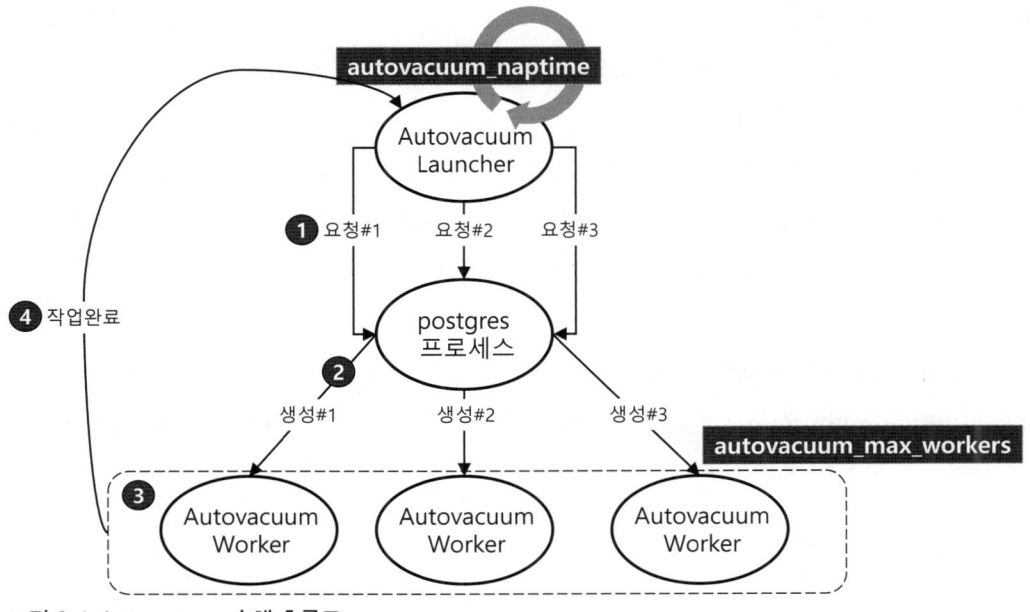

그림 9-4. Autovacuum 수행 흐름도

### autovacuum_naptime

autovacuum_naptime 파라미터는 런처 프로세스가 postgres 프로세스에게 워커 프로세스를 요청하는 주기를 설정하는 파라미터이다. 기본값은 60초이며, 온라인으로 변경할 수 있다. 런처 프로세스는 이 파라미터 설정 주기마다 1개의 워커 프로세스를 요청한다.

예를 들어 Autovacuum 대상이 적어서 60초 이내에 작업이 완료된다면, 워커 프로세스는 1개만 생성된다. 반대로 Autovacuum 대상이 많아서 60초 이내에 작업이 처리되지 않으면, 최초 워커 생성 60초 후에 새로운 워커 프로세스가 추가로 생성된다. 즉, 처리량에 따라 워커 수가 점진적으로 증가한다.

### autovacuum_max_workers

autovacuum_max_workers 파라미터는 최대 생성 가능한 워커 프로세스 수를 설정한다. 기본값은 3이며, 시스템 리소스에 따라 조정할 수 있다.

## Autovacuum 작업 부하 조절용 파라미터

Autovacuum 작업은 CPU와 디스크 I/O 리소스를 모두 사용하는 작업이다. Autovacuum 대상 레코드가 많을수록 작업량은 증가하고, 그에 따라 시스템에 주는 부하도 커지게 된다. 문제는 Autovacuum 작업이 수동 Vacuum 작업과 달리 실행 시점을 조정할 수 없다는 점이다. 즉, 업무 시간이나 시스템 Peak 시간에도 Autovacuum이 실행될 수 있다. 이 때문에 Autovacuum은 가능한 적은 부하로 백그라운드에서 수행되도록 설계되어 있다. 이를 위해 PostgreSQL은 Autovacuum 작업 단위마다 일정 시간 쉬면서 작업을 재개하는 방식을 사용하며, 다음과 같은 파라미터로 부하를 조절한다.

### autovacuum_vacuum_cost_delay

이 파라미터는 Autovacuum 프로세스가 일정 작업량을 처리한 후, 얼마나 오래 Sleep할지를 설정한다.

- 기본값은 2ms이다.

- PostgreSQL 버전 11까지 기본값이 20ms였으나, 작업 지연으로 인한 문제를 줄이기 위해 버전 12부터 1/10 수준으로 대폭 감소되었다.

Sleep 시간이 길수록 시스템 부하는 줄지만 작업이 오래 걸리게 되고, 반대로 Sleep 시간이 짧을수록 빠르게 처리되지만 시스템 자원 사용률이 높아진다. 리소스 여유가 있는 시스템에서는 이 값을 줄이고, 여유가 없는 경우에는 더 크게 설정하면 된다. Autovacuum 프로세스가 Sleep 상태에 들어가면 해당 세션은 VacuumDelay 대기이벤트를 대기한다.

> ✅ 수동 Vacuum 작업 시에는 vacuum_cost_delay 파라미터가 적용되며 기본값은 0이다. 즉, 수동 Vacuum 작업은 쉬지 않고 연속으로 작업한다.

**autovacuum_vacuum_cost_limit**

이 파라미터는 Autovacuum 작업 단위를 설정하는 데 사용된다.

- 기본값은 -1이며, 이 경우 vacuum_cost_limit 파라미터 값을 이용한다.
- vacuum_cost_limit의 기본값은 200이다.

즉, autovacuum_vacuum_cost_limit 파라미터 설정값인 200만큼 Autovacuum 작업을 수행한 후에 autovacuum_vacuum_cost_delay 파라미터 설정값인 2ms 만큼 Sleep하게 된다. 작업 단위는 다음과 같은 파라미터의 설정 값에 따라 계산된다.

- vacuum_cost_page_hit: 1
- vacuum_cost_page_miss: 2 (버전 13까지는 10)
- vacuum_cost_page_dirty: 20

즉, 작업 대상 블록이 공유 버퍼에 이미 로딩되어 있는지, 디스크 I/O가 필요한지, 또는 Dirty 페이지인지에 따라 작업 비용이 달라진다. 예를 들어, 작업 대상 블록이 모두 공유 버퍼에 존재한다면 작업 단위는 200개이고, 모두 공유 버퍼에 없다면 100개, 전부 더티 페이지라면 10개만 작업하고 Sleep한다.

## Autovacuum: Vacuum 및 Analyze 작업 시점 계산용 파라미터

통계 정보 생성, 데드 튜플 정리, 입력 레코드에 대한 Vacuum 작업은 모두 작업 대상 건수와 비율을 기준으로 수행 시점을 판단한다. 이때 사용되는 파라미터는 다음과 같다.

• 표 9-2. Vacuum 작업 시점 계산용 파라미터

| 파라미터 명 | 설정값 | 설명 |
| --- | --- | --- |
| autovacuum_analyze_scale_factor | 0.1 | 통계 정보 수행을 위한 최소 변경 비율 |
| autovacuum_analyze_threshold | 50 | 통계 정보 수행을 위한 최소 변경 건수 |
| autovacuum_vacuum_insert_scale_factor | 0.2 | 입력 레코드 Vacuum 수행 최소 비율 |
| autovacuum_vacuum_insert_threshold | 1000 | 입력 레코드 Vacuum 수행 최소 건수 |
| autovacuum_vacuum_scale_factor | 0.2 | 데드 튜플 정리 작업을 위한 최소 변경 비율 |
| autovacuum_vacuum_threshold | 50 | 데드 튜플 정리 작업을 위한 최소 변경 건수 |

### 통계 정보 생성 시점

통계 정보 생성 시점은 아래 공식을 이용한다.

```
autovacuum_analyze_threshold(50건) + autovacuum_analyze_scale_factor(0.1) × reltuples
```

테이블 생성 직후, 통계 정보가 생성되지 않은 상태에서는 pg_class의 reltuples 칼럼 값이 -1로 설정되어 있다. 이 경우에는 -1을 0으로 간주하여 계산한다(※ 이 규칙은 다른 Autovacuum 계산 공식에도 동일하게 적용된다). 따라서, 테이블 생성 이후 50건 이상의 레코드가 입력되거나 변경되는 시점에 Autovacuum 프로세스가 자동으로 통계 정보를 생성한다. 이후부터는 pg_stat_all_tables.n_mod_since_analyze 칼럼 값을 이용해서, 마지막 통계 정보 생성 이후의 변경 건수를 비교해 통계 갱신 여부를 판단한다.

### 입력 레코드 Vacuum 시점 (버전 13부터 도입)

입력 레코드에 대한 Vacuum 수행 시점은 아래 공식을 이용한다.

```
autovacuum_vacuum_insert_threshold(1000건) + autovacuum_vacuum_insert_scale_factor(0.2)
× reltuples
```

테이블 생성 이후 1,000건 이상의 레코드가 입력되는 시점에 Autovacuum 프로세스가 입력 레코드에 대한 Vacuum 작업을 수행한다. 이후부터는 pg_stat_all_tables.n_ins_since_vacuum 칼럼 값을 이용해서, 마지막 Vacuum 이후에 입력된 레코드 수를 기준으로 수행 여부를 판단한다.

### 데드 튜플 정리 시점

데드 튜플 정리 작업 시점은 아래 공식을 이용한다.

```
autovacuum_vacuum_threshold(50건) + autovacuum_vacuum_scale_factor(0.2) × reltuples
```

해당 계산 결과보다 pg_stat_all_tables.n_dead_tup 칼럼 값이 클 경우, 데드 튜플 정리 작업을 수행한다.

## Autovacuum: Frozen 작업 관련 파라미터

Frozen 작업은 MVCC 모델의 안정성을 유지하기 위해 매우 중요한 작업이다. 다만, 이 작업이 즉시 수행되지 않더라도 현재의 Current XID 기준으로 21.5억 이내의 레코드는 항상 'Visible' 상태이기 때문에, 비교적 느슨한 기준으로 수행 시점이 계산된다. Frozen 작업과 관련된 파라미터는 다음과 같다.

- 표 9-3. Frozen 작업 시점 설정용 파라미터

| 파라미터 명 | 설정값 | 설명 |
| --- | --- | --- |
| autovacuum_freeze_max_age | 2억 | Frozen 대상 테이블 나이 |
| autovacuum_multixact_freeze_max_age | 4억 | 멀티 트랜잭션 기준 테이블 나이 |
| vacuum_freeze_min_age | 5천만 | Frozen 작업 대상 레코드의 최소 나이 |

### Frozen 작업 수행 방식

테이블의 나이가 autovacuum_freeze_max_age 파라미터 값을 초과하면 Frozen 작업을 수행한다. 이때 모든 레코드를 Frozen 처리하면 테이블의 나이는 0살이 되지만, 실제로는 모든 레코드를 Frozen하지 않고, vacuum_freeze_min_age 파라미터 값 이상인 레코드만 Frozen 처리한다.

예를 들어, 테이블이 2억살이 되었을 때 Frozen 작업을 수행하면,
→ 나이가 5천만살 이하인 레코드는 Frozen 처리 대상에서 제외되고,
→ Frozen 처리 이후 테이블의 나이는 다시 5천만살로 리셋된다.
이후 트랜잭션이 1.5억 개 더 발생하면 다시 테이블이 2억살이 되고,
→ 다시 Frozen 작업이 수행되는 방식이다.

### Frozen 작업 성능 최적화: VM(Visibility Map)을 활용한 스킵 처리

PostgreSQL 버전 9.6부터는 VM(Visibility Map)을 활용해 이미 Frozen된 블록을 스킵할 수 있도록 개선되었다. 이 기능 덕분에 반복적인 Frozen 작업으로 인한 시스템 부하 문제를 효과적으로 해소할 수 있게 되었다.

### 멀티 트랜잭션 기준 Frozen: autovacuum_multixact_freeze_max_age

autovacuum_multixact_freeze_max_age 파라미터는 멀티 트랜잭션에 대해 별도로 관리되는 나이 기준이다. 멀티 트랜잭션은 pg_class의 relminmxid 값을 이용해서 나이를 계산한다.

```
select mxid_age(relminmxid) from pg_class where relname = '<테이블 명>';
```

멀티 트랜잭션도 일반 XID와 동일하게 일정 기준을 초과하면 Frozen 처리를 수행하여, MVCC 일관성 및 XID wraparound 문제를 방지한다.

## 9-4. Slow Query 수행과 Vacuum

이번 단락에서는 Slow Query(장시간 수행되는 쿼리)가 실행 중일 때, Vacuum 작업이 데드 튜플을 정상적으로 정리하지 못하는 현상에 대해 살펴본다. 이러한 현상은 대부분의 시스템에서는 크게 문제되지 않는다. 데드 튜플이 일시적으로 정리되지 않더라도, 블록 I/O 관점에서 보면 실제로 읽어야 할 블록 수가 크게 증가하지 않기 때문이다.

그러나 동일 레코드에 대해 반복적으로 변경 작업이 수행되는 경우에는 문제가 될 수 있다. 이 경우, 데드 튜플 정리가 지연되기 때문에 불필요한 저장 공간 낭비가 발생하고, 성능 저하로 이어질 수 있다. 이번 단락에서는 이러한 현상의 발생 원인에 대해서 살펴볼 것이다.

### 데드 튜플 삭제 기준 (Cutoff) 정책

데이터베이스는 다수의 사용자가 동시에 데이터를 조회하고 변경하는 시스템이다. 즉, 언제나 수많은 쿼리가 동시에 실행되며, 이 과정에서 데드 튜플이 지속적으로 발생하게 된다.

그렇다면, Vacuum 작업을 수행하면 모든 데드 튜플을 정리할 수 있을까? 그렇지 않다.

데드 튜플은 과거 데이터이며, 이는 MVCC의 읽기 일관성 보장을 위해 반드시 필요한 정보이다. 만약 Vacuum 작업을 수행할 때마다 모든 데드 튜플을 삭제한다면, 과거 시점의 데이터를 참조 중인 쿼리는 'Snapshot too old' 에러가 발생한다. 이 문제는 모든 DBMS에서 동일하게 발생하는 문제이다. 오라클에서도 언두 리텐션 보장 기능이 나오기 전까지는 가장 악명 높은 문제가 'ORA-01555 Snapshot too old' 였다

### 삭제 기준: PostgreSQL의 cutoff 정책

PostgreSQL은 이러한 문제를 방지하기 위해, 데드 튜플을 안전하게 삭제할 수 있는 기준점 (cutoff)을 설정한다. 이 기준점은 현재 수행 중인 쿼리들 중에서 가장 오래전에 시작된 쿼리의 XID를 기준으로 삼는다. 즉, Vacuum 작업은 가장 오래된 쿼리의 시작 시점보다 더 과거에 생성된 데드 튜플만 삭제할 수 있다. 해당 기준 값은 pg_stat_activity 뷰의 backend_xmin 칼럼에서 확인할 수 있다.

**중요한 특징**

Cutoff 기준점은 테이블 단위가 아니라 데이터베이스 전체에서 단 하나만 설정된다. 즉, 특정 테이블을 조회하는 Slow 쿼리가 수행중인 경우, 이 기준은 데이터베이스 전체에 공통으로 적용되기 때문에 모든 테이블의 Vacuum 작업에 영향을 미친다. 실제 예제를 통해 이 기준이 어떻게 적용되는지 살펴보자.

**Slow 쿼리 수행이 없는 경우: Vacuum 수행 결과**

테스트를 위해 테이블에 1건을 입력하고 업데이트를 수행한다.

```
=> drop table vt1;
=> create table vt1 (c1 integer, c2 integer);
=> insert into vt1 values(1,1);
INSERT 0 1
=> update vt1 set c2=c2+1;
UPDATE 1
```

이 시점에 블록 내부를 확인해보면, 1건의 업데이트로 인해 1개의 데드 튜플이 생성된 것을 알 수 있다.

```
=> select lp, t_xmin, t_xmax, t_data
    from    heap_page_items(get_raw_page('vt1',0));
 lp | t_xmin   | t_xmax   |       t_data
----+----------+----------+---------------------
  1 | 11842351 | 11842352 | \x0100000001000000
  2 | 11842352 |        0 | \x0100000002000000
```

현재 수행 중인 쿼리가 없으므로, Vacuum 작업을 수행하면 데드 튜플이 정상적으로 정리된다 (동일한 스크립트이므로 수행결과만 출력한다).

```
=> vacuum vt1;
-- Vacuum 이후 상태
 lp | t_xmin   | t_xmax |       t_data
----+----------+--------+---------------------
  1 |          |        |
  2 | 11842352 |      0 | \x0100000002000000
```

### Slow 쿼리가 수행중인 경우 Vacuum 수행 결과

이제 동일한 테이블에서 다시 테스트를 진행해보자.

```
=> update vt1 set c2=c2+1;
UPDATE 1
```

블록 상태를 확인하면 새로운 데드 튜플이 하나 더 생성된 것을 확인할 수 있다.

```
 lp |  t_xmin  |  t_xmax  |       t_data
----+----------+----------+--------------------
  1 |          |          |
  2 | 11842352 | 11842353 | \x0100000002000000
  3 | 11842353 |        0 | \x0100000003000000
```

이 시점에 다른 세션에서 Slow 쿼리를 수행해보자. 이 쿼리는 업데이트 대상 테이블과는 전혀 무관한 쿼리여도 상관없다. 예를 들어, 단순한 pg_sleep()도 동일한 현상을 유발한다.

```
=> select pg_sleep(10000);
```

이후 다른 세션에서 2번의 업데이트를 연속으로 수행한다.

```
=> update vt1 set c2=c2+1;
UPDATE 1
=> update vt1 set c2=c2+1;
UPDATE 1
```

이제 블록 내에는 총 3개의 데드 튜플이 생성된 것을 알 수 있다.

```
 lp |  t_xmin  |  t_xmax  |       t_data
----+----------+----------+--------------------
  1 |          |          |
  2 | 11842352 | 11842353 | \x0100000002000000
  3 | 11842353 | 11842354 | \x0100000003000000
  4 | 11842354 | 11842355 | \x0100000004000000
  5 | 11842355 |        0 | \x0100000005000000
```

이제 Vacuum 작업을 수행해보자. 몇 개의 데드 튜플이 정리될 것으로 예상되는가?

```
=> vacuum vt1;
```

결과를 보면, 세 개의 데드 튜플 중 첫 번째 하나만 정리된 것을 알 수 있다.

```
 lp |  t_xmin  |  t_xmax  |       t_data
----+----------+----------+--------------------
  1 |          |          |
  2 |          |          |
  3 | 11842353 | 11842354 | \x0100000003000000
  4 | 11842354 | 11842355 | \x0100000004000000
  5 | 11842355 |        0 | \x0100000005000000
```

이 현상은 VERBOSE 옵션을 이용해서 더욱 명확하게 확인할 수 있다.

```
=> vacuum (verbose) vt1;
tuples: 0 removed, 3 remain, 2 are dead but not yet removable
removable cutoff: 11842354, which was 2 XIDs old when operation ended
VACUUM
```

즉, cutoff 기준 XID가 11842354이며, 이는 pg_stat_activity의 backend_xmin 값과 동일하다.

```
=>  select backend_xmin, query
    from   pg_stat_activity
    order by backend_xmin::text::bigint limit 1;
 backend_xmin |          query
--------------+-------------------------
     11842354 | select pg_sleep(10000);
```

## 요약 및 시사점

지금까지의 과정을 도식화하면 다음과 같다.

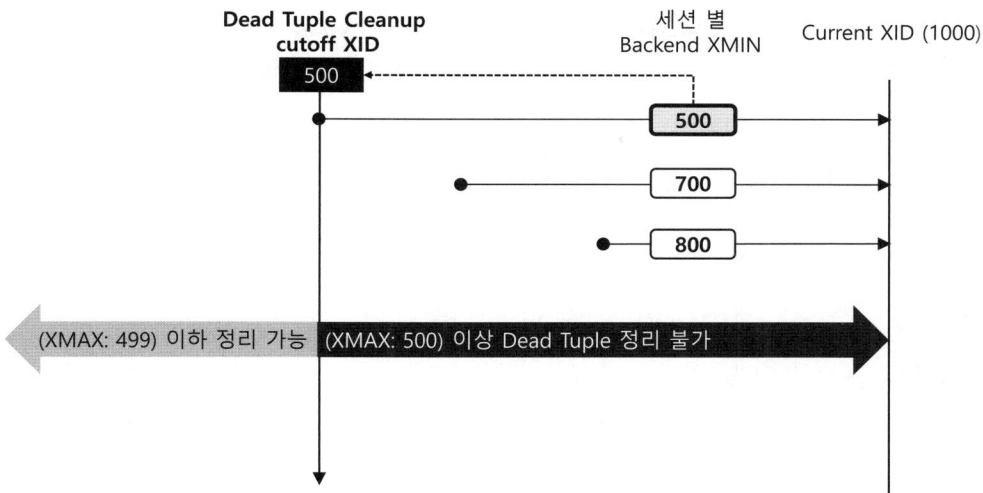

그림 9-5. Slow 쿼리와 데드 튜플 클린업 관계 도식화

결론적으로, Slow 쿼리의 수행 시간이 길어질수록 Vacuum 작업이 데드 튜플을 정리하지 못하고 쌓이게 된다. 따라서 다음과 같은 관리 전략이 필요하다.

- 장시간 수행되는 쿼리에 대한 모니터링
- 반복적으로 동일 레코드를 변경하는 패턴에 대한 개선

다만, 일반적인 업무 환경에서는 이로 인한 성능 저하가 거의 발생하지 않는다. 왜냐하면 동일 레코드를 반복해서 업데이트하는 업무는 드물고, 정리되지 않은 데드 튜플로 인해 발생하는 오버헤드도 몇 개의 블록 I/O 증가 수준에 불과하기 때문이다.

### 테스트를 통한 동일 레코드 반복 업데이트 시의 문제점 확인

일반적인 경우는 아니지만, 짧은 시간 안에 동일 레코드를 반복적으로 업데이트하는 업무가 존재한다. 예를 들어, 쇼핑몰 사이트에서는 세일 이벤트 클릭 수를 집계하기 위해, 사용자가 이벤트 페이지를 클릭할 때마다 하나의 레코드를 업데이트하는 방식을 사용한다고 가정하자. 이 경우, 짧은 시간 동안 동일 레코드에 대해 매우 빈번한 변경이 발생하게 된다. 이러한 상황에서 Slow 쿼리가 수행되면, 데드 튜플 정리가 지연되어 성능 저하가 발생할 수 있다.

### 테스트 환경 구성

이벤트 클릭 수를 기록하는 테이블을 생성하고, 1건의 초기 데이터를 입력한다.

```
=> create table sale_event (event_id integer, click_count integer);
=> alter table sale_event add constraint sale_event_pk primary key (event_id);
=> insert into sale_event values(1,0);
INSERT 0 1
```

### Slow 쿼리 미 수행 시: 부하 테스트

이벤트가 약 2시간 동안 지속된다고 가정하고, pgbench를 이용해 지속적인 업데이트를 수행한다.

```
$ cat event_update.sql
update sale_event set click_count=click_count+1 where event_id=1;
$ pgbench -c 1 -j 1 -f event_update.sh -T 7200
```

다음은 부하 테스트 중에 쿼리 성능 및 테이블 크기를 확인한 결과이다.

- 현재 60만번이상 클릭했고 테이블 조회 시의 일량은 1블록으로 매우 정상적이다.
- 인덱스가 있지만 테이블 스캔 비용이 더 낮기 때문에 테이블 스캔 방식으로 수행되었다.
- 즉, 반복적인 업데이트가 발생해도 테이블 크기는 여전히 1블록이다.

```
=> select * from  sale_event where event_id=1;
 event_id | click_count
----------+-------------
        1 |      607849

=> explain (analyze, buffers, costs off) select * from sale_event where event_id=1;
                      QUERY PLAN
-----------------------------------------------------------------
 Seq Scan on sale_event (actual time=0.050..0.052 rows=1 loops=1)
   Filter: (event_id = 1)
   Buffers: shared hit=1
 Planning Time: 0.138 ms
 Execution Time: 0.087 ms
```

```
=> \dt+ sale_event
                      릴레이션 목록
 스키마  |    이름     | 형태  |  소유주  | 지속성 | 접근 방법 |   크기      | 설명
--------+------------+------+---------+-------+---------+------------+------
 svc    | sale_event | 테이블 | postgres | 영구   | heap    | 8192 bytes |
```

**의문: 데드 튜플은 어디에?**

Vacuum과 관련된 개념을 이해한 독자라면, 이 시점에서 다음과 같은 의문이 들 수 있다.

- 수십만 번의 업데이트가 반복적으로 수행된 결과, 수십만 개의 데드 튜플이 생성되었는데도 테이블 크기는 증가하지 않았다. 심지어 Autovacuum 기능도 꺼진 상태이다. 어떻게 이런 일이 가능할까?

**Single Page Cleanup**

Single Page Cleanup 기능은 백엔드 프로세스가 특정 조건에서 블록 단위로 데드 튜플을 정리하는 기능이다. 아래 결과를 보면 일부 데드 튜플만 남아 있고, 대부분은 정리된 상태이다. 즉, Vacuum 작업이 수행되지 않았음에도 불구하고, 동일 레코드에 대한 반복적인 업데이트 상황에서 테이블 크기를 유지할 수 있었던 이유는 바로 이 기능 덕분이다.

```
=>  select lp, t_xmin, t_xmax, t_data
      from   heap_page_items(get_raw_page('sale_event',0));
 lp  |  t_xmin  |  t_xmax  |      t_data
-----+----------+----------+--------------------
   1 |          |          |                            -- 데드 튜플 정리
 ...
  82 | 15678414 | 15678415 | \x0100000058163a00
  83 | 15678415 | 15678416 | \x0100000059163a00
  84 | 15678416 |        0 | \x010000005a163a00
 ...                                                    -- 데드 튜플 정리
 205 | 15678333 | 15678334 | \x0100000007163a00
(205개 행)
```

> ✅ 해당 작업은 사용자에게 노출되지 않는 내부 동작으로, 공식 명칭은 없다. 다만, 페이지 단위로 수행되는 클린업 작업이라는 점에서, 직관적인 이해를 돕기 위해 일반적으로 'Single Page Cleanup'이라고 부른다.

### Slow 쿼리 수행 시: 부하 테스트

이번에는 Slow 쿼리 수행 시에 동일한 테스트를 진행해보자(테스트 정확성을 위해 테이블을 재생성한 후 진행한다).

세션 #1에서 Slow 쿼리를 실행한다.

```
=> select pg_sleep(10000);
```

이전과 동일하게 pgbench 프로그램을 수행한다.

```
$ pgbench -c 1 -j 1 -f event_update.sh -T 7200
```

다음은 부하 테스트 중에 쿼리 성능 및 테이블 크기를 확인한 결과이다.

- 불과 5만건 업데이트 후에도 일량과 응답시간이 기존 대비 200 이상 증가했다.
- 테이블 크기도 200배 이상 증가했다.

```
=> select * from sale_event;
 event_id | click_count
----------+-------------
        1 |       54415
=> explain (analyze, buffers, costs off) select * from sale_event where event_id=1;
                                    QUERY PLAN
---------------------------------------------------------------------------------
 Index Scan using sale_event_pk on sale_event (actual time=19.961..19.965 rows=1 loops=1)
   Index Cond: (event_id = 1)
   Buffers: shared hit=242
 Planning Time: 0.151 ms
 Execution Time: 20.024 ms
=> \dt+ sale_event
                              릴레이션 목록
 스키마 |    이름    | 형태  | 소유주   | 지속성 | 접근 방법 |   크기   | 설명
--------+------------+-------+----------+--------+-----------+----------+------
 svc    | sale_event | 테이블 | postgres | 영구   | heap      | 1952 kB  |
```

이는 Slow 쿼리의 수행으로 인해 싱글 페이지 클린업이 정상적으로 동작하지 못했기 때문이다.

### Vacuum 테스트

Slow 쿼리 수행 이후에 생성된 데드 튜플은 정리 대상이 아니기 때문에 Vacuum 작업을 수행하더라도 삭제되지 않는다는 점을 확인할 수 있다.

```
=> vacuum (verbose) sale_event;
tuples: 0 removed, 54838 remain, 54837 are dead but not yet removable
removable cutoff: 15684720, which was 91013 XIDs old when operation ended
VACUUM
```

이전에 살펴본 것처럼, Vacuum 작업에서 데드 튜플 삭제 기준(Cutoff XID)은 가장 오래된 백엔드 프로세스의 쿼리 시작 시점이다. 다음 쿼리를 통해 이 값을 확인할 수 있다.

```
=> select backend_xmin, query
   from    pg_stat_activity
   order by backend_xmin::text::bigint limit 1;
 backend_xmin |          query
--------------+------------------------
     15684720 | select pg_sleep(10000);
```

즉, Slow 쿼리를 수행 중인 세션의 backend_xmin 값 이후에 생성된 데드 튜플들은 제거할 수 없는 상태인 것이다.

### XID Gap 모니터링을 통한 대응 방법

동일 레코드에 대한 반복적인 변경이 발생할 수 있는 이벤트 구간에서는, 세션을 집중적으로 모니터링하여 Slow 쿼리의 유무를 확인하는 것이 가장 일반적인 대응 방법이다. 특히, Current XID와 가장 오래된 쿼리의 시작 XID(pg_stat_activity의 backend_xmin) 간의 차이를 모니터링하면, 정리되지 못한 데드 튜플이 얼마나 누적되고 있는지 간접적으로 파악할 수 있다. 이 Gap이 일정 수준 이상으로 커진다면, 동일 레코드 반복 변경으로 인한 성능 저하가 발생하고 있는 상황으로 판단할 수 있으며, 필요 시 Slow 쿼리 세션을 강제 종료하는 것도 고려해볼 수 있다.

모니터링 쿼리 예시는 다음과 같다.

```
=> select pg_current_xact_id()::text::bigint - min(backend_xmin::text::bigint)
   from    pg_stat_activity;
```

# 9-5. 복제 충돌과 Hot Standby Feedback

이번 단락에서는 물리 복제 환경에서 발생할 수 있는 복제 충돌(Replication Conflict) 중, Vacuum 수행 시에 발생하는 스냅샷 복제 충돌과 DDL 명령어 실행과 관련된 락 복제 충돌에 대해 설명한다. 이러한 충돌은 복제 환경에서만 발생하지만, Vacuum 동작에 대한 이해가 필요하므로 이번 장에서 함께 다룬다. 또한 스냅샷 복제 충돌을 방지하기 위해 자주 사용되는 Hot Standby Feedback 기능과 해당 기능 사용 시에 테이블 블로팅 현상이 발생할 수 있는 원인에 대해서도 함께 설명한다.

## 복제 충돌 현상 발생 원인

물리 복제 환경에서는 리플리카 서버의 recovery 프로세스가 마스터 서버로부터 전달받은 WAL 파일을 이용해서 복제 작업을 수행한다. 하지만 일부 상황에서는 이 복제 작업이 지연되거나 중단되는 일이 발생하며, 이를 '복제 충돌(Replication Conflict)'이라고 한다. 대표적인 복제 충돌 유형은 다음 두 가지이다.

- Vacuum 작업 수행으로 인한 스냅샷 복제 충돌
- DDL 수행으로 인한 락 복제 충돌

복제 충돌이 발생하면 recovery 프로세스는 관련 파라미터 설정값에 따라 일정 시간 동안 복제 작업을 중단하고 대기한다. 대기 시간이 지나도 충돌이 해소되지 않으면, 복제 충돌을 유발한 리플리카 세션의 쿼리(Conflict 쿼리)는 취소되며, 이후 recovery 프로세스는 복제 작업을 다시 시작한다. 각 유형에 대해 하나씩 살펴보자.

## Vacuum 수행에 의한 스냅샷 복제 충돌

스냅샷 복제 충돌은 마스터 서버에서 Vacuum 수행 시에, 리플리카 서버에서 수행 중인 백엔드 프로세스의 XMIN 정보를 알 수 없기 때문에 발생한다. 즉, 마스터 서버에서 Vacuum 작업을 수행하면 해당 시점에 마스터 서버에서 수행 중인 백엔드 프로세스 XMIN 값을 기준으로 데드 튜플을 정리한다. 만약 마스터 서버에서 수행 중인 쿼리가 없다면 모든 데드 튜플을 제거하고, Vacuum 정보를 포함된 WAL 정보를 리플리카 서버로 전송한다.

리플리카 서버의 recovery 프로세스는 해당 WAL 정보를 수신한 뒤, 그 안에 Vacuum 정보가 포함되어 있는지 확인하고, Vacuum 정보가 있다면 리플리카 백엔드 프로세스들의 최소 XMIN 값과 비교한다. 만약 WAL에 포함된 트랜잭션 ID가 최소 XMIN보다 크다면, Vacuum 처리를 보류하고 파라미터에 설정된 시간만큼 대기한다.

스냅샷 복제 충돌을 해결하는 방법은 두 가지이며, 각각 장단점이 존재하므로 환경에 맞게 선택해야 한다.

- 스냅샷 복제 충돌을 지연시키는 방법
- 스냅샷 복제 충돌을 제거하는 방법

## 스냅샷 복제 충돌 현상을 지연시키는 방법

max_standby_streaming_delay 파라미터를 이용하면 쿼리 취소 시점을 지연시켜 스냅샷 복제 충돌로 인한 영향도를 줄일 수 있다. 이 파라미터의 기본값은 30초이며, 복제 충돌이 발생하면 recovery 프로세스는 해당 설정값만큼 대기한 후 복제 작업을 재개한다. 이때 recovery 프로세스는 Vacuum 관련 WAL 정보만 선별해서 복제를 중단하는 것이 아니라, 충돌 시점 이후의 모든 WAL 정보를 적용하지 않고 대기하게 된다. 따라서 복제 충돌이 발생하면 복제 지연은 필연적으로 발생한다.

즉, 이 파라미터의 값을 크게 설정할수록 쿼리 취소 빈도는 줄어드는 반면, 복제 지연 시간은 길어진다. -1로 설정하면 무한 대기 상태가 되며, 복제 충돌 현상은 제거되지만, 리플리카의 복제 지연은 쿼리 수행 시간만큼 증가하게 된다. 따라서 이 설정은 복제 지연이 업무에 큰 영향을 주지 않는 환경(예: 이전 일자 통계 데이터 조회 등)에서만 신중히 고려하는 것이 바람직하다.

### 쿼리가 max_standby_streaming_delay 이내에 완료되는 경우

리플리카 서버에서 실행되는 쿼리가 max_standby_streaming_delay 파라미터 값 이내에 종료되면 쿼리 취소는 발생하지 않는다. 다음은 기본값(30초)으로 수행한 테스트 예제이다.

마스터 세션: 테이블 생성 후 1,000건을 입력한다.

```
=> create table ct1 (c1 integer, c2 integer);
=> alter table ct1 add constraint ct1_pk primary key (c1);
=> insert into ct1 select i,i from generate_series(1,1000) i;
INSERT 0 1000
```

리플리카 세션: 30초 동안 실행되는 쿼리를 수행한다.

```
=> select pg_sleep(30);
```

마스터 세션: 리플리카에서 쿼리가 수행되는 동안 업데이트 후 수동 Vacuum 작업을 수행한다. 이때 마스터에는 활성 세션이 없으므로 데드 튜플이 모두 정리된다.

```
=> update ct1 set c2=c2+1;
UPDATE 1000
=> vacuum (verbose) ct1;
tuples: 1000 removed, 1000 remain, 0 are dead but not yet removable
VACUUM
```

리플리카 세션: 쿼리는 정상적으로 완료된다. 복제 충돌이 발생했지만, recovery 프로세스가 30초간 대기한 후 WAL을 적용했기 때문이다.

```
=> select pg_sleep(30);
 pg_sleep
----------

(1개 행)
```

복제 지연 중인 recovery 프로세스는 다음과 같이 waiting 상태로 표시된다.

```
$ ps -ef | grep recovering
postgres: startup recovering 0000002400000003000000007A waiting
```

### 쿼리가 max_standby_streaming_delay 보다 오래 수행되는 경우

이번에는 설정값(30초)보다 더 오래 수행되는 쿼리를 실행해보자(테스트는 초기 상태로 리셋한 후 진행한다).

리플리카 세션: 1,000초 동안 실행되는 쿼리를 수행한다.

```
=> select pg_sleep(1000);
```

마스터 세션: 업데이트 후 수동 Vacuum 작업을 수행한다.

```
=> update ct1 set c2=c2+1;
UPDATE 1000
=> vacuum (verbose) ct1;
tuples: 1000 removed, 1000 remain, 0 are dead but not yet removable
VACUUM
```

리플리카 세션: 복제 충돌 발생 후 30초가 지나면 쿼리가 취소된다.

```
=> select pg_sleep(1000);
ERROR:  canceling statement due to conflict with recovery
상세정보:  User query might have needed to see row versions that must be removed.
작업시간: 31870.736 ms (00:31.871)
```

로그 파일에는 다음과 같은 메시지가 기록된다.

```
ERROR:  canceling statement due to conflict with recovery
DETAIL:  User query might have needed to see row versions that must be removed.
STATEMENT:  select pg_sleep(1000);
```

## 모든 쿼리는 max_standby_streaming_delay 만큼 보장되는가?

항상 그런 것은 아니다. 예를 들어, 아래와 같이 10초만 수행되는 쿼리도 취소될 수 있다.

```
=> select pg_sleep(10);
ERROR:  canceling statement due to conflict with recovery
상세정보:  User query might have needed to see row versions that must be removed.
작업시간: 4149.761 ms (00:04.150)
```

이유는 max_standby_streaming_delay 파라미터는 첫 번째 복제 충돌이 발생한 시점을 기준으로 동작하기 때문이다. 복제 충돌이 연속으로 발생하더라도, 처음 충돌이 발생한 시점 기준으로 30초가 지나면 이후의 모든 충돌 관련 쿼리는 취소된다. 따라서 첫 복제 충돌 이후 마스터 서버에서 Vacuum 작업이 연달아 수행되면, 수초 이내에 수행된 짧은 쿼리도 취소될 수 있다 (그림 9-6. 참조).

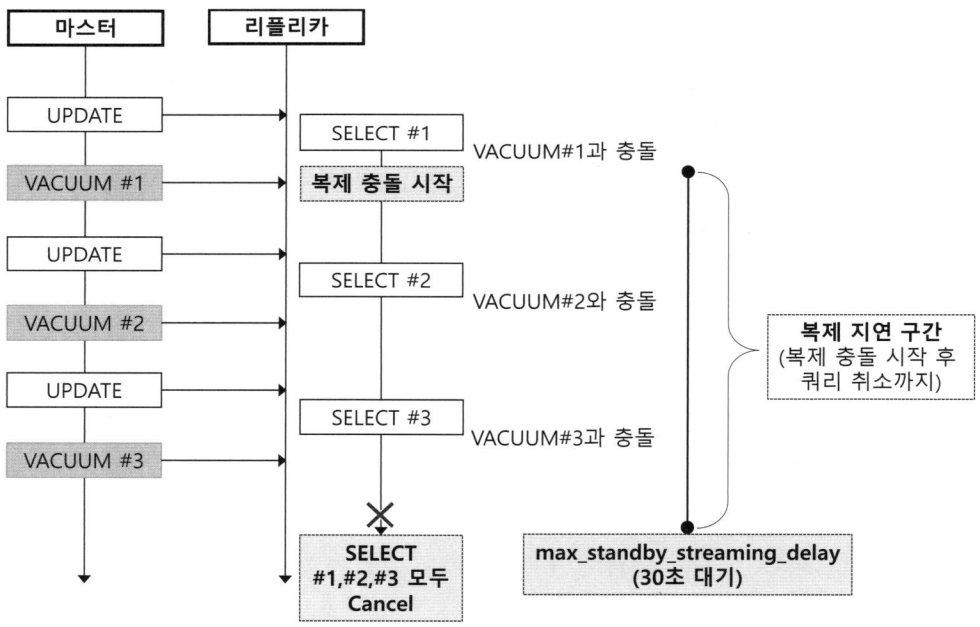

그림 9-6. 스냅샷 복제 충돌과 쿼리 취소 시점 관계

## 스냅샷 복제 충돌 현상을 제거하는 방법

핫 스탠바이 피드백 기능을 이용하면 스냅샷 복제 충돌을 원천적으로 제거할 수 있다. 이 기능을 리플리카 서버에서 설정하면, 해당 서버에서 실행 중인 세션들의 최소 XMIN 값을 마스터 서버로 주기적으로 전송하게 된다. 그 결과, 마스터 서버에서는 Vacuum 작업 시 마스터와 리플리카 양쪽의 최소 XMIN 값을 기준으로 Cutoff 지점을 설정하여 데드 튜플을 정리한다.

이 방법은 스냅샷 복제 충돌을 완전히 제거할 수 있다는 점 외에도, 복제 충돌로 인해 발생하는 복제 지연이 사라진다는 장점이 있다. 단, 리플리카 서버에서 장시간 수행되는 쿼리가 있을 경우, 마스터 서버가 데드 튜플을 정리하지 못해 테이블 블로팅이 발생할 수 있다. 하지만 스냅샷 복제 충돌 제거와 복제 지연 해소라는 장점은 이러한 단점을 충분히 상쇄하고도 남는다.

### hot_standby_feedback 파라미터 동작 방식 및 적용 효과

핫 스탠바이 피드백 기능을 적용하려면 리플리카 서버에서 아래와 같이 파라미터를 설정한다.

```
=> alter system set hot_standby_feedback=on;
=> select pg_reload_conf();
```

리플리카 세션: Slow 쿼리를 수행한다.

```
=> select pg_sleep(1000);
```

마스터 세션: 이때 pg_stat_replication 뷰를 조회하면 리플리카 서버에서 수행 중인 세션들의 최소 XMIN 값을 backend_xmin 칼럼을 통해 확인할 수 있다. 마스터 서버는 이 값과 마스터 서버에서 수행되는 백엔드 프로세스의 최소 XMIN 중 더 작은 값을 기준으로 Vacuum Cutoff 지점을 설정한다.

```
=> select application_name, client_addr, backend_xmin from pg_stat_replication;
 application_name |   client_addr   | backend_xmin
------------------+-----------------+--------------
 r01              | 192.168.200.202 |   15775782
```

마스터 세션: 이 상태에서 업데이트 후 Vacuum을 수행해보자. 이 예제에서는 리플리카 서버에서 실행 중인 Slow 쿼리의 XMIN 값이 Vacuum Cutoff 기준이 되었기 때문에 데드 튜플을 완전히 정리하지 못했다. 하지만 그 대신 Vacuum 작업으로 인한 스냅샷 복제 충돌이나 복제 지연 현상은 발생하지 않는다.

```
=> update ct1 set c2=c2+1;
UPDATE 1000
=> vacuum (verbose) ct1;
tuples: 0 removed, 2000 remain, 1000 are dead but not yet removable
removable cutoff: 15775782, which was 5 XIDs old when operation ended
VACUUM
```

핫 스탠바이 피드백의 전체 동작 흐름은 다음과 같다.

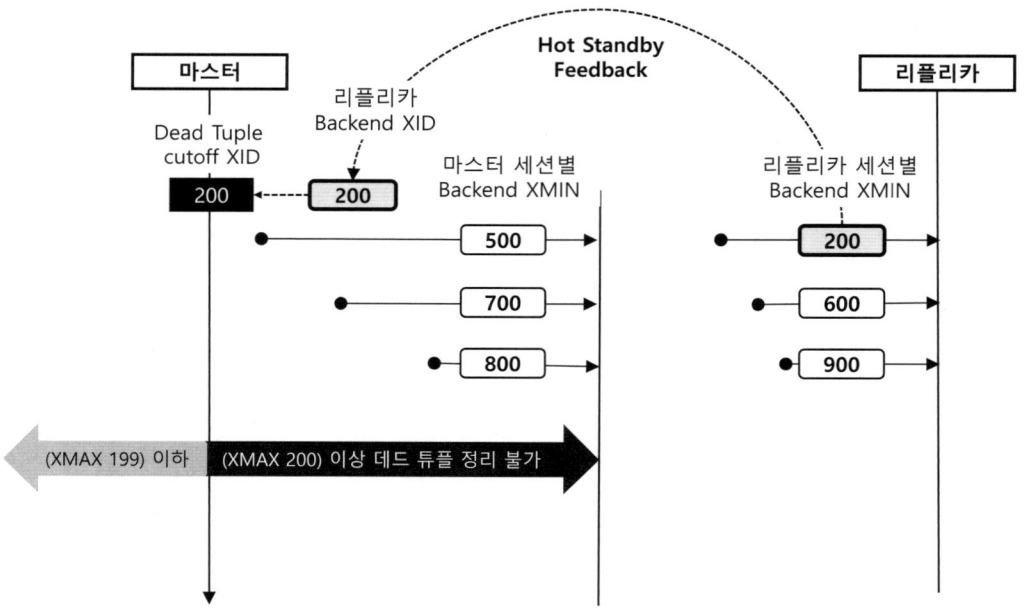

그림 9-7. 핫 스탠바이 피드백 동작 원리

### hot_standby_feedback 적용 시 VACUUM FULL 작업 주의 사항

테이블 블로팅을 해소하기 위해 마스터 서버의 모든 업무 서비스를 종료한 뒤 VACUUM FULL

명령어를 수행했음에도 테이블 크기가 줄어들지 않는 경우가 있다. 이러한 현상은 물리 복제 환경에서 hot_standby_feedback 파라미터가 활성화된 상태로 리플리카 서버에서 Slow 쿼리가 실행 중일 때 발생할 수 있다. VACUUM FULL 명령어는 리플리카 서버에서 실행 중인 SELECT 쿼리와는 락 충돌이 발생하지 않는다. 이로 인해 DBA가 리플리카 세션이 원인이라는 점을 인지하지 못하고 지나치는 경우가 많다.

따라서 물리 복제 환경에서 VACUUM FULL 명령어를 수행할 때는 마스터 서버의 서비스 중단뿐만 아니라 다음 중 하나의 조치를 반드시 병행해야 한다.

- 리플리카 서버의 서비스 일시 중단
- 리플리카 서버 세션을 모니터링하며 Slow 쿼리 정리
- hot_standby_feedback 파라미터 비활성화 후 작업 수행

**hot_standby_feedback 적용 시 동일 레코드 변경 작업 주의 사항**

hot_standby_feedback 파라미터를 활성화된 상태에서 리플리카 서버에서 Slow 쿼리가 수행되면, 마스터 서버에서 Slow 쿼리가 수행되는 경우와 마찬가지로 싱글 페이지 클린업(Single Page Cleanup)이 동작하지 않는다. 따라서 동일 레코드를 반복적으로 변경하는 업무가 수행되는 동안에는 마스터 서버뿐만 아니라 리플리카 서버의 세션 상태도 함께 모니터링해야 한다.

## DDL 수행에 의한 락 복제 충돌 현상

마스터 서버에서 테이블에 대해 DROP 또는 TRUNCATE 명령어를 수행했다고 가정해보자. 이러한 명령어는 VACUUM과는 달리 리플리카 서버에도 반드시 동일하게 적용되어야 한다. 그런데 리플리카 서버에서 해당 테이블에 대한 조회 쿼리가 실행 중인 상태에서 DDL 명령어가 전달되면, '락 복제 충돌'이 발생한다. 이 충돌은 hot_standby_feedback 파라미터를 활성화해도 발생한다. hot_standby_feedback 파라미터는 스냅샷 복제 충돌에만 영향을 주며, 락 복제 충돌과는 관련이 없다.

락 복제 충돌이 발생하면, recovery 프로세스는 max_standby_streaming_delay 파라미터에 지정된 시간만큼 대기한다. 이 대기 시간 내에 조회 쿼리가 종료되지 않으면, 해당 쿼리를 수행

하던 백엔드 프로세스를 종료시킨 후 DROP 또는 TRUNCATE 명령어를 적용한다. 이 과정에서 복제 지연이 발생한다.

### 락 복제 충돌 대기 시 동작 방식

슬레이브 세션: 테스트 테이블을 조회하는 쿼리를 수행한다.

```
=> begin;
BEGIN
svcdb=*# select * from ct1 where c1=1;
 c1 | c2
----+----
  1 |  2
```

마스터 세션: 동일한 테이블에 대해 TRUNCATE 명령어를 수행한다.

```
=> truncate table ct1;
```

이때 리플리카 서버의 recovery 프로세스는 복제 충돌로 인해 대기 상태에 들어가며, 아래와 같이 waiting 상태로 표시된다.

```
$ ps -ef | grep recovering
postgres: startup recovering 000000240000000300000007A waiting
```

슬레이브 세션: 복제 충돌 발생 시점으로부터 30초가 지나면, 아래와 같은 메시지와 함께 세션이 종료된다.

```
svcdb=*# select * from ct1 where c1=1;
FATAL:  terminating connection due to conflict with recovery
상세정보:  User was holding a relation lock for too long.
힌트:  In a moment you should be able to reconnect to the database and repeat your command.
서버가 갑자기 연결을 닫았음.
        이런 처리는 클라이언트의 요구를 처리하는 동안이나
        처리하기 전에 서버가 갑자기 종료되었음을 의미함.
```

이때 로그 파일에는 다음과 같은 에러 메시지가 기록된다. 스냅샷 복제 충돌과 달리, 락 복제 충돌의 경우 백엔드 세션이 강제로 종료된다.

```
FATAL:   terminating connection due to conflict with recovery
DETAIL:  User was holding a relation lock for too long.
HINT:    In a moment you should be able to reconnect to the database and repeat your
         command.
```

일반적으로 업무 시간 중에 테이블에 대한 DROP 명령어가 자주 수행될 가능성은 낮다. 그러나 배치 작업 중에는 TRUNCATE 명령어가 자주 사용되며, 이와 동시에 리플리카 서버에서 해당 테이블에 대한 조회가 자주 발생한다면 락 복제 충돌로 인해 동기화 지연이 발생할 수 있다. 이러한 상황에서는 max_standby_streaming_delay 파라미터 값을 짧게 설정해 복제 지연 시간을 최소화하는 방안을 고려할 수 있다.

복제 충돌 발생 현황은 리플리카 서버의 pg_stat_database_conflicts 뷰를 통해 모니터링할 수 있다.

```
=> select * from pg_stat_database_conflicts where datname='svcdb';
-[ RECORD 1 ]------------+------
datname                  | svcdb
confl_lock               | 1
confl_snapshot           | 13
```

## 9-6. HOT (Heap-Only Tuples)와 fillfactor

이번 단락에서는 HOT와 fillfactor에 대해 설명한다. PostgreSQL 관련 문서를 보다 보면 'HOT'라는 용어가 자주 등장하는데, HOT(Heap-Only Tuples)는 PostgreSQL의 MVCC 모델에서 발생할 수 있는 성능 저하 문제를 완화하기 위한 중요한 튜닝 기법 중 하나이다.

단어만 놓고 보면 '테이블에만 존재하는 레코드'처럼 해석될 수 있지만, PostgreSQL을 처음 접하는 독자들에게는 그 의미가 명확하게 전달되지 않을 수 있다. 따라서 이 단락에서는 HOT가 등장하게 된 배경과 동작 원리를 설명하고, fillfactor를 활용한 성능 최적화 방안까지 함께 다룸으로써 HOT에 대한 이해를 돕고자 한다.

HOT는 MVCC 구조와 밀접하게 연결되어 있기 때문에, 원칙적으로는 MVCC 설명 이후에 다루는 것이 자연스럽다. 하지만 HOT의 동작 원리를 올바르게 이해하기 위해서는 Vacuum에 대한 개념이 선행되어야 한다. 이에 따라 이 책에서는 Vacuum에 대한 설명 이후에 HOT를 다루기로 한다.

## HOT 탄생 배경과 기본 컨셉

HOT의 개념을 이해하려면, 먼저 PostgreSQL의 MVCC 모델 특성을 이해해야 한다. 앞서 설명했듯이 PostgreSQL의 MVCC 모델은 레코드의 이전 버전을 동일한 테이블 블록 내에 저장하는 구조를 갖고 있으며, 이를 위해 UPDATE 명령은 내부적으로 DELETE + INSERT 방식으로 처리된다.

이 방식은 MVCC 구현에는 유리하지만 테이블 및 인덱스 크기가 증가한다는 부작용이 따른다. 특히 인덱스 칼럼 값이 변경되지 않았더라도 새로운 레코드가 생성되면서 인덱스에 새로운 엔트리가 추가되기 때문이다(그림 9-8. 참조). 인덱스가 많을수록 이 문제는 더욱 심각해지며, 성능 저하뿐만 아니라 디스크 공간 낭비라는 측면에서도 문제가 발생한다. 이러한 문제를 해결하기 위해 PostgreSQL에 도입된 기능이 바로 HOT(Heap-Only Tuples) 이다.

| 인덱스 | | 테이블 | | | |
|---|---|---|---|---|---|
| C1 | | C1 | Amt | XMIN | XMAX |
| 1 | → | 1 | 100 | 1234 | 0 |

update ht1 set amt=amt+100 where c1=1
⇩

| C1 | | C1 | Amt | XMIN | XMAX |
|---|---|---|---|---|---|
| 1 | | 1 | 100 | 1234 | 1234 |
| 1 | → | 1 | 200 | 1235 | 0 |

그림 9-8. HOT 적용 전에 업데이트 발생 시의 문제점

## HOT 기본 컨셉

HOT의 핵심 아이디어는 간단하다. 인덱스 칼럼이 변경되지 않는 경우, 인덱스를 갱신하지 않

는다는 것이다. 즉, 인덱스가 생성되지 않은 칼럼에 대해 UPDATE를 수행할 경우, 인덱스에는 아무런 변화 없이 테이블 내 레코드만 변경한다.

이를 가능하게 하기 위해 PostgreSQL은 테이블 블록 내부에 HOT 체인을 생성한다. 인덱스는 기존의 테이블 위치를 그대로 가리키고, 쿼리 실행 시에는 해당 위치에서 HOT 체인을 따라가면서 최종적인 라이브 튜플을 찾아낸다(그림 9-9. 참조).

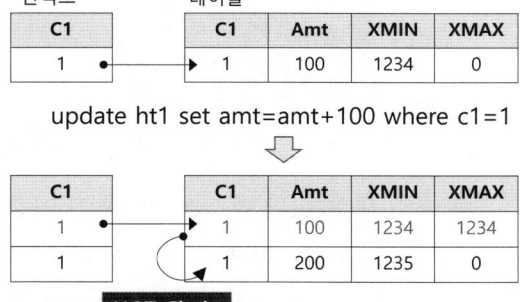

그림 9-9. HOT 컨셉

### HOT 제약 사항

HOT는 일부 제약 조건 하에서만 동작한다. 가장 중요한 조건은 변경된 레코드가 기존 레코드와 동일한 테이블 블록 내에 저장되어야 한다는 것이다. 이 조건이 만족되지 않으면 HOT는 적용되지 않으며 일반적인 DELETE + INSERT 방식으로 처리된다.

물론, 기술적으로는 여러 블록에 걸친 HOT 체인을 만드는 것도 가능하지만, 그렇게 되면 단일 레코드를 조회할 때 여러 블록을 읽어야 하므로 오히려 성능 저하로 이어진다. PostgreSQL은 이러한 비효율을 방지하기 위해 HOT 체인을 동일 블록 내로 제한한다. 따라서 업데이트가 자주 발생하는 테이블이라면, HOT의 동작 가능성을 높이기 위해 fillfactor 값을 조정해 블록 내 여유 공간을 확보해두는 것이 중요하다.

### HOT 동작 원리

테이블에 발생하는 업데이트 패턴은 크게 두 가지로 나눌 수 있다. 이 단락에서는 각 패턴에 대해 테스트를 수행해 보고, HOT가 어떻게 동작하는지를 살펴본다.

- INSERT 이후 매우 짧은 시간 내에 UPDATE
- INSERT 이후 매우 오랜 시간 후에 UPDATE

### INSERT 이후 매우 짧은 시간 내에 UPDATE 수행 패턴

우선 테스트용 테이블과 인덱스를 생성한다.

```
=> create table ht1 (c1 integer, amt integer);
=> alter table ht1 add constraint ht1_pk primary key (c1);
```

레코드를 하나 입력한 후, 테이블과 인덱스 블록 상태를 확인해 보자. 인덱스와 테이블 간 연결 고리는 CTID 칼럼으로, 이는 오라클의 ROWID와 유사한 개념이다. CTID는 (블록번호, 슬롯번호) 형태로 구성되며, 인덱스에는 이 CTID와 키 값이 저장된다. 또한 테이블의 T_CTID 칼럼은 업데이트 체인 정보를 나타내며, 업데이트가 수행되지 않았을 경우 현재 자신의 CTID 값을 가진다(그림 9-10. 참조).

```
=> insert into ht1 values(1,1);
INSERT 0 1
=> select ctid, c1, amt from ht1 where c1=1;
 ctid  | c1 | amt
-------+----+-----
 (0,1) |  1 |  1
=> select ctid, data from bt_page_items('ht1_pk', 1);
 ctid  |          data
-------+-------------------------
 (0,1) | 01 00 00 00 00 00 00 00
=> select t_ctid, lp, lp_off, t_xmin, t_xmax, t_data
   from   heap_page_items(get_raw_page('ht1',0));
 t_ctid | lp | lp_off |  t_xmin  | t_xmax |        t_data
--------+----+--------+----------+--------+----------------------
 (0,1)  |  1 |  8160  | 16042585 |    0   | \x0100000001000000
```

인덱스

| C1 | CTID |
|---|---|
| 1 | (0,1) |

테이블 (0번 블록)

| CTID | T_CTID | LP | C1 | Amt | XMIN | XMAX |
|---|---|---|---|---|---|---|
| (0,1) | (0,1) | 1 | 1 | 1 | 16042585 | 0 |

그림 9-10. 1건 입력 후 테이블 및 인덱스 블록 덤프 결과

이제 레코드에 대해 한 번 업데이트를 수행한 뒤, 다시 블록 상태를 확인해 보자. 업데이트로 인해 새로운 레코드가 생성되었고 CTID는 (0,2)로 변경되었지만, 인덱스는 여전히 최초 입력된 (0,1)을 가리키고 있다. 이때 T_CTID는 업데이트된 레코드의 위치를 가리키며, HOT 체인이 형성되었음을 확인할 수 있다(그림 9-11. 참조).

```
=> update ht1 set amt=amt+1 where c1=1;
UPDATE 1
=> select ctid, c1, amt from ht1 where c1=1;
 ctid  | c1 | amt
-------+----+-----
 (0,2) |  1 |   2
=> select ctid, data from bt_page_items('ht1_pk', 1);
 ctid  |          data
-------+-------------------------
 (0,1) | 01 00 00 00 00 00 00 00
=> select t_ctid, lp, lp_off, t_xmin, t_xmax, t_data
   from   heap_page_items(get_raw_page('ht1',0));
 t_ctid | lp | lp_off | t_xmin   | t_xmax   |       t_data
--------+----+--------+----------+----------+--------------------
 (0,2)  |  1 |   8160 | 16042585 | 16042586 | \x0100000001000000
 (0,2)  |  2 |   8128 | 16042586 |        0 | \x0100000002000000
```

| 인덱스 | | 테이블 (0번 블록) | | | | | | |
|---|---|---|---|---|---|---|---|---|
| C1 | CTID | CTID | T_CTID | LP | C1 | Amt | XMIN | XMAX |
| 1 | (0,1) | (0,1) | (0,2) | 1 | 1 | 1 | 16042585 | 16042586 |
|   |       | (0,2) | (0,2) | 2 | 1 | 2 | 16042586 | 0 |

그림 9-11. 업데이트 수행 후 테이블 및 인덱스 블록 덤프 결과

업데이트를 한 번 더 수행해 보자. 이번에도 새로운 레코드 (0,3)이 생성되었고, 인덱스는 여전히 최초 위치인 (0,1)을 유지하고 있다. HOT 체인이 길어졌다는 점을 확인할 수 있다(그림 9-12. 참조).

```
=> update ht1 set amt=amt+1 where c1=1;
UPDATE 1
=> select ctid, c1, amt from ht1 where c1=1;
 ctid  | c1 | amt
-------+----+-----
 (0,3) |  1 |   3
```

```
=> select ctid, data from bt_page_items('ht1_pk', 1);
 ctid  |         data
-------+----------------------
 (0,1) | 01 00 00 00 00 00 00 00
=> select t_ctid, lp, lp_off, t_xmin, t_xmax, t_data
    from   heap_page_items(get_raw_page('ht1',0));
 t_ctid | lp | lp_off | t_xmin   | t_xmax   |     t_data
--------+----+--------+----------+----------+--------------------
 (0,2)  | 1  |  8160  | 16042585 | 16042586 | \x0100000001000000
 (0,3)  | 2  |  8128  | 16042586 | 16042587 | \x0100000002000000
 (0,3)  | 3  |  8096  | 16042587 |        0 | \x0100000003000000
```

| 인덱스 | | 테이블 (0번 블록) | | | | | | |
|---|---|---|---|---|---|---|---|---|
| C1 | CTID | CTID | T_CTID | LP | C1 | Amt | XMIN | XMAX |
| 1 | (0,1) | (0,1) | (0,2) | 1 | 1 | 1 | 16042585 | 16042586 |
|   |       | (0,2) | (0,3) | 2 | 1 | 2 | 16042586 | 16042587 |
|   |       | (0,3) | (0,3) | 3 | 1 | 3 | 16042587 | 0 |

그림 9-12. 업데이트 수행 후 테이블 및 인덱스 블록 덤프 결과

이처럼 레코드 입력 직후에 업데이트가 연속해서 발생하는 경우, 테이블 블록 내에 충분한 여유 공간이 존재하면 HOT가 정상적으로 동작한다. 인덱스는 최초 레코드 위치를 그대로 유지하고, 테이블 내부에서는 HOT 체인을 따라 최신 레코드를 찾는 방식으로 구현된다. 이를 통해, 인덱스 부담을 줄이고 업데이트 성능을 크게 향상시킬 수 있다.

### INSERT 이후 매우 오랜 시간 후에 UPDATE 수행 패턴

이번에는 레코드가 다수 입력되어 테이블 블록에 여유 공간이 없는 상태에서 UPDATE가 발생하는 경우를 살펴보자. 먼저 테이블을 TRUNCATE한 후, 300건의 데이터를 입력한다. PostgreSQL은 한 블록당 약 220건 정도의 레코드를 저장할 수 있다. 따라서 이 경우 0번 블록은 이미 꽉 찬 상태가 된다.

```
=> truncate table ht1;
=> insert into ht1 select i, i from generate_series(1,300) i;
INSERT 0 300
```

이제 첫 번째 레코드에 대해 UPDATE를 수행한 후, CTID 값을 확인해 보자. 테이블 내에 빈 공

간이 없기 때문에, 업데이트로 인해 생성된 새로운 레코드는 기존 블록이 아닌 1번 블록에 저장된 것을 확인할 수 있다.

```
=> select ctid, c1, amt from ht1 where c1=1;
  ctid  | c1 | amt
--------+----+-----
 (1,75) |  1 |  2
```

다음으로 인덱스 블록을 살펴보면, 새로운 인덱스 항목이 추가되었고, 기존의 인덱스 항목은 DEAD 상태로 표시되어 있다. 이는 이번 UPDATE가 HOT 방식으로 처리되지 않았다는 것을 의미한다.

```
=> select ctid, data, dead  from bt_page_items('ht1_pk', 1);
  ctid   |          data           | dead
---------+-------------------------+------
 (0,1)   | 01 00 00 00 00 00 00 00 | t
 (1,75)  | 01 00 00 00 00 00 00 00 | f
```

즉, 테이블 블록 내에 여유 공간이 없는 상태에서 발생한 업데이트는 기존 레코드와 동일 블록 내에 HOT 체인을 구성할 수 없기 때문에, 일반적인 DELETE + INSERT 방식으로 처리된다. 이 경우 인덱스에도 새로운 키 항목이 추가되어 인덱스 부하가 증가하며, 성능 저하로 이어질 수 있다.

이러한 문제는 fillfactor 옵션을 이용해서 해결할 수 있다. fillfactor를 적절히 설정하면 블록 내에 일정 비율의 여유 공간을 확보할 수 있으며, 이후 발생하는 업데이트가 HOT 방식으로 처리될 가능성을 높일 수 있다.

### fillfactor와 HOT 업데이트 최적화

fillfactor는 테이블이나 인덱스 블록에 데이터를 어느 정도까지 채울지를 지정하는 옵션이다. 기본값은 테이블 100%, 인덱스 90%로 설정되어 있다. 즉, 기본값을 사용하는 경우 테이블 블록에는 향후 업데이트를 위한 여유 공간이 전혀 없는 상태가 된다(오라클의 PCTFREE를 0으로 설정한 것과 유사한 개념이다).

기본값을 사용할 경우 블록 저장 효율은 높아지는 장점이 있지만, 이후 업데이트가 발생했을 때 HOT 방식으로 처리되지 못하는 단점이 있다. 따라서 테이블의 업데이트 유형과 발생 빈도에 따라 적절한 fillfactor 값을 설정하는 것이 중요하다.

### 운영 환경에서 fillfactor 설정 기준

프로젝트 초기 단계에서는 테이블별 업데이트 패턴이나 빈도를 정확히 알 수 없다. 이럴 때는 업데이트가 발생할 가능성이 있는 테이블에 대해 fillfactor 값을 90~95% 수준으로 보수적으로 설정하는 것이 일반적이다. 운영 단계에서는 PostgreSQL이 제공하는 pg_stat_all_tables 뷰를 통해 테이블별 업데이트 패턴을 분석할 수 있다. 이 뷰에서는 다음과 같은 칼럼을 통해 HOT 업데이트 비율을 확인할 수 있다.

• 표 9-4. pg_stat_all_tables 뷰에서 제공하는 업데이트 관련 칼럼

| 칼럼 명 | 설명 |
| --- | --- |
| n_tup_upd | 업데이트 레코드 수 |
| n_tup_hot_upd | HOT 방식으로 업데이트를 수행한 레코드 수 |
| n_tup_newpage_upd | non-HOT 방식으로 업데이트를 수행한 레코드 수 (버전 16부터 제공) |

아래는 앞서 수행한 테스트에 대한 조회 결과이다. 총 3번의 업데이트 중, 2번은 HOT 방식으로 처리되었고 1번은 non-HOT 방식으로 처리된 것을 확인할 수 있다.

```
=> select relname, n_tup_upd, n_tup_hot_upd, n_tup_newpage_upd
   from   pg_stat_all_tables where relname='ht1';
 relname | n_tup_upd | n_tup_hot_upd | n_tup_newpage_upd
---------+-----------+---------------+-------------------
 ht1     |         3 |             2 |                 1
```

이러한 통계를 기반으로, HOT 비율이 낮을 경우 fillfactor를 조정할 수 있다. 변경 방법은 다음과 같다.

```
=> alter table ht1 set (fillfactor=90);
ALTER TABLE
```

변경된 설정은 pg_class 테이블의 reloptions 칼럼에서 확인할 수 있다.

```
=> select relname, reloptions from pg_class where relname='ht1';
 relname | reloptions
---------+---------------
 ht1     | {fillfactor=90}
```

### 기존 블록에 적용하려면 VACUUM FULL 필요

fillfactor를 변경하더라도 기존 블록에는 적용되지 않는다. 변경 사항은 새로운 블록이 할당되는 시점부터 적용되므로, 기존 블록에도 반영하려면 VACUUM FULL 명령어를 수행해야 한다.

```
=> vacuum (full) ht1;
VACUUM
```

VACUUM FULL 수행 이후 기존 레코드에 대해 업데이트를 다시 수행해 보면, fillfactor로 확보한 여유 공간(10%)을 활용해 HOT 방식으로 업데이트가 수행되는 것을 확인할 수 있다.

```
=> select ctid, c1, amt from ht1 where c1=1;
  ctid  | c1 | amt
--------+----+-----
 (1,74) |  1 |  2
=> update ht1 set amt=amt+1 where c1=1;
UPDATE 1
=> select ctid, c1, amt from ht1 where c1=1;
  ctid  | c1 | amt
--------+----+-----
 (1,75) |  1 |  3
=> select relname, n_tup_upd, n_tup_hot_upd, n_tup_newpage_upd
   from  pg_stat_all_tables where relname='ht1';
 relname | n_tup_upd | n_tup_hot_upd | n_tup_newpage_upd
---------+-----------+---------------+-------------------
 ht1     |         4 |             3 |                 1
```

**fillfactor 설정에 따른 장단점**

테이블에 생성된 인덱스 수가 많을수록 HOT 방식의 업데이트는 성능상 큰 이점을 제공한다. 예를 들어, 하나의 마스터 테이블에 10개의 인덱스가 생성되어 있고, 대부분의 업데이트가 인덱스와 무관한 칼럼에서 발생한다고 가정하자.

- non-HOT 방식으로 처리되면: 테이블에 1건, 인덱스에 10건이 추가되어 총 11건의 WAL이 발생
- HOT 방식으로 처리되면: 테이블에 1건만 추가되며 인덱스는 그대로 유지

이처럼 HOT 방식은 WAL 양과 디스크 I/O를 줄일뿐 아니라 쿼리 응답 속도 개선에도 효과적이다. 따라서 업데이트가 빈번한 테이블이라면 fillfactor를 조정해 HOT 방식이 최대한 활용되도록 설정하는 것이 중요하다. 다만, fillfactor 값을 지나치게 낮게 설정할 경우, 블록 저장 효율이 떨어지는 단점도 존재하므로 성능과 저장 효율 간의 균형을 고려해서 설정하는 것이 바람직하다.

# 부록

appendix

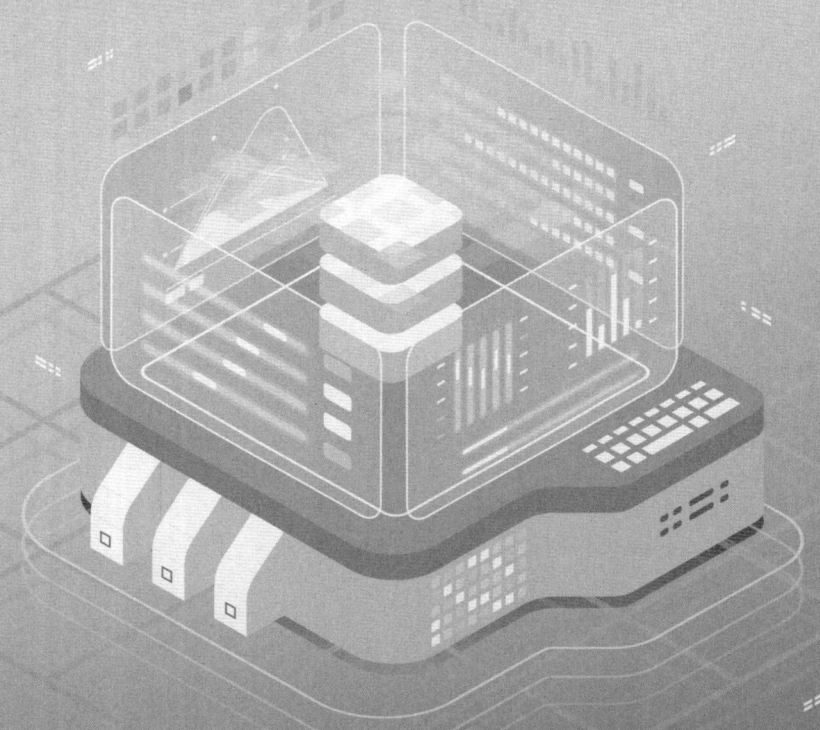

## • PSQL 주요 명령어

DBA 업무를 위한 스크립트 수행 및 모니터링 업무의 편의성을 위해 필요한 psql 주요 명령어는 다음과 같다.

| 명령어 | 설명 |
| --- | --- |
| \e | 직전에 수행한 명령어를 편집 모드로 불러들인다. |
| \e ⟨스크립트명⟩ | 지정한 스크립트를 편집 모드로 불러들인다. |
| \o ⟨파일명⟩ | 쿼리 수행 결과를 지정된 파일에 기록한다. |
| \i ⟨파일명⟩ | 지정된 파일을 수행한다. |
| \t | 수행 결과 중 내용만 출력한다. |
| \x | 수행 결과를 레코드 또는 칼럼 단위로 출력한다. |
| \watch ⟨interval⟩ | 직전에 수행한 명령어를 ⟨interval⟩초 단위로 반복 수행한다. |
| \watch i=⟨interval⟩ c=⟨count⟩ | ⟨interval⟩초 단위로 ⟨count⟩ 만큼 수행한다. (버전 17부터 제공) |
| \timing | 작업 수행 시간을 출력한다. |
| \c | 현재 접속 데이터베이스와 접속 유저 정보를 출력한다. |
| \! ⟨OS명령어⟩ | OS 명령어를 수행한다. |

## • PSQL 메타 명령어

DBA 업무 수행을 위해서 주로 사용하는 메타 명령어는 다음과 같다. 메타 명령어 뒤에 '+'를 추가하면 세부 정보를 제공한다.

| 명령어 | 설명 |
| --- | --- |
| \l [PATTERN] | 데이터베이스 목록 |
| \db [PATTERN] | 테이블스페이스 목록 |
| \dn [PATTERN] | 스키마 목록 |
| \du [PATTERN] | 롤(유저) 목록 |
| \dt [PATTERN] | 테이블 목록 |
| \di [PATTERN] | 인덱스 목록 |
| \dv [PATTERN] | 뷰 목록 (\sv ⟨뷰명⟩을 수행하면 뷰 소스 확인 가능) |
| \ds [PATTERN] | 시퀀스 목록 |
| \df [PATTERN] | 함수 목록 (\sf ⟨함수명⟩을 수행하면 함수 소스 확인 가능) |
| \ddp [PATTERN] | DEFAULT 권한 목록 |
| \drg [PATTERN] | 롤에 부여된 권한 목록 (버전 15까지는 du 명령어에 포함되었으나, 버전 16부터는 \drg 수행 필요) |
| \dconfig [PATTERN] | 파라미터 목록 (버전 15부터 제공, 버전 14까지는 show 명령어를 사용해야 하고 show 명령어는 패턴 기능 없음) |
| \dRp [PATTERN] | 복제 발행 목록 |
| \dRs [PATTERN] | 복제 구독 목록 |
| \dx [PATTERN] | 익스텐션 목록 |
| \d | 테이블, 뷰 및 시퀀스 목록 |
| \d ⟨오브젝트명⟩ | 테이블, 뷰, 시퀀스 및 인덱스 설명 |
| \dp [PATTERN] | 테이블, 뷰 및 시퀀스 액세스 권한 목록 |

## • 테이블 주요 Storage 파라미터

테이블 단위로 설정할 수 있는 주요 Storage 파라미터는 다음과 같다. 테이블 단위의 설정은 인스턴스 설정보다 우선순위가 높다.

| 옵션 | 설명 |
| --- | --- |
| autovacuum_enabled<br>toast.autovacuum_enabled | Autovacuum 작업 활성화 여부를 설정한다. 단, Anti-wraparound Vacuum 작업은 설정과 무관하게 항상 수행한다. 대용량 테이블에 대한 Autovacuum 작업이 장시간 소요될 경우, 해당 테이블을 off로 설정한 후에 수동 Vacuum 작업으로 처리할 때 설정한다. |
| fillfactor | 테이블 별 fillfactor를 설정한다. |
| vacuum_index_cleanup<br>toast.vacuum_index_cleanup | Vacuum 작업 시에 인덱스 클린업 수행 여부를 설정한다. |
| vacuum_truncate<br>toast.vacuum_truncate | Vacuum 작업 시에 Vacuum Truncate 수행 여부를 설정한다. |

이외에도 Autovacuum 관련 파라미터에서 살펴본 파라미터들을 테이블 단위로 설정할 수 있다.

### 테이블 생성 시 설정 예시

```
=> create table t1 (c1 integer) with (autovacuum_enabled=off, vacuum_truncate=off);
```

### 변경 예시

```
=> alter table t1 set (autovacuum_enabled=off, vacuum_truncate=off);
```

### 스토리지 파라미터 확인 방법

```
=> svcdb=# select relname, reloptions from pg_class where relname='t1';
 relname |             reloptions
---------+------------------------------------------
 t1      | {autovacuum_enabled=off,vacuum_truncate=off}
```

## • 주요 익스텐션

### pg_prewarm

테이블 및 인덱스를 공유 버퍼에 적재할 때 사용한다. 공유 버퍼의 1/4 보다 큰 테이블은 링 버퍼를 사용하기 때문에 일정 개수만큼의 블록만 공유 버퍼에 적재가 가능하다. 하지만, pg_prewarm 익스텐션을 사용하면 해당 테이블 블록들을 모두 공유 버퍼로 적재할 수 있기 때문에, 대용량 테이블에 대한 배치 작업을 위한 사전 작업 시에 유용하게 사용할 수 있다. 또한 정기 작업과 같이 인스턴스 재기동이 필요한 작업 수행 후에 주요 테이블 및 인덱스에 대한 공유 버퍼 적재 작업 시에 활용할 수 있다.

**설치 방법**

```
=> create extension pg_prewarm;
```

**사용 예시**

```
=> select pg_prewarm('orders');
 pg_prewarm
------------
      2039  -- 적재된 블록 수
=> select pg_prewarm('orders_pk'); -- 인덱스
 pg_prewarm
------------
      1037  -- 적재된 블록 수
```

## Autoprewarm

공유 버퍼에 적재된 블록들을 주기적으로 파일에 기록한 후에, 인스턴스가 재기동될 때 자동으로 해당 블록들을 적재해주는 기능을 제공한다.

### 적용 방법

해당 익스텐션은 preload 방식이므로 postgresql.conf 파일을 다음과 같이 변경한 후에 인스턴스를 재기동한다.

```
shared_preload_libraries = 'pg_stat_statements,auto_explain,pg_prewarm'
```

### 동작 원리

인스턴스를 재기동하면 autoprewarm 프로세스기 기동된다.

```
postgres    45321    45313  0 10:24 ?        00:00:00 postgres: autoprewarm
```

autoprewarm 프로세스는 pg_prewarm.autoprewarm_interval 파라미터로 설정된 주기(기본값 5분)마다 $PGDATA/autoprewarm.blocks 파일에 공유 버퍼에 적재된 블록 정보를 다음과 같은 형식으로 저장한다. 이후 인스턴스 재기동 시에 해당 파일의 블록들을 자동으로 공유 버퍼에 적재한다.

```
<<150>>
0,1664,1260,0,0         -- (database oid, tablespace oid, relfilenode, fork file#, block#)
0,1664,1262,0,0
32818,1663,1259,0,0
32818,1663,1259,0,1
...
```

> ✓ 필자의 경험으로는 수백 GB 이상 되는 공유 버퍼에 적용할 경우에 인스턴스 비정상 종료 현상이 발생했으므로, 적용 전에 충분한 기간 동안 테스트를 수행할 필요가 있다.

## pg_buffercache

공유 버퍼에 적재된 블록 별 오브젝트, 더티 버퍼 여부, Usage 카운트 등의 정보를 확인할 수 있다. 공유 버퍼의 효율적인 사용을 점검할 수 있는 유용한 기능이지만, 공유 버퍼의 크기가 클수록 조회 속도가 느려지는 단점이 있기 때문에, 공유 버퍼가 큰 환경에서는 적용하기가 어렵다. 버전 17부터는 공유 버퍼에 적재된 테이블 및 인덱스를 강제로 Age-out 시키는 기능이 추가되었다.

### 설치 방법

```
=> create extension pg_buffercache;
```

### 사용 방법

설치 후에 pg_buffercache 뷰를 조회하면 공유 버퍼에 적재된 블록 정보를 확인할 수 있다.

```
=> select * from pg_buffercache;
-[ RECORD 1 ]----+------
bufferid         | 1
relfilenode      | 1260
reltablespace    | 1664
reldatabase      | 0
relforknumber    | 0
relblocknumber   | 0
isdirty          | f
usagecount       | 5
pinning_backends | 0
```

### 공유 버퍼에 적재된 오브젝트 확인용 스크립트

```
=> select b.relname, count(*) as buffers, a.relfilenode
   from   pg_buffercache a, pg_class b
   where  a.relfilenode = pg_relation_filenode(b.oid)
   group by b.relname, a.relfilenode
   order by 2 desc
   limit 10;
```

```
         relname              | buffers | relfilenode
------------------------------+---------+-------------
 orders                       |   2039  |   634783
 orders_pk                    |   1037  |   634786
 ...
```

### 공유 버퍼에 적재된 오브젝트 Age-out 방법 (버전 17부터)

Age-out된 블록 수 확인을 위해서 pg_buffercache_evict() 함수 수행 후 count를 수행한다.

```
=> select count(*)
   from (select pg_buffercache_evict(bufferid)
         from   pg_buffercache where relfilenode = 634783);
count
-------
 2039
```

## pgstattuple

블로팅 테이블 및 인덱스 점검 시에 사용한다. 단, 테이블 및 인덱스 전체 블록을 스캔하므로 테이블 및 인덱스가 클수록 수행 시간이 오래 걸리는 점에 유의한다. 해당 함수 수행 시에는 테이블에 대한 Access Share 모드를 획득하기 때문에 Access Exclusive 모드로 수행되는 VACUUM FULL, CLUSTER, TRUNCATE 명령어 등을 제외한 모든 명령어와 락 호환성이 있다.

### 설치 방법

```
=> create extension pgstattuple;
```

### 사용 방법

함수를 수행하면 다음과 같은 결과가 출력된다. 이 중에서 tuple_percent 값이 낮을수록 테이블 블로팅 비율이 높은 것이다. 따라서 해당 칼럼을 이용해서 VACUUM FULL 대상 테이블을 선별한다. 참고로, 인덱스는 Vacuum 수행 후에 해당 함수를 수행해야만 정확한 결과를 얻을 수 있다.

```
=> select * from pgstattuple('orders');
-[ RECORD 1 ]-----+---------
table_len         | 16703488   -- 테이블 크기
tuple_count       | 177072     -- 테이블 건수
tuple_len         | 7082880    -- Live 튜플 크기
tuple_percent     | 42.4       -- (tuple_len / table_len) * 100
dead_tuple_count  | 0          -- 데드 튜플 건수
dead_tuple_len    | 0          -- 데드 튜플 크기
dead_tuple_percent| 0          -- (dead_tuple_len / table_len) * 100
free_space        | 8847940    -- 여유 공간
free_percent      | 52.97      -- (free_space / table_len) * 100
```

## pageinspect

블록 내부를 관찰할 때 사용한다. 운영 환경에서 사용하기보다는 개발 및 테스트 환경에서 PostgreSQL의 동작 원리를 파악할 때 사용한다.

### 설치 방법

```
=> create extension pageinspect;
```

### 사용 방법

pageinspect 익스텐션은 다양한 함수를 제공한다. 필자가 주로 사용하는 함수는 다음과 같다. get_raw_page 함수는 첫 번째 인자는 테이블명, 두 번째 인자는 블록 번호이다. 해당 함수를 이용하면 블록 단위의 세부 정보를 확인할 수 있다.

```
=> select lp, t_xmin, t_xmax, t_infomask, t_infomask::bit(16)
    from   heap_page_items(get_raw_page('test1',0));
 lp |  t_xmin  |  t_xmax  | t_infomask |   t_infomask
----+----------+----------+------------+------------------
```

```
 1 | 16850153 | 16850154 |     1280 | 0000010100000000
 2 | 16850154 | 16850155 |     9472 | 0010010100000000
 3 | 16850155 | 16850156 |     9472 | 0010010100000000
 4 | 16850156 | 16850157 |     8448 | 0010000100000000
 5 | 16850157 |        0 |    10240 | 0010100000000000
```

> ✅ 이외에도 다양한 함수를 이용해서 PostgreSQL의 내부 동작 원리를 보다 깊이 있게 분석할 수 있다. 관심있는 독자들은 https://www.postgresql.org/docs/current/pageinspect.html 매뉴얼 페이지를 참고하기 바란다.

# 찾아보기 index

## ●

.pgpass 파일 설정 170

## A

AGE란? 362
auth 옵션 26
autovacuum_max_workers 368
autovacuum_naptime 368
autovacuum_vacuum_cost_delay 368
autovacuum_vacuum_cost_limit 369

## B

BufferMapping 대기이벤트 328

## C

Cascade 복제 구성 절차 178
CIC (Create Index Concurrently) 옵션 77
CREATE TABLE (LIKE) 70

CREATE 관련 롤 57
CTAS (CREATE TABLE AS SELECT) 70

## D

data-checksums 옵션 26
DataFileRead 대기이벤트 323
DEFAULT 값 설정 시 동작 방식 74
DEFAULT 권한 53

## E

Encoding 옵션을 'UTF8'로 설정해야 하는 이유 25
extract (epoch from) 266

## H

HASH 파티션 89
HOT 동작 원리 393
hot_standby_feedback 387

## I

| | |
|---|---|
| initdb 명령어 | 25 |

## L

| | |
|---|---|
| LIST 파티션 | 88 |

## M

| | |
|---|---|
| max_slot_wal_keep_size 파라미터 | 207 |
| max_standby_streaming_delay | 384 |

## P

| | |
|---|---|
| pg_basebackup을 이용한 복제 | 168 |
| pg_blocking_pids() 함수 | 266 |
| pg_ctl 명령어 주요 옵션 | 27 |
| pg_default 테이블스페이스 | 121 |
| pg_dumpall을 이용한 백업 | 214 |
| pg_dump를 이용한 백업 | 216 |
| pg_global 테이블스페이스 | 122 |
| pg_hba.conf 파일 설정 가이드 | 34 |
| pg_hba.conf 파일을 이용한 접속 관리 | 31 |
| pg_restore를 이용한 복구 | 221 |
| pg_stat_progress_copy 뷰 | 298 |
| pg_stat_progress_create_index 뷰 | 292 |
| pg_stat_progress_custer 뷰 | 296 |
| pg_stat_progress_vacuum 뷰 | 294 |
| pgBackRest 환경 설정 | 231 |
| PGDATA 환경 변수 설정 | 28 |
| pgdata와 waldir 옵션 설정 | 26 |
| PostgreSQL 엔진 설치 | 23 |
| postgresql.auto.conf | 117 |
| PostgreSQL이 제공하는 칼럼유형 | 67 |
| postmaster.opts | 119 |
| postmaster.pid | 118 |
| psql | 36 |
| PUBLIC 스키마 | 44 |
| Publication 대상 테이블 변경 방법 | 193 |
| Publication 생성 | 183 |
| Publication 전용 유저 생성 | 184 |
| publish 옵션 | 191 |
| publish_via_partition_root 옵션 | 191 |

## R

| | |
|---|---|
| RANGE 파티션 | 86 |
| relation 대기이벤트 | 332 |

## S

| | |
|---|---|
| SEARCH_PATH | 55 |
| Security Invoker View | 105 |
| SET ROLE 명령어 | 64 |
| Slow 쿼리 확인 방법 | 268 |
| streaming 옵션 설명 및 예제 | 196 |
| Subscription 생성 | 185 |
| Subscription 주요 작업 | 198 |
| Subscription 중단 및 재개 | 198 |

synchronous_commit 설명 및 예제     197

## T

Temp 테이블     127
TEMP 테이블스페이스     124
Template DB     42
TOAST     129
TOAST 테이블 확인 방법     130
transactionid 대기이벤트     330
tuple 대기이벤트     331

## U

Unlogged 테이블     127

## V

virtualxid 대기이벤트     331
Visibility Map     365

## W

WAL Insert 대기이벤트     325
WALWrite & WalSync 대기이벤트     326

## ㄱ

권한 관리     45

## ㄴ

논리 복제 구성 절차     181

## ㄷ

데이터베이스 생성     40
데이터베이스 접속 권한     46
데이터베이스 클러스터     25
데이터베이스 클러스터 생성     24
동기 모드 복제 구성 절차     175
동기화 레벨     177

## ㄹ

로컬 접속     30
로케일 옵션을 'C'로 설정해야 하는 이유     25
롤 생성     39

## ㅁ

메타 명령어에 해당되는 쿼리 확인 방법     37
물리 복제 구성 절차     166
물리 복제 아키텍처     171
미사용 슬롯의 문제점     205

## ㅂ

| | |
|---|---|
| 복제 충돌 현상 발생 원인 | 382 |
| 뷰 권한 관리 | 103 |

## ㅅ

| | |
|---|---|
| 사용자 테이블스페이스 생성 | 123 |
| 수동 인덱스 생성 방식 | 92 |
| 슈퍼유저 권한 | 57 |
| 스키마 권한 | 47 |
| 스키마 생성 | 42 |
| 시스템 롤 | 58 |
| 시퀀스 관리 명령어 | 108 |

## ㅇ

| | |
|---|---|
| 양방향 논리 복제 | 200 |
| 오브젝트 권한 | 48 |
| 원격접속을 위한 설정 | 32 |
| 유저 권한 | 53 |
| 유저 생성 | 38 |
| 유저 패스워드 암호화 방식 | 34 |
| 유저 패스워드 암호화 방식 확인 | 34 |
| 익스텐션 설치 | 59 |
| 인덱스 ONLY 옵션 | 93 |
| 인덱스 관리 명령어 | 83 |
| 인덱스 리빌드 | 81 |
| 인덱스 생성 | 76 |
| 인스턴스 | 27 |
| 인스턴스 접속 권한 | 45 |
| 인스턴스 제어 예제 | 27 |
| 인스턴스 종료 방법 | 28 |

## ㅈ

| | |
|---|---|
| 자동 인덱스 생성 방식 | 90 |
| 자식 테이블 DETACH | 97 |
| 자식 테이블 삭제 | 97 |
| 자식 테이블 추가 | 96 |

## ㅋ

| | |
|---|---|
| 칼럼 압축 여부 확인 방법 | 130 |

## ㅌ

| | |
|---|---|
| 테이블 (Heap 테이블) | 125 |
| 테이블 관리 명령어 | 72 |
| 테이블 대소문자 구분 여부 | 65 |
| 테이블 복사 | 70 |
| 테이블 생성 | 62 |
| 테이블 소유자의 이해 | 62 |
| 테이블 재구성 | 72 |

## ㅍ

| | |
|---|---|
| 파티션 ATTACH | 98 |
| 파티션 관리 명령어 | 96 |
| 파티션 인덱스 | 90 |

# PostgreSQL
## DBA를 위한 Admin 이야기

**초판 1쇄 발행**   2025년 7월 15일

| | |
|---|---|
| **지은이** | 김시연, 최두원 |
| **발행인** | 조시형 |
| **디자인** | 윤인아 |
| **발행처** | 주식회사 디비안 |
| **출판등록** | 2018년 4월 5일   제2018-000041호 |
| **주소** | 서울특별시 영등포구 당산로31길 16-1, 201호 (당산동3가, JUM빌딩) |
| **전 화** | 02-2662-8246 |
| **팩 스** | 050-4394-8246 |
| **홈페이지** | www.dbian.co.kr |
| **커뮤니티** | www.dbian.net, www.sqlp.co.kr |

ⓒ 김시연·최두원, 2025
ISBN 979-11-91941-11-1   93000
값 29,000원